21世纪高等院校创新课程规划教材

行政管理学
——变革中的行政管理
（第二版）

主编 王河江 陈国营

中国财经出版传媒集团
经济科学出版社

图书在版编目(CIP)数据

行政管理学:变革中的行政管理/王河江,陈国营主编. —2 版. —北京:经济科学出版社,2017.1
21 世纪高等院校创新课程规划教材
ISBN 978-7-5141-7573-8

Ⅰ.①行… Ⅱ.①王… ②陈… Ⅲ.①行政管理—管理学—高等学校—教材 Ⅳ.①D035

中国版本图书馆 CIP 数据核字(2016)第 306538 号

责任编辑:周胜婷
责任校对:郑淑艳
责任印制:李 鹏

行政管理学——变革中的行政管理
(第二版)
主编 王河江 陈国营
经济科学出版社出版、发行 新华书店经销
社址:北京市海淀区阜成路甲 28 号 邮编:100142
总编部电话:010-88191217 发行电话:010-88191522
网址:www.esp.com.cn
电子邮件:esp@esp.com.cn
天猫网店:经济科学出版社旗舰店
网址:http://jjkxcbs.tmall.com
北京密兴印刷有限公司印装
787×1092 16 开 21.5 印张 490000 字
2017 年 1 月第 2 版 2017 年 1 月第 1 次印刷
ISBN 978-7-5141-7573-8 定价:38.00 元
(图书出现印装问题,本社负责调换。电话:010-88191510)
(版权所有 侵权必究 举报电话:010-88191586
电子邮箱:dbts@esp.com.cn)

编写委员会

主　编： 王河江　陈国营
副主编： 巫丽君　刘其君　彭金玉　裴志军　曾军荣
编委会成员（按照姓氏笔画顺序）：
　　　王河江　刘其君　巫丽君　何晓柯　张　迪　陈国营
　　　陈　博　徐　晋　章海鸥　彭金玉　韩娅宁　曾军荣
　　　裴志军

前　言

21世纪，全球竞争日趋激烈，一个国家的政府管理水平对其经济社会可持续发展和国际竞争力起着至关重要的作用。东西方国家政府相继掀起政府改革浪潮，提升政府的决策力、执行力和创新力，以使政府适应社会发展，乃至引领社会发展。

自20世纪90年代起，国内高校纷纷开设行政管理、公共事业管理、社会保障、土地资源管理、教育经济与管理等公共管理类本科专业，以期满足社会对具有现代行政管理理念和行政管理能力人才的需要。

目前，国内行政管理学教材种类较多，满足了行政管理学教学的一般性需要。但编者感到要找到一本真正结合理论和实践、且突出时代背景和符合我国国情的行政管理学教材却并非易事。鉴于此，编委会决定编写本教材，力求做到理论与实践相结合，历史、现在与未来兼顾，且在有所创新的基础上，更好地满足行政管理课程的教学需求。

本教材的主要目标和特色如下：

第一，厘清西方行政管理学的发展脉络，让学生和行政管理实践人员对行政管理学科的演进历程有一个整体的认识。作为一门独立学科，行政管理学诞生于现代西方发达国家，因此，阐明西方行政管理学的学科发展史和代表性理论思想是十分必要的。

第二，结合我国行政管理的历史经验和国情，让学生和实务界掌握行政管理的实践技能。行政管理学是一门实践性很强的学科，理论应该为实践服务，本教材着意将中国行政管理的经验融入教材内容之中。

第三，从变革的视野审视和编写教材，增强学生和实务界对行政管理的现实感受和前景展望。政府改革是行政管理的永恒主题。为此，教材在体系和内容上都突出了行政管理发展与变革的脉络。

第四，除了第一章之外，各章均结合章节理论内容撰写了最新代表性案例，有机地融合理论与实践。通过案例和思考题设计，提升对现实的理解和案例分析能力，提高教材的实用性。

第五，每一章之后附有小结，对该章主要内容进行概括提炼，并附有思考题，便于学习者更好地掌握各章的主旨内容，复习思考之用。

本教材是通力合作，集体智慧的结晶。

本教材共分十五章，具体章节内容的编写分工如下：陈国营（浙江工业大学全球智库研究中心　政治与公共管理学院）撰写第一、第三章，韩娅宁（浙江理工大学法政学院）撰写第二章，王河江（浙江工业大学之江学院）撰写第四、第五章，刘其君（浙江理工大学马克思主义学院）撰写第六章，张迪（浙江农林大学暨阳学院）撰写第八章，彭金玉（浙江农林大学暨阳学院）撰写第七章，巫丽君（浙江工业大学之江学院）撰写第九、第十五章，曾军荣（浙江工业大学）撰写第十章，陈博（浙江工业大学之江学院）撰写

行政管理学

第十一章，何晓柯（浙江工业大学之江学院）撰写第十二章，徐晋（浙江工业大学之江学院）撰写第十一、第十三章，裴志军（浙江财经大学公共管理学院）撰写第十四章。陈国营对第一~三、第六、第七章中部分内容进行了修改和增补，王河江对第四、第五章部分内容进行了修改和增补，何晓柯对第十二章部分内容进行了修改和增补，巫丽君对第八~十一、第十四、第十五章部分内容进行了修改和增补。

案例方面，陈国营编写第二、第三、第八、第十三章案例，王河江编写第四、第五章案例，章海鸥编写第六章案例，陈博编写第七、第十一章案例，何晓柯编写第十、第十二章案例，巫丽君编写第九、第十四、第十五章案例。

全书由王河江、陈国营统稿。

由于编写者水平和时间有限，加之行政管理学在不断发展之中，本书会存在疏漏和不足之处，敬请行家不吝斧正。

编者

2016 年 9 月

目 录

第一章 绪论 ... 1
- 第一节 认识行政管理 ... 1
- 第二节 行政管理学的研究方法与途径 ... 12
- 第三节 行政管理学的历史演变 ... 17

第二章 行政职能 ... 32
- 第一节 行政职能概述 ... 32
- 第二节 西方国家关于政府职能的理论与实践 ... 38
- 第三节 我国政府职能的转变 ... 42
- 【案例分析】我国政府职能中心演变与政府—市场的关系 ... 46

第三章 行政环境 ... 50
- 第一节 行政环境概述 ... 50
- 第二节 行政环境管理 ... 55
- 第三节 变动中的行政环境 ... 60
- 【案例分析】强降雨、洪涝灾害与城市发展规划 ... 64

第四章 行政权力 ... 69
- 第一节 行政权力的概念 ... 69
- 第二节 行政权力分配与行政授权 ... 76
- 第三节 行政权力的类型及表现形式 ... 82
- 【案例分析】"三张清单一张网"的浙江实践 ... 88

第五章 行政组织 ... 93
- 第一节 行政组织概述 ... 93
- 第二节 行政组织理论 ... 101
- 第三节 行政组织的设计原则与行政组织体制 ... 106
- 第四节 行政组织的变革 ... 111
- 【案例分析】新一轮国务院机构改革大家谈 ... 117

第六章 人事行政 ... 121
- 第一节 人事行政概述 ... 121
- 第二节 人事行政的历史与演变 ... 127

第三节　我国公务员制度的建立与改革 133
　　【案例分析】公务员报考"热"与"冷"的理性思考 139

第七章　行政领导 144
　　第一节　行政领导概述 144
　　第二节　行政领导理论的演变 149
　　第三节　行政领导的方式与艺术 155
　　【案例分析】从两位美国总统的性格看领导力 163

第八章　行政决策 166
　　第一节　行政决策概述 166
　　第二节　行政决策体制与模型 172
　　第三节　行政决策的科学化与民主化 177
　　【案例分析】智库与行政决策科学化、民主化 181

第九章　行政执行 184
　　第一节　行政执行概述 184
　　第二节　行政执行的方法 188
　　第三节　行政执行的过程 190
　　第四节　行政执行阻滞及其消解对策 192
　　【案例分析】五水共治：绝不把污泥浊水带入全面小康 195

第十章　行政效率 201
　　第一节　行政效率概述 201
　　第二节　行政绩效评估 206
　　第三节　政府绩效管理 213
　　【案例分析】《杭州市绩效管理条例》被权威解读七大疑问 219

第十一章　行政法治 223
　　第一节　行政法治概述 223
　　第二节　行政监督体制及其完善 239
　　【案例分析】跨区域用盐案与盐业体制改革 250

第十二章　行政责任 253
　　第一节　行政责任概述 253
　　第二节　行政责任的确定与追究 257
　　第三节　行政问责制 262
　　【案例分析】行政问责制度不断完善健全实现四大转变 269

第十三章　行政文化 272
　　第一节　行政文化概述 272

第二节 行政文化创新 ……………………………………………… 278
第三节 行政伦理概述 ……………………………………………… 282
第四节 行政伦理失范与治理 ……………………………………… 286
【案例分析】公职人员的行政伦理道德与党风廉政建设 ………… 290

第十四章 电子政务 …………………………………………………… 293
第一节 电子政务概述 ……………………………………………… 293
第二节 电子政务建设 ……………………………………………… 298
第三节 发展中的中国电子政务 …………………………………… 304
【案例分析】共享式灾备平台　上海市电子政务灾备中心 ……… 309

第十五章 行政改革与展望 …………………………………………… 313
第一节 行政改革 …………………………………………………… 313
第二节 行政发展 …………………………………………………… 318
第三节 行政发展展望 ……………………………………………… 321
【案例分析】为何九成人认为官邸制实行时机已成熟 …………… 326

参考文献 ………………………………………………………………… 330

第一章 绪 论

我们所有人的福利、幸福以及我们实实在在的生活,在很大程度上都取决于影响和维持我们生活的行政机构的表现……不管你愿意不愿意,行政管理关系到每一个人。如果我们希望活下去,我们最好琢磨琢磨行政管理。

——[美]德怀特·沃尔多

【知识要点】

通过本章学习,从实践和学科两个层面理解行政管理的含义以及行政管理对社会发展和个人福利的重要性;了解行政管理的研究对象、学科基础及研究方法;深刻领会现代行政现象;了解东西方行政管理学发展的历史演变轨迹。

【关键术语】

公共;行政国家;行政现象;行政精神;官僚与科层制;政治与行政二分法;新公共行政;新公共管理

在现代社会,行政管理活动与人民生活密不可分,政府的行为政策和对社会政治经济生活等方面的影响日益深远。无论是组织,还是从政、经商以及做学术的个体,都有必要了解和认识行政管理活动及其规律。作为以国家为主体的行为活动,行政管理有着漫长的历史;作为一门学科,行政管理是一门新兴的学科,经历了100余年的演变,不同理论和流派纷呈。

第一节 认识行政管理

一、行政管理的内涵

对于行政管理内涵的把握,可以从感性与理性、实践层面和语义层面进行分析。

(一) 理解行政管理

一个人可能没有专门学习行政管理理论,也没有有意识地去了解行政管理活动,但是在现代社会,可以说,他的工作和生活不可能脱离行政管理活动的影响。在我国,一个人可能一辈子不同立法机关和司法机关接触，但是他不可能不同行政部门发生联系。

在现代社会中，行政管理活动可以说无时不在，无处不在。人们的工作学习、生老病死、吃穿住行，都要受到行政管理活动的影响。行政部门的表现和行政管理活动的绩效影响国家的兴衰、企业的成败、家庭的贫富。

正如米切尔·B·蒂茨（M. B. Tits）所描述的那样：现代的人是在政府资助的医院里出生的，是在公立的中小学、大学接受教育的，他的很多旅行时间是在公共交通设施中度过的，他与外面的联系则是通过邮局或半公共性质的电话系统进行的；他喝的是公共生产的饮用水，读的是公共图书馆里的书；他用公共排污系统处理垃圾，他在公园中野餐，他受公共治安、消防、卫生部门的保护；最终，他又在医院里离开人世，现代人的日常生活总是同政府关于提供上述和许多其他方面服务的决策联系在一起，这种联系是挣不脱、割不断的①。

那么，究竟什么是行政管理呢？

作为近现代一门新兴的学科，行政管理学产生于19世纪末期的美国。因此，可以从英文的词汇来理解什么是行政管理。英文里的学科术语是public administration，相近的还有public management；相对的是private administration，private management。public administration一般翻译成公共行政、公共管理、行政管理，相近的译法还有行政学、政府管理、公共事务管理等。基于行文等的需要，本书在同等意义上使用公共行政、行政学、行政管理。public management一般译为公共管理，private administration译为私人行政，private management译为私人管理。因此之故，可以进一步从公共（public）、私人（private）和行政（administration）、管理（management）来理解行政管理学。

公共（public）与私人（private）相对。笼统地说，公共是群体或共同体中人与人之间的关系。自从人类社会产生以来，个人都是生活在一定的共同体当中，离开一定的社会群体，孤立的个人是无法生存下去的。亚里士多德（Aristotle）认为，人是天生的政治动物，生下来就具有群体性功能。按照公私划分，从组织的角度，大致可以把组织分为公共组织（典型的是政府，也称第一部门）、私人组织（典型的代表是企业，称为第二部门）和介于二者之间的非营利性组织（non-profit organization，NPO）或者非政府组织（non-government organization，NGO）（也称为第三部门）②。

administration一般译为行政，传统指的是对公共组织的管理，其中的主体是对政府组织的管理，由此，有的将public administration译作为政府管理。management一般指的是对私人部门的管理，比如工商管理的用词是business management。

由于公私部门之间的界线并非一目了然，而且不同学者对于公私组织及其管理是否存在本质的差异有不同的看法，基于此，有学者认为行政不同于管理，存在于公私部门，因此用private administration和public administration来分别指私人部门和公共部门的行政；有的学者认为公共部门的管理本质上和私人部门的管理没有什么差异，主张用public management界定公共部门的管理，反映在行政管理领域流派就是20世纪70年代末80年代初

---

① ［美］理查德·D·宾厄姆：《美国地方政府的管理》，北京大学出版社1997年版，序言。
② 非政府组织和非营利性组织含义和侧重有所不同，都可以归属第三部门，这里等同看待。

兴起的新公共管理运动（new public management），主张公共部门广泛采用私人部门的管理理念、管理技术和管理方法。三大部门的差异大致可以用表1-1来表示。

表1-1　　　　　　　公共部门、私人部门和第三部门之间的区别

	第一部门（政府）	第二部门（市场、企业）	第三部门（NPO、NGO）
组织性质	强制、权威性	经济利益聚合	民间性
组织逻辑	公共权力	自由契约	志愿性
物质基础	财政税收	利润	捐赠、服务收入等
组织目标	公共利益	利润最大化	不以营利为目的
行为取向	理性官僚主义	企业家精神，创造	自主治理
价值取向	宪政价值，法律面前平等	效率，货币面前平等	志愿者精神，互助、公益

本书认为，公共部门管理和私人部门管理存在很多相似的地方，私人部门的许多管理理念、方法和技术可以应用到公共部门管理，但是公共部门管理在许多重要方面都不同于私人部门。公共性（publicness）是行政管理（公共行政）的本质属性，不同于以利润和利益最大化为宗旨的私人部门管理。在明确了公共（public）、行政（administration）和管理（management）之后，可以对行政管理作一个界定：行政管理是各级国家行政机关依据《宪法》和法律，以公共利益为目的，运用公共权力，制定和执行公共政策，管理公共事务，维护公共秩序，提供公共服务，履行公共责任的活动。相对于立法机关和司法机关的活动，行政管理活动是最为广泛、最常使用和最为直接的国家行为。政府和国家是行政管理的核心，正因为如此，行政管理学的创始人威尔逊（T. W. Wilson）认为，关于国家的观念正是行政管理的灵魂①。同时行政管理会涉及司法部门、立法部门、我国的事业单位等组织以及非营利性组织等部门组织的活动。

（二）行政管理活动的主要特点

作为管理国家政府等公共部门的活动，行政管理活动是人类社会的一种现象。可以说，只要有国家，有政府，就有行政管理活动。作为一种政府行为的活动，行政管理的首要特性是"公共性"。行政管理活动主要有以下几个特点。

1. 政治性

行政管理是政府等公共部门的活动，行政权力从属于国家权力，执行的是国家意志；从三权分立的角度，行政负责执行，要对政治决策负责。行政管理具有相对独立性，享有自由裁量权，但根本上从属于政治。从学科发展来看，行政管理作为一门学科是从政治学分离出来的。也就是在这个意义上，行政管理不能与政治实现绝对分离。因此，行政管理与政治科学等一样，具有鲜明的政治性。

2. 权威性

行政管理是政府机关依据《宪法》和法律，管理公共事务、履行公共职责的行为，其

---

① ［美］威尔逊：《行政学之研究》，载彭和平等：《国外公共行政理论精选》，中共中央党校出版学社1997年版。

背后有国家公共权力和法律作支撑，其行为具有法律依据和法律授权，其管理行为适用于一个社会的所有个人和任何组织，并具有强制性，个人和组织必须服从，否则将受到法律的惩罚。政府可以向个人和组织征税，而黑社会因为提供保护收取保护费则谓之非法。行政管理是排他的，具有权威性。

3. 技术性

行政管理作为对政府等公共部门的管理活动，从一般管理的角度而言，具有很强的技术性。政府职能的准确定位与正确行使、预算的合理支出与使用、变革中应对危机和突发事件的能力、组织结构的设计与改革、机构人员自身的有效管理、科学的领导和民主化的决策、高效的执行力和责任的落实等，既需要高超的政治艺术，也需要熟练的管理技术。

4. 复杂性

在现代社会，政府职能范围不断扩大，行政管理活动触及社会生活的每一个角落，而社会生活包罗万象，这就决定了行政管理活动对象涉及非常广泛，而且是变动的、发展的。个人的生老病死、企业和社会组织的设立废止等，都与行政管理相关联。这就注定行政管理具有高度复杂性，任何私人组织和第三部门的复杂性及规模都无法与之相提并论。

5. 实践性

行政管理作为一门学科，有自己的理论体系和研究方法。但是作为一种管理活动，行政管理像企业管理活动一样，具有非常强的实践性。作为一种管理活动，行政管理是面向问题的，以解决问题为导向。行政管理理论是为解决现实的公共问题服务的，包括政策的制定、执行、评估和监督等过程，其管理的目的是在保障公平和宪法价值的同时力求获得高的政府绩效。

（三）行政管理的内涵及特性

根据以上分析，可以从以下几个方面进一步理解行政管理的内涵及特性。

其一，行政管理的权力基础是公共权力。政府对公共事务管理以行政权力为基础，行政权力是公共权力的一种，有《宪法》和法律依据。行政管理背后有国家的军队、警察、法庭和监狱作后盾和保障。可以说，没有行政权力，也就没有行政管理，这也是行政管理不同于私人部门管理和第三部门管理的重要原因之一。行政管理握有公权，因此需要对权力进行约束，界定行政行为活动的边界。

其二，行政管理的物质基础是公共财政。任何组织和管理活动都需要耗费一定的社会资源，都必须有物质基础作为支撑。行政管理各项活动，包括履行行政职能、作出决策、实施领导和维持自身的运转都需要公共财政的支持。行政管理的物质基础源于政府的税收，政府自身不能直接创造物质财富和利润，需要接受纳税人的监督，节约公共财政资源。

其三，行政管理的基本依据是《宪法》和法律。行政管理是一种国家行为，代表国家意志的执行，带有强制性和服务性。对于公民和一般社会组织，法无明文禁止即可行；对于政府而言，法无明文不得作为。行政管理行为是在执行法律，其行动必须有《宪法》和法律的依据。在强调法治的今天，行政管理要倡导依法行政，有法可依、有法必依、执法必严，推进行政法治进程。

其四，行政管理的基本对象是社会公共事务。行政管理是政府依法对社会公共事务实施的管理。理论上，公民和一些组织可以自主治理管理的事务，社会和企业可以经由市场机制解决的事务，政府不需要直接介入其中。政府管理的事务是公民个人管不了、企业等组织不愿意或管不了的社会公共事务以及政府内部自身事务。在这个意义上，政府的职能是对个人行为和一般组织行为的补充和矫正，具有广泛的社会性。

其五，行政管理的基本宗旨是追求公共利益。由于行政管理行使公共权力、物质资源源于公共税收，管理公共事务、维持公共秩序和公共安全，提供公共物品和服务，因此行政管理的活动宗旨是致力于保护和促进公共利益，而不是以营利为目的，也不是为某一个特定阶层、集团或私人服务。这决定了行政管理具有鲜明的服务型、非营利性和公共性。

其六，行政管理的基本要求是承担公共责任。行政管理是政府为主体的公共部门履行公共职责的行为，代表国家和政府行使公共权力，促进和实现公共利益，因此行政管理必须承担公共责任。从根本上说，行政管理是政府的一种"受托"行为，理所当然地必须对委托人——人民和立法机关负责。行政管理承担的公共责任包括：对国家《宪法》和法律负责，对所有公民的平等对待，促进公共利益，增进行政管理行为的公民参与，保障行政管理行为和活动的合法性、透明性，促进行政民主，实施行政信息公开，依法承担由于不作为、作为不当、失职和滥用权力等行为的法律责任，等等。

二、行政管理学的学科特点与研究对象

有了国家和政府就意味着有了行政管理活动，但是作为一门独立的学科，行政管理像许多其他人文社会科学一样，是新兴的产物。现代意义上的行政管理学诞生不过100余年，它研究行政现象及其运行规律。

作为一门独立的学科，行政管理有自己的学科特点、研究对象和研究内容。

（一）行政管理学的学科特点

行政管理学是一门理论与应用相结合的、面向公共事务管理的学科，因此行政管理学有以下几个主要特点。

1. 综合性

行政管理学研究对象的复杂性决定了行政管理学的综合性。行政管理的行为对象是国家和社会公共事务以及政府组织内部事务，其实质是利用公共权力、实现国家意志、履行公共职责的活动过程，涉及政府的起源、本质与角色定位，行政权力理论，政治行为与利益集团，行政领导与行政决策，政府自身的管理与人事管理以及行政法治，等等。可以说，行政管理对象几乎无所不包，这决定了行政管理必须综合运用政治学、财政学、经济学、管理学、法学和社会学等多学科的知识。也在这个意义上，有的学者认为行政管理是一门"没有理论"的学科。不管如何，行政管理是多学科融合的，是一门综合交叉的新兴学科。

2. 系统性

作为一门学科，行政管理学是整体的、有序的和相互关联的，有一套完整的内容体系和自身学科逻辑。政府是按照一定准则建立的一个庞大的、有着严密的组织结构和运行机制、行动程序的组织。政府的行政行为是根据一定公共目的，按照一定规则展开的。行政

行为是在一定的行政环境下进行的，民意的输入、政府的回应及其行政活动产出是一个活动过程。只有用系统的观点，才能更好地理解和研究纷繁复杂的行政现象、行政行为及其相互关系，才能更加顺利地解决各种公共问题。

3. 实践性

行政管理是政府等公共部门实实在在的、常态的行动过程。行政管理面对和要解决的问题是现实中的各种公共问题。行政管理学有自身的学科理论基础，但是行政管理学更是一门应用的、具体的学科。行政管理从察觉、鉴别和解决公共问题，都是为了有助于问题的解决，实现公共利益。实践性是行政管理的生命力，关系到行政管理的实用性。

4. 发展性

政府的职能、社会公共事务都会随着社会的发展、意识形态的变迁而变化，所以行政管理学是动态的、发展的。政府的决策、领导等行为都需要发展和创新。在行政管理学的发展史上，新的理论和方法层出不穷，这些理论和方法都是一定时代背景下的产物，是为了解决当时的社会公共问题而发展和提出来的。也正是因为如此，行政管理学才有长久不衰的生命力。

（二）行政管理学的研究目的和对象

行政管理学是一门独立的、系统化的知识和逻辑体系，有其研究对象和研究范畴。

第一，研究和提高行政学术水平，增进行政管理的知识积累，追求行政管理中的理论真问题。通过对行政现象的调查分析和概括以及回顾行政管理的不同学说史，提出和发展行政新理论、新方法，提高对行政行为的理论认识水平。

第二，在应用层面上，发展行政理论和技术方法，为政府行政管理提供系统的、专业的知识，包括政府行为的理论依据、论证方法和过程，解决具体行政问题的对策方案。

第三，研究建立和健全行政制度的理念、理论和方法，确保政府及其官员确实担负起公共责任，依法行政，履行好行政职能，同时防止政府及其官员渎职、越权和滥用权力行为的发生，促进政府廉洁。

第四，研究关于提升行政管理的水平和绩效的方法及途径，包括不断改善政府的政策制定水平，提高政策执行力，强化政府管理社会公共事务和提供公共服务的能力等，提高行政管理绩效。

第五，选拔、培养和任用合格优秀的行政人才。行政管理的重要内容之一是加强对政府自身的认识，提高自身管理水平，培养和培训行政人员，提高他们管理社会公共事务的能力和行政责任意识自觉性。

美国行政学者伦纳德·怀特（Leonard White）在《行政学概论》一书中认为，行政管理学的范畴包括四个方面：组织原理、人事行政、财务行政和行政法规。卢瑟·古利克（Luther Gulick）和林达尔·厄威克（Lyndall Urwick）在《行政管理科学论文集》提出了"七环节"理论，即计划（planning）、组织（organizing）、人事（staffing）、指挥（directing）、协调（coordinating）、报告（reporting）和预算（budgeting），并据此提出了行政管理七职能理论。

我国台湾学者张金鉴把行政管理学的研究范畴划分为"15M"，即目标（aim）、计划

(program)、人员（men）、经费（money）、物财（material）、组织（machinery）、方法（method）、领导（command）、激励（motivation）、沟通（communication）、士气（morale）、协调（harmony）、时间（time）、空间（room）和改进（improvement）。

本书把行政管理学研究的范畴划分为以下几个方面：行政管理学的学说史、行政环境、行政权力、行政职能、行政组织、行政领导、行政决策、行政执行、人事行政、行政效率、行政文化、行政法治、行政责任、电子政府、行政改革与发展等，这些基本也是本书的内容体系。

（三）行政管理的研究内容

可以把行政管理的研究范畴和领域划分为三个方面：一是行政管理主体的研究，包括对行政组织及其工作人员（公务员制度）的研究；二是行政机关内部管理制度研究；三是政府对社会事务的管理，如公共政策等。

进一步地，可以把行政管理的研究内容分为以下几个方面。

1. 政府为什么要去管

行政管理的第一个要研究的问题是政府为什么要去管理社会公共事务，或者说为什么要由政府去管理社会公共事务，而不是私人和企业等其他组织？要研究这个问题，就必须回溯到国家和政府的起源及政府的本质。在此基础上，行政管理需要明确政府的目标是什么，它如何处理效率与公平、民主、法治的关系以及公共利益与私人利益之间的关系。

2. 政府应该管什么

在明确了政府为什么要去管理公共事务之后，行政管理学需要研究和分析政府应该管什么，能够管什么。这涉及政府的角色定位，政府与公民个人、政府与市场、政府与社会、政府与事业单位等其他公共部门之间的各自边界和职责范围是什么，政府管理的优势是什么，政府应该管什么，这是一个政府职能的应然定位问题。

3. 政府能够管什么

行政管理学是一门面向现实社会问题的应用学科，因此行政管理学还需要研究政府能够管什么，也就是在现有的行政环境背景下，在财政预算和政府能力约束条件下，政府可以做什么，它是政府定位的实然问题。

4. 由谁去管

作为一种管理活动，行政管理是由政府行政机关和具体的人员来行使的，因此，行政管理学要研究的一个内容就是应该由谁来管理社会公共事务。这就涉及行政管理学要研究的几个内容：包括公务员制度（公务员的选拔、考核）、人事行政、行政组织以及行政机关内部自身管理，包括行政文化及行政责任的落实等。

5. 研究政府怎么管

行政管理学的重要研究内容之一就是政府如何去管，行政机关遵循何种程序和机制，采取什么手段、什么方法去管理公共事务，履行公共职责，实现公共利益。也就是政府如何管理社会公共事务，具体而言，包括行政程序、行政技术和方法、行政法治、行政决策、行政领导、行政执行、电子政府、行政改革与行政发展等。

三、现代行政现象与现代行政精神

伴随政府职能的扩张和行政范围的扩大,"行政国家"诞生,出现了现代行政现象,其表现形式包括行政职能的扩张,行政组织、人员和预算规模的膨胀,行政官僚主义倾向日益加深。同时面对这一现象,学者们提出和强调行政精神,包括行政民主、追求卓越、公民导向、结果导向、创新发展以及行政责任等,来缓解或者克服不良的行政现象。

(一) 现代行政现象

现代行政现象主要表现在三个方面。

1. 行政职能的扩张

在近现代以前,无论是东方还是西方,政府的职能相对都是有限的。政府职能大规模扩张是近现代的事情。

在西方自由竞争资本主义时期,政府主要扮演"守夜人"的角色,长期奉行的是带有歧义的"自由放任"的政策,政府对社会和经济生活很少进行干预。现代经济学的鼻祖亚当·斯密(Adam Smith)认为,政府的职能主要有三:第一,保护社会不受其他独立社会的侵犯;第二,尽可能地保护社会任何成员不受其他成员的侵犯或压迫,即设立公正的司法机构;第三,建立和维护个人或小团体所不感兴趣投入的某些公共设施和公共机构,提供公共物品和公共服务①。1929 年,资本主义世界爆发经济危机,面对前所未有的大危机,"守夜人"式的政府束手无策。罗斯福(F. D. Roosevelt)总统在此背景下上台,实行新政,对经济社会生活实施大规模干预,开创了资本主义世界对经济强力干预的先河,政府的立法职能、行政职能大大扩张。第二次世界大战后,自由主义失势,主张政府干预的凯恩斯主义大行其道。20 世纪 70 年代末 80 年代初,资本主义世界出现"通胀"局面,政府干预失灵,政府职能有所收缩。进入 21 世纪,2008 年美国的金融危机引发全球经济危机,政府干预又开始受到热烈欢迎。

在中国,虽然自秦始皇开始建立中央集权的体制,但是实际上政府对社会生活的干预是有限的。在农村,长期实行的是乡绅自治。政府对整个社会生活的干预有限度,比如生育、教育、医疗、养老等更多的是私人范畴事务。新中国成立后,建立计划经济体制,政府开始全面干预社会生活,私人空间大幅萎缩。改革开放以后,私人空间和社会得到发展,政府职能有所消退,但我国基本上依然是一个政府主导的国家。

总体上看,东西方国家政府职能都在扩张。可以说,行政职能的扩展是社会历史发展的必然。随着社会的发展,自给自足的生产与生活模式逐步让位于分工日益细化的社会化大生产模式,传统家庭、家族和村社不断解体,社会流动加快,从封闭走向开放,人们社会经济生活相互依赖。在这样的背景下,传统由家庭、家族和小组织等承担的功能开始由政府取代,政府职能不断扩张,出现福利国家,政府触角伸及各个领域。在不少发达国家,实行的是"从摇篮到坟墓"的高福利制度,可以说,行政职能的扩张是社会文明发展的客观结果。

---

① [英] 亚当·斯密:《国富论》,华夏出版社 2006 年版,第 442~444 页。

2. 行政组织、人员和预算规模的膨胀

伴随行政职能的扩张是行政组织规模——包括组织机构、人员编制和行政预算规模——的膨胀。

随着行政职能涉及的范围越来越宽，政府建立了门类繁多、结构复杂、分工细密的专业行政部门和各种行政委员会。政府组织的规模和复杂程度已经远远超出了中国古代六部的政府组织架构。各个部门职能存在一定的交叉，整个政府组织体系犹如一座庞大的迷宫。与组织相配套的政府编制人员的规模也在不断扩大，公职人员的数量在急剧膨胀。相应的，行政部门的预算迅猛增加，政府的支出占GDP的比重在急速提高，维持行政部门自身正常运行的费用也在快速增加，甚至超过GDP和财政收入的增长速度。

3. 行政官僚化倾向的加深

与行政职能扩张和行政规模扩大相一致的是行政部门出现官僚化日益加深的趋势。

行政官僚化首先表现在行政人员的专业化和职业化程度在不断增强。行政专业化既是现代社会分工和学科再分化的产物，也是由行政管理对象多样化和复杂化程度决定的。面对日新月异的公共事务，凭借"常识"或者经验已经无法有效应对和解决社会公共问题，而需要吸收新观念、采用新的技术和方法。因此，专业化和职业化是必然的趋势。

为了贯彻行政管理过程中的平等对待原则、执行法律、提高行政效率，行政管理行为需要按照规则办事。同时，为了减少政治对行政的干扰，行政公职人员实行职位常任制，内部缺乏竞争，实行"非人格化"管理，例行公事、奉命办事和恪守边界成为一种司空见惯的现象，按部就班、首创精神进一步受到削弱。这些因素导致行政官僚化和官僚主义倾向更加明显和严重。

揭示行政现象中不良行政现象的典型是帕金森定律和彼得原理。

（1）帕金森定律（Parkinson's Law）。1958年，英国历史学家、政治学家诺斯古德·帕金森（Northcote Parkinson）通过长期调查研究，出版了《帕金森定律——组织病态之研究》一书。帕金森经过多年调查研究，发现一个人做一件事所耗费的时间差别非常之大：他可以在10分钟内看完一份报纸，也可以耗费半天；一个忙碌的人20分钟可以寄出一叠明信片，但一个无所事事的老太太为了给远方的外甥女寄张明信片，可以足足花一整天的时间：寻找合适的明信片花一个小时，找自己的老花眼镜耗掉一个小时，查询寄信地址花半个小时，写问候语耗费75分钟……人们在工作中，工作会自动地膨胀，占满一个人所有可用的时间，如果时间充裕，他就会放慢工作节奏或是增添其他项目以便用掉所有的时间。

帕金森由此得出结论：在行政管理中，行政机构会不断膨胀，行政人员会不断增加，每个人都很忙，但整个组织的效率却越来越低下。他并阐述了组织机构人员膨胀的原因及后果：一个不称职的官员，可能有三条选择：第一是申请辞职，把位子让给能干的人；第二是让一位能干的人来协助自己工作；第三是任用两个水平比自己更低的人当助手。第一条路因丧失权力违背领导的利益而不可能；第二条路会增加竞争对手，也不符合领导的利益；只有第三条路比较合适。组织的人员规模增加与工作量的增加没有必然关系，而遵循这样的原则（定律）：每一官员都希望增加的是下属而不是对手，行政人员在相互制造工作。这使得大家都精疲力竭。组织人员增加的公式是：$x = (2k^m + 1)/n$，其中，x表示

行政管理学

每年增加的人员数,k 表示增加部属而使自己得以晋升的官员数,m 表示机关内部烦琐问题所需要的人时数,l 表示任官时年龄与退休年龄之差,n 表示官员的管辖单位数。

帕金森举例说:作领导的 A 君感到工作很累很忙时,不会去探寻自身体力和能力是否胜任现有工作,而是以工作繁忙为由增加比他级别和能力都低的 C 先生及 D 先生当他的助手,并把自己的工作分成两份分给 C 和 D;C 和 D 要互相制约,不能和自己竞争。当 C 感觉工作很累也很忙时,A 就考虑给 C 配两名助手;为了平衡,也为 D 配两名助手,于是一个人的工作就变成 7 个人干,A 君的地位也随之提高。7 个人会相互制造工作,比如一份文件需要 7 个人共同起草圈阅,每个人的意见都要考虑、平衡,绝不能敷衍塞责。人员增加之后,A 君并未感到轻松,相反他要想方设法解决下属之间的矛盾,关心下属的升级调任、恋爱、工资住房、福利待遇、培养接班人……工作愈来愈忙,依然疲惫不堪,7 个人手不够了……

(2) 彼得原理(The Peter Principle)。美国教育学家、心理学家和管理学家劳伦斯·彼得(Laurence J. Peter)根据千百个有关组织中不能胜任的失败实例,于 1969 年在《彼得原理》一书中系统阐述了该原理,其基本内容是:在一个等级制度中,每个职工趋向于晋升到他所不能胜任的地位。

彼得指出,每一个员工由于在原有职位上工作成绩表现好(胜任),被提升到更高一级职位;其后,如果继续胜任则将进一步被提升,直至到达他所不能胜任的职位。由此彼得的推论是:每一个职位最终都将被一个不能胜任其工作的职工所占据。层级组织的工作任务多半是由尚未达到不胜任阶层的员工完成的。每一个职工最终都将达到"彼得高地"。加速提升有两种方法:其一是上面的"拉动",即依靠裙带关系等从上面拉;其二是自我的"推动",即自我训练和进步等。

在对层级组织的研究中,彼得还分析归纳出"彼得反转原理":一个员工的胜任与否,由层级组织中的上司评定。如果上司已到达不胜任的阶层,他或许会以制度的价值来评判部属,例如,员工是否遵守规范、仪式、表格。于是对于那些混淆手段和目的、方法重于目标、文书重于预定的目的、缺乏独立判断的自主权、服从性强的员工会被组织认为是能胜任的工作者,因此更有机会获得晋升,进一步加剧组织中员工不胜任现职的状况。

彼得原理得以成立是有假设条件的:员工在一个组织待的时间足够长,组织里有足够的阶层。

(二) 现代行政精神

面对不良行政现象的增加、市场失灵和政府失败不可避免性以及公民权利意识的普遍增强,我们需要树立现代行政精神,应对全球化带来的挑战。

1. 倡导顾客导向,以公民为本位

倡导公民导向是 20 世纪 70 年代末兴起的新公共管理运动(New Public Management)主要教义之一,其中心思想是要求政府等公共部门要像企业那样树立顾客意识,视顾客为上帝,在工作中以顾客需求和意见为导向。有学者认为,在公共部门和公共服务领域把公民(公众)喻为顾客,贬低了公民在宪政体系中的地位,混淆了公共部门、官僚和公民之间的实质关系。实际上,它只是一个隐喻,要求行政部门在管理过程中要以其服务对象——公民及企业等组织称为顾客，或者消费者——为导向。政府做什么，怎么做，结果怎么样，生产（或提供）什么服务，生产多少服务，怎么生产公共服务，都应该以顾客（公民）为导向，满足顾客（公民和社会）需求，而不是以供给或提供自身政府的偏好和需求为导向。就此而言，顾客隐喻和顾客导向应该加以大力提倡，同时必须提醒的是，这里的顾客不仅仅是政府行为指向的消费者，而且多数时候还是所有者。

从现实角度而言，行政部门的官僚主义还比较严重，政府许多部门和工作人员面对公民和社会态度傲慢，自以为是，"门难进、脸难看、话难听、事难办"，对公众的要求和需求反应迟钝，甚至麻木不仁，效率低下，浪费严重，民众处于被动无权的地位。因此，现代行政精神应该大力倡导顾客导向，贯彻以公民为本位，一切为了人民，一切依靠人民，让人民评判，让人民满意。

2. 依法行政，贯彻公共责任

依法行政是依法治国的重要基础，是依法治国原则在行政领域的具体运用。只有以依法行政为重心和突破点，依法治国、建设法治国家才能成为可能。依法行政既是行政管理的一项基本原则，也是现代行政精神要点之一。依法行政就是行政机关（包括其他行政主体）在行使行政权力、管理公共事务中必须有法律授权并依据法律规定。

依法行政之"法"必须是体现全体人民整体意志的法，不能是长官意志、个人意志和少数利益集团意志的反映。依法行政不仅要依据具体的法律规范，还应遵循法律原则、法律目的和法律精神。

在依法行政过程中，行政部门要落实履行公共责任。政府在行政活动中，必须把公平和公共责任放在一个突出的地位，保障政府、其他部门和组织在管理公共事务过程中确实肩负起相应的公共责任，必须考虑到公共利益、社会公平、民主和人道主义等多元价值目标，不能完全以效率为导向。

3. 倡导公民参与，发扬行政民主

公民是政府和公共部门的所有者，而不仅仅是一个消费者和顾客。在我国，长期以来的思维和传统致使人们对公民参与公共事务抱有极大的不信任感，再加上公民参与公共管理事务渠道不畅，导致公民意识的淡薄、公德不彰、公共精神匮乏。我国正处于一个经济和社会的快速转型期，各种累积的深层矛盾和新的社会冲突会逐步显现出来，群体性突发事件已进入高发期，这就更需要公民参与公共事务，鼓励公民组织起来有序参与公共事务，让公民解决一些自身的或者集体的问题，树立主人翁意识，发扬现代公民精神，培育良好的慈善之心，提高公民的自立、自主、自治、自我管理的精神和社会自主治理能力。

在行政管理过程中，行政各个部门应该主动并依照政府信息公开法，促进政府信息公开，各个部门引导公民有序参与，发挥公民的创造性和积极性，推进行政民主发展，改善公共治理。倡导公民参与，发扬行政民主，既是培育公民精神、维护宪政价值的要求，也是约束官员自利倾向，弥补行政精英理性不足，促进行政民主和决策民主的现实需要。

4. 廉洁奉公，不断改进绩效

廉洁奉公，提高政府绩效是行政管理的一项基本原则和要求，也是现代精神的重要内容。

行政部门握有公权，行政职能的扩张意味着政府对社会公共事务干预得越来越多，政

行政管理学

府政策和行为对资源和利益分配的影响越来越大。在此过程中，政府及其官员就有可能在此过程中滥用权力、损公肥私，出现腐败和寻租问题，这既阻碍了行政目标的实现，又浪费了公共资源；既损害了效率，又有违公平。因此，在现代社会，行政管理过程中的廉洁就成为一个重大问题。

现代行政要求政府在保障廉洁和履行公共责任的同时，能够节省公共资源，建设节约型行政单位和节约型社会，优化资源的配置，强调行政管理的绩效，倡导结果导向。根本原因在于，低效率会损害公共服务的其他价值目标，诸如公平、民主等，而高绩效可以有效利用有限资源，更好满足公众的需求，也有助于公平等价值目标的实现。

5. 积极创新，追求卓越

传统的行政具有保守的人格特质，循规蹈矩。在现代社会，政府面对问题的复杂性和不确定性大大增加，国内公民的需求日益出现多元化和多样化，各国都需要接受来自全球的挑战。在这样的背景下，行政部门及其人员不能再仅仅中规中矩，而需要在遵守宪法和法律的基础上，勇于开拓和创新，充分利用现代信息技术和其他科学管理手段和方法，不断提高政府的管理能力和管理水平，更好地满足公众和社会需要。

现代政府是在行政主观意愿与客观效果相统一的意义上追求出色的公共行政管理，在比较的意义上追求不断提升并在实践中展现出具有卓越品质的公共政策能力。现代政府应该促进公共部门之间内部竞争以及公共部门同私人部门之间的竞争，追求卓越，不断提高政府的宏观调控能力、市场监管能力、社会管理能力和公共服务能力、高效地向公众全面提供公共产品和公共服务的能力。

第二节　行政管理学的研究方法与途径

行政管理学是一门系统、多学科融合、综合性的新兴学科。研究行政管理学有多种途径、多种取向和多种方法，而且研究途径和研究方法又有多种分类标准。

一、行政管理学的一般研究方法

行政管理作为一门社会科学，许多社会科学的研究和分析方法都在行政管理学领域得到应用和发展。一般研究方法从定量与定性的角度分为定性和定量研究方法，从规范性的角度分为规范分析法和实证分析法，从逻辑素材分为制度法规分析法、哲学思辨法、调查法、文献法、比较分析法、个案分析法、系统分析法、历史分析法和利益分析法等。

（一）定性研究法与定量分析法

定性分析法就是运用归纳和演绎、分析与综合以及抽象与概括等方法,，对研究对象进行"质"的方面的分析，对获得的各种材料进行思维加工，去粗取精、去伪存真、由此及彼、由表及里，从而认识事物本质，揭示内在规律。

行政管理学的定性方法要求根据行政管理现象和行政管理行为所具有的属性和在运动中的矛盾变化，从其内在规定性来研究行政管理活动的一种方法。它以普遍承认的公理、一套演绎逻辑和大量的历史事实为分析基础，描述、阐释所研究的事物。这种研究方法也是一种常见的研究分析方法。

定量分析法也称为数量分析法，一般是为了对特定研究对象的总体得出统计结果而进行的。定性研究具有探索性、诊断性和预测性等特点，不追求精确的结论，而是重视分析和了解问题之所在。在定量研究中，信息都是用某种数字来表示的。借助电子计算机技术、统计学、线性规划和数学模型等数理化的方法来研究和证明行政管理现象过程中的因果对应关系和规范分析，提高行政管理决策和未来预测的准确性。总体上看，定量研究方法是行政管理学研究的薄弱之处。

（二）规范分析法和实证分析法

规范分析法也称理论分析方法，主要根据一定的理念、价值标准或行为规范对是非作出判断，也就是根据价值判断得出研究的结论，主要回答"应该怎么样"，回答和解决"应然"问题。在行政管理学领域，规范分析强调政府应该承担公共责任，追求平等、公正、民主和自由等价值观，并以此指导政府的行政行为。

实证分析法也称事实研究法、调查法，是通过对经验事实的取得、分析来建立和论证各种理论命题，是百余年来，尤其是20世纪以来，西方社会科学领域常用的基本方法之一。实证分析方法要回答的问题是"是什么"的问题，是"实然"性的。行政管理学不仅需要规范分析，还需要进行实证分析，促使行政管理学研究得出的结论经得起经验事实的检验，政策建议建立在扎实的实证调查基础之上。

（三）比较分析法

比较分析法就是把客观事物加以比较，以达到认识事物的本质和规律，并作出正确的评价。比较分析法通常是把两个或多个相互联系的研究对象按照一定的标准和指标数据进行比较，从数量上展示和说明研究对象规模的大小、水平的高低、速度的快慢，以及各种关系是否协调，等等。在对比分析中，选择合适的对比标准是关键的步骤。行政管理学运用比较分析法可以分析不同行政制度或行政模式、不同政策选择等行政问题，研究不同的行政理念、行政原则、行政体制和行政方法对行政管理绩效的影响。行政生态学典型地运用了比较分析法。

（四）个案分析法

个案分析法是对研究对象中的某一特定对象，加以调查分析，弄清其特点及其规律的研究方法。通过研究已经发生的、真实的、典型的行政现象和行政事件，获得对特定行政现象的认识和理解。个案分析法是透过个案，经由典型案例分析，来研究某种特定行政现象和行政行为。

行政管理活动的实践性很强。各个部门在不同情境下展开工作，面对不同的问题，个案研究方法可以很好地对特定行政现象进行解剖，可以窥视一般性的问题。

（五）系统分析法

20世纪，系统论、控制论、信息论等自然科学的迅猛发展，为发展综合思维方式提供了有力的手段，使科学研究方法不断地完善。而以系统论方法、控制论方法和信息论方法为代表的系统科学方法，又为人类的科学认识提供了强有力的主观手段。系统分析法将研究对象置于一个更宽广的环境中，采用系统的观点分析问题。系统理论首先发源于自然科学，后应用到社会科学。伊斯顿（D. Easton）曾经采用系统分析方法，研究了政治过程。在行政管理学领域，系统分析方法将特定行政活动乃至整个行政过程置于一个有机的整体之中，着重分析各个相互关联因素的相互影响，寻找其中的因果关系及其对行政绩效的影响。

（六）文献研究法

文献研究法是根据一定的研究目的，通过对文献进行收集整理来获得资料，从而全面地、正确地了解掌握所要研究问题的一种方法。文献研究法被广泛用于各种学科研究中，其作用主要有：第一，了解有关问题的历史和现状，帮助确定研究重点；第二，形成关于研究对象的一般印象，有助于观察和访问；第三，得到现实资料的比较资料；第四，有助于了解事物的全貌。

（七）利益分析法

利益分析法是从人与人之间、组织与个人、组织与组织之间的利益关系入手，分析人和组织的思想、行为背后的利益诱因，揭示各种社会现象和行政现象及行政活动之间的相互关系。利益分析法注重分析利益的形成和存在形式，利益的合法性、合理性以及利益的分配与再分配。运用利益分析法可以很好地透视行政过程中个人、组织的行为选择，更深入地理解政策的本质。

二、行政管理学研究途径和取向

行政管理学是一门综合性学科，从学科渊源来说，政治学、管理学都可以称得上是其母学科。就学科理论基础而言，与行政管理学密切相关的学科主要有经济学、政治学、管理学和法学。因此，从行政管理学的学科意义上来说，其研究方法、研究途径和取向主要有：公共选择理论、新制度经济学、管理的取向与途径、政治的取向与途径、法律的取向与途径。

（一）公共选择理论与政府失灵、政府改革

公共选择理论是运用经济学的方法和理论研究集体（政府决策）而产生的一个介于经济学和政治学之间的新兴的交叉学科。丹尼斯·缪勒（Dennis Mueller）将其概括为"非市场决策的经济学研究。或者简单地定义，是把经济学应用于政治科学的分析。就研究对象而言，公共选择无异于政治科学：国家理论，投票规则，选民行为，党派，官僚体制，

等等"①。

公共选择理论方法论上的三个要素是：个人主义、经济理性和交易政治。方法论上的个人主义和经济理性是主流经济学核心假设，公共选择理论不同于传统经济学和政治学在于其将政治也视为一个如同经济市场上的交易，把市场制度中的人类行为与政治制度中的政府行为纳入同一分析的轨道，即经济人模式。布坎南（J. M. Buchanan）指出，公共选择理论体现了这样一个基本的行为假设，即那些处于掌握决策权的政治和管理地位上的人和我们一般人并没有多大的差别，他们总想成为个人效用最大化者②。

公共选择理论流派可以分为四大流派：罗切斯特学派（社会选择学派，以赖克（W. Piker）等为代表）、芝加哥学派、弗吉尼亚学派（以1986年诺贝尔经济学奖得主布坎南、塔洛克（G. Tullock）为代表）和以奥斯特罗姆（Ostrom）夫妇（埃莉诺·奥斯特罗姆为2009年诺贝尔经济学奖得主）为代表的多中心学派。

公共选择理论打破了传统二元结构范式下经济市场和政治市场的"善恶"二分法界限，修正了传统经济学把政治制度置于经济分析之外的理论缺陷。公共选择理论通过行为的理性来阐释政府失灵——官僚机构的持续膨胀、财政赤字的惯性扩张、公共物品供给的不足与浪费、寻租活动的泛滥等——形成过程中的深层利益冲突诱因，为重新界定政府与市场的关系、进一步纠正政府失灵提供了强有力的理论支持。根据其理论，公共选择理论提出了一系列改革政府的主张，包括宪政改革、引入市场竞争机制、建立激励机制、改革税制、监督政府。新公共管理运动的理论依据之一就是公共选择理论。

（二）新制度经济学与国家理论的复兴

新制度经济学是运用主流经济学的方法分析制度的经济学，是在20世纪70年代凯恩斯经济学对经济现象丧失解释力之后兴起的。一般认为，新制度经济学是由科斯的《企业的性质》这篇文章所开创的。新制度经济学已经形成交易成本经济学、产权经济学、委托—代理理论、公共选择理论、新经济史学等几个支流。

新制度经济学的代表人物是科斯（Ronald H. Coase）和诺思（Douglass C. North），还包括阿罗（Arrow）、斯蒂格勒（G. J. Stigler）、威廉姆森（O. E. Williamson）等人，他们分别于1991年、1993年、1972年、1982年和2009年获得诺贝尔经济学奖。

新制度经济学理论主要包括四个基本理论：（ⅰ）交易费用理论是新制度经济学最基本的概念。交易费用思想是科斯在1937年的论文《企业的性质》一文中提出的。科斯认为，交易费用应包括度量、界定和保障产权的费用，发现交易对象和交易价格的费用，讨价还价、订立合同的费用，督促契约条款严格履行的费用，等等。制度分析被真正纳入经济学分析之中。（ⅱ）产权理论。新制度经济学家一般都认为，产权是规定人们相互行为关系的一种规则，并且是社会的基础性规则。产权是一个权利束，是一个复数概念，包括所有权、使用权、收益权、处置权等。新制度经济学认为，产权安排直接影响资源配置效率，一个社会的经济绩效如何，最终取决于产权安排对个人行为所提供的激励。（ⅲ）企

---

① ［美］丹尼斯·C·缪勒：《公共选择理论》，中国社会科学出版社1999年版，第4页。
② ［美］詹姆斯·M·布坎南等：《赤字中的民主》，北京经济学院出版社1988年版，第116页。

业理论。科斯运用其首创的交易成本分析工具,对企业的性质以及企业与市场并存于现实经济世界这一事实做出了先驱性的解释。科斯认为,市场机制是一种配置资源的手段,企业也是一种配置资源的手段,二者是可以相互替代的。(iv)制度变迁理论。其代表人物是诺思,他强调技术的革新固然为经济增长注入了活力,但人们如果没有制度创新和制度变迁的冲动,并通过一系列制度(包括产权制度、法律制度等)构建把技术创新的成果巩固下来,那么人类社会长期经济增长和社会发展就是不可能的。诺思认为,在决定一个国家经济增长和社会发展方面,制度具有决定性的作用。产权理论、国家理论和意识形态理论构成制度变迁理论的三块基石。

新制度经济学的理论对于行政管理学的意义在于:在某种程度上复兴了国家理论和意识形态理论,通过该理论可以重新发现国家的重要性,政府在界定产权、实施制度创新、减少交易成本、促进经济增长和社会发展方面具有不可替代的作用。同时政府面临有效产权、产出最大化与政府收益最大化(税负和财政收入、统治者收入最大化)之间的巨大张力,它也可以解释现实中政府的"非理性"行为。这也再一次证明政府并非是中立的,打破了没有自身利益的神话。

(三) 管理的途径与管理行政

自1887年威尔逊发表《行政学之研究》以来,公共行政一直在政治与行政两极之间徘徊。按照欧文·休斯(O. E. Hughes)的观点,管理学和政治学同为行政管理学的母学科。公共行政诞生之时,科学管理运动在私人部门开始兴起和推广。公共行政学创始人提出政治与行政二分法,力图建立与私人部门平行、应用于公共部门的"公共行政"科学。科学管理运动兴起之后,更是主张大力借鉴和引入私人部门管理的理论和方法。

管理的取向更进一步的发展就是行政管理过程中的管理主义取向。管理主义传统和管理行政认为,存在跨越公私部门的一般管理,公共组织和私人组织本质并没有什么不同,行政就是管理,二者在基本程序和追求的目标上都惊人相似,二者的差别是次要的。

管理主义和管理行政关注的是经济、效率、效益,更多地表现为技术层面和实然问题,侧重的是行政实施过程中的方法、技术及其有效性。作为一种管理,它不同于政治学,具有非常强的技术性,要求运用一系列的技术、方法、程序和制度来改善和提高公共部门的效率和绩效。

在行政管理学说史上,威尔逊、泰罗(F. W. Taylor)等人的行政管理思想以及自20世纪80年代开始的新公共管理运动、新自由主义得势,市场重新受到热烈的追捧;管理主义又在公共行政学中抬头,主张以民营化为基本手段,以市场化为基本取向,崇尚效率,用企业家精神重塑政府,建立企业家型政府,模糊公共部门与私人部门的边界,重回管理主义传统。

(四) 政治的途径与民主行政

作为政治学的一个分支和从政治学独立出来的行政管理学,研究取向之一就是政治的途径。"政治"行政观的学者包括早期的一些学者,根据三权分立学说,认为凡属国家立法、司法以外的政务皆为行政,行政关注国家权力的分配、行使。

在行政发展史上,政治取向主张民主行政,反对管理行政。宪政主义传统和民主行政认为,公私部门存在相似之处,但是差异是根本的。如费斯勒(J. W. Fesler)等人认为,公共组织与私人组织在目的与体制上有根本的区别,"公共组织与私人之间的最基本的差别在于法治,公共组织的存在是为了执行法律,它们存在的每一种因素——它们的结构、职员、预算和目的——都是法律权威的产品"①。在行政管理学发展史上,对管理主义取向的批评就是新公共行政学派(New Public Administration),其代表人物弗雷德里克森(H. G. Frederickson)指出了公共组织和公共行政与私人部门相比较的特性体现在:人民主权、代议制、公民权利、程序正义、分权制衡等原则为核心的宪法精神,培养有公民信念、操守和品德的公民精神。

(五)法律的途径与公共行政

法律途径强调政府的裁决功能、维护宪政权利的承诺以及法治。法律途径的公共行政源于行政法、行政司法化和宪法。法律途径的公共行政价值的一个主要特征是不太重视管理途径所竭力主张的成本效能观点。法律关注的焦点是个体权利的本质,并不非常关注裁决和保护个体权利的成本。

罗森布罗姆(D. H. Rosenbloom)等人从管理、政治和法律途径等多元深入研究公共行政问题。他们认为公共行政是现代政府问题的核心,其复杂性决定了研究的途径是多元的,既是管理问题、政治问题,也是民主宪政问题。

管理、政治和法律途径的公共行政在对待公共行政的界定问题、公共行政的公共性认识、行政国家的产生及根源分析等基本理论问题存在很大差异。三者对于公共行政的核心功能,诸如组织(包括官僚制)、人事行政、预算与公共财政、行政决策、政策分析与评估、管制行政、公共行政与公众之间的关系、宪法价值、公共行政的责任与伦理以及公共行政的未来发展等认识和研究取向上存在很大的分歧。

第三节 行政管理学的历史演变

行政管理和行政管理的思想古已有之,但是行政学作为一门独立的学科却产生于现代西方社会。行政管理学经历100多年的发展,目前已成为政治学、经济学、管理学、法学、心理学、生态学等多种学科相互交叉、相互渗透的一门综合性学科。通过对行政管理学产生和发展的历史的回顾,可以深入了解行政管理思想的历史演变,更好地认识历史,立足现在,放眼未来,加深对行政管理活动规律的认识。

对于行政管理学的发展历史分期问题,不同学者基于不同的标准和出发点,把行政管理学发展的历史划分为不同的阶段。本书主要把行政管理学的历史分为以下几个阶段。

---

① [美]詹姆斯·W·费斯勒等:《行政过程的政治——公共行政学新论》(第二版),中国人民大学出版社2002年版,第9页。

一、行政学提出和创立时期

19世纪末,西方主要资本主义国家相继进入了工业化、城市化的行列。从资本主义发展阶段来看,资本主义已经从自由竞争进入垄断阶段,由此产生了一系列的社会和政治问题。这就对国家和政府管理提出了新的挑战,要求通过国家干预纠正市场失灵,缓和社会矛盾,保证社会稳定健康发展。公共行政学由此应运而生。

从理论上看,行政管理学的产生有其理论渊源,而非偶然。西方近代政治学说、德奥的官房学、普鲁士和英国的文官制度,以及行政法学共同为行政管理学的产生奠定了基础。

第一,西方近代政治学说。西方近代政治学说为公共行政学提供了有关国家权力的来源、分配和行使,民意表达和输入,政府结构与功能,政治与政策过程等理论概念,这也是政治学成为行政管理学母学科的缘由之一。

第二,君主时代的德国和奥地利两国的官房学。官房学主要研究如何有效地为国家(君主)管理财政、经济、行政和人事等问题。当时政府将官房学列为候补官员的培训项目。官房学在改进行政制度、管理方法、积累行政管理经验和人员培训等方面都为后来的公共行政学提供了有益的启示。也正是在这个意义上,威尔逊认为行政学产生于欧洲大陆。

第三,普鲁士和英国的文官制度。18世纪初期,普鲁士在西方首先创立了依据考试录用官吏的制度。英国在1805年设立常任文官,1854年正式确立常任文官制度。文官制度为公共行政学的公共人事行政的研究提供了规范。该制度的推行也对威尔逊和古德诺(F. J. Goodnow)的政治—行政二分法产生了积极影响。

第四,西方资产阶级革命时代兴起的行政法学。行政法学是资产阶级革命时期产生的,其最初的主旨是反对和制止封建君主专制对资产阶级的强权以及粗暴的干涉和掠夺,后演变为研究行政法律关系的学科。行政法学开创了"依法行政"的先河,对后世的行政法制(法治)思想产生了重要影响,也是最初的来源,依法行政也是现代行政的基本原则。一般认为,德国人冯·斯坦因(Von Stein)首先在行政法学使用了行政学的概念。

公共行政提出和创立时期的代表人物是威尔逊和古德诺。他们的贡献是创立了公共行政学,强调了研究行政现象和创立行政学的重要意义,并提出了一系列的理论观点。

1. 伍德罗·威尔逊(1856~1924年)与行政学的诞生

威尔逊是美国杰出的政治学家、行政学家、历史学家、教育家和政治家,1856年出生于弗吉尼亚。威尔逊毕业于普林斯顿大学,毕业后任教多年;1910年当选为新泽西州州长,1912年获民主党总统候选人提名,击败西奥多·罗斯福(Theodore Roosevelt)获胜。执政期间推行改革,取代罗斯福为进步主义改革旗手。1916年连任,适值第一次世界大战,开始威尔逊政府避战,后参战,于1918年1月提出《公正与和平》的14点方案,成为了与战败国和谈方案的基础。他出席了巴黎和会,提出了创建国联,但被共和党人控制的国会拒绝批准威尔逊方案,后付诸公民表决,仍未完全被通过,因此,提出国际联盟的美国却未能参加国联。1920年,威尔逊获诺贝尔和平奖,他的代表作有《国会体制》(1885)、《行政学之研究》(1887)、《乔治·华盛顿》(1896)、《美国人民的历史》(1902)、

《分裂与重新统一（1829~1889）》（1893）等著作和论文。

1887年，威尔逊发表《行政学之研究》一文，标志行政学作为一门学科的诞生。威尔逊批判了美国的民主政治体制存在的一些弊端，主张重新认识权力和授权，认为"与制定一部宪法相比，贯彻一部宪法变得愈来愈困难了"，所以应当把研究的重点集中在行动的政府方面，即政府行政管理方面。威尔逊认为应当从法律和文件的背后去挖掘"现实研究法"，为此必须纯正政府的组织机构，加强执行，提高行政效率。他指出"行政学研究的目的就在于把行政方法从经验性实验的混乱和浪费中拯救出来，并使它们深深植根于稳定的原则之上"。

威尔逊在《行政学之研究》中提出的思想有其特殊的文化背景和历史背景，形成直接的原因主要是政党政治和文官制度。他架设了欧洲大陆特别是法国、德国行政研究与美国行政研究的越洋的桥梁。从学科上，他融合了政治学、管理学、历史学、法学、经济学等，从而使行政学研究的中心从欧洲转向美国。他认为政治与行政既有联系又有区别。行政活动是政治活动的一个组成部分。但是行政活动领域是一种事务性的领域，属于技术范畴；而政治活动则更要重大和复杂得多，政治领域内充满混乱和冲突，远非行政活动所能相比。随着行政体制的改革和完善，一定会对民主体制的改革起到促进作用，这就进入威尔逊所说的政府经历三个发展时期的第三个时期，即拥有最高权力的人民在使他们掌握权力的新宪法的保障下，着手发展行政管理工作的时期。在整个20世纪公共行政理论与实践的发展中，《行政学之研究》一文提出的基本思想都是一个绕不开的主题，一切关于公共行政的理论和实践思考都必须考虑政治与行政二分的框架。

2. 古德诺（1859~1939年）与政治—行政二分法

古德诺是美国政治学家、教育家，1859年生于纽约市布鲁克林，1939年卒于巴尔的摩。古德诺曾在美国阿默斯特学院和哥伦比亚大学以及法国巴黎和德国柏林等地学习。1883~1914年开始在哥伦比亚大学任教，1914~1929年任约翰·霍普金斯大学校长，先后教授行政法、历史和政治学，是美国政治学会的主要创建人，并于1903年成为该学会第一任主席。1900年，他参加起草了《纽约市宪章》。1911~1912年任美国W. H. 塔夫脱总统的节约与效率委员会委员。1913年曾到北京任中国政府的法律顾问，于1915年发表《共和与君主论》，认为共和制度不适宜中国，为袁世凯的复辟制造舆论。其著作有《比较行政法》《政治与行政》《美国的市政府》《美国行政法原则》等。

古德诺从法律角度研究市政机构和管理，研究20世纪初期美国城市政治，是政治—行政二分法理论的倡导者之一。他在代表作《政治与行政：对政府的研究》一书中进一步系统地阐述了政治与行政分离理论，认为传统的三权分立学说不符合民主国家的实际，因为民主国家的主要职能只有政治和行政两种。他认为，政治是国家意志的表达，也是民意的表现和政策的决定，由议会掌握制定法律和政策以表达国家意志的权力；行政是国家意志的执行，也是民意的执行和政策的执行，由行政部门掌握的执行法律和政策的权力是实现国家意志的方法和技术，行政不应受政治权宜措施及政治的影响。古德诺的思想反映了当时美国社会反对政党分赃制、进行行政改革、实行科学管理的要求，对美国的行政实践和理论研究都产生了深远的影响，并成为第二次世界大战以前行政学研究的出发点。二战后，由于行政职能在经济领域内的扩大，行政学的研究开始注意行政在国家政治进程中的作用,古德诺的理论逐渐受到批评。

二、传统行政时期(正统时期)

这一时期是从20世纪20年代至行为主义兴起之前的一段时间。这期间行政学的发展是行政学发展的传统时期,也称为正统时期。之所以如此称呼,在于这一时期公共行政学研究继承了提出和创立时期行政学的基本信念,即认为行政学追求的"真正的民主和真正的效率"是统一的,效率依然是这个时期行政管理的基本原则。同时,这一时期行政学研究的重点之一是谋求行政组织的合法化、行政过程的制度化、行政行为的效率化和行政方法的标准化。

这一时期的代表人物是:"科学管理之父"泰罗,提出行政管理14项原则、5项职能的法约尔和"社会组织理论之父"韦伯。

(一)泰罗(1856~1915年)与科学管理

弗雷德里克·温斯洛·泰罗(Frederick Winslow Taylor)是美国古典管理学家,科学管理理论的主要倡导者,被后人尊称为"科学管理之父"。

《科学管理原理》是他的代表作,较为全面地阐述了科学管理理论的内容。科学管理理论是以工商业的生产管理和车间管理为起点,兼具思想性和实用性的一整套管理学说,主要内容涉及生产管理的技术与方法、管理职能、管理人员、组织原理、管理哲学五大方面。

科学管理思想主要包括以下几个方面的内容:(ⅰ)制定工作定额;(ⅱ)挑选"第一流的工人";(ⅲ)实施标准化管理;(ⅳ)实行差别的计件工资制度;(ⅴ)强调工人和雇主之间"精神革命";(ⅵ)计划职能同执行职能分开;(ⅶ)实行"职能工长制";(ⅷ)实行例外原理。

泰罗的科学管理思想发端于工厂车间,后发展应用到行政管理领域,并促进了行政管理学的发展。正是科学管理运动的兴起,促使行政学家开始重视并通过科学管理提高政府行政效率问题。

(二)法约尔(1841~1925年)与一般管理理论

亨利·法约尔(Henri Fayol),法国古典管理理论学家,与马克斯·韦伯(Max Weber)、泰罗并称为西方古典管理理论的三位先驱,并被尊称为管理过程学派的开山鼻祖。

法约尔的研究与泰罗的不同在于:泰勒的研究是从工厂管理的一端——"车床前的工人"开始实施,从中归纳出科学的一般结论,重点内容是组织内部具体工作的效率;法约尔是从总经理的办公桌旁,以组织整体作为研究对象,创立一般管理理论。他认为,管理理论是指有关管理的、得到普遍承认的理论,是经过普遍经验并得到论证的一套有关原则、标准、方法、程序等内容的完整体系;有关管理的理论和方法不仅适用于公私企业,也适用于军政机关和社会团体。

法约尔最主要的贡献在于三个方面:把管理活动从经营职能中独立出来;提出管理活

动的 14 条管理原则和 5 项职能。按照法约尔的管理职能划分法，行政管理活动划分为计划（planning）、组织（organizing）、指挥（commanding）、协调（coordinating）和控制（controlling）五大职能。计划意味着要研究未来和工作计划；组织意味着建立物质和人事机构；指挥意味着要命令工作人员去做工作；协调意味着把所有活动统一和联系起来；控制是设法把一切工作都按照已经规定的规章制度和下达的指示去做。

（三）韦伯（1864~1920 年）与科层制

马克斯·韦伯是德国的政治经济学家和社会学家，他被公认为现代社会学和公共行政学最重要的创始人之一。韦伯最初在柏林大学开始教职生涯，并陆续在维也纳大学、慕尼黑大学等大学任教。韦伯的主要著作围绕社会学的宗教和政治研究领域，也对经济学领域做出了极大的贡献。他的代表作是《新教伦理与资本主义精神》《经济与社会》《中国的宗教：儒家与道教》等。

韦伯将国家定义为一个"拥有合法使用暴力的垄断地位"的实体，这个定义对于西方现代政治学的发展影响极大。韦伯有组织理论之父的美誉，从权力和权威的角度提出了三种正式的政治统治和权威的形式：魅力型统治（家族和宗教）、传统型权威（宗主、父权、封建制度）以及法理型统治（官僚型统治，现代的法律和国家、官僚）。

对于行政学，韦伯的理论贡献是提出了科层制（官僚制）理论。"官僚"是指组织的成员是专门化的职业管理人员，并不含有一般语境中使用"官僚"一词的贬义。为了避免误解，有些学者把韦伯所说的官僚组织改称科层组织。韦伯认为，在近代以来的资本主义社会中，官僚组织是对大规模社会群体进行有效管理的基本形态。

同时期公共行政理论取得长足的进步，代表人物有怀特、魏洛比（W. F. Willoughby）、古立克和厄威克等。

伦纳德·D·怀特是杰出的行政学家和人事行政专家，1926 年他出版了《行政学概论》一书，成为全美第一本行政学教科书。他认为组织原理、人事行政、财务行政是行政学的基本内容。他对行政学的理论化和系统化做出了重要贡献。

威廉·魏洛比 1928 年出版了《行政学原理》一书，认为财政、预算和物资管理是公共行政学的主要研究范畴之一，拓宽了公共行政学的研究范围。

卢瑟·古立克在 20 世纪 20~60 年代一直担任美国公共行政学研究所所长和美国政府事务研究所主席等职，主持过多项研究报告，在联合国等世界组织中先后担任过政府计划、组织、都市管理、财政和人事等部门的负责人，与厄威克合著《行政管理科学论文集》，汇总了当时科学管理学派各种理论观点。

三、行为主义（批判与转变）

始于 1929 年的世界经济危机和第二次世界大战，使西方国家放弃了传统的自由放任的经济政策，开始了国家对经济和社会的全面干预，与此相适应，各国政府的行政管理在官僚体制、行政权力、行政职能等方面发生了根本性的变化。正统行政学的传统观点受到了怀疑与批评。这一时期的行政学说及其代表人物主要有：最早运用系统观点对行政组织进行全面深入的理论分析，并建立了一套系统的行政组织学说的美国行政管理学家巴纳德（C. I. Barnard）；对正统行政学的所谓行政原则进行了猛烈抨击并率先将行为主义研究方法和决策概念引入行政管理研究，建立了一个比较完整的决策理论体系的美国行为主义行政学家西蒙（H. A. Simon）；对行政学的历史发展和内容范围进行了全面探讨，并对西方行政学的发展做出了重要贡献的美国行政学家沃尔多。

（一）霍桑实验与行为主义

这一时期对行政学研究影响巨大的是行为主义。

霍桑实验是心理学史上最出名的事件之一，由哈佛大学的心理学教授梅奥（G. E. Mayo）主持。霍桑工厂是一个制造电话交换机的工厂，具有较完善的娱乐设施、医疗制度和养老金制度，但工人们仍愤愤不平，生产成绩很不理想。为找出原因，美国国家研究委员会组织研究小组开展实验研究。

霍桑实验共分四阶段：

第一，照明实验。当时关于生产效率的理论占统治地位的是劳动医学的观点，认为疲劳和单调感会降低工人生产效率，于是实验假设便是"提高照明度有助于减少疲劳，使生产效率提高"。可是经过两年多实验发现，照明度的改变对生产效率并无影响。

第二，福利实验。实验目的总的来说是寻找福利待遇的改变与生产效率的关系。但经过两年多的实验发现，不管福利待遇如何改变（包括工资支付办法的改变、优惠措施的增减、休息时间的增减等），都不影响产量的持续上升，甚至工人自己对生产效率提高的原因也说不清楚。后经进一步的分析发现，导致生产效率上升的主要原因是：参加实验的光荣感；成员间良好的相互关系。

第三，访谈实验。研究者在工厂中开始了访谈计划，最初想法是要工人就管理当局的规划和政策、工头的态度和工作条件等问题作出回答，但这种规定好的访谈计划在进行过程中却大出意料之外，得到意想不到的效果。工人想就访谈提纲以外的事情进行交谈，工人认为重要的事情并不是公司或调查者认为意义重大的那些事。访谈中多听少说，详细记录工人的不满和意见。工人们长期以来对工厂的各项管理制度和方法存在许多不满，无处发泄，访谈计划的实行恰恰为他们提供了发泄机会。工人发泄过后心情舒畅，士气提高，使产量得到提高。

第四，群体实验。梅奥等人选择14名男工人在单独的房间里从事绕线、焊接和检验工作，实行特殊的工人计件工资制度。原来设想是，实行奖励办法会使工人更加努力工作，以便得到更多的报酬。但观察的结果发现，产量只保持在中等水平，每个工人的日产量平均都差不多，并不如实地报告产量。深入的调查发现，班组为了维护群体的利益，自发地形成了一些规范。他们约定，谁也不能干得太多，突出自己；谁也不能干得太少，影响全组的产量。并且约法三章，不准向管理当局告密，如有人违反这些规定，轻则挖苦漫骂，重则拳打脚踢。进一步调查发现，工人们之所以维持中等水平的产量，是担心产量提高，管理当局会改变现行奖励制度，或裁减人员，使部分工人失业，或者会使干得慢的伙伴受到惩罚。试验表明，为了维护班组内部的团结，可以放弃物质利益的引诱，由此提出"非正式群体"的概念，认为在正式的组织中存在着自发形成的非正式群体，有特殊的行为规范，对人的行为起着调节和控制作用。

霍桑实验表明，人是社会人，一个人的思想、情绪和行为，无时无刻不在受着周围人的影响。人的积极性产生于和谐有益的社会关系之中。霍桑试验之后，行为主义和人际关系学派开始得到迅速发展。行为主义掀起了包括行政学在内的人文社会科学研究革命。

（二）巴纳德（1886～1961年）

切斯特·巴纳德是美国著名管理学家，近代管理理论奠基人之一，代表作《经理人员的职能》（1938）开创了组织管理理论研究，揭示了管理过程的基本原理，经后人进一步发展，形成管理学领域的组织管理流派，对当代管理学体系产生了重要影响。

在现代管理学领域，巴纳德是首屈一指的大师级人物，对现代管理学的贡献犹如法约尔和泰罗对古典管理学的贡献。巴纳德的贡献主要是理论上的贡献，尤其是组织理论上的创新，他是"现代管理理论之父"。

（三）西蒙（1916～2001年）与满意决策

赫伯特·西蒙的有限理性和决策理论对管理学和行政学产生了重要影响。西蒙认为，现实生活中作为管理者或决策者的人是介于完全理性与非理性之间的"有限理性"的"管理人"。"管理人"的价值取向和目标往往是多元的，不仅受到多方面因素的制约，而且处于变动之中乃至彼此矛盾状态；"管理人"的知识、信息、经验和能力都是有限的，他不可能也不企望达到绝对的最优解，而只以找到满意解为满足。西蒙指出组织中经理人员的重要职能就是作决策。作为管理学科的一个重要学派，决策理论学派着眼于合理的决策，即研究如何从各种可能的抉择方案中选择一种"令人满意"的行动方案，西蒙是决策学派的主要代表人物。

西蒙对行政学的传统研究方法批判得最为彻底，认为正统行政学研究方法缺乏科学性，并主张将行为主义引入行政学研究之中，以行政行为研究代替正统行政学研究。他的代表性著作之一的《行政行为——行政组织决策过程的研究》于1947年出版，标志西方行政学进入一个新的时代，以科学化的概念、实证的研究方法取代传统的、充满含混命题和教条化陈述的内容。他由于在决策理论研究方面的突出贡献，于1978年获得诺贝尔经济学奖。

（四）沃尔多与综合折中行政观

德怀特·沃尔多（Dwight Waldo，1913～2000年）是一位博学多产、极具影响的行政学家。他是新公共行政运动的积极倡导者和参与者，1948年出版《行政国家》的著作提出了"行政国家"的重要概念，成为公共行政学领域的经典之作。

沃尔多认为传统行政学价值取向信奉个人主义、实利主义和平等，他批判传统行政学政治—行政二分法，以及传统组织理论的理性主义、过于重视行政效率的取向。他认为当代公共行政包括四种思潮：组织理论、比较公共行政学、公共政策和新公共行政学。沃尔多研究了历史、政治、道德、科学、逻辑实证主义等与公共行政的关系以及官僚制与民主之间的关系。他在许多重大问题上持有矛盾心理，坚持认为公共行政必然涉及政治，又对政治—行政二分法看到了某种价值，说公共行政既是艺术又是科学，在行政学思想上是综合折中的。

沃尔多与赫伯特·西蒙围绕公共行政的本质进行了长达半个世纪的争论，对公共行政学的发展产生了重大的影响。两人围绕公共行政学的学科定位、研究方法和价值取向展开了激烈的争论，西蒙主张引入逻辑实证主义，构建一门更加精致、更有效率的行政科学。沃尔多注重将民主等规范价值引入公共行政中，强调公共行政学是一种政治理论。这场争论的问题至今依然是公共行政理论与实践的中心问题。

四、融合与应用发展的时期

20世纪60年代是科技极大发展的时代，原子能技术、空间技术、电子计算机技术的利用和发展标志第三次科学技术革命的开启，系统论、信息论和控制论的应用与发展极大地促进了管理的现代化，也为行政科学的发展注入了新的活力。行政学摆脱了对政治学的过分依赖，由纯理论研究转向应用研究，成为一门融多学科的理论方法于一体的综合性学科。

这一时期，行政学发展主要成就是公共政策学派的发展、行政系统理论以及生态行政学。

（一）公共政策与政策分析

在这个时期，西方国家出现了大量的社会现象和尖锐的现实问题，政府面对的不再是单一、个别、简单和稳定的问题，迫切需要政府及时有效地予以应对。在这样的背景下，公共政策分析理论兴起。

一般认为，拉斯韦尔（H. Lasswell）是现代公共政策学科的创始人。1951年，拉斯韦尔倡议召开了一次多学科学者参加的公共政策研讨会，会后由他主编出版了《政策科学：近来在范畴与方法上的发展》一文，政策科学由此得名，并被视为现代政策科学发端的标志。20世纪60年代，美国联邦政府率先吸收和采用了政策科学的研究成果，将其直接应用于联邦政府面临的若干大型、复杂国策问题的研究和处理，成功地、大规模地集中和组织了专业力量和生产力量，解决了诸如国防、空间探索、高尖新技术开发等领域里的某些问题，引起了世界各国政府的普遍重视。

关于政策，主要创始人拉斯韦尔认为，政策是含有目标、价值和策略的大型计划。伊斯顿对政策给出了一个经典的界定，政策就是对社会资源和价值的一种权威性分配，由配置价值的一系列决定和行动构成。盖伊·彼得斯（Guy Peters）对政策作了更广泛的理解，他认为政策是指政府活动的总和，不管这种活动是直接的还是通过某种机构发生的。同样作如此宽泛理解的包括托马斯·戴伊（Thomas Dye），政策是政府做或不做的任何事。

按照芭芭拉·纳尔逊（B. Nelson）的看法，对政策传统解释主要包括三种方法：

第一种方法对政策理解的范围非常宽泛，包括上文提及的盖伊·彼得斯和托马斯·戴伊。按照他们的理解，政策和政府行为几乎等同。

第二种方法将政策视为解决问题的活动，这其中包括约翰·杜威（John Dewey），他认为政策是感受困惑、解释问题、寻找解决办法、分析因果关系到实施最优选择；拉斯韦尔认为政策包括建议、规定、合法化、应用和终止等阶段性活动；也包括伊斯顿基于系统论的分析，认为政策是输入、转换和输出过程，等等。

第三种传统解释是不满对政策的阶段性理解，认为政策关乎信念问题，德博拉·斯通（Deborah Stone）认为政策是一个持续不断、围绕分类标准、分类边界和指导人们行为的信念的界定而斗争的过程；保罗·萨巴蒂尔（Paul Sabatier）等人提出的政策支持联盟框架将不同信念共同体之间形成的共同观点和论点视为是政策过程的基石。

芭芭拉·纳尔逊认为上述三种对政策的传统解释是整体主义的，认为个人、制度、互动以及各种意识形态等要素对政策制定都很重要，如果不是同等重要的话。芭芭拉·纳尔逊认为，与对三种传统政策解释不同的是公共选择理论视角的解释，公共选择学派更倾向于解决政策问题，而不是将政策作为一个过程或一个学科领域加以解释。包括西蒙、奥斯特罗姆夫妇等人，他们从经济人假设、完全或有限信息、满意决策、期望效用等出发分析政策。

（二）里格斯（F. W. Riggs）与行政生态学

行政生态学是20世纪60年代开始兴起的一门以生态学的方法研究行政现象、行政行为与行政环境之间相互关系的分支学科，它要求对行政系统作整体的观察和分析。最早将行政问题与生态环境学联系起来进行研究的是哈佛大学的约翰·高斯（John Gaus）教授，他于1947年发表《政府的生态学》一书，但当时未引起学界的重视。

里格斯（有译为雷格斯）运用生态学的理论与方法研究发展中国家的行政问题并设计了行政系统三大模式。

生态学是生物学的一个分支学科，研究的是生命有机体在其生长的过程中相互之间以及与其周围环境之间所发生的相互关系。里格斯认为，要了解一个国家的公共行政，不应该仅仅局限于行政系统本身，而应该跳出行政系统，从社会这个大系统来考察行政，亦即考察一国的行政与该国的社会环境的关系。在他看来，行政生态学的研究方位包括两个方面：一是探讨各国所特有的社会文化以及历史等诸因素是如何影响该国的公共行政；二是反过来研究各国的公共行政又如何影响该国的社会变迁与发展。

里格斯认为人类社会存在三种基本的社会形态：传统的农业社会、过渡社会和现代工业社会，相应地行政学也存在三种模式：农业社会的行政模式（融合型行政模式）、工业社会的行政模式（衍射型行政模式）、过渡社会的行政模式（棱柱型行政模式）。

五、挑战与创新时期（多元）

进入20世纪70年代以来，西方国家普遍陷入财政危机，同时官僚系统的低效、拖沓、人浮于事也引起了公众的极度不满。现实对行政学理论提出了挑战。由美国青年行政学者发起的"新公共行政"运动在70年代得到了理论界的认同，以此为基础，英国学者提出了重视行政道德规范和社会需求的社区服务模式。随后新公共管理运动的兴起，表明管理在政府运作中居于主导地位。这一时期行政学的主要思想和流派及代表人物包括：新公共行政运动及其主要集大成者美国学者弗雷德里克森；公共选择理论及其代表人物布坎南、奥斯特罗姆；新制度经济学理论及其代表人物科斯与诺思；倡导"企业家精神"来克服政府官僚主义并为政府的改革开出了 10 种药方、实现政府重塑的美国学者奥斯本（D. Osborne）和盖布勒（T. Gaebler）；民营化理论及其代表人物萨瓦斯（E. S. Savas）；新公共服务理论及其代表人物丹哈特（Denhardt），治理理论以及后现代公共行政理论及其代表人物麦克斯怀特（O. C. Mcswite）、福克斯（C. J. Fox）等。

（一）弗雷德里克森（1934~）与新公共行政

随着公共行政的发展，传统公共行政的管理主义对公共行政的社会公平和公共性的忽略招致了不满，导致 1968 年明诺布鲁克会议的召开，一些年轻行政学者创立了新公共行政学派（New Public Administration，NPA），批判公共行政的效率导向和管理主义倾向，反对政治—行政二分法，注重规范分析，强调社会公平、公共利益和民主价值，带有很强的民主行政印记。会议论文集《走向新公共行政：明诺布鲁克的观点》一书将新公共行政的主要特征概括为：主张入世的公共行政、后逻辑实证主义、适应动荡的环境、发展新型的组织形态、建立受益者导向的公共行政。

弗雷德里克森是新公共行政的主要代表人物，在 1968 年的会议发表了《走向新公共行政》论文，把社会公平引入公共行政，代表专著有《新公共行政》(1980)、《公共行政的精神》(1997) 等。

弗雷德里克森在《公共行政的精神》一书中对公共行政中的公共、公共行政的政治背景、行政自由裁量权问题、公共行政中的公正与社会公平、伦理与公共行政等议题进行了深入细致的分析。他提出了公共行政的构成要件：

(1) 以宪法为基础（人民主权、代议制、公民权利、程序正义、分权制衡等原则）。
(2) 品德崇高的公民（公民信念、操守、品德等公民精神）。
(3) 回应集体与非集体利益的制度。
(4) 乐善好施与爱心，突出和强调了公共行政的公共性。

（二）奥斯本、盖布勒与新公共管理

自二十世纪七八十年代，西方资本发达国家经济出现滞胀局面，福利国家陷入危机，时代变迁和社会意识形态发生转变，新自由主义得势，市场重新受到热烈的追捧，管理主义又在公共行政学中抬头，新公共管理（New Public Management，NPM）运动由此兴起。

新公共管理代表人物戴维·奥斯本和特德·盖布勒合作出版著作《改革政府——企业家精神如何改革着公共部门》，该书在美国乃至世界范围内产生了广泛的影响。在该书中，提出了十大原则或基本内容：

(1) 起催化作用的政府：掌舵而不是划桨。
(2) 社区拥有的政府：授权而不是服务。
(3) 竞争性政府：竞争机制引入公共服务提供。
(4) 有使命的政府：注重目标而不是繁文缛节。
(5) 结果导向的政府：重产出而不是投入，按效果而不是按投入拨款。
(6) 顾客导向的政府：满足顾客的需要，而不是官僚政治需要。
(7) 有事业心的政府：有收益而不浪费。

(8) 前瞻性的政府：预防而不是治疗。
(9) 分权的政府：重参与协作的分权模式而非层级节制的集权模式。
(10) 市场导向的政府：重市场机制调节而非仅靠行政指令控制。

新公共管理理论主张用企业家精神重塑政府，建立企业家型政府，其实质是以民营化为基本手段，以市场化为基本取向，崇尚效率，模糊公共部门与私人部门的边界，在公私部门之别上强调二者之间的同而不是异，理论隐含的逻辑假设是公共部门和工商组织行政并无区别，行政就是管理，重回管理主义传统，因此被认为是一种新管理主义。

（三）丹哈特与新公共服务理论

在对新公共管理进行批判和反思的基础上，一些学者提出了新公共服务理论。罗伯特·B·丹哈特和珍妮特·V·丹哈特夫妇是新公共服务理论的主要提出者。丹哈特博士著述甚丰，迄今为止，已经出版了16本专著，其中代表性的著作包括：《新公共服务》《公共组织理论》等。《新公共服务：服务而不是掌舵》一书中，丹哈特夫妇分析批判了新公共管理理论，特别是新公共管理理论之精髓的企业家政府理论。新公共服务理论的理论来源和概念基础主要包括：

(1) 民主公民权理论。
(2) 社区与公民社会理论。
(3) 组织人本主义理论和新公共行政。
(4) 后现代公共行政。

新公共服务理论是关于公共行政在以公民为中心的治理体系中所扮演的角色的一套理论，针对新公共管理运动，提出了一些针锋相对的主张，基本观点主要包括：

(1) 政府的职能是服务，而不是掌舵。
(2) 公共利益是目标而不是副产品。
(3) 在思想要有战略性，在行动上要有民主性。
(4) 为公民服务，而不是为顾客服务。
(5) 责任并不简单（公务员关注的应不只市场，还应关注宪法、法律、社区价值观、政治规范、职业标准和公民利益）。
(6) 重视人而不是重视生产率。
(7) 公民权和公共服务比企业家精神更重要。

需要注意的是，新公共服务理论是对传统公共行政和新公共管理理论进行反思和批判基础上提出和建立的，主张用一种基于公民权、民主和公共利益的新公共服务模式代替当前基于经济理论和自我利益的主导行政模式，但这并不意味着它是对传统公共行政理论和新公共管理理论全盘否定。

（四）奥斯特罗姆与多中心理论、自主治理理论

美国印第安纳大学政治理论与政策分析研究所的埃莉诺·奥斯特罗姆（1933～2012年）与文森特·奥斯特罗姆（1919～2012年）夫妇共同创立了多中心理论和自主治理理论。奥斯特罗姆夫妇是著名的政治学家、政治经济学家、行政学家和政策分析学家，共同

开发了 IAD（Institutional Analysis and Development）分析框架，公共选择理论的开创者之一，多中心理论和自主治理理论的主要代表人物。他们的著作颇丰，单独或合著的代表作包括《美国公共行政的思想危机》（文森特）、《美国联邦主义》（文森特）、《公共事务的治理之道：集体行动制度的演进》（埃莉诺）、《制度激励与可持续发展》（埃莉诺等）等。埃莉诺因"在经济管理方面的分析，特别是对公共资源管理上的分析"，获得2009年度诺贝尔经济学奖，成为获得该奖项女性第一人。

埃莉诺分析了传统集体选择的三个模型：公地悲剧、囚徒困境和集体行动逻辑的理论假设和适应性问题。她认为，极少有制度不是私有的就是公共的——或者不是"市场的"就是"国家的"。自主治理理论探讨相互依赖的人们如何自我组织起来，进行自主治理，实现持久的共同利益。

埃莉诺分析讨论了在集体行动当中，复杂不确定环境下，个人策略行为选择不仅受内部变量影响，而且要受到外部环境变量的影响。其中，内部变量主要包括四个：预期收益、预期成本、内在规范和贴现率。外部环境包括9个变量：

(1) 占用者人数。
(2) 公共资源规模。
(3) 资源单位在时空上的变动性。
(4) 公共资源的现有条件。
(5) 资源单位的市场条件。
(6) 冲突的数量和类型。
(7) 变量资料的可获得性。
(8) 使用的现行规则。
(9) 提出的规则。

自主治理成功的8项原则：
(1) 清晰界定边界。
(2) 占用和供应规则与当地条件。
(3) 集体选择的安排。
(4) 监督。
(5) 分级制裁。
(6) 冲突解决机制。
(7) 对组织权的最低限度的认可。
(8) 分权制企业。

公共事物自主治理理论把多中心秩序与效率、社群利益关联起来，在市场与国家理论之外进一步发展了集体行动理论，为面临类似选择的人们提供了处理类似问题的新思路。

（五）萨瓦斯与民营化

新公共管理的要义之一是民营化。E. S. 萨瓦斯是民营化大师。萨瓦斯曾任职于美国联邦、州和纽约市等各级政府部门，致力于民营化改革30余年，是民营化的先驱和主要倡导者。萨瓦斯的代表作有《民营化与公私部门的伙伴关系》《民营化：改善政府的要径》和《公有领域的民营化：如何简政》等，其中《民营化与公私部门的伙伴关系》是其 21 世纪初的一部力作，被翻译成 10 多种文字。

萨瓦斯认为，从广义上讲，公私伙伴关系（Public-Private Partnerships，PPP）是指公共部门和私营部门共同参与生产和提供物品和服务的任何安排，包括合同承包、特许经营、补助等。按照一般理解，PPP 的内涵包括：

（1）目的是提供公共服务或公共设施，方式是由私人部门提供，公共部门购买。
（2）通过合同界定各方权利与责任，并据此建立长期合作关系。
（3）公共部门的重要职责是制定清晰的各种标准。
（4）引入私人部门的资金与专业技能。
（5）基于产出的费用支付与回报。
（6）合理的风险分担与转移。按照私人投资者参与程度、收费方式与招标方式的不同，PPP 可分为多种不同模式。

PPP 模式在发达国家和发展中国家得到了广泛的推广和应用，成为政府行政改革、公共服务和公共服务设施供给改革的重要选择路径。

（六）公共治理理论

20 世纪末，随着西方福利国家陷入危机、市场机制和等级机制失调，治理理论开始兴起，成为政治学、行政学和管理学等领域的热点。

世界银行 1992 年度报告就以"治理与发展"为标题。经济合作与发展组织（OECD）在 1996 年曾经发布了一份名为"促进参与式发展和良好治理的项目评估"的报告，联合国有关机构还成立了"全球治理委员会"，并出版了《全球治理》杂志。治理理论的主要创始人之一罗西瑙（J. N. Rosenau）在其代表作《没有政府统治的治理》和《21 世纪的治理》等论述中将治理定义为一系列活动领域里的管理机制，与统治不同，其管理活动的主体未必是政府，也不一定需要依靠国家的强制力量实现，虽未得到正式授权，却能有效发挥作用。治理理论研究另一权威格里·斯托克（Gerry Stoker）对各种治理理论作了系统的梳理，提出了治理的五种主要观点：

（1）出自政府，但又不限于政府的社会公共机构和行为者。
（2）在为社会和经济问题寻求解决方案的过程中存在着界限和责任方面的模糊性。
（3）明确肯定了在涉及集体行为的各个社会公共机构之间存在着权力依赖。
（4）参与者最终将形成一个自主的网络。
（5）办好事情的能力并不仅限于政府的权力，不限于政府的发号施令或运用权威。另有学者提出治理的几种形态：善治、没有政府的治理、公司治理、网络治理、多层次治理、私域治理等。

公共治理理论强调政府、社区、社会组织、私人机构和个人等多元主体，通过协调、对话、沟通、合作和互动，共同参与公共事务融资、提供、生产、维护，形成多中心、多元、协商与合作的机制，改善绩效，实现善治。

（七）后现代公共行政

后现代公共行政代表人物和代表作有查尔斯·J·福克斯和休·T·米勒（Hugh

T. Miller）合著的《后现代公共行政：话语指向》、奥林·怀特（Orion White）和辛西娅·麦克斯万（Cynthia McSwain）两位教授以笔名麦克斯怀特合著的《公共行政的合法性：一种话语分析》等。

《后现代公共行政：话语指向》是先锋派作者写就的先锋派作品。它将公共行政与公共政策研究置于后现代主义的基础之上，建立在现象学（情境、意向性）、构成主义理论（现象学、吉登斯的结构化理论）观点之上，以话语理论为立足点，引入现代物理学能量场概念，批判了传统行政模式及其替代模式，如宪政主义、新制度主义、社群主义、公民主义等广为流行的理论，致力于建构一种全新的公共行政"话语"理论。

《公共行政的合法性》以公共行政的合法性问题为切入点，对各个时期公共行政理论的缘起、发展和话语架构进行了独到的批判性分析，批判了传统行政和各种行政理论流派的自言自语和超现实主义现象，对公共行政合法性基础进行了深刻的反思，对传统公共行政的话语结构尤其是"理性人"的意识形态作了全面的检讨，并从性别理论的角度说明了合法性和异在性之间的联系。

后现代公共行政视野开阔、文风犀利活泼，理论创新大胆，给人前所未有的震撼。可以说，后现代公共行政是后现代主义和思潮在公共行政领域的一种反映和主张。

六、我国行政管理学的历史发展

我国是悠久的历史文明古国，在漫长的历史发展过程中，逐步形成了一套内容丰富、体系相对完整的行政管理制度，尤以中央集权制度、官吏选拔考核制度和行政监察制度等闻名于世。

但是，现代意义上的行政管理学是西方的舶来品。19世纪末、20世纪初，我国的行政管理学几乎与西方国家行政管理学的形成同期进行，国内一些学者翻译和引进了行政管理学。在理论研究发展的同时，公共行政学步入高等院校的课堂。

新中国成立伊始，由于1952年进行院校调整，作为一门独立学科的行政管理学连同其他许多人文社会科学一样，都被撤销了，这使得我国行政管理学在一段不算短的时间内几乎是一片空白。

1978年党的十一届三中全会召开，开始拨乱反正，为包括行政管理学在内的人文社会科学的复兴和繁荣提供了可能。1980年，中国政治学会成立，行政管理学开始酝酿恢复和发展，许多学者公开撰文呼吁恢复公共行政学。

1984年夏，由国务院办公厅和原劳动人事部联合召开了全国性的行政管理研讨会，并正式筹备建立中国行政管理学会，1988年，中国行政管理学会正式成立，并发行了会刊《中国行政管理》。1995年，国家行政学院在北京成立。

随后，行政管理学在我国开始步入快速恢复和发展时期，一系列行政管理学教材开始陆续编写和出版，有关行政管理学的研究专著也开始多起来，不少高校开设行政管理本科、研究生和博士生教育专业。

2001年，公共管理硕士（成为与法律硕士、工商管理硕士共同构筑文科类职业教育专业学位的体系）开始第一届招生，在此推动下，行政管理学步入更快速发展的阶段，各高校纷纷设立行政管理学和与之相近的本科专业、研究生专业，博士生教育的规模不断扩大。

对于我国行政管理学的未来发展而言，有几点值得关注：

第一是西著东译问题。近些年来，西方行政学的理论与实践方面的著作和教材开始不断被翻译成中文，这为中国行政管理学了解世界行政管理发展动态、借鉴和吸收发达国家的行政管理理论和实践经验、加强同世界学界的联系具有重要意义。未来应该在进一步加大译著和对国外行政管理学成果研究的同时，放宽视野，不能把精力过多集中在英美国家，尤其是美国。

第二是行政管理学的"本土化"问题。威尔逊在分析欧洲国家需要一个什么样的政府来行使行政权力时，着力点是讨论美国的行政方向，使它在思想、原则和目标方面从根本上加以"美国化"，吸入自由民主的空气，排除官僚主义的风气，使行政制度在美国土壤上开出美丽的花朵，同时也为将来的政治和行政制度种下新的种子。同样，中国行政管理学的研究必须重视和解决"本土化"问题。

第三是破解行政管理难以学以致用问题。近些年来，许多高校纷纷设立行政管理学及其相关专业的本科、研究生和博士生教育，这促进了行政管理学的发展与繁荣。但是，同时存在一个问题，快速发展过程中，培养质量可能跟不上，教学脱离行政管理实践和社会现实，出现学难以致用的现象，反过来会制约行政管理学的可持续发展。

第四是行政管理学的学术研究与政策研究水平。我国作为一个行政主导的国家，学习和研究行政管理学具有更特别的价值。行政管理学作为一门应用学科，需要提高学术研究和政策研究水平。

第五是中国行政管理学的深层次问题。原理性和常识性的行政管理知识已经基本普及，中国行政管理学需要结合我国国情和行政管理实践中面临的诸多挑战，研究深层次问题，为解决现实中的政府管理难题提供有价值的理论参考和合理的政策建议。

【本章小结】

本章主要辨析了行政管理的内涵，行政管理学的研究内容、学科特点和研究方法与途径；剖析了现代行政现象，阐述了现代行政精神；对行政学的发展历史进行了回顾。

【复习与思考】

1. 什么是行政管理，与企业管理有何区别和相同之处？
2. 行政管理学科产生的时代背景和学科理论基础是什么？
3. 如何看待现代行政现象？
4. 现代行政管理需要树立什么样的理念和精神？
5. 行政管理学的管理、政治和法律途径有何异同？
6. 如何评价政治—行政二分法？
7. 比较新公共行政、新公共管理与新公共服务三者之间的异同？
8. 公共选择理论对提高行政管理的效率有何启示？

第二章 行政职能

国家的存在是经济增长的关键，又是人为经济衰退的根源。

——[美] 道格拉斯·诺思

【知识要点】

行政职能体现着国家行政管理活动的性质和方向，是国家行政活动的前提和依据。本章从行政职能的含义、特点及地位出发，从静态与动态两个角度分析和阐述政府的基本职能，并从理论的高度分析、阐述西方国家关于行政职能演变的理论与实践，最后提出行政职能转变的含义、必要性及我国政府职能转变的内容。

【关键术语】

行政职能；行政职能转变；市场；市场失灵；政府失灵；政府干预；职能关系；行政改革

行政国家的出现，政府职能的扩张，行政职能对国家和个人生活的影响日益凸显。与此同时，有关主张是要更多的政府还是更多的市场一直争论不休。随着社会现实关注焦点的转移和意识形态的变迁，现实中的行政职能是在政府和市场两极之间来回摆动。对于我国而言，有关政府职能的转变一直是行政管理研究的重点内容之一。

第一节 行政职能概述

一、行政职能的含义与特点

（一）行政职能的含义

行政职能是行政管理学中十分重要的概念，行政职能体现着国家行政管理活动的性质和方向，是国家行政活动的前提和依据。然而，学术界对于什么是行政职能并没有一个统一的认识，人们常常将其同行政功能、行政管理职能、政府职能，甚至同政府功能混用。随着行政管理学研究的不断深入与发展，行政职能的概念更加需要规范化。

我们认为，行政职能是指狭义的政府即国家行政机关在管理国家和社会公共事务中应负有的基本职责和功能作用。行政职能是行政管理职责与功能的有机统一。行政职能首先表现为行政机关依法履行的职责，即政府应该管什么、管到什么程度和怎么管，同时行政职能又表现为政府在国家事务和社会公共事务的管理过程中的功能及作用。

国家职能从结构上看由行政职能、立法职能和司法职能三部分构成；从内容上可分为政治统治职能和社会管理职能。而政治统治和社会管理这两个职能的作用是通过行政职能的具体执行和实施表现出来的。没有行政职能的具体实施，国家的职能、任务、使命都将难以实现。同时，行政职能也与其他国家职能紧密相连。行政职能受其他国家职能的制约，同时也反作用和影响其他国家职能的实施。

（二）行政职能的特点

1. 执行性

从行政与立法的关系来看，行政职能是执行性职能。正如美国学者古德诺指出的，政治是国家意志的表达，行政是国家意志的执行。在我国，行政机关必须贯彻执行中国共产党的路线、方针、政策，必须执行人民代表大会的决定和决议。行政职能的行使必须以国家强制力为后盾，因此它具有明显的代表国家意志的权威性。

2. 多样性

从静态分析，行政管理的范围涉及国家和社会生活的各个方面，因此行政职能是多种多样的。从性质上可分为政治职能和社会管理职能；从范围上看，可分为对内职能和对外职能；从领域上看，涉及政治、经济、文化教育、社会服务等各个方面；从运行过程上看，又包括决策、计划、组织、人事、指挥、协调、控制等各个环节，任何一个环节都在行政职能系统中发挥非常重要的作用；从层次上分析，行政职能有高、中、低层次之别，处于不同层次的行政机关，其行使职能的范围、内容和方法不尽相同，形成丰富多彩的职能体系。

3. 动态性

行政职能不是静止不变的，行政职能的范围、内容、作用方式等必然随着环境的变化而变化。因此，我们必须适应环境变化需要，及时调整和转变行政职能，这是搞好行政管理的重要前提基础，也是政府行政系统赖以生存与发展的前提条件。事实上，在不同的历史时代和不同的社会环境下，尽管政府的基本职能可以维持一定的稳定性，但行政职能的内容、重点、方式、作用等都有所变化。

4. 系统性

行政系统和行政行为是整个社会系统中的一个子系统，行政职能是整个国家职能系统的一部分，它与国家其他职能有机地联系着：行政职能的行使既受立法机关的监督，又以司法机关等国家强制力为后盾。行政职能本身也是一个完整的体系，其职能结构极为庞大和复杂。一个国家行政职能的内容涉及对国家事务和社会公共事务进行管理的全部活动，同时政府内部各纵向层级和横向部门间又有各自的职能领域，各要素纵横交错、相互支持而又相互制约构成一个完整的行政职能体系。

二、行政职能的重要地位

（一）行政职能是行政管理过程科学化的依据

现代行政管理要求过程的科学化或程序化，而每项政府职能都是行政管理活动的一个重要环节，各项职能之间互相制约，对其中任何环节的疏忽，都将直接影响这个管理系统，导致行政功能紊乱。因此，只有科学地认识和把握行政管理职能及其相互关系，充分发挥其作用，才能实现行政管理的科学化。

（二）行政职能是建立行政组织的根本依据

行政组织是行政活动的主体，行政组织设置得科学、合理，行政活动才能有效地进行和发挥作用。要建立精简、效能、统一的行政机构，行政组织就必须依据行政职能来设置。行政组织与行政职能的关系是，行政职能是行政组织设置的前提，决定着行政组织；行政组织是行政职能的载体，体现行政职能；政府的职能是通过政府机构来实现的，只转变职能而不改革机构，职能也不可能真正转变。行政职能的状况决定着行政组织的设置、规模、层次、数量及运行方式等。

（三）行政职能的转变是行政组织改革的关键

行政组织变革必须围绕行政职能这个中心。在政府职能没有转变的情况下进行行政组织变革，只能是治标不治本，片面强调减人、精简机构，结果始终达不到应有的效果，并陷入"精简—膨胀—再精简—再膨胀"的怪圈之中。因此，机构改革必须根据行政职能的变化来进行，首先确定行政职能的增、减、分、合，然后再相应进行政府机构的调整和改革。

（四）政府职能的实施情况是衡量行政效率的重要标准

行政活动的目的在于追求高效率。评价一个行政系统的工作效率的高低，其实质是看它实现其职能的程度。行政职能能否得到充分发挥和完全实现，主要受组织结构设置、人员素质、活动原则等方面的制约。如果行政职能配置合理，实施效果好，行政效率就可能得到提高；反之，行政效率不可能提高。因此，只有转变职能，才能从根本上消除机构臃肿、运转不灵、工作效率低的弊端。

三、行政职能体系

行政职能是一个结构严密的体系。行政职能体系不但从横向上规定了不同的行政行为的依据，而且从纵向上提供了各种行政行为实现的程序，成为行政机关确定行政人事关系，实现决策、领导与监督等诸多行政事务的依据。因此，行政职能体系在行政职能，甚至是整个行政管理学科体系中占有重要的地位。

职能体系是行政职能发挥作用的结构和程序。从这一体系的存在形态来看,它可以分为静态的结构体系和动态的运行流程两个方面。从行政职能的静态结构来看,政府管理的领域遍及政治、经济、文化教育、社会服务等,因此政府就具有政治职能、经济职能、文化教育职能、社会服务职能。从动态的运行流程来看,行政职能又是一个功能运行的过程。政府的运行职能包括计划职能、组织职能、协调职能、控制职能。静态职能与动态职能二者相互联系、相互作用,成为一个有机联系的职能体系。

(一) 政府的基本职能

所有政府都具有政治职能,这是通过国家强制机构来行使约束、控制和镇压的职能。同时政府还必须有对社会、经济、文化等各领域的公共事务管理的职能,以谋求社会的发展与公共利益的实现。当前我国政府的基本职能可概括如下。

1. 政治职能

政府的政治职能是指政府维护和实现阶级统治,保卫国家利益和社会安全的职责。政治职能鲜明地反映了国家的阶级本质和政府行政活动在一定时期内的基本方向、方式和作用。政治职能主要是通过有效地发挥国防、公安、安全、司法、监察等职能部门的作用来实现的。政府政治职能的具体内容如下:

一是阶级专政职能。国家是阶级统治的工具,任何掌握国家统治权的阶级为了维护它的政治统治和经济利益,总是要对敌对势力行使专政职能,即镇压的职能。这种阶级专政职能是根据国内外阶级斗争形势而定的。形势尖锐时要强化,形势和缓时可适当弱化,但不会放弃阶级专政职能。

二是军事职能。国家在政治上担负着保卫国家安全、镇压国内敌对分子反抗、维护国家安全等重要职能。国家总会保持一定数量的军事力量,以确保这一功能的实现。一切主权国家都具有为保卫国家领土完整、主权独立,防御外来侵略和颠覆活动的军事保卫职能,为本国的经济建设和各项事业的发展创造良好的环境。

三是外交职能。在国际社会中,行政职能表现为行政机关代表国家利益,参加各种外交活动。外交职能主要是为国家争得有利的政治环境、有利的国际经济贸易环境等。

四是治安职能。为了保证一种正常的生活秩序和社会秩序,行政机关担负着保护人民的财产和人身权利,防止各种违法、犯罪行为等职能。巩固政权,需要有一个稳定的社会秩序。因此,各国政府都要制裁危害社会治安、扰乱社会秩序的违法行为,打击、惩办和改造各种犯罪分子。

五是加强民主建设的职能。我国《宪法》规定:"中华人民共和国的一切权力属于人民"。因此,人民参加管理是社会主义制度的根本要求。尤其是在计划经济向市场经济转变的重要时期,加强民主政治建设具有积极的意义。尽管从本质上行政机关无权干预民主政治的施行,但是,维护和支持民主制度,从制度上保证人民依法行使管理国家的权力,推动和加强基层民主建设,都需要外在的力量保证。这就需要政府的行政机关在加强民主与法制的建设过程中发挥作用。

2. 经济职能

由于市场经济体制具有自身难以克服的弱点,所以需要由代表公共利益的政府进行宏观调控，以保证国民经济总体结构的合理性，维护国民经济和社会发展的良性循环。世界经济的发展过程也充分证明，完全自由的、政府不加干预的经济是不存在的。随着经济在社会发展中的地位日益重要，经济职能已分化为一项独立的职能并居于政府职能的核心地位。这一职能涉及与生产、流通、交换、分配等社会生产过程中的各个环节有关的经济活动和管理活动。

具体包括：合理确定国民经济和社会发展的战略目标，实现国家和地方经济发展目标；研究并预测社会总需求与总供给的平衡，确保经济稳定、协调发展；制定金融政策、财政政策、产业政策、价格政策、对外贸易政策等各项重大政策，优化生产力布局和产业结构；建立全国统一市场，搞好各项协调工作；为企业提供信息咨询，从而为企业决策服务；培育和完善市场运行机制，保证市场竞争的公正性，为企业的发展提供良好的外部环境；检查和监督各经济组织遵纪守法情况及财政收支活动，以维护社会经济秩序，提高经济主体的管理水平。

3. 文化职能

文化职能是政府通过制定和实施各项文化政策加以实现的，文化职能指政府指导和管理文化事业的职能。它是政府管理最古老、最重要的职能之一。与国家用强制性的方式维护自己的统治地位相比，意识形态以软的方式影响人们的思想，以达到对社会的控制。政府文化职能的范围广泛，内容丰富，不同时代、不同类型的国家，政府文化职能的内容、范围、管理方式、影响力都不同。现代各国政府普遍地越来越重视教育和科学文化的发展。政府文化职能的主要内容有：

一是发展科学技术的职能。政府要制定科学技术发展战略重点、方针、政策；组织力量进行研究、试制、鉴定、推广、应用；开展科技情报交流、引进和普及科学知识。

二是发展教育的职能。政府应把教育摆在优先发展的战略地位，优化教育结构，大力加强基础教育，积极发展职业教育、成人教育和高等教育；各级政府要增加教育投入，鼓励多渠道、多形式社会集资办学和民间办学；各级政府要加强师资队伍的培养和建设，扩大学校办学的自主权，促进教育同经济、科技的密切结合，为社会生产力的发展服务。

三是发展文化事业的职能。政府要坚持文化为人民服务、为社会主义服务的方向。坚持百花齐放、百家争鸣、古为今用、洋为中用、推陈出新的方针，推进文化体制的改革，完善文化事业的有关政策制度；管理文学、艺术、新闻、出版、报刊、戏剧、电影、电视、广播、文物、图书馆、博物馆等各项文化事业；搞好民族文化、社区文化、村镇文化、企业文化、校园文化，促进文化事业健康、快速、可持续发展。

四是发展体育、卫生的职能。政府体育职能主要是发展体育运动、增强人民体质；在发展群众体育的同时，大力发展竞技体育；发展体育产业，宣传体育文化。政府管理医疗卫生的职能主要是：预防疾病，开展爱国卫生运动，防治传染病、地方病、职业病，搞好农村预防保健、妇幼保健，办好各级各类医院，改革医疗卫生体制，加强药品质量管理，提高医疗人员的职业道德，树立"救死扶伤，治病救人"的好思想、好风尚。

4. 社会职能

它是政府管理中内容最为广泛和丰富的一项基本职能，凡致力于改善、保证人民物质文化生活、体现人道主义思想的各类事务，都在社会职能的范围内。现代社会中政府职能的极大扩张也主要是社会职能的拓展。政府社会职能的内容主要有以下方面：

一是社会福利职能。政府制定福利政策，开展社会福利生产，创办包括社会福利院、儿童福利院在内的各种社会福利事业，管理和维护各种福利设施。当然，社会福利的根本问题还是政府不断解决住房、交通、园林、水电、煤气等城乡基础设施，为城乡居民的生活创造方便条件。

二是社会救济与社会保障职能。政府对发生洪水、地震、火灾、冰雹、飓风、干旱等自然灾害严重地区的人民给予救济，对社会上的孤寡老幼、军烈属、残疾人、生活困难户等给予救济，其目的是帮助他们摆脱贫穷困难，使他们的基本生活条件得到保障。政府对离退休人员实行养老保险，对国家机关工作人员实行医疗保险，对军烈属、革命残废军人、复员退伍军人实行特殊保险。政府筹建社会保险基金，发展保险事业，建立社会保障体系，从物质上保障人民生有所乐、老有所养、病有所医、死有所葬。

三是环境保护的职能。加强环境保护、治理污染是我国的一项基本国策。随着工业化进程的推进，我国面临着环境污染蔓延和生态环境恶化的严峻形势，政府环境保护的职能日益繁重。根据经济建设、城乡建设、环境建设同步规划、同步实施、同步发展的原则，积极治理污染，搞好环保工作。对水源保护区、自然保护区、名胜古迹组织环境监测，分析环境状况，提出防治污染的对策和战略规划，确保生态平衡，为子孙后代留下一个优美的环境。

四是社会服务职能。政府的社会服务职能包括：提供劳动就业；开展人民调解工作；健全居民委员会和村民委员会的组织并指导其开展工作；举办婚姻介绍、家庭服务介绍、职业介绍；建立殡仪馆，推行火葬，办理骨灰寄存；开展普法宣传教育；等等。政府要为社会提供尽可能多的方便，尽最大努力调解人民内部的矛盾，促进社会文明。

（二）政府的运行职能

政府职能作用的发挥需有一个过程，从过程的角度看，政府的运行职能可分为计划、组织、协调、控制、监督五项职能，下面分别述之。

1. 计划职能

计划职能是指体现行政管理的目的性和规划性的职能。政府在充分掌握国家、地区或行业的资源状况的条件下，预测国际、国内社会经济发展的前景和动向，从而确定行政活动的目的和目标，设计多种管理方案，并进行优化选择，按照预定的方法、途径及步骤、环节贯彻实施。因此，各类行政计划的制订和实施，可以使行政活动各个环节得到有机衔接，共同运作，起到指导、预测和统一安排的作用。计划职能是行政管理运作程序中的首要职能，是管理的核心。

2. 组织职能

这是实现行政管理目标和管理效能的关键性职能，其内容包括组织机构设置，组织内部的责权划分、人员配备等，以建立起有效的行政组织体系并能够进行有效的指挥协调、控制和监督，从而使行政管理成为组织性较强的社会活动。建立合理而有效的行政组织，首先，要根据职能设置相应的部门和机构。这就是把行政管理的总体职能分解为若干具体职能，按照不同类型的具体职能划分部门。其次，根据各部门具体职能的分解和调整，划

行政管理学

分并设置下层机构。职能的分解，要一直延伸到具体的职务和岗位，定编定员，并制定出每个职位的权力和责任。由此，根据职、权、责建立起完整的权力体系，使整个行政管理组织做到职能明确、权责分明。行政管理目标的实现，必须以能够有效运转、结构合理的行政组织作为基础。

3. 协调职能

协调职能是指行政管理过程中平衡各类行政关系、调节各种利益关系的职能。行政协调的范围包括：协调行政系统各部门之间、中央行政机构与地方行政机构之间、政府部门与企事业单位之间、行政活动各环节之间的关系。实现行政协调的途径和方法是多种多样的，主要有：统一目标、统一政策、明确权责、完善体制、有力的监督、充分的沟通、兼顾各界的利益和要求等。

4. 控制职能

控制职能是指行政组织掌握行政目标实施过程，防止和纠正偏离目标行为的职能。发挥行政控制职能，通常包括以下几个环节：（ⅰ）确立可行的控制标准。这是整个控制过程的基础。只有建立起一套完整的具体的控制标准，才能检查执行的成效和偏差，并采取相应的纠正措施。（ⅱ）获取准确的偏差信息。即依据控制标准，对管理行为偏差予以检查和预测，从而获得管理的实际结果与预定标准之间的偏差信息。（ⅲ）采取有效的措施进行调节。即确定偏差的性质、层次、程序和范围，找出产生偏差的全部原因，并根据其影响大小排出顺序，确定偏差产生的根本性原因，制定纠正偏差的措施。

5. 监督职能

监督职能是指保证行政管理系统廉洁高效和优化运作的职能。目的在于根据行政目标、计划和控制标准，在整个运行过程中用强制或非强制手段保证调节的进行和纠正措施的落实，从而保障行政系统的有序运转。具体而言，监督职能的发挥是政府按法定权限、程序和方式，对各级行政机关及工作人员是否遵纪守法、勤政廉洁实施监督。同时通过审计、工商行政、银行、税收、物价、产品质量、卫生检疫、技术安全、海关等部门，对广泛的社会公共事务实行检查监督。

第二节　西方国家关于政府职能的理论与实践

对政府职能的论述可以追溯到古希腊的亚里士多德。2000多年前，亚里士多德指出，人之所以需要城邦是由于城邦能使人过上优良的生活，只有能够维护公共利益、保证人们过优质生活的政府才是正义的、善良的政府。他同时列举了政府应履行的一些重要职能：负责市场管理、监护城区公共财产、维护并修理损害的建筑和街道、解决民间纠纷、征收并保存公共财产收益、办理民间契约和法庭判决的注册事务、执行判决、负责城防等。近代以来，工业化进程使得商品经济在社会中逐步居于主导地位，政府的职能及其作用成为突出问题。研究者对于政府职能的纷争主要集中于政府与经济生活的关系，诸种见解和争论持续到今天。在社会历史发展过程中，不同的历史时期出现了不同类型的政府职能论，大体可分为"守夜人"的政府职能论、干预主义的政府职能论,以及有选择地干预"市场失败"等三种理论。

一、自由资本主义时期的"守夜人"政府职能论

"守夜人"的政府职能论是自由资本主义时期的产物,是服务于自由市场经济的理论。它的理论渊源来自于洛克(J. Locke)的自由主义政府观。早期的思想家把政府看做公共的领域,而市场是私人活动的范围和领域,因此,市场中个人的自由、财产、安全等是他的基本权利。既然个人权利不容侵犯,那么政府的责任就在于保护个人的权利。300年前,洛克在他的《政府论》中提出,政府的主要任务是保护个人的自由和财产,政府除了保护财产之外,没有其他目的。根据洛克的意见,个人的自由并不是空洞的,而是通过财产表现出来的。要理解个人的自由,应当看个人在积聚私有财产方面享有多大的自由度。那么怎样保证个人积聚财产的活动及个人财产权不受或少受干扰呢?这就要诉诸政府,要求政府起到维护财产安全的功能,政府的职能仅为保护的作用,是非常有限的。之后,亚当·斯密于1776年在他发表的《国富论》中,第一个从经济的角度界定了政府的职责。斯密极为推崇市场机制的作用,将其称做"看不见的手",能够进行自我调节。他在市场是完美的、没有缺陷的、竞争是完全的、经济人是理性的前提下,构筑了一幅经济自发有序运行的完美图景。他将政府的职能仅限于在市场不起作用的地方,以不损害公民利益的方式行使极为有限的必要的管理权。斯密把政府的主要职能归为三项:

(1) 保护国家安全,使其不受外来侵犯。
(2) 保护社会上的个人安全,使其不受他人的侵害和压迫。
(3) 建设和维护某些私人无力办或不愿办的公共事业和公共设施。

显然,在整个自由资本主义时期,西方各国的政府基本采用了这一理论。政府扮演着社会"守夜人"的角色,奉行"政府管得越少越好"的信条,主要靠市场这只"看不见的手"来调节和引导社会经济及其他各项事业的发展。当然,"守夜人"政府职能论的提出有其特定的背景,十七八世纪资产阶级革命后建立起的资产阶级专政的国家为了摆脱封建力量的束缚,一般都举起了自由放任主义的旗帜,要求自主经营业务,限制政府的作用。而"守夜人"的政府职能论则顺应了资产阶级发展经济的要求,为其提供了理论上的支持。另外,斯密所处的时代是西方市场经济发育的初期阶段,市场缺陷还未暴露出来,所以"守夜人"的政府理论是当时市场经济不成熟的产物。"守夜人"政府职能理论的提出导致政府从经济领域中的全面撤退,为市场经济的发育扫清了道路。

二、垄断资本主义时期的干预主义政府职能论

随着自由资本主义的结束和垄断市场的出现,市场失去了自我调节的能力。1929～1933年席卷资本主义世界的经济大危机,将整个资本主义世界推到了崩溃的边缘,这场危机彻底打破了亚当·斯密关于市场万能的神话,人们不得不承认市场调节存在严重缺陷,政府也开始了干预经济和社会事务的活动。

这时，凯恩斯干预主义理论登台亮相。1936年，凯恩斯发表了《就业、利息和货币通论》一书，为政府干预市场提供了全面的理论基础。在凯恩斯看来，仅仅依靠市场机制的自发调节作用是不够的，如果没有国家的宏观管理，市场经济会成为万恶之源。但是，市场机制的缺陷可以由扩大政府支出、减税和货币扩展等措施加以弥补。

凯恩斯主义的"政府干预论"被视为"看得见的手"，这种理论的一个基本信念是：政府的经济职能是全面的，不仅市场失败的方面需要政府干预，而且市场成功的地方也要政府保护。凯恩斯的干预主义理论所开出的医治当时经济危机的"药方"，不仅成为政府大规模地介入经济生活的起点，也成为否定"守夜人"政府的标志。当时的美国罗斯福总统全面推行以凯恩斯理论为基础的政府干预理念，制定了紧急银行法案、节约法案、农业法案、税制改革法案、工业复兴法案、社会保障法案、银行法案等，他的"新政"拉开了整个西方世界政府干预的序幕。第二次世界大战后，各发达资本主义国家都采用了各种手段实施宏观调控，在财政、税收、金融等各大领域利用利率、汇率、税率等经济政策来维护经济的良性发展。这种干预使西方国家普遍经历了二战后五六十年代经济发展的"黄金"时期。

干预主义的政府职能论是基于"市场失灵"提出的，但这一时期资本主义国家的政府对经济生活的干预走向了扩大化，行政权力扩大，政府职能不断扩张。世界银行的一份权威报告认为，西方发达国家政府总支出占GDP的比重，1870年低于10%，1937年仅占20%多一点，1980年则超过40%，1995年接近50%。在1960~1995年的35年时间里，中央政府支出占GDP的比重在原有的基础上扩大了1倍。可以看出政府已深深卷入社会生活之中，它像一张巨大的保护网，包揽了人们从"摇篮到坟墓"的全部生活过程。

三、当代资本主义的有选择地干预"市场失败"政府职能论

放任自流的市场有严重的缺陷，全面干预的政府也不是十全十美的，当代西方学者主张政府应该有选择地去干预"市场失败"。这种理论以科斯的产权理论和布坎南的公共选择理论为主要代表。科斯在他的产权理论中提出，只要产权明确界定，自愿的交易总能产生最优的结果。科斯认为，在产权明确界定的领域，市场能够使资源得到最优配置，而无须政府去插手。政府的职能在于一方面去维护明晰的产权；另一方面则是去干预产权不易界定或市场自身界定不清的经济领域，以尽可能地减少交易成本。而公共选择理论认为，"市场失败"并不是政府干预的根据，因为政府干预和市场经济一样也有局限性和缺陷，存在着"政府失败"。政府失败包括行政效率低下、费用高昂、机构自我膨胀、财政赤字有增无减、官僚主义和政府"寻租"等。因此，如果以"失败的政府"去干预"失败的市场"，必然雪上加霜。

但政府也不能无所作为，著名行政学家沃尔夫（D. Wolf）的结论是要利用政府去弥补市场缺陷，同时利用市场去克服政府失败。据此，有选择地干预"市场失败"的政府职能论将政府干预经济限制在市场长久失败的范围内，即对于市场可以自行解决的暂时性失败，政府无须介入，而对于欺诈、"搭便车"等长久性失败可以由政府去干预，为经济的发展创造公平有序的外部环境。有选择地干预"市场失效"的理论是在西方政府职能持续

扩张，导致20世纪60年代后出现经济"滞胀"的情况下对政府职能的最新认识，它构成当代西方行政改革的主导性理论之一。

当代西方国家的行政职能呈现出一些新的发展趋势：政府充分利用"看不见的手"与"看得见的手"来调节经济，为资本主义社会经济生活的运行提供环境保障。当今社会，人们的公共需求日益增多，而许多私人组织不愿承担或无力承担，那么这些社会公共事务就必须由政府来承担，政府职能、政府规模因此随之膨胀。政府职能、政府规模的不断扩张带来了很多问题，如机构臃肿，政府财政负担过重，效率低下等。要确保行政管理活动顺利进行及经济活动相对稳定发展，政府自身职能的调整成为必然的趋势。当代资本主义国家在行政改革中把加强宏观调控职能放在优先地位。同时，推行公共服务的民营化，将公共服务推向市场与社会，打破由政府垄断供给公共服务的局面。随着非政府组织的发展、壮大，它们在公共服务的供给中，能够与政府、市场一起共同承担公共管理职能。

上述每一种新理论的提出，都是在经济发展面临危机的情况下，为寻找解决问题的出路，重新认识和调整政府与市场关系的结果，中国目前进行的行政改革的起点与关键是转变职能，西方学者的政府职能理论，对我们有着重要的借鉴和启示意义。

四、政府与市场的关系的争论

与政府职能相联系，关于政府与市场关系的争论一直是缠绕西方经济学的主要争论之一。通常人们使用"市场失灵"与"政府失灵"来概括关于政府与市场关系争论过程中两种截然相反的价值取向。一般来说，所谓"市场失灵"，主要是指市场机制在实现资源配置方面存在许多局限性或缺陷性，因而不能达到帕累托最优，不能实现预期社会经济目标。市场失灵主要表现在：市场机制无力于组织与实现公共物品的供给；市场机制无法补偿和纠正经济外部效应；市场分配机制无法保证社会的公平与公正；市场不能保持经济的综合平衡和稳定协调的发展；等等。"市场失灵"是主张实行政府干预的强有力的理由。

但政府同样存在着"政府失灵"的可能性，用林德布洛姆（C. E. Lindblom）的话说就是政府"只有粗大的拇指，而无其他手指"。所谓"政府失灵"，主要是指政府的政策干预措施不能实现预期的调节市场的作用，在某些条件下，甚至导致比"市场失灵"更坏的结果。政府失灵一方面表现为政府的无效干预，即政府宏观调控不能够弥补"市场失灵"，比如对生态环境的保护不力，对基础设施、公共产品投资不足等；另一方面，则表现为政府的过度干预，即政府干预的范围和力度，超过了弥补"市场失灵"和维持市场机制正常运行的合理需要，比如公共产品生产的比重过大，过多地运用行政指令性手段干预市场内部运行秩序等，结果非但不能纠正市场失灵，反而抑制了市场机制的正常运作。

政府的干预存在着种种缺陷，现实而合理的政府与市场间的关系应是在保证市场对资源配置起基础性作用的前提下，以政府的干预之长弥补市场调节之短，同时又以市场调节之长来克服政府干预之短，从而实现市场调节和政府干预的最优组合。因此，在克服矫正市场失灵的同时，更要防止政府失灵，这就需要政府从规范政府干预的行为、加大对政府调控的监督力度等方面入手对失灵的方面采取针对性的措施。

第三节 我国政府职能的转变

一、政府职能转变的含义

所谓行政职能转变,指政府根据社会环境的变化和发展的需要,对其履行职责的范围和发挥功能的领域作出适当的调整,即政府职能的构成及各类职能在政府职能总体中所占的比重和相对地位发生变化。

行政职能转变,大致包含三层含义:

其一,政府职能结构重心及内容的转变。从各国政府职能的演进历史看,传统社会政府职能结构的重心在于政治职能,通过暴力和专政来保证统治阶级的统治地位。而当代各国的政府职能体系中,政治职能逐渐弱化,而保持经济发展和提供社会服务的职能趋于加强,经济职能和社会管理职能居于主要地位。另外,生产力的发展、社会公共事务的增减,导致行政职能的内容发展变化。如,随着科学技术的发展及信息时代的到来,相继出现了一系列新的社会公共事务,要求各国政府根据环境的变化适时地增减职能。

其二,行政职能内部结构的变化,即在行政职能总体不变的情况下,职能内部的结构重新分解、转移或合并。具体表现在两个方面:一是纵向结构的变化,即行政权力的上下转移或合并,无论是中央政府集中权力还是给地方政府下放权力,都意味着不同层次的行政管理主体所承担的行政职能的变化。二是横向结构的变化,即行政组织各个部门之间行政权力的重新划分。政府作为社会这个大系统中的子系统,需要不断地调整职能结构以适应环境的变化。因此,会出现一个部门原有的行政职能被裁剪,而另一个部门获得了新的行政职能,或者几个部门合并后共同行使新的职能,等等。

其三,政府职能行使方式的变化。职能方式是实现政府职能所采取的手段。职能重心发生变化,职能行使的方式也会随之调整。比如,传统社会政府对社会事务的管理方式是政治性、行政性和直接性的,到了现代社会,政府对社会事务的管理则是采取经济性、法律性、间接性的方式,比如采取政府购买服务方式(向企业、社会组织)等提供公共服务。

当然,政府职能转变,职能重心的转移,并不意味其他职能的消失。其他职能虽退居次要位置,但仍然与处于职能结构重心地位的职能是一个不可分割的整体,围绕处于重心地位的职能发挥作用。它们之间相互联系,相互渗透,一起构成职能体系,共同行使其职责。

二、中国政府职能转变的必然性

(一)经济体制改革的必然要求

从经济基础与上层建筑的关系来看,行政职能的转变是计划经济体制向市场经济体制

第二章 行政职能

转变的必然要求。

我国原有的政府职能体系是在计划经济体制下形成的,它使我国政府在短暂的时间内,集中必要的人力、物力、财力,实现国民经济的恢复与发展,初步建成了以重工业为中心的国民经济体系。但随着经济规模的日益扩大及经济结构的日益复杂,这种职能体系暴露出极大的弊端。政府将一切政治事务、经济事务及社会事务纳入自己的管理范围,管了许多不该管、管不好也管不了的事。政府成了无所不能的"全知全能型"政府,这种大包大揽的做法使其力不从心,最终出现严重的"越位、错位和缺位"问题。尽管改革开放以来,政府不断地在调整职能,但存在的问题还不少,如政府对企业的微观管理现象还存在;部门间的职责不清,办事效率低下;市场监管及社会管理体系不健全,公共服务比较薄弱;等等。因此,必须按照市场经济发展的要求不断推进政府职能转变。

(二) 经济全球化对政府职能提出新的挑战

中国加入 WTO,首当其冲的是政府,政府要根据 WTO 的规则要求自己。但目前我国政府在某些领域还直接参与私人物品与私人服务;政府仍然在干预企业的微观管理;行政审批过多过细,部门垄断和行业垄断普遍存在。这些现象违背了 WTO 有关公平竞争的规则要求。所以,我国政府必须在 WTO 规则框架下对自身职能及其运作机制作出调整与变革,在政企关系、政市关系、行政审批制度改革、中央与地方关系等方面进一步转变行政职能。

(三) 政府职能转变是机构改革的前提和基础

政府机构改革包括:科学分解、确定政府各机构职能,合理划分各机构权限,调整、设置政府机构,合理配置和使用人员,转变机构运行方式,完善机构运行机制等方面。机构的撤减与合并是政府机构改革最表层的做法,真正意义上的机构改革在于转变政府职能,在职能转变的基础上进行机构的增减。

三、中国政府职能转变的内容

改革开放以来,我国政府进行了多次机构改革,取得了巨大的成就,政府职能正逐步适应社会主义市场经济的需要。但我们应该认识到,政府职能尚未完全转变到位,还存在不少问题,如政府机构设置不合理,职能错位、越位、缺位现象普遍存在,等等。

2007年10月,胡锦涛同志在党的第十七次全国代表大会上的报告中,对我国今后"加快行政管理体制改革,建设服务型政府"作出了总体部署,提出了一系列新观点和新举措。第一,针对政府职能转变强调要抓紧制订行政管理体制改革总体方案,着力转变职能、理顺关系、优化结构、提高效能,形成权责一致、分工合理、决策科学、执行顺畅、监督有力的行政管理体制。第二,必须加快推进以改善民生为重点的社会建设职能,在经济发展的基础上,更加注重社会建设,着力保障和改善民生,推进社会体制改革,扩大公共服务,完善社会管理,促进社会公平正义,努力使全体人民学有所教、老有所得、病有所医、老有所养、住有所居、推进建设和谐社会。第三,必须深入贯彻落实科学发展观。

行政管理学

在把经济建设这一职能作为执政兴国的第一要务时,也必须努力做到发展成果由人民共享,更加注重收入再次分配的行政职能。

根据党的十七大和十七届二中全会精神,2008年进行了改革开放后的第六次国务院机构改革,这次机构改革的主要任务是:围绕转变政府职能和理顺部门职责关系,探索实行职能有机统一的大部门体制。通过将相同或相近的部门整合、归并为一个较大的部门,或者使相同相近的职能由一个部门管理为主,以减少机构重叠、职责交叉、多头管理,增强政府履行职能的能力。"大部门制"作为政府机构设置的一种形式,是相对于小部门而言的,通常管理职能较宽,业务管理范围较广,对一项政府事务或几项相近事务实行统一管理。所以,实行大部门体制的关键,在于实现职能有机统一。

党的十八大报告明确提出,要深入推进政企分开、政资分开、政事分开、政社分开,建设职能科学、结构优化、廉洁高效、人民满意的服务型政府;深化行政审批制度改革,继续简政放权,推动政府职能向创造良好发展环境、提供优质公共服务、维护社会公平正义转变;稳步推进大部门制改革,健全部门职责体系;优化行政层级和行政区划设置,有条件的地方可探索省直接管理县(市)改革,深化乡镇行政体制改革;创新行政管理方式,提高政府公信力和执行力,推进政府绩效管理。严格控制机构编制,减少领导职数,降低行政成本;推进事业单位分类改革。完善体制改革协调机制,统筹规划和协调重大改革。

党的十八届三中全会通过了《关于全面深化改革若干重大问题的决定》(以下简称《决定》),第一次明确提出市场在资源配置中起决定性作用。明确提出要"紧紧围绕使市场在资源配置中起决定性作用深化经济体制改革,坚持和完善基本经济制度,加快完善现代市场体系、宏观调控体系、开放型经济体系,加快转变经济发展方式,加快建设创新型国家,推动经济更有效率、更加公平、更可持续发展。"

《决定》要求"积极稳妥从广度和深度上推进市场化改革,大幅度减少政府对资源的直接配置,推动资源配置依据市场规则、市场价格、市场竞争实现效益最大化和效率最优化。政府的职责和作用主要是保持宏观经济稳定,加强和优化公共服务,保障公平竞争,加强市场监管,维护市场秩序,推动可持续发展,促进共同富裕,弥补市场失灵。"

尽管如此,我们应该认识到,我国尚未完成社会主义市场经济体制建设,我国政府机构的改革、政府职能的转变任重而道远。

政府职能转变是一项系统工程,主要涉及政府管理理念的转变,政府职能关系的理顺,政府职能行使方式的转变等。

(一)更新观念是转变政府职能的前提

因为转变职能,必然会受到传统观念和习惯势力的影响,特别是产品经济观念和小生产管理方式严重束缚了人们的思想,阻碍了职能的转变。因此,必须破除旧的观念,树立新的观念。管理理念的转变是最根本的转变,如果不转变旧的观念,职能就不可能转变到位,政府机构改革就无法走出"精简—膨胀—再精简—再膨胀"的改革怪圈。

1. 实现从全能政府向有限政府的观念转变

全能政府的最大特点是包揽一切社会事务,垄断一切社会权力,政治体制、行政体制与经济体制重合为一,高度集权,党政不分,政企不分,政市不分,政府扮演多重角色,既是裁判员又是运动员。可以说,政府什么事务都管,结果管了许多管不了也管不好的事情。因此,要转变政府职能,必须认识到市场经济体制下政府应该是有限政府,政府应该低限度地干预经济,干预社会各方面的事务。也就是说,政府管理有限,责任也有限。

2. 实现从权威主义行政观念向民主行政观念转变

权威主义行政即精英行政,它只相信政府能管理好公共事务,只相信少数精英人物有足够的智慧和能力进行管理,不相信人民有参政的能力。在这种思想的指导下,难以推进民主行政的建设。在现代社会,电子政府、虚拟社会已相当普遍,民主行政时代已经到来。民主行政建立在充分相信人民的基础上,认为人民有参政权、知情权和监督权。只有打破权威主义的传统观念,树立民主行政的全新理念,政府职能才能够实现真正的转变。

3. 实现官本位的观念向以人为本的转变

受几千年传统文化的影响,官本位观念在人们头脑中根深蒂固。在行政管理过程中,官本位表现为长官意志即"一言堂",话语权完全被官位高的官员所控制。一切唯上助长了不良的社会风气,如果不以人为本,政府的合法性很难得到公众的认同。要转变政府职能,必须树立以人为本的观念,这样政府改革的各项措施才能够得到公众的支持。

(二) 职能中心与职能行使方式的转变

在我国建立社会主义市场经济的背景下,政府的职能重心、职能方式和职能关系发生了根本性变化。政府职能重心从重政治统治职能轻社会管理职能以及重阶级斗争轻经济建设转向以经济建设为中心。在市场经济体制下,首先,政府要为市场发育、运行创设公共基础设施条件,为经济发展营造必不可少的良好的硬环境。其次,作为制度的供给者,政府要为市场经济提供政策、制度、法规及包括政府效率在内的软环境。最后,作为宏观经济的调控者,政府运用财政政策、货币政策、产业政策等各项政策,调控宏观经济,弥补市场缺陷,引导经济平稳、协调地发展。

与政府职能重心的转移相应地政府职能行使方式、方法上也发生了转变,这就是从旧体制下的直接管理、微观管理向间接管理、宏观调控转变;从运用行政手段为主转向以经济手段、法律手段为主,并辅之以行政手段。

(三) 职能关系的理顺

政府职能重心和职能方式转变要通过职能关系调节的途径来实现,这是实现政府职能转变的关键环节。职能关系是指不同的管理职能该由谁来行事,以及管理主体的职责权限的划分问题,涉及职责、权限、结构等。结合我国职能转变的实际,在职能关系调整中,政府与社会的关系、中央与地方的关系、政企关系、政府内部各职能部门的关系是要着重解决好的问题,也是难点问题。其总的要求是:清理职能,调整结构;下放权力,理顺关系;微观放开搞活,宏观调控服务。

1. 正确处理中央和地方的关系

旧体制下权力格局的特征是各种管理权限主要集中在中央、上级,形成头重脚轻的职能构架。一方面,地方与下级没有自主权,其积极性难以发挥;另一方面,中央集宏观与微观管理于一身,陷入繁重的微观事务而削弱了宏观调控的职能。理顺中央和地方、上级和下级职能关系的原则是既要维护中央的权威,保持政令统一,又要充分调动地方的积极性,使之有因地制宜地解决问题的自主权。

2. 正确处理政府与市场的关系

政府是以权力为基础的,它在规范市场和公平方面优于市场;而市场是以利润为基础的,它在资源配置方面优于政府。两者在各自领域所起的作用是不能互相代替的,市场经济运行不能无政府干预,也不能无市场调节。在市场经济体制下,市场能够解决的,让市场解决,政府只管市场做不好和做不了的事,政府引导市场,市场调节企业。

社会主义市场经济要顺利发展,客观上要求将市场对社会经济运行和资源配置的基础性作用与政府的宏观调控作用有机结合。要把市场能够做的事情交给市场,但市场有失灵,如公共物品的生产与提供、环境保护、社会的公平与公正等方面,政府需要去弥补市场的失灵。政府主要是大力培育和发展各类市场,并加强对市场的监督和管理,制定宏观调控政策和提供公共服务等大事,以适应社会主义市场经济发展的需要,尽快建立统一开放、竞争有序的市场体系。

3. 正确处理政府与企业的关系

这是政府职能转变的核心问题。建立社会主义市场经济要求企业作为独立法人进入市场,面对激烈的市场竞争,企业必须有灵活的应变能力,要有自主权和自决权。如果企业不与政府分开,企业没有自主权,没有独立的法人资格,则无法进入市场,无法参与竞争。要实现政企分开,政府要弱化直接管理和微观管理职能,强化间接管理和宏观管理职能,微观放开搞活,宏观管住管好,从根本上解决政企不分的问题,使企业真正摆脱行政干预,走向市场、走向社会,成为自主经营、自负盈亏、自我约束、自我发展的法人实体和市场主体。

4. 正确处理政府与社会的关系

政府是产生于社会又凌驾于社会之上的社会组织,其存在的价值是管理社会、服务社会。而在传统计划经济体制下,政府直接面对社会,对社会的很多功能和事务大包大揽,导致政府负担越来越重,社会的自治能力得不到锻炼,严重抑制了社会的自我发展。因此,政府要还权于社会,大力发展和规范社会中介组织,充分发挥各类中介组织在政府和社会之间的桥梁纽带作用,强化社会自我管理能力,把社会可以自我调节与管理的职能交给社会中介组织,实现社会事业社会办,社会事业社会管,建立一种以自由平等为核心、以社会契约关系为特征的现代社会。这样可以减轻政府运行的负荷,减少行政成本,建立廉价政府,也使得社会自治功能日益增强。

5. 理顺政府内部各职能部门的关系,合理配置政府职能体系

依据政府职能重心转变的要求,对职能进行分解与分析,明确各自的职责与分工,从制度上解决职能不清、职能交叉、人浮于事、推诿扯皮的弊端。

【案例分析】

我国政府职能中心演变与政府——市场的关系

(1) 1949年新中国成立,政府工作的中心是巩固新政权、医治战争创伤,如八年抗

第二章 行政职能

战、四年解放战争（国共内战），恢复国民经济生产。

1952年9月，毛泽东主席在一次中央会议上提出，我们现在就要开始用10~15年的时间，基本上完成到社会主义的过渡。第二年6月，中共中央公布了过渡时期总路线：一是逐步实现社会主义工业化，这是总路线的主体；二是逐步实现对农业、手工业和资本主义工商业的社会主义改造。

在中国共产党的领导下，在农村进行土改，到1953年春天全国土地改革基本完成；同时开始在城市对手工业和资本主义工商业进行社会主义改造，到1956年完成对农业、手工业和资本主义工商业的三大改造，实现了把生产资料私有制转变为社会主义公有制的任务。政治上社会主义的基本制度在我国初步建立；经济上社会主义计划经济在我国基本确立；为我国的社会主义工业化开辟了道路；从此进入社会主义初级阶段。

经过社会主义改造，我国经济建立了高度集中的传统社会主义计划经济体制，经济所有制是公有制——全民所有制和集体所有制，私人经济、民营经济和民族资产阶级经济成分逐步消亡，按劳分配居于国民经济收入分配方式的绝对主导地位。传统计划经济体制集中国家力量办大事，逐步建立了比较完善的国民经济体系，但传统高度集中的计划经济体制容易造成吃大锅饭现象，弊端逐步显现。

（2）在社会主义建设和探索过程中，出现了挫折和严重的决策失误。1958年党的八大二次会议，正式通过"鼓足干劲、力争上游、多快好省地建设社会主义"的总路线，提出赶英超美的口号。尽管这条总路线的出发点是要尽快地改变我国经济文化落后的状况，但由于忽视了客观经济规律，根本不可能迅速地改变我国经济文化落后的状况。总路线提出后，发动了"大跃进"运动，"以钢为纲"、全民大炼钢铁，以高指标、瞎指挥、虚报风、浮夸风、"共产风"等为主要标志的"左"倾错误严重泛滥，从1958年"大跃进"开始的三年"左"倾冒进导致国民经济比例的大失调，造成严重的经济困难，天灾人祸，出现大饥荒，造成上千万人口非正常死亡。

在此过程中，国家政治和经济社会生活出现非正常化。1957年发起"反右"运动。反右派斗争被严重地扩大化了，把一批知识分子、爱国人士和党内干部错划为"右派分子"，造成了不幸的后果。1958年庐山会议掀起反右倾斗争，并逐步演变为文化大革命的导火索。

1966~1976年十年"文化大革命"，确立"以阶级斗争为纲"的错误路线，使党、国家和人民遭到新中国成立以来最严重的挫折和损失，是一场由领导者错误发动，被反革命集团利用，给党、国家和各族人民带来严重灾难的内乱。据有关统计，由于"大跃进"和"文化大革命"的决策失误造成巨大的社会经济损失五千亿元以上，相当于1980年全国国营企业固定资产的总额，更严重的是导致大量人口非正常死亡，给人民和国家带来巨大损失。

（3）1978年，党的十一届三中全会召开，全会中心议题是讨论把全党的工作重点转移到社会主义现代化建设上来，果断停止了"以阶级斗争为纲"的错误指导思想，否定了文革，实行拨乱反正，提出以经济建设为中心，"一个中心、两个基本点"为党的基本路线，实行改革开放，由此全面开创了社会主义建设的新局面，使国家开始走上繁荣、富强、民主、文明的道路。

在改革开放过程中，逐步认识、承认和肯定计划经济也有商品经济成分，到最终完全肯定商品经济，认识到计划也有市场成分，实行效率优先、兼顾公平。

1984年，党的十二届三中全会指出"计划经济是公有制基础上的有计划的商品经济"。

1992年，邓小平南行发表重要讲话，"计划和市场都是经济手段，不是社会主义与资本主义的本质区别"，"判断改革开放姓'社'姓'资'，标准应该主要看是否有利于发展社会主义生产力，是否有利于增强社会主义国家的综合国力，是否有利于提高人民的生活水平。"邓小平南方讲话掀起改革开放第二次浪潮。

1992年党的十四大召开，明确社会主义经济体制改革的目标是建立社会主义市场经济体制，市场在资源配置中起基础性作用。

（4）党的十六届四中全会《关于加强党的执政能力建设的决定》第一次在党的文献没有沿用"效率优先、兼顾公平"传统说法，而是提出要"注重社会公平"，并在随后的文献出现"更加注重公平"等提法，关注和改善民生问题。

2007年，党的十七大报告指出，"新时期最鲜明的特点是改革开放"，"改革开放是决定当代中国命运的关键抉择，是发展中国特色社会主义、实现中华民族伟大复兴的必由之路"。

（5）2013年，党的十八届三中全会通过《关于全面深化改革若干重大问题的决定》，第一次明确提出"市场在资源配置中起决定性作用"。

"经济体制改革是全面深化改革的重点，核心问题是处理好政府和市场的关系，使市场在资源配置中起决定性作用和更好发挥政府作用。市场决定资源配置是市场经济的一般规律，健全社会主义市场经济体制必须遵循这条规律，着力解决市场体系不完善、政府干预过多和监管不到位问题。"

（6）1952~2015年，中国GDP总量、世界排名、外汇储备和人民币汇率变化，详见表2-1。

表2-1　1952~2015年中国GDP总量、世界排名、外汇储备与人民币汇率变化

年份	1952	1970	1978	1990	2000	2005	2010	2015
GDP总量（亿美元）	304	272	2683	3569	11984	22569	59305	103857
世界排名	5	13	15	11	6	5	2	2
外汇储备（亿美元）	1	0.8	1.7	110	1655	8188	28473	33304
美元对人民币汇率	2.62	2.46	1.58	4.78	8.28	8.10	6.62	6.39

标注：有一种说法是1970年中国GDP总量是918亿美元，世界排名第8；但不管怎么样，和1952年相比，经过18年的发展，中国GDP总量和世界排名都下降了。

同时，以美元计价的中国GDP总量和世界排名一方面受客观经济增长和通货膨胀的影响，一方面也受到人民币汇率变动的影响。

思考题

1. 新中国成立以来，政府职能中心发生了几次重大的转变及其影响？
2. 怎么理解和评价"市场在资源配置中起决定性作用"观点？
3. 谈谈对"改革开放是决定当代中国命运的关键抉择"的理解。

【本章小结】

行政职能体现着国家行政管理活动的性质和方向，是国家行政活动的前提和依据。我们认为，行政职能是指行政机关在管理国家和社会公共事务中应负有的基本职责和功能作用，具有执行性、多样性、动态性、公共性、系统性等特点。在此基础上，本章从静态与动态两个方面论述了政府职能与运行职能的内容。政府的基本职能包括政治职能、经济职能、文化职能和社会职能。但是，随着经济在社会发展中的地位日益重要，经济职能已分化为一项独立的职能并居于政府职能的核心地位。世界上没有一个国家的政府不干预经济，而政府干预经济是有限度的，因为政府也可能失灵。围绕政府与市场的关系，本章阐述了西方国家近代以来行政职能演变的理论与实践。最后提出我国政府职能转变要树立全新的理念，正确处理政府与市场、政府与社会、政府与企业的关系，进一步推动行政改革。

【复习与思考】

1. 简述行政职能的含义及特点。
2. 简述市场失灵及其表现。
3. 简述政府的基本职能。
4. 简述凯恩斯主义的政府干预理论。
5. 简述现阶段中国政府职能转变的含义、必要性及内容。
6. 结合理论和实践，谈谈对诺思观点的理解。
7. 简述政府与市场之间关系的争论及其启示。
8. 市场失灵客观存在，政府会不会失灵，为什么？
9. 如何理解和评价党的十八届三中全会提出的"市场在资源配置中起决定性作用和更好地发挥政府作用"？

第三章 行政环境

国家政府行政的任务，深受这一时代政治、经济与文化环境的影响，政府应按照现代社会生活状况确定其应有的工作任务。

——［美］伦纳德·怀特

【知识要点】

通过本章的学习，使学生从系统的角度认识行政管理活动，了解行政环境的内涵及其构成，理解行政环境对行政行为及其绩效的影响；从现代行政环境的日益复杂性和不确定性来认识行政管理面临的挑战以及政府危机管理能力的重要性。

【关键术语】

行政环境；社会环境；行政生态学；经济环境；技术环境；政治环境；国际环境；环境管理

行政管理是在一个多元、复杂的环境中展开的，既要接受来自立法机关、司法机关的监督，又要接受来自社会团体、媒体、公民个人等的监督。一个国家和地区的政治、经济、文化和社会历史环境会对行政产生深远的影响，而且在全球化的今天国际环境也对行政主体产生直接影响。行政管理需要加强对环境的管理、适应，更要创造新的环境。

第一节 行政环境概述

一、行政环境的内涵

作为一种公共行为，行政活动是在现实空间展开的。政府的行政行为需要有立法机关和法律依据，其违法行为可能受到司法机关的调查，即，行政行为要受到立法机关和司法机关的制约。同时，由于政府充当公共受托人的角色，要接受来自公民、企业、媒体等个人和组织的监督、批评和建议，对社会和公众作出回应，与此同时行政活动要受到行政机关自身内部组织结构、权利责任分配以及行政公职人员价值观、行为等因素的影响。在更宏观层面，一国政府的行政行为在全球化时代还要受到来自其他国家和国际组织的影响。这就意味着行政行为是在一个系统中进行的，受到各种因素的制约。对行政环境进行研究，使行政活动与行政环境相适应，对于行政行为的绩效显得极为重要。

（一）行政环境的含义

环境是指围绕某一具体事物并与该事物相互作用、相互影响的外部因素。它首先是一个生态学的术语，后被行政生态学引入公共行政的研究领域，并已经成为研究公共行政学的重要内容。

所谓行政环境是指直接或间接地作用或影响公共行政组织、行政行为、行政管理方法与技术、行政文化的行政系统内部和外部的各种因素的总和。

可以说，不研究、不了解行政环境，行政行为就不可能实现预期的公共目标，行政活动就有可能陷入被动的境地。

（二）行政环境的特征

行政环境具有以下主要特征。

1. 复杂性

公共行政环境是多种多样的，是多层次、多结构的，非常复杂。行政环境的复杂性是由行政职能、行政行为对象的多样性、复杂性决定的。行政环境包括地理的、政治的、经济的、社会的和文化的要素；包括国内的也包括国外的各种要素。这些要素不是孤立的，而往往互为因果，政治的、经济的、文化的各种环境要素交织在一起，有时很难把这些环境看作是单一的要素，甚至也很难分清行政环境的类型。如果把行政环境的多结构性和多层次性加上人为的因素，就使公共行政环境更加复杂，更加难以确定。政府行为与政策直接调整社会各种利益关系，处于利益分配的核心，错综复杂，认识了公共行政环境的复杂性特点，才能认识行政管理的复杂性和艰巨性。

2. 约束性

公共行政活动只能在公共行政环境提供的空间和各种条件下进行，不能超越它所提供的历史背景和各种约束条件。行政行为要受到公共行政环境的约束。政府的政策取向和官方语言与表达要受到所处的意识形态所能允许和接受的价值和行为的约束，传统文化尤其是行政文化约束政府及其官员的伦理行为准则；政府的公共政策、公共服务供给等既要受制于政府财政水平，又要受到政府自身的政策执行力等因素的制约。政府的经济政策、外交政策还要受到国际环境的制约。行政行为要接受来自公民个人、企业、媒体等的批评和监督。简而言之，政府行政环境制约行政行为，行政管理不能超越历史和现实所能够提供的各种条件。

3. 广泛性

行政环境涉及的内容非常广泛，从地理自然环境，诸如地形、气候到矿产资源，从人口数量到历史传统，从现实生活的政治、经济到社会风俗习惯，从国内到国际，等等。凡是影响行政行为的所有外部条件和内部因素，都可以被视作行政环境的内容。行政环境的广泛性是由行政职能的广泛性决定的。在现代社会，行政职能涵盖社会生活的方方面面，影响行政行为的因素也就是多方面的。

4. 不确定性

如果行政环境相对比较稳定，变化幅度比较小，变迁是渐变的，可以称为稳态环境；相反，如果行政环境的变化幅度比较大，可以称为动态环境。在现代社会，行政环境更大程度上是动态的、不稳定的。行政环境的变化分为两个方面：一是行政环境自身发生变化，二是行政环境在行政行为的影响下发生改变。动态环境的特点就是它的不确定性。行政环境的不确定性可以分解为三个维度：复杂程度、变化程度以及不可预测的突变性特点。

政府作为一个公共部门面临环境的复杂性、广泛性、约束性和不确定性，超过了任何其他组织，包括企业、社会团体等组织。

二、行政环境的构成

行政环境按照地域可以分为国内行政环境和国际行政环境；按照自然与社会划分，可以分为自然环境和社会环境；按照影响的程度可以分为一般行政环境和具体行政环境；从行政主体的角度可以分为内部环境和外部环境。

一般的环境不能称为具体行政环境，只有那些直接或间接地影响和作用于公共行政系统和行政行为的环境，才能称为具体行政环境。对行政环境有不同的分类方法，这里将行政环境分为一般行政环境和具体行政环境。一般行政环境是指公共行政系统外部的宏观环境，具体行政环境是指组织内部的环境。一般行政环境包括自然地理环境、政治环境、经济环境、社会文化环境、媒介环境和国际环境；具体行政环境包括组织文化和管理对象等。

（一）一般行政环境

一般行政环境是指公共行政的宏观环境，不仅指一个国家的公共行政所赖以生存和发展的自然地理环境、政治、经济、文化环境，也包括国际环境。

1. 自然地理环境

自然地理环境是指一个国家所处的地理位置和自然状况。自然状况包括地形、地貌、土壤、山林、水系、气候、矿物、动植物分布及所能够提供的各种资源。在不同的自然地理条件下，不仅产生了不同种族，而且产生了不同的语言文化、不同的宗教信仰、不同的政治体制、不同的生活方式和不同的风俗习惯等。

自然地理环境不仅对民族的形成和政府的塑造有重要影响，而且能为公共行政管理提供物资资源，对确立公共行政目标和进行行政决策有很大的影响，有时甚至有决定性的影响。同时，公共行政也能够破坏自然环境。一个国家的经济发展政策决定了一个国家对自然资源的利用。但资源丰富可能导致"不思进取"、"不劳而获"，优越的资源财富可能使得一个国家和地区丧失改革政治经济体制以及变革、创新的动力，结果可能由于依赖资源而陷入某种不自由、不发达的状态，理论界谓之为"资源的诅咒"。

2. 政治环境

一个国家的政治制度、立法制度、司法体系、政党制度、社会团体、阶级构成、阶层状况、法律制度、政治文化、政治团体、中央与地方关系等构成了一国公共行政的政治环境。政治环境决定并制约公共行政。政治体制决定行政体制，决定政治与行政两者的关系，决定权力的制衡关系，决定行政权力的划分与运行方式。

一个国家是专制制度还是民主制度，决定了行政在国家所处的地位和所起的作用。在专制制度下，公共行政、法律制度、司法制度都没有独立性，行政往往会成为政治寡头实现个人野心或小集团利益的工具。在民主制度下，公民参政议政，监督政府行为。公共行政有独立的地位和作用，以实现公共利益为目标。

政党制度是政治体制的重要组成部分。政党代表不同社会阶级阶层利益，政党制度对公共行政有巨大的影响。不同的政党制度对公共行政的影响也不同。在西方民主制度下，可以实现政治与行政相对分立；我国实行的中国共产党领导下的多党合作制度，不存在行政中立的问题。

法律制度比较完备并且有法律传统的国家，一般能够做到依法行政。公共行政是非人格化的法治行政；那些人治传统十分悠久的国家，即使制定了法律，也要经过比较漫长的时间，才能变人治为法治。如果一个国家的政治法律制度不健全，不完善，那么行政体制、行政职能、行政目标、行政决策、行政领导、行政运行方式等就难以规范、有序地进行，往往有人治的色彩，并影响政府和政策的合法性。

3. 经济环境

经济基础决定上层建筑，作为上层建筑重要组成部分的政府必然由经济基础决定，从而决定了公共行政的职能、性质、目标和原则。无论什么性质的国家，经济环境对行政体制、行政职能、行政领导、行政决策、行政行为、行政方法和手段都产生重大影响。行政管理不可能超越经济环境所提出的要求和所提供的各种条件，尤其是政府职能的确定和行政目标的选择。

经济环境包括经济发展所处的阶段、生产力发展水平、经济体制、经济结构、经济制度以及收入分配制度等。行政部门本身不直接生产和创造物质财富，行政活动以消耗一定的物质财富为前提和基础，因而一个国家所拥有的经济总量和公共财政实力实际上是政府政策和行政活动的物质基础。

4. 社会文化环境

社会文化环境是指社会结构、社会风俗和习惯、意识形态、信仰和价值观念、行为规范、生活方式、教育、科学、文化传统、人口规模与地理分布等因素的形成和变动。社会文化环境是某一特定人类社会在其长期发展历史过程中形成的，影响和制约着人们的价值观和生活方式。

文化因素渗透到社会系统的各个领域，对行政体制、政府职能、行政行为、行政心理等影响不仅是广泛的，而且是深远的。文化环境为公共行政提供智力支持和精神动力，提供行政价值观和行为规范。有什么样的文化环境就塑造出什么样的公共行政。

以科学民主为核心的现代文化是现代公共行政的重要内容。它为公共行政提供了新的环境和新的基础，注入了新的理念和新的方法，使公共行政向科学行政、民主行政、绿色行政和电子政府的方向转变。

5. 媒介环境

在行政环境中，新闻、出版、通信等信息传播方式或手段，可以把环境中的各种要素进行整合。人们对公共事务、对公共行政等的认识和判断基于一定的知识，而行政的复杂性导致公民和社会组织很难进行全面的判断，媒体充当了一个中间人的角色。

政府政策的颁布，民众对政策和行政的了解，很大程度上依赖于传媒提供的平台。在现代社会，以计算机和互联网为基础的新媒体为信息的快速、无国界、沟通便捷提供了新的可能，互联网作为表达意见的论坛价值超过了任何其他媒体。随着互联网的普及，政府对舆论的控制变得更为困难，进而降低了政府对环境的影响力，这对政府的形象塑造、公信力等提出了新的挑战，政府也可以经由互联网加强同民众的对话，凝聚政策共识，促进行政行为的信任度。

6. 国际环境

国际环境是指一个国家同世界各国、各地区之间的政治、经济、文化和自然地理等方面的关系。现代公共行政向地区化和全球化方向发展，所以，国家关系对公共行政就显得更为重要。尽管全球治理理论已经崛起，但是，目前民族国家仍然是各个国家的管理主体。国家关系仍然构成公共行政的外部环境，即国际环境。国家环境对公共行政的影响有时甚至是决定性的。

（二）具体行政环境

1. 具体环境的含义

具体环境也叫组织环境，是指具体而直接地影响和作用于公共组织、行政行为和组织凝聚力的公共组织的内部与外部环境的综合，包括组织文化、组织结构、组织的规章制度、组织的凝聚力、管理对象等。

组织环境一般是比较稳定并比较确定的。公共组织的机构、职权、职能、人员、规章制度和组织文化等一旦形成，处于比较稳定状态，不仅不会轻易改变，而且要改变也是十分困难的。这些管理要素的稳定性保证了公共行政的有序性。

组织环境的影响和作用涉及组织的效率和工作人员的士气。组织环境虽然受一般环境的影响，但是一旦组织环境形成自身的特点以后，却能够抵御一般环境的压力，保持组织环境的特性。组织环境是一种约束力量和整合力量。组织环境是一种没有形成规章制度的规章制度，是一种没有制度化的制度。它是一种无形的组织规则和组织压力。

2. 组织文化

（1）组织文化的含义。组织文化是指组织在一定的环境中，逐步形成的全体公共组织成员所共同信奉和遵守的价值观，并支配他们的思维方式和行为准则。组织文化在政府中也可以称为行政组织文化，或者行政文化，在企业则称为企业文化。组织文化包括组织观念，如人才观念、竞争观念、风险观念、效率观念等，法律意识，道德感情和价值观，等等。

价值观是组织文化的核心。价值观念具有创造性、评价性和价值导向性。在公共组织之中，价值观念起着十分重要的作用。以价值观为核心的组织文化是形成组织规范、工作准则、思维方式、行为方式和人际关系准则的源泉。

公共组织的组织文化来源于统治阶级的意识形态和传统文化。但是，组织文化是领导者营造的，尤其是组织的创始人和以后的继任者们，他们的倾向性和主导思想起着决定性的作用。

（2）组织文化的特征。第一，独特性。每个组织都有其独特的组织文化。第二，相对稳定性。组织文化是组织在比较长期的发展中逐渐积累而成的，具有较强的稳定性。第三，融合继承性。每一个组织都是在特定的文化背景之下形成的，同时又吸收其他组织的优秀文化。第四，发展性。组织文化随着历史的积累、社会的进步、环境的变迁以及组织变革逐步演进和发展。第五，组织文化的可塑性。组织文化虽然具有一定的稳定性、长期性等特征，但是组织文化在发展过程中具有一定的可塑性。第六，组织文化的长期性。

（3）组织文化的作用。第一，导向功能。组织文化对组织整体和组织成员的价值取向及行为取向所起的引导作用，使之符合组织所确定的目标。第二，约束功能。组织文化对组织每个组织成员的思想、心理和行为具有约束和规范的作用。第三，凝聚功能。组织文化被组织成员共同认可后，成为组织成员的黏合剂，团结组织成员，产生深刻的认同感、巨大的向心力和凝聚力，激发组织成员发挥各自的潜能。第四，激励功能。激发组织成员内心深处自觉为组织目标奋斗的精神，形成积极向上的整体力量，产生内在的驱动力，实现自我激励。第五，辐射功能。良好的组织文化不仅对内部成员产生影响，而且通过各种渠道向社会辐射和传播。

第二节 行政环境管理

一、管理行政环境的意义

（一）行政环境的作用

行政管理与行政环境之间是相互作用、相互制约、相辅相成的辩证关系。一方面，行政环境决定、制约行政管理。行政环境是行政管理赖以产生和发展的基本条件，它决定、影响或制约行政管理目标的制定、机构设置、机制运行和活动方式的选择。行政管理要适应行政环境的性质，行政管理要适应行政环境的现状，还要进一步适应行政环境的发展方向。另一方面，行政管理对行政环境具有能动的反作用。行政管理可以沿着行政环境发展方向发生作用，积极利用行政环境条件，对所面临的问题制定相应的对策、制度和办法，并有效地加以实施；通过对行政管理的再思考、认识和总结，主动纠正不符合行政环境要求的管理行为、管理法规和管理方式来积极推进环境改善。行政管理对行政环境的作用有消极的、副作用的一面。

行政环境的作用主要表现在它与公共行政的关系上：行政环境与公共行政是相互适应、相互作用的关系，是输出与输入的关系。行政环境决定、限制和制约公共行政，公共行政必须适应行政环境。同时，公共行政对行政环境也有能动作用，可以影响和改造行政环境。比如自然地理环境能为公共行政管理提供物质资源，对确立公共行政目标和进行行政决策有很大的甚至有时起决定性的影响，同时，公共行政也能破坏自然环境。

行政环境作用并影响行政组织、行政心理、行政行为和管理方法与技术。这种作用和影响不仅仅来自行政系统的外部环境，同时也来自行政系统的内部环境。

（1）行政环境决定、限制与制约公共行政。行政环境是公共行政产生、存在和发展的宏观形态，是公共行政产生、生存和发展的土壤及行动的空间。有什么样的行政环境就有什么样的公共行政。

（2）公共行政必须适应行政环境。如果公共行政不适应行政环境，也就是政府没有适应环境的能力，那么就无法进行有效的行政管理。

（3）行政环境的发展变化必然导致公共行政的发展变化。

（4）公共行政对行政环境也有反作用。公共行政的能动作用是研究行政环境的重要原因之一。公共行政可以利用行政环境提供的实际条件和要求，选择切合实际的公共行政目标，确立科学的行政关系，通过达成行政目标而达到改善行政环境的目的。

（二）研究和管理行政环境的意义和作用

1. 研究和管理行政环境的意义

行政活动都是在一定环境中展开的，环境的特点及其变化必然会影响组织活动的方向、内容以及方式的选择。

外部环境是行政组织生存发展的土壤，它既为行政活动提供必要的条件，同时也对其起着制约的作用。行政部门本身并不创造财富，它的运行物质基础和运行的公共权力都依赖于税收、公共财政和公众的同意与授权。

外部环境研究不仅可以帮助行政领导者和决策者了解外部环境的特点、变化，而且可以使其认识到外部环境是如何从昨天演变到今天的，从其中发现外部环境变化的一般规律，以便在此基础上估计和预测其在未来一段时间内发展变化的趋势。这样，行政行为才能敏锐地发现、预见到机会和威胁，扬长避短、取长补短，更好地达到和符合公众的期望及意愿，赢得公众的支持，能动地适应环境的变化，作出科学的行政决策，提高行政执行力。

同时，行政部门是一个官僚层级组织，每一个部门有自己的资源，包括物质资源、人力资源和组织资源。行政活动要得以顺利开展，除了需要应对和适应外部的环境，还需要根据本系统、本部门的组织状况，适应本子系统的行政文化。对于行政管理改革和创新，阻力很大程度上更是来自自身内部，只有克服组织内部的环境制约因素，行政活动才有可能达到预期的目标。

2. 研究和管理行政环境的作用

行政环境是复杂的、动态的、广泛的，研究和管理好行政环境，使行政系统与行政环境相适应，具有重要的价值。

（1）降低行政管理活动的不确定性。行政行为面对复杂和变动的外部环境，研究行政环境，可以更好地认识和理解行政的各种环境因素，促使行政系统与环境尽可能相适应，提高行政部门对环境的适应力，可以减少行政行为，包括行政领导、行政决策和行政组织等活动的不确定性。

（2）增强政府对社会的回应性。行政权力源于公民的授权，行政的运行基础——财政源于纳税人的税负，公民和社会有权对行政部门提出批评。研究行政环境，可以促使政府及时察觉民意的动向、公众的需求，及时作出反应，可以提高政府政策对社会的回应性，赢得对政策的支持和对政府的信任。

(3) 提高行政决策的准确性。行政行为需要与行政环境相一致。研究行政外部环境及其变化，政府可以了解社会关注的焦点、舆论动向和民意的变化；研究内部环境，可以减少组织内部对政策的阻力。因此，研究行政环境可以减少"拍脑袋作决策"的问题，提高行政决策学准确性和科学性。

二、行政环境的理论基础

行政环境理论最主要的理论基础是系统论和生态学的有关理论。

（一）系统论与行政管理

1. 系统理论

系统思想源远流长，但作为一门科学的系统论，公认的是由美籍奥地利人、理论生物学家 L·冯·贝塔朗菲（L. Von Bertalanffy）创立的。1952 年，他发表"抗体系统论"，提出了系统论的思想；1937 年他提出了一般系统论原理，奠定了这门科学的理论基础。但是他的论文《关于一般系统论》，到 1945 年才公开发表，他的理论到 1948 年在美国再次讲授"一般系统论"时，才得到学术界的重视。确立这门科学学术地位的是 1968 年贝塔朗菲发表的专著《一般系统理论基础、发展和应用》。

系统论认为，整体性、关联性、等级结构性、动态平衡性、时序性等是所有系统共同的基本特征。系统论的核心思想是整体观念。贝塔朗菲强调，任何系统都是一个有机的整体，它不是各个部分的机械组合或简单相加，系统的整体功能是各要素在孤立状态下所没有的新质。同时，他认为系统中各要素不是孤立地存在着，每个要素在系统中都处在一定的位置上，起着特定的作用；要素之间相互关联，构成了一个不可分割的整体。

系统论的基本思想方法，就是把所研究和处理的对象，当作一个系统，分析系统的结构和功能，研究系统、要素、环境三者的相互关系和变动的规律性，并优化系统。世界上任何事物都可以看成是一个系统，系统是普遍存在的。大至渺茫的宇宙，小至微观的原子，一粒种子、一群蜜蜂、一台机器、一个工厂、一个学会团体……都是系统，整个世界就是系统的集合。

系统是多种多样的，可以根据不同的原则和情况来划分系统的类型。按人类干预的情况可划分自然系统、人工系统；按学科领域就可分成自然系统、社会系统和思维系统；按范围划分则有宏观系统、微观系统；按与环境的关系划分就有开放系统、封闭系统；等等。

系统论的任务，不仅在于认识系统的特点和规律，更重要的还在于利用这些特点和规律去控制、管理、改造或创造一个系统，使它的存在与发展合乎人的目的需要。也就是说，研究系统的目的在于调整系统结构，理顺各要素关系，使系统达到优化目标。系统论的出现，使人类的思维方式发生了深刻的变化。以往研究问题，一般是把事物分解成若干部分，抽象出最简单的因素来，然后再以部分的性质去说明复杂事物。这是笛卡儿奠定理论基础的分析方法。这种方法的着眼点在局部或要素，遵循的是单项因果决定论，虽然这是几百年来在特定范围内行之有效、人们最熟悉的思维方法，但它不能如实地说明事情的整体性，不能反映事物之间的联系和相互作用，在现代科学的整体化和高度综合化发展的趋势下，在人类面临许多规模巨大、关系复杂、参数众多的复杂问题面前，就显得无能为力了。系统分析方法为现代复杂问题提供了有效的思维方式。所以系统论，连同控制论、信息论等其他自然科学一起所提供的新思路和新方法，促进了各门科学的发展。系统论不仅为现代科学的发展提供了理论和方法，而且也为解决现代社会中的政治、经济、军事、科学、文化等方面的各种复杂问题提供了方法论的基础，系统观念正渗透到每个领域。

2. 系统论在行政管理学的应用

对于行政系统的研究，主要有两种方法：一是把行政系统当做一个相对封闭的系统来研究；二是把行政系统当做一个相对开放的系统来研究。第一种观点关注的中心是行政部门内部的管理问题，比如机关管理、人事管理、财政与物资管理。第二种观点把研究和关注的重点放在行政部门与外部环境的相互影响上，特别关注外部环境对行政系统的影响，把行政系统视为一个开放的系统进行研究。第一种系统观适用于外部环境相对稳定、日常的行政活动。在现代生活日益复杂，行政面临日益动荡的环境下，封闭的系统观无法适应现代行政管理的需要。

在系统的观点看来，行政环境作用主要表现在它与公共行政之间的相互关系上。系统行政观把行政系统与环境之间的关系视为互相适应、互相作用的关系，是输出与输入的关系。行政环境决定、限制和制约公共行政，公共行政必须适应行政环境。同时，公共行政对行政环境也有能动作用，它可以影响和改造行政环境。行政环境对公共行政的作用有的是直接的，如政治环境的作用；有的是间接的，如传统文化的影响。

伊斯顿创立了政治系统论，认为政治系统是为社会规定有价值物的权威性分配（或强制性决定），并且予以实施的行为或互动行为。它由政治团体、体制和权威机构等部分构成，受到自然的、生物的、社会的以及心理的等外部和内部环境的包围，同时对环境的压力有适应能力和反馈信息的功能。系统和环境形成互动的联系，系统的持续通过不断地输入、输出、反馈、再输入过程实现。伊斯顿的输入—输出系统分析模式，适用于分析从国际社会到国家内部各种规模的政治系统，同时又是一个统一理论，包括社会当中各种行为关系（见图3-1）。

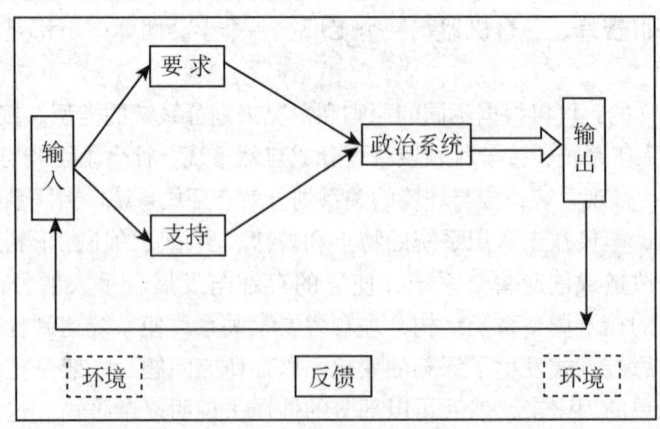

图3-1 政治与政策系统

要求：个人和团体为了得到一定的利益或实现一定的价值理念而提出的采取行动的政策主张。

支持：个人和团体遵从约定的政治民主方式——选举的结果、遵守法律、缴纳税收，接受政治系统为满足要求而作出的权威性的价值分配，即遵从政策决定。

输出：政治系统制定公共政策（完成了关于价值的权威性分配），并以此影响环境，改变环境因素提出的要求，提高或降低环境因素的支持。

政治系统：被看作一种"黑箱"系统。

伊斯顿创立的政治系统分析模式被广泛应用于国内政治以及研究。他提倡重建新的价值结构，促进了公共政策研究的开展和政治理论的进一步丰富。伊斯顿的政治学系统论适用于行政管理和公共政策。

（二）生态学与行政生态学

对行政环境的研究形成了一门新学科——行政生态学。行政生态学把行政系统看作生态环境中的生命体，受生态环境中的各种因素的影响，行政系统的存在和发展在于它是否能有效地适应它周围的生态环境，或是否能营造有利于自身发展的生态系统。

美国哈佛大学教授高斯最先对行政环境问题进行研究。1936年，他发表了《美国社会与公共行政》，提出了公共行政与行政环境之间的关系问题。1947年，他发表了《政府生态学》，更加强调行政环境对行政管理的作用。但是，并没有形成一门新学科。第二次世界大战以后，美国狂热地推销其价值观、社会制度和公共行政模式。他们乐观而盲目地认为，发展中国家只要采取美国政府体制就能够管理好国家。但事实并非如此，这引起了美国一些学者的反省和深思。他们看到了行政环境对公共行政的制约作用。1957年，哈佛大学教授里格斯发表了《比较公共行政模式》。1961年又发表了《公共行政生态学》，这是公共行政生态学的代表作，开启生态学方法研究公共行政的风气之先河。里格斯将公共行政分为三种模式：一是融合型公共行政模式，是农业社会的公共行政模式，它的主要特点是公共行政是建立在自给自足经济基础上的家长制，任人唯亲，实行等级森严的世卿世禄制度；二是衍射型公共行政模式，这是工业社会的公共行政模式，它的主要特点是建立在大工业生产方式基础上的民主行政，官员依法任命，依法行政；三是棱柱型公共行政模式，这是从农业社会向工业社会过渡的公共行政模式，它既有农业社会的公共行政的某些特点，也有工业社会公共行政的某些特点，是两者的混合体（见表3-1）。

表3-1　　　　　　　　农业和工业社会行政模式比较

	农业社会（融合型）模式	工业社会（衍射型）模式
经济基础	农业经济、自然经济、自给自足	计划经济、市场经济
主要要素	土地分配与管理	生产、交易
行政制度	世卿世禄、等级制度	功绩制、非人格化
行政风范	家族主义、亲族主义	平等主义、法治
行政活动	以地域和地理空间为限	高度社会流动，发达的沟通渠道
官民关系	政府与民众之间缺乏沟通	密切，公众有比较畅通渠道影响政府决策
政治与行政二分	一切权力源于君主，不分	专业化，可分

行政生态学研究"自然以及人类文化环境与公共政策运行之间的相互影响情形",认为不应该仅局限于行政系统本身,而应该跳出行政系统,从社会这个大系统来考察行政,亦即考察一国的行政与该国的社会环境的关系。行政生态学认为,只有以生态学的观点——亦即从非行政的因素去观察,才能了解这些国家的政治和行政。

公共行政生态学研究的领域有:社会环境与自然环境对公共行政的影响,文化环境与公共行政相互作用和影响,心理环境对公共行政的影响,生理环境对公共行政的影响,等等。

三、行政环境的管理

行政活动和行政行为的结果很大程度上取决于行政管理人员对行政环境的了解、认识和掌握的程度,取决于他们能否迅速地对行政内外部环境,宏观与具体环境作出及时而又准确的回应。任何行政管理者都需要学会如何去适应行政环境,乃至引导改变行政环境,实现组织预定的目标。

对行政环境进行管理,一个重要内容是要了解和认识行政环境,识别行政环境中不确定的因素。组织的不确定性程度越高,行政领导和行政决策者就越难以作出科学合理的决策,因此,行政环境管理的一个重要内容就是分析环境的不确定性。

由于组织与环境是相互影响的,因此,环境管理研究的另一个重要内容是通过环境管理研究和对环境进行管理,对环境变化进行预测,降低环境的不确定性,增进组织对环境及其变化的适应力。

在现代社会,行政公共事务日益复杂,行政职能涵盖的范围越来越广,行政对象的价值、偏好日趋多元化,行政事务的复杂性程度越来越高,这就要求加强对行政环境的研究,促使行政系统与环境的良性互动。

第三节 变动中的行政环境

一、行政环境的一般变迁

行政系统存在于社会环境之中,环境的变化对行政系统会产生连续不断的影响。新的技术发明与应用,对外经济交往和贸易的增加,人员往来的增加与相互了解与信任,外来思想文化和观念的传入与影响,等等,都会影响环境的变化和变迁。

马建川等人提出,在阐述环境的变迁时,从社会生活规律入手,将人群活动分为两种基本状态(分散安静状态和集中动态状态)和两种过渡状态(集中安静的状态和分散动态状态)。环境从一个状态转向另外一个状态的影响因素:一是人类生活趋向于组织化的特点;二是既定的政权体制;三是关键技术工艺的发明与突破;四是事物本身的特性;五是行政系统的应对策略。

第三章 行政环境

环境的变化会影响行政系统，这就决定了行政系统必须是一个开放的系统。它首先必须是适应环境的，然后还要与外界进行物质和信息的交流，这样才能维持一个动态的耗散结构。如果它是一个孤立的系统，秩序是一定要瓦解的。环境变迁必然会对行政系统造成冲击，而且代表社会发展要求的一部分群体增长会非常快。行政系统就应该把它纳入系统中。比如一部分地区出现直接选举乡长、镇长，这是符合社会发展和人民利益的，政府就不可以视而不见或暗中压制。政府应根据环境变化，吸收其合理要求，这才能增强对环境的调控能力，才有可能实现有序。

行政与环境之间的核心关系是通过公众的反应展示的，环境对行政系统的要求与行政系统对环境的影响只有通过民众的实际行动才能产生真实的体现。促使行政环境变迁的动力是多方面的，包括技术的、经济的、政治的和文化的，既包括来自民众的压力，也包括行政系统内部和政府其他部门的自觉，还包括世界竞争的压力，等等。

行政系统至少可以从三个方面进行改变：价值观、管理手段和方式以及行政目标。如宣称自己代表先进生产力的发展方向，保护私有财产，这是价值观的改变。减少对市场的干预，资源配置以市场调节为主，是管理手段和方式的改变。以全面建设小康社会、城乡协调发展和东西部协调发展为目标是行政目标的改变。这些改变都是根据行政环境的变化作出的。

行政生态平衡就是行政系统运行的机制和方式等与行政环境相适应，取得改造行政环境的成果。最关键的问题就是两个：第一，解决行政系统本身存在的问题；第二，行政系统要与行政环境进行物质和信息的交流。

二、我国行政环境的变迁

新中国成立以来，行政环境发生了巨大变革，包括政治、经济、社会文化和国际等方面，这里主要以1978年改革前与改革后的两个大阶段进行分析。

（一）政治环境的变革

新中国成立以后，改革开放以前，我国处于以阶级斗争为纲且不太正常的社会状态，政治泛化，渗透到社会生活的方方面面，包括政治、经济、文化乃至私人家庭生活。1978年党的十一届三中全会，果断停止了以阶级斗争为纲的错误路线，同时实施拨乱反正，实行改革开放，政治生活开始恢复正常。

改革开放伊始，国家确立了"一个中心、两个基本点"的发展战略，以经济建设为中心坚持四项基本原则，坚持改革开放。经过30年的改革开放，政治生活方面发生巨大变化，主要表现在马克思主义依然是官方的政治指导思想和旗帜，但与此同时，自由主义、民族主义、环保主义、女权主义等思想意识形态也在人们的生活中享有不同程度的影响力。政治生活日渐回到正常状态，退回到公共空间，消费主义、享乐主义、物质主义、娱乐主义赢得越来越多的市场，在某种程度上，政治泛化在不断消退。

（二）经济环境的变革

与政治领域相比，经济环境发生了更为明显的变化，可以说是翻天覆地，日新月异。

新中国成立不久，我国建立了社会主义计划经济体制，主要的经济资源和物质资源被全面国有化和集体化，私人经济活动被压缩到几乎不存在的狭小空间里，基本销声匿迹，分配制度主要是被曲解的按劳分配。

改革开放后，确立以经济建设为中心的发展纲领，在城市和农村推行广泛的改革，"一大二公"的经济体制被废除，改革国营企业和国有企业，逐步鼓励和放开民营经济的发展，乡镇企业和民营企业迅速发展，同时大量吸引外资。这样，在经济结构上发生了巨大的变化，民营经济在国民经济的比重不断提高，已经超过1/3。在经济体制上，由高度集中的计划经济向市场经济转变，实现按劳分配为主体多种分配方式并存格局的分配制度。除了大中型垄断国企，市场机制在经济生活中处于支配地位。

（三）社会文化环境的变革

与政治和经济环境变化相适应的是社会文化环境发生了巨变。改革开放以来，我国科技文化不断发展，国民接受教育的水平不断提高，大学教育已经进入大众化阶段。社会结构、风俗习惯、人们的价值观和信仰、行为方式和生活方式、人口结构也发生了巨大变化。

就社会结构而言，中国社科院以职业分类为基础，以组织资源、经济资源和文化资源的占有状况为标准，划分当代中国社会阶层结构的基本形态，它由10个社会阶层和5种社会地位等级组成。这10个社会阶层是：国家与社会管理者阶层；经理人员阶层；私营企业主阶层；专业技术人员阶层；办事人员阶层；个体工商户阶层；商业服务业员工阶层；产业工人阶层；农业劳动者阶层和城乡无业、失业、半失业者阶层（见图3-2）[①]。

（四）国际环境的变革

20世纪60年代，中苏关系恶化，社会主义阵营出现分裂；70年代，中美关系缓和并建交，这为中国实行对外开放政策创造了有利的国际条件。与此同时，西方在70年代开始，由于"滞涨"等问题的出现，掀起了政府改革浪潮，重新梳理政府、市场和第三部门之间的关系，市场重新受到追捧，民营化成为一大趋势。进入80~90年代，东欧剧变、柏林墙倒塌、苏联解体、冷战结束，市场化和民主化成为时代的两大潮流。

中国先后纷纷与发达国家和其他国家建立外交关系，对外开放局面不断打开，中国吸引了越来越多的外国投资，学习西方先进技术和管理方法，同时对外投资和进出口贸易也在大幅提高，与国际合作程度不断加深。2001年，世界贸易组织吸纳中国为成员方，中国经济进一步融入全球经济体系。1997年的亚洲金融危机和2008年的世界性金融危机波及中国，中国与世界的关系日益紧密，国际地位和国际责任提高，再也无法独善其身。

（五）行政改革

为适应环境变化，提高行政效率，改革开放后，我国进行了多次行政改革，对原有不适应的行政体制及管理方式进行变革。通过行政改革可以增强行政机关的活力，更好地履

---

① 参阅陆学艺：《当代中国社会阶层研究报告》，社会科学文献出版社2002年版。

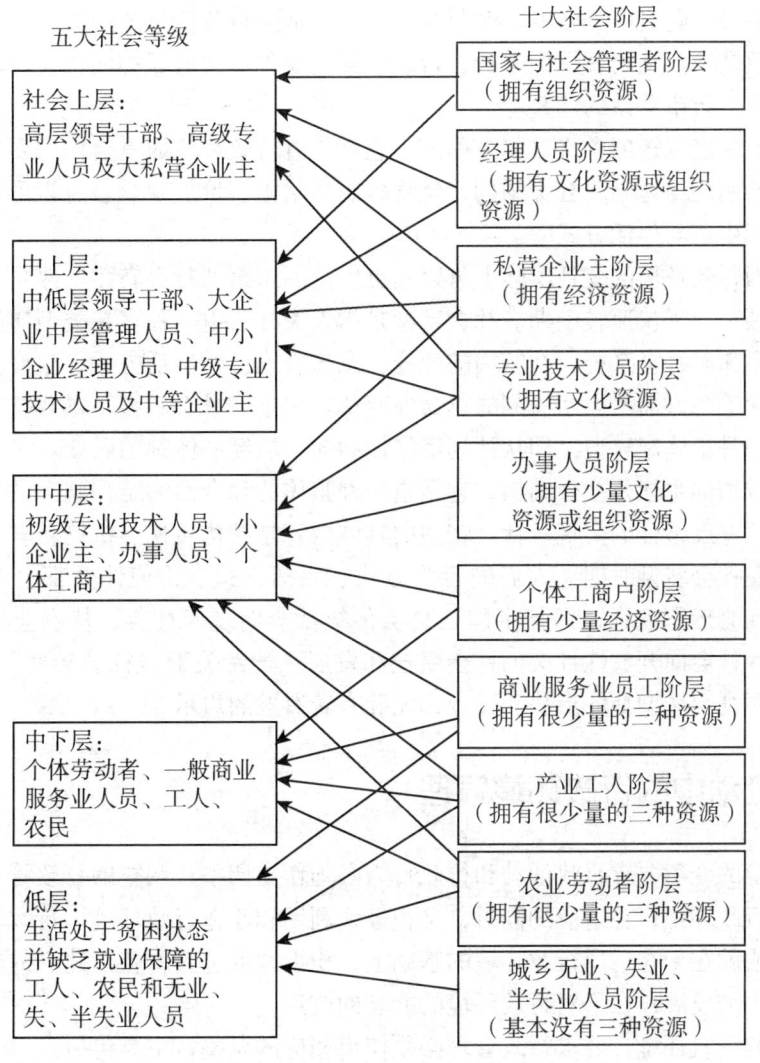

图 3-2 当代中国社会阶层结构

行对社会的管理职责。西方国家一般把政府管理改革统称为行政改革。在中国,行政改革的内容包括在政治体制改革中。由于各国政治制度不同,以及人们认识角度和方法的差异,对行政改革这一概念尚无公认的定义。

行政改革的内容和主要趋势表现为权力关系的调整、机构与管理方式的变革。包括:(ⅰ)精简机构,减少行政机构数量。(ⅱ)提高行政领导决策能力,建立参谋机构和智库,完善指挥监督系统和层级负责制,实施重大决策集体讨论论证决定。(ⅲ)下放权力,明确划分机构层次之间、机构内各部门之间、各个职位之间的职责权限,简化行政工作程序。(ⅳ)改革、完善公务员制度,科学地设置职位,配备人员,建立内部竞争机制;加强培训和提高人员素质,发挥公务员的积极性。(ⅴ)节省行政经费,改进预决算审计制度,加强财务监督,压缩"三公经费"支出,控制机构的膨胀。(ⅵ)转移政府的某些职能,改革行政审批制度,把可以或应该由社会其他组织承担的职能转移给社会团体、企事业单位,减少政府对社会事务过多的直接参与。(ⅶ)提高行政活动的整体效益,利用现代科学技术手段,建设电子政府,改革管理方式,加强行政信息的搜集、传递、沟通和利用,提高行政效率。从内容层面上看,行政改革主要包括政府职能的调整与转变,政企关系、政社关系、政市关系的调整等。

我国行政环境变迁的含义是多方面的,它意味着行政环境的重要构成要素都发生了变迁,诸如政治制度与体制、社会结构、经济体制与结构、价值观念、意识形态、对外开放与交流、人们生产与生活方式等。

对于我国行政环境的变迁实际上可以用更广泛的用语"社会转型"来概括,一个普遍的共识是我国正处于快速转型期。社会转型是指人类社会由一种存在类型向另一种存在类型的转变,意味着社会系统内在结构的变迁,意味着人们的生活方式、生产方式、心理结构、价值观念等各方面全面而深刻的革命性变革。关于"社会转型"的含义,主要有三方面的理解:一是指体制转型,即从计划经济体制向市场经济体制的转变。二是指社会结构变动,社会转型的主体是社会结构,它是指一种整体的和全面的结构状态的过渡,而不仅仅是某些单项发展指标的实现。社会转型的具体内容是结构转换、机制转轨、利益调整和观念转变。在社会转型时期,人们的行为方式、生活方式、价值体系都会发生明显的变化。三是指社会形态变迁,即指中国社会从传统社会向现代社会、从农业社会向工业社会、从封闭性社会向开放性社会的社会变迁和发展。学者关于"社会转型"含义的论述,对于正确把握社会转型期的形势和任务,无疑有着有益的启示。

三、变动中的行政环境管理

行政环境的变革要求行政活动和行政行为必须作出调整,调整的行政管理活动必须适应变革中的行政环境;在适应的同时,又积极地利用和改造行政环境。行政管理存在和发展的全部价值就在于在适应行政环境的基础上,积极地促进其所赖以建立的经济基础和国家政权的巩固与发展;在于对行政环境的能动的改造。

变革中的行政环境,要求行政管理必须作出相应的调整,主要包括:

第一,进一步转变政府职能,促使行政职能与行政环境相适应,进一步理顺政府与国有企业、政府与市场、政府与中介组织、政府与第三部门等之间的关系。

第二,加强对行政环境的研究,提高政府对变革的行政环境的适应力,提高政府政策的预测性和前瞻性,降低环境的不确定性和不可预测性的影响。

第三,积极开拓和利用国际市场的资源,并加强对世界环境和主要国家和地区的研究,尽可能化解国际环境的变化,包括金融危机对我国产生的负面影响。

第四,发扬民主,提高政府政策和行政行为对公众的回应性,充分吸纳专家学者、公民参与到行政管理过程当中,疏导社会矛盾,促进社会和谐。

【案例分析】

强降雨、洪涝灾害与城市发展规划

2016年夏,入汛以来,中国多地出现短期内强降雨,暴雨导致严重的洪涝灾害,造成重大财产损失和因灾死亡，究竟是天灾，还是"人祸"？

武汉洪涝灾害与填埋湖泊、城市扩张

据武汉市气象历史资料比对结果，1991年7月5~11日，7天内降下542.8毫米，为此前观测到的一周最大降雨量；1998年7月17~23日，累计降雨量达到了538.5毫米，紧随其后；2016年，武汉再次暴发洪水，6月30日20：00至7月6日10时，武汉已累计降水560.5毫米，突破武汉有气象记录以来周持续性降水量最大值。

持续降雨导致武汉发生特大洪水，全市交通瘫痪，学校停课，火车站被淹，地铁如瀑布。截至7月6日12时，暴雨灾害造成全市12个区75.7万人受灾。共转移安置灾民167897人次，目前8万群众处于转移安置状态，农作物受损97404公顷，其中绝收32160公顷。倒塌房屋2357户5848间，严重损坏房屋370户982间，一般性房屋损坏130户393间。直接经济损失22.65亿元。因灾死亡14人，失踪1人。

是降水越来越严重吗？专家们认为，除了城市发展"重地上轻地下的"发展观念外，内涝还缘于城市快速发展对环境的破坏，这是来自自然的报复。

中南民族大学研究资源评价与区域开发的刘成武教授表示，湖泊的填埋以及城市规划的不科学，都是造成内涝的重要原因。

刘成武说，湖北地处长江中游，境内西、北、东三面环山，中南部为平坦开阔的江汉平原，整个地貌轮廓大致为三面隆起，中间低平，向南敞开的"准盆地"结构。一遇暴雨，三面来水全部汇流到江汉平原，导致江河湖泊水位猛涨，而该地区的农田比河床低，每遇汛期，外江水位往往高出田地数米乃至十余米，造成外洪内涝，"准盆地"就成了"水袋子"。因此，临江的低洼位置与独特的地貌结构基本上孕育了湖北省洪涝灾害发育的空间格局。

水袋子，再加上湖北多雨的气候特点，注定湖北省过去是、现在是、将来也是一个多洪涝灾害的省区。但在地质、地貌与降水变化（增加或减少）并不显著的情况下，洪涝灾害却越来越频繁，这充分说明，近代以来湖北洪涝灾害频发与增加的原因不是由"天灾"与"地灾"引起，可能与近代人类社会活动的强度增加密切相关，是一种"人祸"所致。

再加上围湖垦殖，使江汉平原和洞庭湖区湖泊面积锐减，江汉湖群面积在0.5平方公里以上的湖泊建国初期有1066个，围垦后减少至309个，面积由8300多平方公里减至2600多平方公里，湖群总面积缩小了68.7%。湖北省湖容由20世纪50年代的130.5亿立方米锐减到80年代末期的56.9亿立方米左右，湖容下降了一半。其有效调蓄容积仅30亿立方米，仅及新中国成立初期的26.6%。

武汉市委书记阮成发曾说，武汉城市发展史就是一部填湖史。据统计，2002~2012年的10年间，武汉市的湖泊由200余个缩减至160多个；而与之相对应的，武汉市城市建设区总面积则逐年增加，从2006年的455.1平方公里到2011年的507.5平方公里，5年间面积增长了11.5%。

7月17日中午，70岁的宋大爷坐在武汉岳家嘴徐东318号院子的大树下纳凉。就在10天前，这个院子遭受了"水灾"。指着附近的一大片区域，宋大爷感慨道："这原本都是湖，（现在）湖填多了，下雨的积水都排不赢。"

大雨过后的 10 天，南湖附近的北苑小区，在这里卖书卖日用品的小店门外，还堆积着被雨水浸泡的物品。"这一片以前都是湖。"指着汉口妙墩的一片房子，周爵风说，父亲常常跟他说起小时候的故事，父亲出生于 20 世纪 50 年代，小时候这里的湖水清澈见底。出生于 20 世纪 80 年代的周爵风，有记忆的时候，这里已经变成了臭水塘，再过了一段时间，臭水塘也不见了，逐渐成了私房，而后变成了高楼大厦。"我甚至连这个湖的名字都不知道。"周爵风说。

随着武汉三环线、二环线的建成，市民们发现每逢下雨，三环线二环线就会有路段积水，今年更是波及了长江隧道。"感觉从 2008 年左右，武汉的内涝就愈发显现出来。"市民张天磊说，2008 年左右，武汉开始大拆大建，就在这个时期后，武汉的内涝几乎年年上演。2011 年 6 月 18 日那场暴雨后，"春天到武汉大学看樱花，夏天到武汉大学来看海"，一时成为网络流行语。

刘成武表示，盲目围垦造成湖泊调蓄能力不断下降，从而造成湖北省洪水灾害频度越来越高、灾情越来越重，湖北省特有的孕灾环境孕育了"多灾"的特点，人类不合理土地利用活动引起本区森林急剧减少、水土流失严重与江湖关系恶化，人地关系日益紧张则是导致湖北省近代以来洪涝灾害"越来越频"的根本原因，而脆弱的承灾体承灾能力差则是灾情日益严重的真正根源。湖北省近代以来洪涝灾害的新特征是：在自然因素作用的基础上，不合理的人类活动严重破坏了原有和谐的"人地关系"，是"人祸"强化了"天灾"与"地灾"的结果。

曾经连着长江的湖泊，因为填湖而隔断了与长江的联系。这些内湖逐渐成了一潭死水，没有泄洪功能，也失去了自我净化的功能。一边是许多湖泊被填埋，导致武汉的蓄水能力成数倍下降；另一边是大拆大建之后的城市建设中，抗洪排水设施基础建设却没有同步跟上。武汉市水务局工作人员介绍，内涝的原因在于降雨量大幅超过全市现有排水设施承受能力，武汉市现有排水系统抵抗暴雨排水标准仅为"一年一遇"。

2006 年，刘成武等人在发表的论文《湖北省近代洪涝灾害的特点及其成因分析》中谈到，湖北省是我国洪水灾害特别严重的少数几个省区之一，每年因洪涝灾害造成的直接损失少则几十亿元，多则 100 多亿元，特别严重的年份（如 1998 年）高达 500 亿元以上。洪涝灾害已成为制约湖北省经济可持续发展的重要因素之一。

以 1998 年特大洪水为例，从降水量看，1998 年夏季长江流域大部分地区降水量并不是几个大水年中最大的；从流量和水位来看，长江干流部分水文测站流量也不如 1954 年大，但不少河段却出现了超过 1954 年或有记录以来的最高水位；1954 年长江特大洪水的超额洪水量比 1998 年大得多，但却造成了继 1954 年后又一次百年一遇的特大洪灾。据不完全统计，至 1998 年 8 月底，湖北省受灾农作物面积是 1954 年受灾面积的两倍，造成直接经济损失 500 亿元。

为促进两湖水体流动，形成动态水网，2010 年 4 月，连接东湖和沙湖的"楚河"开始动工；2011 年，在投资 93.5 亿元后，一条 2.2 公里的明渠将分离百年的两湖再次连通，这便是 2008 年 3 月，武汉市水务局宣布启动的"大东湖江湖连通与湖泊生态修复工程"中的一项，而为实现污水截流开展的"六湖连通"，估算工程总投资达 158.72 亿元，实施期为 12 年。

对于耗资近160亿元、耗时10余年的"六湖连通",却有学者建议"取消"。中南财经政法大学廉政研究院院长乔新生认为,武汉市提出这一方案的目的是为了解决湖水污染问题。对于防止出现内涝灾害而需改进的城市规划,乔新生表示,规划部门应当改变自己的观念,应当把湖泊看成是城市发展上的机遇。

"如果能够借鉴江苏苏州和意大利威尼斯的做法,把武汉市建成水上城市,那么大江大河大湖都将成为武汉市发展的难得机遇。"乔新生说,武汉市应该充分利用优势,把美丽的江海湖泊变成一个有机整体,并在此基础上重新制定武汉市的长远发展规划,让武汉市成为一个世界上独一无二的水上景观城市。

武汉大学资源环境与城乡规划系教授张万顺认为,应该对武汉市大大小小的湖泊以法律的形式规定下来,其容积和保护范围不允许改变。这一说法也得到湖北省环境与资源学会副秘书长、中南民族大学法学院副教授廖华的赞同,她说,造成"人祸"的局面,是因为"相关法律的不完善和执法的不严"。

武汉内涝问题并非中国城市的个案

2012年7月21日,北京遭遇特大暴雨袭击,造成城市内涝,引发了部分山区泥石流等灾害,导致人员伤亡和财产损失;截至8月6日,已有79人因此次暴雨死亡;此次暴雨造成房屋倒塌10660间,160.2万人受灾,经济损失116.4亿元,引起全社会的广泛关注。

北京"7·21"暴雨造成内涝的主要原因在于城区的排水能力偏低。北京市中心城区有清河、坝河、通惠河、凉水河4条主要排水河道及其30条主干支流和90余条次干支流,河道总长度约581km。然而随着城市化进程加快,道路建设明显快于河道、管网的治理。由于规划和投资渠道的原因,城市道路建设与河道整治脱节,导致排水设施的规划、建设不到位,没有给雨洪留出合理的出路。城区有部分中小型河道没有实现规划,有的排水管线下游没有出路,造成了城市排水系统不畅,遇强降雨容易形成局部地区洪涝。这种情况在德茂庄路、玉泉路等都有出现。北京城区有部分中小河道多年没有疏挖整治,河道淤积堵塞,排水能力严重不足。

早在1995年,国家即要求重点防洪城市在次年年底之前完成防洪规划。

然而,据中国水利水电科学研究院的最新研究报告显示,直到10年之后的2006年,全国642座有防洪任务的城市中尚有12个重要城市、33个中等城市和125座一般城市,共计170座城市还没有编制出城市防洪规划。

不仅如此。目前全国仍有340座城市(占总数53%)没有达到国家规定的防洪标准。特别是非农业人口150万人以上的34座特大城市中仅有7座(占总数21%)达到规定的防洪标准。此外,一些新兴的经济开发区和新城市的防洪工程建设严重滞后。

"内涝更多的问题还是城市规划中的不可行性和不科学性所导致。要解决问题还要从城市建设和城市管理上下功夫。"刘成武说。

《武汉城市排水条例》颁布实施已有将近10个年头,而随着武汉市的快速发展,条例中的很多条款已不能适应现有城市发展排水工作需要,排水系统亟待完善。

今年4月22日,武汉市政府表态,计划用3年时间,投资129.85亿元,完善17个排水系统,全面提高中心城区排渍能力,基本解决排水突出问题。

事实上，花再大的代价修建地下管网，只能缓解城市的积水问题。洪涝灾害却越来越频繁，且小灾害往往造成比以前更大的影响。

（资料来源，根据新浪新闻"武汉内涝原因解析：湖泊填埋和城市规划不科学"等改写，http：//news.sina.com.cn/c/sd/2013-07-24/114527758054.shtml）

思考题

1. 从自然地理环境角度分析，武汉为何容易出现洪涝灾害？
2. 武汉和全国其他大中城市，大暴雨之下频频开启"出门看海"模式，除了自然降雨原因之外，主要是哪些人为原因造成的？
3. 结合案例，中国城市建设、发展和规划过程中需要如何因地制宜做好河道管网等泄洪排涝设施建设？
4. 在现代社会，怎么看待"人定胜天"和人与自然的关系？

【本章小结】

行政环境是直接或间接影响行政组织、行政行为和行政绩效等各种因素的总和。与其他组织相比，行政环境更加复杂，包括外部与内部环境，政治、经济、文化和社会环境等。为了减少环境变动带来的不确定性、明晰目标、提高决策的准确性、增强社会的回应性，需要加强行政环境管理，其理论基础包括系统论、生态学理论等。我国正处于一个快速的转型期，行政面临的环境，包括政治、经济、文化、社会和国际环境都发生了巨大变化，行政环境管理也需要作出相应的调整，以适应乃至改变环境。

【复习与思考】

1. 何谓行政环境？
2. 行政环境有哪些构成要素？
3. 行政环境与行政管理之间有何关系？
4. 研究和管理行政环境有何意义？
5. 行政环境的研究理论基础是什么？
6. 改革开放以来，我国行政环境发生了何种变化，这种变化对行政管理有何影响？
7. 如何评价行政生态学的观点？

第四章 行政权力

权力使人腐化，绝对权力使人绝对腐化。

——［英］艾克顿（L. Acton）

【知识要点】

通过本章学习，要求学生理解行政权力等相关概念的含义与特征，以及行政权力的类型和基本表现形式；充分认识行政权力分配的方式与原则，以及行政权力的结构及特征；了解行政授权的方式与程序、行政权力的理论学说等。

【关键术语】

权力；行政权力体制；行政权力结构；行政权力类型；行政权力分配；行政授权；行政权力表现形式；行政许可

行政体制亦称行政管理体制，主要是指政府系统内部中行政权力的划分、政府组织机构的设置以及运行等各种关系和制度的总和。行政体制是政治体制的重要组成部分，政治体制决定行政体制。行政权力属于政治权力，是统治阶级赖以实现其政治统治，管理国家和社会事务的重要工具。它是国家行政机关依靠特定的强制手段，为有效执行国家意志而依据宪法原则对全社会进行管理的一种权力。一切行政活动，都是通过行政权力的运行来实现的。因此，行政权力是一切行政现象的基础。

第一节 行政权力的概念

一、行政权力的含义

（一）权力

权力是指特定主体因某种优势而拥有的对社会或他人的强制力量和支配力量。人们对权力的理解呈现多样性和复杂性。权力作为社会政治生活的重要组成部分，有广义和狭义之分。广义上，权力是指具有支配和强制作用的力量；狭义上，权力是指同国家的政治地位联系在一起并且在职责范围内具有强制和支配作用的力量。古代意义上的权力，是绝对集中和绝对服从的代名词,在这种自然经济条件下,权力在法律上由君主一人行使,是放任的、无约束力的,而集中和垄断正是古代意义上权力的最显著特征。近代意义上的权力,就是由国家将权力委托给合法组织去行使。权力既是保障自我的产物,又是普遍自由与权利要求的产物。具体来讲,近代意义上的权力是指权力主体在通过个体力量无法保障自己的自由和权利时,共同让渡其权力,汇聚而形成的一种公共强制力。这种商品经济条件下的权力,是一种人化权力,是一种理性的寄托,是法定的、有约束力的,它服务并确保每个主体权利和自由的平等实现,引导社会整体进步,是与"权利"相区分的,其中,有限度地分工行使权力是近代意义上权力的主要特征。

在词源上,权力对应的拉丁语或英语词汇大致上有两种取向。一种认为是拉丁语中的"Potere",原意为"能够",或具有做某事的能力,后派生出英文"Power"。另一种认为"权力"一词出于拉丁语"Autorias",一是指意识和法令,二是指权威,由此派生出"Authority"这个英语单词。在古汉语中,"权"是指测量物体重量的器具,后引申为衡量比较之意。

孔子是较早将"权"和管理活动联系起来的学者。《论语》中有"谨权量、审法度、修废官、四方之政行焉"的论述。《庄子》中所讲的"亲权者,不能与人柄",已具有近代权力的意义。西方学者对权力内涵的界定也是众说纷纭。马克斯·韦伯将权力定义为一个人或一些人在某一社会活动中,甚至是在不顾其他参与这种行动的人进行抵抗的情况下实现自己意志的可能性。托马斯·霍布斯(Thomas Hobbes)认为权力是获得未来任何明显利益的当前手段。而对伯特兰·罗素(Bertrand Russell)来说,权力是预期效果的产生。丹尼斯·朗(Dennis Wrong)认为,权力是某些人对他人产生预期效果的能力。

以上几种对权力的解释虽然着眼点不同,但都从不同角度揭示了"权力"的特性。在人类生活当中,凡是有组织的地方都存在权力现象,从政府的行政管理,到军队的军事管理,再到企业的经营管理、学校的教学组织管理等,莫不如此。一般说来,权力是根据行使者的目的去影响他人行为的能力,其内容包括主体、客体、目的、作用和结果等各个方面。按照性质,权力可以划分为政治权力、经济权力、社会权力等。其中,政治权力是指某一政治主体依靠一定的政治强制力,为达到某种目标而在实际政治过程中体现出来的对于政治客体的制约能力,凭借这种制约能力,政治主体(包括政府、政党和其他社会政治集团、社会政治人物)拥有对于社会价值的支配手段。

(二)行政权力体制

行政权力体制是指一个国家的行政机关与其他国家机关、政党组织、群众团体等之间的权力分配关系及其制度的总称。其中心内容是指国家行政机关在该国政治体制中所拥有的职权范围和权力地位,对此通常由《宪法》和法律作出明确规定。

回顾世界各国行政权力体制的发展历程,其类型主要有下列几种。

1. 三权分立制

三权分立制是指国家的立法权、行政权和司法权分别由议会、政府、法院独立行使,同时又相互制约,保持权力均衡的制度。其特点是:将国家权力分为立法、行政、司法,再将这三权分别由三个不同权力机关行使,三者之间具有相互牵制、相互制约的作用,以

第四章 行政权力

保持三种国家权力之间的平衡状态，防止某一机关或个人的独断专行。三权分立与权力制衡，作为资本主义民主制度的一项原则，为现代资本主义国家所广泛采用，其中美国最为典型，但各国的具体形式和运行方式不尽相同。

2. 议行合一制

议行合一制是指国家权力机关统一行使立法和行政权力的制度。这种制度起源于1871年的巴黎公社，后来通行于社会主义国家，是社会主义国家民主集中制原则在国家机关权力分配关系及其工作关系上的体现。在我国，全国人大是国家权力机关，"议行合一"是我国人民代表大会制的基本活动原则。人民代表大会既制定法律、决定国家大事，又产生和监督国家行政机关、司法机关，这些机关都是它的执行机关，对它负责，受它监督。

3. 军政合一制

军政合一制是指军事权力和行政权力合二为一，并以军事权力作为整个国家权力的核心和后盾，国家立法机关、司法机关等都受军事政府操纵的一种体制。拉美、非洲一些实行军人执政的国家是这种体制的代表。

4. 政教合一制

政教合一制是指把政权和教权合二为一的一种政治体制。梵蒂冈就是一个以教皇为君主的政教合一的国家，教皇拥有立法、司法和行政全权。

5. 党政合一制

党政合一制是特指亚非拉某些国家以法律形式规定执政党位于至高无上的地位，党的最高领导人是总统的唯一候选人，党中央有权终止总统职务和解散议会的一种政治体制。在这种体制下，有的将全国成年人都称做党员，将工青妇等群团组织作为党的专门组织，从而形成党政合一、一党专政的局面。

（三）行政权力

行政权力是国家政权的重要组成部分，即国家行政机关赖以管理国家与社会公共事务、执行国家意志、履行国家行政职能的一种强制力量，是国家行政机关为有效执行国家意志而依据宪法原则对全社会进行管理的能力体现。一切行政活动，无论领导、决策还是实施，都是通过行政权力的运行来实现的。行政管理者的生命线就是权力，权力的获得、保持、增长、削弱和丧失是实践工作者和研究者所不能忽视的。如果一个行政机构缺乏相应的权力，那么这个行政机构在实际的行政管理中就会丧失实际的效力。如果一个行政体系当中出现权力部分失效或全部失效的现象，那么这个行政体系在经济和社会发展中就很难发挥应有的作用。因而，行政权力是一切行政现象的基础，是维持行政运行的前提条件和基本动力。由此可见，行政权力这一概念包括五个基本要义。

第一，行政权力的行使主体必须是国家行政机关及其工作人员。人民是一切国家权力的主体，这是社会契约论的一个基本政治原则。所以，人民应该是行政权力的"所属主体"，但是由于社会管理的复杂性，人们在理性的指导下共同约定。让渡一部分个人权力，由主权者（政府）行使。于是，政府及其行政人员就成为行政权力的实际"行使主体"。通常，人们对于行政权力行使主体理解也是不尽一致的。狭义的理解认为，行政主体就是国家行政机关。较狭义的理解认为，除国家行政机关之外，立法和司法机关或者其中的某些机构都可以作为行政权力的行使主体，原因在于立法和司法机关中都有执行性的行政事务存在，也就是说，行政权力主体应该是广义的政府。广义的理解认为，行政权力普遍存在于各种公共组织当中，因而行政权力行使主体等于是公共管理主体。也就是说，非政府组织、政党和各种社会团体也都可以成为行政权力的主体。一般而言，行政权力的行使主体应该是国家机关中的一种，即专司行政管理职能的行政机关。

第二，行政权力的根本目标，是要通过贯彻执行国家法律、法令和各类政策来有效地实现国家意志，维护国家利益，国家意志集中体现国家利益。不管国家利益代表全社会，或者是某些强势集团，抑或是某些社会阶级，从形式上看，它都是以公共利益的面目出现，在名义上代表全社会。同时，由于"公共性"是行政权力在全社会活动的合法性的基础，所以执行国家意志并实现全社会的公共利益，就成为行政权力的根本目标之一。作为执行性权力，行政权力在实现国家意志的过程中还必须体现出有效性，卓有成效是每一个国家机关所必须追求的，所以，效率问题是一切行政权力的直接目的。

第三，行政权力的作用方式是以强制性地推行行政命令为主。要使行政权力有效地执行国家意志，其不仅需要合法性的基础，而且也需要必要的强制手段。马克斯·韦伯认为，持续的行政管理不仅需要行政客体对于行政权力及其权力主体合法性的承认，而且需要物质报偿和社会荣誉两种显示个人利益的手段，需要那些必要时要应用有形的暴力所需要的履行职责的手段，即人的行政管理班子和物的行政管理手段。所以，虽然我们不排除行政权力行使中的非强制手段，但行政管理的持续和有效实施总是以国家机器的威慑作用为后盾的。

第四，行政权力的客体具有普遍性。国家权力的普遍性主要是由行政权力对全社会的普遍作用而直接体现出来的。作为以整个社会为对象的一种国家权力，行政权力所作用的客体是十分广泛的，包括所有的居民及不同的社会组织和社会集团，囊括领土范围内的整个社会。

第五，行政权力的性质是一种由社会上少数人行使的管理权力。从古至今，行政权力一直是由少数人执行的，这是一种社会分工的结果。在政治社会中，权力所有者表现为社会中强势集团的整体，而权力的执行者则是由占社会少数的管理者来承担的。行政权力的这种性质随着社会的发展日趋明显。

二、关于行政权力的各种学说

自国家产生以来，行政权力就成为国家治理社会，乃至国家政权体系本身运作所不可或缺的重要手段。为此，随着社会的进步，对行政权力的认识与研究也不断深入。

（一）早期分权学说

人们对于行政权力的认识，最早发端于分权学说。一般认为，亚里士多德首开分权学说的先河。他在《政治学》一书中将国家权力分为三种机能：议事、执行和审判。古罗马的波利比阿又提出了元老院、执政官和平民会议之间相互制约的思想。

(二) 三权分立学说

近代意义上的分权学说始于洛克,他认为国家有三种权力,即立法权、行政权和对外权。实际上,洛克是把国家权力分为两部分,对外权在很大程度上属于行政权的一种。明确划分国家权力的是孟德斯鸠 (Montesquieu),他把国家权力划分为三种:立法权代表国家的一般意志;行政权主要执行国家的意志;司法权则主要是保护民众的利益。三权分立学说是适应资产阶级反对封建君主绝对专制权力的需要而产生的。现代政治学进一步发展了以三权分立为代表的分权学说,通过研究分权之后出现的权力不平衡现象,强调了分权基础上权力制衡的重要意义。

(三) 政治与行政二分法

德国学者 J. K 布隆赤里 (J. K. Bluntschli) 较早提出了将政治与行政分开的思想,行政学创始人威尔逊以及"社会组织理论之父"韦伯都对此做了进一步的继承和发展。美国学者古德诺全面阐述了政治与行政二分法的原理。古德诺认为,国家只有政治与行政两种权力,政治与政策或国家意志的表达有关,行政则与这些政策的执行相关。二分说与三权分立相对应,它把行政权力作为一个独立的领域来看待,促成了行政学的诞生,为行政权力的专业化研究奠定了基础。但二分法对权力的分割过于简单化,在解释复杂现象时显得力不从心。20 世纪末期出现的新管理主义在二分法的基础上,对于政治权力与行政权力之间的相互作用进行专门研究,提出了国家治理权力问题,在一定程度上克服了二分法的局限性。

(四) 五权宪法学说

五权宪法学说是孙中山在三权分立学说的基础上,结合中国情况创立的一种学说。他把国家权力分为立法权、司法权、行政权、监察权和考试权五种。五权中的考试权是指国家录用公务员时要通过考试来选贤任能,监察权是要对行政官员进行监督。

(五) 议行合一学说

巴黎公社开创了一个先例,在议行合一的权力结构中,民主集中制是权力运行的基本原则。但议行合一在当代并非议行不分,而是在现代社会权力的所有者与执行者分离的条件下解决二者关系,保证权力执行者切实执行权力所有者意志的重要理论。从理论上讲,议行合一不仅可以克服行政权力失控的现象,而且更能够体现民主原则,它把政治上的民主与行政上的权力集中统一有机地结合在一起。

(六) 组织权力学说

它从组织的角度来研究行政管理权力的各个层面。从一般组织的共同意义出发,这种学说把行政权力视为组织中的权力,着重研究行政权力作为一般组织权力的功能与特点,其明显特征表现在对决策问题的重视,认为行政权力不应简单表现为纯粹的执行,决策同样是其重要的基本功能。这种学说并不专门对行政组织和一般组织作专门区分,也就看不到行政组织的特征。

三、行政权力的结构

行政权力结构是指权力分工基础上的行政权力整体性的关系状态和有序性的活动过程，既包括行政管理中权力安排的静态结构，也包括行政管理中权力运行的动态结构。

（一）行政权力的静态结构

行政权力的静态结构是指行政权力与其行使主体结合之后所形成的一种网络构架。它表现为行政权力关系及其制度安排的总格局，是行政管理活动赖以展开的基本框架，主要包括：

（1）纵向的层级结构（层级制）。这种结构主要体现行政权力在垂直方向上的差异。具有强制性规范，明确的分工与责任，稳固而有序的上下级制度和层级制原则。科层结构中的权力地位按照等级排列，上级对下级监控，下级的决策要报上级审核。

（2）横向的部门结构。这种结构主要体现行政权力在水平方向上的差异，这种结构主要来源于行政管理活动所需要的专业化分工，表现为功能、资源、技术、信息等方面的差别。

行政权力的静态结构是一种外在的结构，对这种结构的描述是表象认识。在它的背后还蕴藏着深层的动态结构。

（二）行政权力的动态结构

行政权力的动态结构是指由权力作用的方向、方式、层次、时间和结果等要素结合在一起所构成的权力运行模式。动态结构离不开静态结构的框架，但更能体现行政权力的实际内容。

第一，行政权力是一种矢量，其作用方向和轨道有明显的指向，呈现出自上而下的特征，其轨道呈现出伞状放射，与行政权力金字塔式的组织结构基本一致。这是因为为了政令统一、国家政策得到普遍的有效贯彻，行政权力运行也必然表现为一种自上而下的运动，并作用于放射状的层级轨道之中。

第二，行政权力的运行呈现出明显的层次性，其中间过程存在许多中介。这种层次性使得行政管理的主体和客体之间不能简单发生作用，而是要经过若干中介的层层传递。因此，行政权力在实际运行过程中出现"衰减"或"折射"的现象就成为不可避免的现实。所以，现代行政管理要求行政权力的层次不宜过多。

第三，时间在行政权力动态结构中是一个必不可少的因素，它是行政权力的动态结构和静态结构之间的最大区别。行政权力的运行必须在有效时间内起到应有的作用，否则将失去活动的意义。所以，行政效率问题就成为行政权力运行的基本原则和直接目的。

第四，行政权力动态结构中还应包括权力作用的结果，这是反映行政权力结构效应的因素。结果如何反映行政权力强度的大小及其运行的状况，也是检验行政权力目的和公众需要之间距离的重要标尺。

四、行政权力的特征

（一）行政权力的特征

应该说，作为国家政治权力中的一种，行政权力和所有的政治权力一样具有合法性、强制性、普遍性等特点。同时，作为具有独特性的公共管理力量，它还具有以下特性。

1. 公共性

从平常的邮件传递、垃圾收集和机动车执照发放，到非同寻常地将人送到月球，向动荡国家派遣维和部队和对原子能的开发与控制等，都属于行政权力的作用范围。因为对国家事务的管理，是在维护公共利益，所以，公共性成为行政权力的首要特征。

2. 手段性

行政权力并不是目的，而是实现目的的手段，是为了有效地进行公共管理，维护社会的有序发展。从国家权力的整体运行过程来看，行政权力是在立法权力的输出功能之后起作用的，行政决策属于国家权力输出过程中的决策，行政权力充当的就是实现国家目的的手段。

3. 自主性

自主性是指行政权力的相对独立性。这种特性主要表现在：相对于社会权力的自主性和相对于统治权力的自主性。前者是指行政权力所代表的利益是独立于社会上各种单个或集体存在的特殊利益之外的部分，公共政策应免于受个别势力的直接干预；后者是指行政权力在执行管理国家事务和社会公共事务的功能时，必须保持社会公平，不能偏向于某个强势集团。当然，行政权力作为执行国家意志的一种手段，并不是完全脱离政治权力之外的东西，它的自主性只是相对的。作为国家法律的执行权力，他必须坚持非人格化的立场，否则，社会利益集团将会导致大量排他性政策的出现，违背政府提供公共平台的原则。

4. 一元性

行政权力的一元性体现在三个方面：在国家内，拥有和行使行政权力的组织系统只能是一个；在一个国家的行政系统内部，只能存在一个权力中心，"政出多头"必然会导致行政客体的无所适从，降低行政效率；行政权力是从行政权力主体向客体作用的单向性的、自上而下的线性运动过程。

5. 时效性

与立法权力重在公正表达公共利益、司法权力重在明了界定公共利益相比，行政权力的重心是要有效地实现国家意志，直接实现公共利益。当然，注重时效必须兼顾近期利益和长远效应。

6. 膨胀性

自我膨胀是行政权力的一个重要特性。表现为两种情况：一种是行政权力的自然增长，属正常状态；另一种是行政权力的恶性膨胀，属异常状态。

（二）行政权力和其他政治权力的关系

1. 行政权力和立法权力的关系

从性质和作用看，立法权力是各种社会权力集中的直接体现，其方向和轨道是多数人向少数人集中，是输入的过程；行政权力则是由少数人像多数人的扩散，是输出的过程。从功能上看，立法权力的功能是制定国家的法律和政策，其作用是根据社会发展的情势和规律，制定社会活动和各种集体行动的准则和规则；行政权力则是要执行国家法律，推行政府政策，其作用在于将立法权确定的制度规则和一般准则具体应用于行政权力客体，即行政权力对象。

2. 行政权力和司法权力的关系

二者均隶属于国家权力，所不同的是：权力运行方向不同。行政权力运行的方向是自上而下的，司法权力的运行则带有某种平行性；主体在权力体系中独立性不同，行政权力的下级主体受上级的指挥和控制，司法权力的各级主体独立行使审判权；权力的作用和功能不同，行政权力是要积极地实现国家意志，而司法权力主要在于保障国家意志的实现不受干扰。

3. 行政权力和政党权力的关系

行政权力与政党权力的区别，属于国家权力与其他政治权力的关系问题，不同社会制度下其相互关系也是不同的。在资本主义政党政治条件下，区别相当明显：

（1）权力目的不同。行政权力的目的是执行国家意志，实现社会公共利益或保障社会利益的实现，即所谓普遍主义的目的取向；政党权力的目的则是执行本党集体的意志，其所要实现的目的只能代表社会中部分人的意志和利益，即所谓特殊主义的目的取向。

（2）权力结构不同。行政权力是国家权力运行回路的一部分；但政党权力却自成回路，本身就有一个权力输入输出的回路。

（3）权力的合理合法度不同。行政权力作为国家权力的一部分，具有自然的合法性基础；政党权力属于一种集团性权力，没有必然的合法性，需要由法律专门规定。

（4）权力客体不同。行政权力的客体是整个社会，而政党权力的客体只限于党内。

（5）权力手段不同。行政权力拥有强制力作为威慑的后盾，且主要通过法律手段表现出来；而政党则依靠意识形态等精神性力量，并且主要通过纪律手段行使权利。在社会主义条件下，由于政党具有特殊的地位和作用，其区别没有在资本主义条件下那样明显。

第二节 行政权力分配与行政授权

行政权力的层次性和行政权力目的的可分性，决定了行政权力需要划分为若干系统和层次，并在此基础上进行分工，这就必然带来行政权力的分配问题。行政权力的分配是行政组织的内部分工问题，而行政机构的设置就是行政权力分配的外在表现。行政授权作为行政权力分配的主要形式，既存在于行政权力的纵向分配中，又存在于行政权力的横向分配之中。行政授权是经常发生而又使用范围较广的权力授予方式，因此，对其进行探讨是非常必要的。

第四章 行政权力

一、行政权力分配的方式与途径

（一）行政权力的分配方式

1. 纵向层级结构性分配

这是根据行政权力的层次性而对其所作的纵向垂直性分割，此种分配所形成的结果是行政组织的结构性权力。结构性权力的大小应该与其所在权力层级位置高低成正比，位置越高，权力也就越大。

2. 横向功能结构性分配

这是根据行政权力所承担的任务及其作用客体的状况而对其进行的横向水平分割，此种分配所形成的结果是行政组织的功能性权力。功能性权力的大小往往同功能本身的重要程度成正比，功能越重要，权力就越大。

结构性划分与功能性分割是行政权力分配的两种基本方式，这两种分配方式使得行政权力主体在每一个层次、每一个部分都拥有相应的权力，并构成行政管理活动的基础。

（二）行政权力分配的途径

1. 逐级授权

它是指上级行政主体通过法律或条例，将行政权力按照层级原则授予下级，然后由各级领导负责完成相应的任务。

2. 权力下放

行政权力一旦下放，上级行政主体一般只作原则上的指导和检查，不过多干涉下级行政权力的具体行使过程。它没有逐级授权那样普遍运用，原因在于逐级授权只是为了执行任务的方便而采取的措施，一般不影响上级行政主体原本拥有的行政权力。

3. 地方自治

这是中央和地方政府之间行政权力分配的特殊形式。在单一制国家中，地方自治权力往往是中央政府规定的，为了提高行政效率，或由于某种政治原因，地方自治权力的大小可能会因国家政策不同而有所增减。在复合式国家中，尤其是美国、瑞士等联邦制国家，其地方行政机构的自治权力往往是地方所固有的，待中央政府成立后通过相互约定而保留下来的，地方自治主体所拥有的行政权力是中央政府不能随意侵犯的。

4. 权力"外放"

权力"外放"主要在于解决行政权力主体和社会组织或机构之间的关系，实际上也就是行政权力与社会权力之间的关系问题，即政府与社会的关系。

（三）行政权力的再分配

随着社会发展，人们的认识在不断深化和提高，行政权力自身也有一个逐渐发展的过程，行政权力需要进行再分配。这一般有两种情况：

1. 外延型行政权力再分配

这是指随着整个社会利益的调整和政治权力的再分配而进行的行政权力的再分配。由

于社会政治经济状况的重大变化和社会利益结构的重新组合引发政治体制和经济体制的变革，这时，行政权力由于来自行政体系外部的巨大压力，进行变革性调整。

2. 内涵型再分配

这是指在既定的政治经济体制之内，由于行政体系内部的权力主体或对象发生了局部变化，行政权力需要作小幅度调整，在计划、组织、人事和服务的产出等方面发生相应变化，这种情况称为行政改组。主要表现为机构的改变、撤销、合并或者扩大等，属于行政组织内部经常发生的保持平衡的行为。

（四）行政权力的人格化

行政权力的主体和客体都包含人的因素，其运行也只有依靠人才能实现，因此在行政权力分配中，权力与人的结合就成为关键的一环。这种结合过程便是行政权力人格化的过程，此过程通常是通过人事行政实现的。行政权力人格化使得滥用职权的现象不可避免，所以马克斯·韦伯特别强调象征权力的非人格化。他认为，行政管理必须采取合理的形式主义，用义务的压力取代感情的支配，用人人平等的观念取代因人而异的做法，用非个人制度的规则取代个人号令，以对法和制度规范的服从取代对个人命令的服从。实际上，象征权力人格化与非人格化之间应当保持一定的张力，以使行政权力既不滥用，又不僵化。

二、行政权力分配的原则

（一）程序必须合法

合理—合法性是行政权力的重要特征，也是其运行的根本保证。只有程序合法，行政权力才能保证有明确的法律依据，才能形成足够的权威。上级行政主体在分配权力的过程中要本着合理的行政目的，按照明确的目标进行分配；要兼顾层次性与功能差异，适当进行分配；分配不能以人为基础，必须以事为准绳，从而保证权力的稳定性。

（二）职权必须分明

每一个层次、每一个部门的权力都必须作出明确无误的规定。行政权力分配的对象既不能有职无权，也不能有权无职。职位与权力要保持切实的统一，以避免权力争夺陷入无序化状态。

（三）权责必须一致

权力与职责、义务是不能分离的，且大小应当相符。比职权更本质的东西是职责，也就是与职权相对应的责任和义务，有权无责和有责无权的权责分离现象，是在行政权力分配的过程中力求避免的。

（四）内容必须全面

在权力分配过程中，各级行政主体都应获得与其权力层次及功能相一致的完全的职权。权力主体在人权、财权和物权各方面只有齐全、完备，才能成为完整统一的体系，并发挥应有的作用。

三、行政权力分配过程中的相关问题

（一）行政权力分配与政治授权的关系

行政权力是执行性权力，来自于人民及其代议机关的政治授权。行政权力分配是行政权力体系内部不同层次的主体之间的权力分配，而政治授权则是行政权力的外部来源。不同层次的政治授权可以看成是对行政权力在多级分配过程当中能量消耗的补充。

（二）集权与分权的关系

与行政权力的两种分配方式相适应，集权与分权的关系也包括两种情况：一是行政机关内部层次结构中（中央和地方、上级政府和下级政府之间）实际的权力分配和比重关系；二是在功能性结构中的集中与分散问题（包括主体和客体之间的关系）。前者是集与分的关系，后者是收与放的关系。集权有度，分权有法。集中与分散之间应保持一个恰当的度，过于分散会使行政工作迟滞不前或宏观失控，过于集中则又可能产生专制或独裁。我国正在进行的行政管理体制改革正是从过度集权逐渐走向合理分权。

（三）权利与义务的关系问题

作为执行意志的行政权力分配中有一种特殊现象，即行政主体因为某种特殊需要具有一些不受一般行政法规约束的行政特权，如采取强制措施、通过权力限制等方式维护公共秩序。实际上，特殊的权力是以特殊的义务为前提的，如果执行性、管理性、领导性是行政权力的权利，那么，合法性、责任性、服务性则是行政权力必须承担的义务。这也是"依法行政"、"责任行政"、"服务行政"的政府现代行政理念的根本所在。

四、行政授权的性质和特点

（一）行政授权的含义

任何一个组织当其达到一定的规模或实行职能分工后，必然要进行授权。行政授权是授权的形式之一，系指法律、法规将某项或者某一方面的行政职权的部分或全部，通过法定的方式授予某个组织行使的法律行为。主要表现是行政组织内部上级机关把某些权力授予下级行政机关或职能机构，以便下级能够在上级的监督下自主地行动和处理行政事务。行政授权源于两个主导因素：一是处理复杂公共事务的需要；二是由完成行政任务所引起的建立行政组织的需要。行政授权由三个基本要素构成：指派工作任务；授予行政责任；承担工作责任。从内容上看，行政授权有两个层面：一是决策权力的授予；二是执行权力的授予。

（二）行政授权的特点

（1）行政授权必须以法律、法规的明文授权规定为依据。如《植物检疫条例》（1983年国务院发布）第3条规定：县级以上地方各级农业、林业行政部门所属的植物检疫机构，负责执行国家的植物检疫工作。

（2）行政授权在本质上是行政组织内部权力分配的特定方式，是行政领导活动过程的一部分。如公安部和外交部通过行政授权，按照《外国人入境出境管理法规》的规定，领导下级机关完成管理外国人入境、过境、居留、旅行申请的职能。

（3）行政授权也是一种权责高度统一的管理行为。

上述三个特征，将行政授权与行政法律关系上的代理、行政工作中的助理以及一般组织分工相互区别开来：第一，行政授权与行政代理不同。行政代理指的是代理人依法代替某一行政人员执行其任务，并负责代理所产生的全部责任；而行政授权则是被授权者负责行使其法定的职权，并非代替他人。第二，行政授权与行政助理不同。行政助理是有人来帮助负责者去处理行政事务，接受帮助的行政人员仍负有全部责任。第三，行政授权与行政分工不同。行政分工是指不同的行政机关或行政机关工作人员各负其责，彼此之间未必有上下级隶属关系；而行政授权则包含上下级之间必须具有的监控和报告关系。

五、行政授权方式

（一）根据授权的性质和内容划分

（1）充分授权，也称一般授权，是指上级行政主体在下达任务时，允许下属自己决定行动方案，并能进行创造性工作，包括柔性授权、模糊授权和惰性授权三种方式。所谓柔性授权，是指上级领导仅指示出工作大纲或轮廓，下属可根据具体情况、因地制宜地来开展工作，在处理事务过程中有比较大的自主性和权限；模糊授权，是指授权者只指示所要达到的任务和目标，被授权者自己选择完成任务的具体方法和途径；惰性授权，是指上级领导者把自己不愿处理、甚至不知如何处理的纷乱烦琐的事务交给下属自由处理的授权方式。

（2）不充分授权，也称特定授权、刚性授权，是指上级领导对于下属的工作范围、内容、应达成的绩效目标和完成工作的具体途径都有详细规定，下级行政主体必须严格执行这些规定，在此授权过程中，被授权者的职务、责任和权力等都有明确的指定。

（3）制约授权，又称复合授权，是把某项任务的职权分解授给两个或多个子系统，使子系统之间产生相互制约的作用，以免出现疏漏。

（4）弹性授权，亦称动态授权，是指在完成同一项任务的不同阶段采用不同的授权方式。

（二）根据授权的媒介和方式划分

（1）书面授权，是上级行政主体以文字形式对下属工作的职责范围、目标任务、组织情况、等级规范、分层负责办法、处理规程等都有明确规定的形式。

（2）口头授权，是上级行政领导对下属用口头语言进行工作交代，或者是上下级之间根据会议所产生的工作分配。对于责任重大的事情，不宜采取此种方式。

（三）根据授权的合法程序划分

（1）正式授权，是指行政主体依据法律规定并按照法定程序所进行的授权活动。这是通常情况下所普遍采用的授权方式。

（2）非正式授权，是指无法律特别规定或组织体系之外的非程序性授权。

六、行政授权过程

（一）行政授权的条件

行政授权意义重大，事关行政管理的成败，它对于减少上级主体负担，充分调动下级管理主体的工作积极性有独特的作用。但这并不表示任何情况下都可以进行授权，就行政管理而言，行政授权的条件至少应包括以下几个方面：

（1）良好的组织和人事基础。包括管理目标已经确立，方向正确，任务明确；行政组织机构已经建立，组织结构系统完善，要素完善，功能健全；组织内部的人事安排已经大致确定，不再担心部属的过分变动；组织文化和工作环境良好，工作人员心情舒畅，忠于职守。

（2）适当的时机。行政首长工作负担过重时；指挥系统中有人暂时离开或者高层职位缺位时；机关力求开创新局面、解决新问题，首长必须集中精力专注于重点组织工作目标时；当有关工作人员不在一处工作造成不同的想法，不同的意见和不同的解决问题方式时。

（3）工作需要和一定界限。重复性、琐碎性和经常性工作，过于专业化的工作等都应授权。但授权要坚持"例外原则"，即上级主管把一般日常惯例性工作授权给下级，而自己应保留重大政策决定和重要人事任免权等例外事项的决定权。

（二）行政授权程序

（1）明确授权工作内容。行政领导应根据行政管理目标和任务，确定部门工作的内容和范围，而后确定自己的工作范围和需要授权下属处理的工作内容。

（2）选择授权的对象。根据工作性质、工作量的大小、事务的重要性与复杂性程度来确定授权对象。

（3）规定授权工作应该达到的目标、成果以及完成工作的权限和应负的责任。

（4）正式授予权力。这是授权者和被授权者之间的契约或承诺。

（5）检查评估授权绩效。

（三）行政授权过程中授受关系的处理

行政授权的目的在于使行政系统内部上下一致，各尽所能，所以，良好的授受关系是

行政授权成功的象征，它贯穿于整个行政授权过程的始终。

1. 注意进行管理行为的双向沟通

行政授权并不是单向的行为过程，而是一种权力授予和权力接受之间的双向行为。既需要授权者的授权行为，更需要被授权者的充分理解和明确表示，被授权者作出接受的表示是关键一环。

2. 注意排除授权障碍，处理好授受关系

第一，行政授权主体要克服心理方面的障碍，如：自负心理，认为自己比下属高明，不愿授权；恐惧心理，怕下属没有责任感或缺乏能力而贻误工作；猜疑心理，怕下属做出成绩而威胁自己的地位；权力独占心理，喜欢大权独揽，不愿分散手中的权力。

第二，行政授权主体要克服能力方面的障碍：一种情况是授权主体控制能力不够，缺乏授权所需要的应变能力；另一种情况是授权者不具备指导和考核等领导能力。

第三，行政授权要克服来自受权主体方面的障碍：受权主体的接受性是授权成功的关键，必须克服受权主体眼高手低、心有余而力不足等授权障碍。因为一旦受权主体在接受方面出现障碍，就非常有可能产生逆向授权的负面效应，使得授权主体又成为受权主体。

第四，行政授权也要克服来自组织方面的障碍，如机构不健全、制度不完善、权责不清等；还必须克服来自环境方面的障碍：如环境变化而导致的信息、资源、时空的改变等。

其实，克服障碍、顺利实现行政授权的关键在于授权主体要乐于授权、敢于授权和善于授权，行政领导要想做到"勿为琐事所缠"，必须主动克服自身、下属、组织方面的不利因素，积极创造条件，顺利实现授权。

第三节 行政权力的类型及表现形式

一、行政权力的类型

行政权力的内容是指行政权力的能力范围。由于各个国家的历史传统、政治制度不同，所以行政权力的内容也不完全相同。一般而论，行政权力主要包括以下类型。

（一）行政立法权

行政立法权是指行政机关制定普遍性行为规范的权力，在现代社会中，各国政府的行政权力中几乎无例外地都拥有行政立法权。按照三权分立的理论，立法权属于立法机关，行政机关只是执行立法机关制定的法律。但是随着西方社会"行政国"现象的出现，现代社会中行政机关具有广泛的职责。

行政机关为有效地管理国家事务和社会事务，仅靠立法机关的立法已远远满足不了履行职责对法律的需要，于是，《宪法》和法律便赋予行政机关以一定范围内的立法权，允许行政机关为履行职责的需要，根据法律的精神和原则，制定行政法规和规章，用以调整各种行政关系，规范行政相对方的行为。所谓行政立法权，就是指国家行政机关根据《宪法》和法律，制定和发布一般性行政法律规范的权力。不过，行政机关的行政立法权是一种不完全的立法权，必须在法定权限内行使。也就是说，第一，行政立法必须有《宪法》和法律的依据，或者要有权力机关或具体法律的授权。第二，行政立法的内容不能与《宪法》、法律相抵触。

（二）行政决策权

行政决策权指国家行政机关依法对重大行政管理事项制订计划、作出决定的权力。行政决策是行政活动的基本内容，贯穿于行政活动的整个过程。

行政决策权对于行政机关有效履行职责起着积极的作用。行政决策往往成为行政的政治课题，决策是否符合实际、决策的效果或结果如何，决定着社会及民众对决策的态度及评价。政府在行使决策权时应该确保倾听人民意见的渠道通畅，始终将公共利益的实现作为决策追求的目标，保证决策的科学化与民主化。

（三）行政组织权

行政活动的特点之一是其组织工作，组织活动对于实现行政管理目标具有重要意义。行政组织权指行政机关对其行政组织内部的岗位和人员的设置权，包括对行政机构和人员的法律权利义务和职责权限等的设定、变更和废止的权力；对作为管理对象的社会公众的法律地位、权利义务的设定、变更和废止的权力等。

（四）行政决定权

行政决定权指行政机关依法对行政管理中的具体事项进行处理的权力。行政处理权是行政机关实施行政管理，履行行政职责中最经常、最广泛使用的一种行政权力，因为行政机关最经常性的工作就是对日常事务作出具体行政决定。行政机关大量职责的履行，是通过行政决定实现的。行政决定权具体表现为行政机关对行政事务的行政许可权、行政征收权、行政确认权、行政奖励权、行政合同权等。

（五）行政命令权

行政命令权指行政机关在行政管理过程中，通过作出行政决定，依法要求被管理对象做出某种行为或不做出某种行为的权力。行政命令的形式是多种多样的，如通告、通令、布告、规定、决定、命令等。

行政命令可以是针对特定的人和事的，也可以是不针对特定的人和事的。不针对特定人和事的行政命令与行政立法相似，往往以规范性文件的形式发布。它与行政立法的区别主要有两点：第一，制定和发布的主体不同。行政立法的主体是拥有行政立法权的特定的行政机关，而行政命令的主体则是一般的行政机关。第二，制定和发布的程序不同。行政立法的程序接近于立法的程序，可以说是一种准立法程序，而行政命令的制定和发布则没有严格的程序要求，它与行政立法相比要简单得多。

（六）行政执行权

行政执行权指行政机关根据有关法律、法规的规定或者有关上级部门的决定、命令等，具体执行行政事务的权力。行政机关行使行政执行权，必须是对法律、法规或有关上级部门的决定、命令的具体执行。这一点和公民、组织的权利不同。公民或社会组织在不违反法律、法规的前提下，可以从事许多法律、法规未明文禁止的活动。而行政机关行使行政执行权，没有明确的法律、法规的根据是不行的。

（七）行政监督检查权

行政监督检查权指行政机关为保证行政管理目标的实现，对其管辖范围内的被管理对象遵守及执行相关法律、法规，履行义务的情况进行监督和检查的权力，包括专门监督主体所行使的监督检查权和业务主管部门或职能部门所行使的监督检查权。

行政监督检查的形式是多种多样的，主要有检查、审查、审计、检验、查验、鉴定、勘验等。行政监督检查权既是一种独立的权力，同时又是行政立法权、行政命令权、行政决定权实现的保障。

（八）行政处罚权

行政处罚权指行政机关在行政管理过程中，为了维护公共利益和社会秩序，保护社会公众的合法权益，对其所管辖范围内的被管理对象违反有关法律规范的行为，依法给予处罚等法律制裁的权力。行政处罚是现代国家普遍采用的管理手段之一。

为实现行政管理目的，行政机关常常会对公民的行为作出种种规定，公民则有服从的义务。如果公民违反法律、法规规定，不履行相关义务，行政机关可依法给予处罚。各国行政法规范所设定的行政处罚权，一般都包括申诫罚、财产罚、行为罚和人身罚等。由于行政处罚权的行使涉及公民的人身和财产权利，因此，行政处罚权的行使要贯彻处罚法定原则，包括处罚主体法定、处罚依据法定以及处罚程序法定等，以避免侵犯公民的合法权益。

（九）行政强制执行权

行政强制执行权指行政机关在行政管理过程中，对不依法履行义务的被管理对象采取法定的强制措施，以促使其履行法定义务的权力。行政强制执行的内容一般包括强制划拨、强制拆除、强制检查以及执行处罚等强制执行措施。行政机关是国家机关，为了保证行政管理目标的实现，制止违法行为和维护社会、经济秩序，法律赋予其行政强制权是必要的。但是，行政强制权涉及公民的人身和财产权利，法律必须对之加以严格的限制和规范，因此，行政强制执行的行使，必须有法律的依据，并严格按照法定程序进行。

行政机关行使行政强制执行权时也必须非常慎重，不是在必要时可不行使，必须行使时亦应限制在必要的限度之内，否则，将导致行政专制和对公民合法权益的侵犯。行政强制执行权与行政处罚权的区别在于二者的目的和形式不同。行政处罚权的目的主要在于制裁违反行政管理秩序者，行政强制执行权的目的主要在于迫使不履行行政义务的人履行义务；行政处罚的形式主要为罚款、拘留、没收、吊扣证照等，行政强制执行的形式主要为查封、扣押、冻结、划拨及对人身的强制措施，如扣留、约束等。

（十）行政司法权

行政司法权指行政机关作为第三方裁决争议、处理纠纷的权力。裁决争议、处理纠纷的权力本来属于司法机关，是法院的固有权力，但是在现代社会，由于社会的发展和科技的进步，行政管理涉及的问题越来越专门化，越来越具有专业技术性的因素。这样，普通法院在处理与此有关的争议和纠纷方面越来越困难和越来越感到不适应，而行政机关因为长期管理这方面的事务，恰恰具有处理这类争议、纠纷的专门知识、专门经验和专门技能。

于是，法律赋予行政机关以一定范围内的司法权，允许行政机关在行政管理过程中裁决和处理与行政管理有关的民事、行政争议和纠纷，如有关商标、专利、医疗事故、交通事故、运输、劳动就业以及资源权属等方面的争议和纠纷。行政机关在行政管理中，直接裁决和处理与此有关的争议、纠纷，显然有利于及时解决社会矛盾，实现行政管理的目标。当然，为了保障公正和法治，行政机关的行政裁决行为通常还要受到司法审查的监督。

我国的行政权力来源于宪法和相关组织法，其权力行使的主体主要是国家行政机关，也即中央人民政府和地方各级人民政府。根据宪法和行政机关组织法的规定，我国行政机关大体上也具有上述一般行政权力，主要包括：行政立法权；行政命令权；行政处理权；行政监督权；行政裁决权；行政强制权；行政处罚权等。

二、行政权力的表现形式

行政权力是行政机关履行职责的保障。在实践中，行政机关对于行政权力的行使，通常以如下形式表现出来。

（一）制定规范和发布命令、禁令

制定规范和发布命令、禁令是行政机关经常使用的重要行政管理手段。制定规范既可以采取行政立法（制定行政法规和规章）的方式，也可以采取制定其他行政规范性文件（制定行政决议、决定等）的方式。发布命令、禁令的行为既可以针对不特定的人和事，也可以针对特定的人和事。

规范与命令的区别主要是，前者通常可对不特定的多数人反复适用，后者通常一次性适用于特定的人或一次性适用于不特定的人。

（二）编制和执行计划、规划

编制和执行计划、规划是行政管理的重要手段。在计划经济时期，计划、规划手段在我国整个行政管理手段中的重要性自不必说，在实行市场经济体制后，计划、规划虽不再具有压倒一切的地位，但并不因此而完全取消。计划、规划仍然是行政管理的重要手段。

行政管理学

例如，我国政府每年编制的"国民经济和社会发展年度计划"、每若干年编制的中长期发展计划（如"五年计划"、"十年远景目标纲要"等），以及"土地利用总体规划"、"城市建设规划"等，在现代行政管理中仍然起着重要的作用。

当然，在市场经济体制下，行政机关运用计划、规划手段管理社会、经济、文化事务与计划经济体制下是截然不同的，前者旨在注重发挥企业、个人、组织的自主性、积极性和创造性，对社会发展进行宏观调控，后者则是直接干预，以致扼杀了企业、个人、组织的创造性和积极性。

（三）实施行政许可

行政许可是行政机关广泛使用的一种行政管理手段。行政机关通过行政许可制度，可以限制人们从事某一特定职业（如律师、医生、教师等）的最低资格条件；可以限制人们生产某一产品（如家电、食品、药品、烟草等）的最低质量标准；可以限制人们开办某一类企业或事业（如民航、旅游、出版、印刷、学校等）的基本安全技术条件，以保障社会公众利益。

许可制度还可以限制某一特定领域、特定行业的发展规模和速度，防止某些商品的过量生产或过分竞争给国家、社会以及从业者利益的损害。行政许可制度除规定许可申请者在申请时必须具备一定的条件外，通常还规定被许可人在其后必须遵守一定的规则和要求。行政机关可以随时对许可证持有者进行监督检查，发现有违反规则和要求者，可以吊销其许可证。

（四）征收税费和给予财政资助

税收和财政不仅是政府自身存在和发展的基础，而且是政府宏观调控国家经济的重要手段。通过这种手段，政府可以鼓励和促进一定地区、一定行业、一定领域、一定经济行为或一定产品的快速发展，也可以抑制或减缓其过热或过快发展，以保证经济资源的合理配置和经济结构的优化。

除此之外，税收和财政资助对于消除因社会分配不合理和其他各种原因造成的人们收入差距过分悬殊、防止两极分化、保障社会公正，也具有重要意义。

（五）调查统计和发布信息情报

调查统计、发布信息情报也是现代行政的重要手段。行政机关通过调查和统计，可以了解社会各方面的信息情况，如企业产品的质量情况、劳动生产安全情况、市场需求情况等。行政机关一方面根据调查统计所获得的信息情报制定管理政策，采取行政措施，对社会实施有效的管理；另一方面向社会直接公布有关信息情报，使企业生产者能根据有关信息情报正确安排自己的生产计划，改进产品质量和安全生产条件，使消费者能根据有关信息情报选择购买优质的商品和取得优质的服务，以防止上当受骗。

此外，公布有关违法、违规及质次产品和服务方面的信息情报，对于违法、违规的个人、企业，实际上也是一种间接的制裁。此种手段对其具有极大的威慑作用。

第四章 行政权力

（六）处理和裁决争议、纠纷

在现代社会，行政机关直接处理和裁决与行政管理有关的公民与公民之间、公民与社会组织之间，以及公民和社会组织与行政机关之间的争议、纠纷，也是一种重要的行政管理手段。

行政机关运用这种手段，能够较迅速、较廉价地解决有关社会矛盾，消除社会隐患，维护社会安定和秩序。因为行政机关处理和裁决与行政管理有关的争议、纠纷，有着优于法院的专门知识、专门经验和专门技能。行政机关的这种管理手段是行政机关所享有的行政裁决权的直接表现形式，其运用受到其裁决权的限制，即行政机关不能超越其行政裁决权范围而处理应由法院裁决的争议、纠纷，同时行政机关处理和裁决争议、纠纷的活动通常还受到法院的监督。

（七）采取行政强制措施

行政机关对于不履行行政义务的相对方采取强制措施，迫使其履行行政义务也是一种重要的行政手段。当然这种手段不是经常使用的。在很多时候，它只是处于一种备用的状态，起着一种威慑作用。只有在法律规定的特定情形出现，且行政机关认为确实没有其他行政手段可以实现相应行政管理目标时，行政机关才能采取行政强制的手段。

（八）实施行政制裁

行政制裁手段与行政强制手段一样，在现代行政管理中应尽可能少使用。在专制国家，专制统治者为了维护其专制统治，镇压人民的反抗和斗争，保障其统治秩序，最经常、最广泛地使用强制和制裁手段。民主国家则不同，政府和社会的关系不是处于对立的统治与被统治的关系，而是合作式的管理与被管理的关系。政府对社会的管理主要不是靠强制和制裁，而主要是靠政府制定规范和社会成员自觉遵守规范，靠政府依法行政和社会成员对政府依法行政行为的配合，靠政府的指导和社会成员在政府指导下的合理行为。

当然，在民主国家，强制和制裁对于行政管理仍然是必要的手段。毕竟由于各种原因，社会上总会有一些成员不自觉遵守法定行为规范，故意违法或不履行行政义务。对于这些社会成员，如果不采取强制和制裁手段，行政管理秩序就无法维持，社会公益和其他社会成员的权益就无法保障。

（九）签订行政合同

在现代行政管理中，行政机关越来越多地运用行政合同手段来实现其管理职能，在经济管理领域中更是如此。在诸如城乡建设和规划领域、科教文卫领域、社会保险和社会福利领域，行政合同也运用得越来越多。相对于传统行政管理的单方行为来说，行政合同的签订要与被管理一方协商，行政机关要求被管理一方做出某种行为或不做出某种行为要取得被管理一方的自愿和同意，行政机关与被管理一方拥有的权利和必须履行的义务都要经双方相互认可，并写入合同之中。这种管理方式充分体现了行政机关对被管理一方意志的尊重，从而有利于调动被管理一方的积极性、创造性，有利于取得被管理一方对其管理行

行政管理学

为的配合,从而更有效地实现行政管理的目标。当然,行政合同并不完全等同于民事合同,行政机关在合同关系中仍然享有某些优益权,如对被管理一方履行合同的监督权和某些相应的强制权,根据社会公共利益需要而单方面解除合同权等。对于行政机关的这些优益权,被管理一方可通过履行合同所取得的较优厚的报酬和优惠条件等而获得相应补偿。

行政合同作为一种行政管理手段,并非能适用于所有行政管理领域和所有行政管理事项。在国家安全、社会秩序和许多涉及重要国家和公共利益的领域,一般都不适用行政合同。而且,在可能适用行政合同的领域,法律对于行政合同手段的运用也应加以严格的规范和控制,在可能的条件下,应尽可能采用招标、投标的方式。否则,这一管理方式极易导致腐败和权力滥用。

(十)提供行政指导

行政指导也是现代行政管理的一种使用较多的手段。行政机关通过发布各种政策文件、纲要、指南或通过直接向被管理一方提供建议、劝告、咨询等,引导被管理一方做出某种行为或不做出某种行为,发展某些领域或事业。行政指导不具有要求被管理一方必须执行的直接法律效力,但行政机关可以通过各种宏观调控措施(如财政、计划、税收、利率等)和其他利益机制(如建设规划、土地利用规划、水、电、道路、交通的配置与使用等),引导被管理一方遵循行政指导,做出符合行政指导目标的行为。行政指导由于不具有直接强制性,使被管理一方有较大的选择空间,体现了对其意志的尊重和行政管理的民主性。

在许多场合,被管理一方往往自愿接受行政指导,按行政机关的指导行事,从而使行政管理的目标以较小的阻力、较小的代价、较有效地实现。但是行政指导也有另外的一面,这就是:被管理一方通常会信任政府,相信行政机关的指导。因而当行政机关以各种措施和利益机制引导被管理一方遵照指导去从事某种行为时,如果指导一旦错误或失败,导致被管理一方利益受到重大损失时,行政机关理论上可以以其行为属于"指导"而非强制为由而不承担责任。对于这种情况,现在许多国家都在研究解决办法,法律开始对行政指导手段适用的范围、程序和责任加以规范。在法治社会,行政指导将不再是完全自由裁量的事实行为,而是应受一定法律规范约束的法律性行为。

【案例分析】

"三张清单一张网"的浙江实践

简政放权,被喻为政府的自我革命。2014上半年,浙江省政府正式推出了"三张清单一张网",即政府部门权力清单、企业投资负面清单、财政专项资金管理清单和浙江政务服务网。公布了4236项行政权力,这是一场以清权、确权、制权为核心的权力革命。

"把深化改革作为贯穿本届政府始终的头等大事,以审批制度改革为突破口,纵向撬动政府职能转变。"浙江省长李强在总结2013年工作时表示,浙江已率先开展新一轮审批制度改革。

如今权力的牢笼逐渐透明化,作为民营经济大省的浙江,正落实简政放权,"唱"出

第四章 行政权力

一段属于浙江的好声音。

政府自亮家底权力大"揭底"

"繁荣来自活力,活力来自制度。"这是诺贝尔奖得主埃德蒙·费尔普斯(Edmund S. Phelps)作的精辟论断。在浙江,2013年11月以来,一场以打造"透明的笼子"的计划正在慢慢实现,浙江政府以建成"三张清单一张网"为抓手,进一步推进简政放权,释放市场活力。

"三张清单":政府权力清单,省级政府部门行政职权由原来的1.23万项缩减至4236项;企业投资项目负面清单,列出禁止和限制企业进入的投资领域项目目录清单,而对于清单之外的企业投资,政府一律不再审批;政府部门专项资金管理清单,规范专项资金管理使用。

"一张网"是浙江政务服务网,把该省4000多个政府机构的政务服务资源连接在一起,实现了省、市、县三级联动。

2014年6月25日,浙江政务服务网开始运行,浙江也成为中国首个在网上完整晒出省级部门权力清单的省份,浙江政务服务网相当于覆盖该省的虚拟型"政务超市",目前已推出阳光政务、行政审批、便民服务三大主题服务。

"办事指南、在线办理、查看评价、我要咨询"这是挂在浙江政务服务网上杭州市农业局(市水产局)的45个行政审批服务事项下的选择框,每点击一个框,都会有相应介绍。点开办事指南,办理审批需要的一系列历程图、申报材料、法定依据等申报内容清晰可见。

杭州市农业局办公室副主任杨骥野将此称为"网上农业局":不仅审批可在网络办理,连咨询投诉也可一步到位,"贴近了政府与百姓的距离"。

行政审批"一张网"将浙江省、市、县三级政府3300多个部门的所有审批事项纳入政务服务网,链接到浙江省9000多项网上审批服务,提供网上办事统一引导。

虽然6月底开始运行,但政务服务网仍未完全开通,浙江省政府办公厅电子政务处处长陈新忠称,目前行政审批有800多个部门,现在才开通一半。

尽管如此,对于未来,陈新忠很是期待,他用一句话概括了政务服务网,"既对老百姓便利,也对政府简政,是一个双赢的局面。"

记者了解到,在阳光政务板块,浙江一下子"晒"出了政府部门权力清单、企业投资项目负面清单、省级财政专项资金管理清单三张"大单",公布4236项行政权力。

"有了权力清单,等于鲶鱼游出了笼子。笼子之外的事情企业都可以做,可以真正发挥市场主体的决定作用。"某集团董事长认为,这样不但给市场松了绑,还为企业添了力。

"透明、阳光",杨骥野用两个词评价了政务服务网,他认为,政府权力的揭底,对政府工作的规范化提出更高要求,"权责明确,更是将权力关进笼子,对政府也是更好的监管。"

如今,浙江省级单位的权力清单、财政专项资金管理清单、企业投资项目负面清单通过"浙江政务服务网"公布流程、资料,办事进度有刚性措施监督,是一个"透明的笼子"。这个"笼子"将为政府机关依法行政设定基本依据,为企业和百姓提供便利条件,有利于杜绝信息不对称造成的权力寻租空间。

政府"晒"好权力更应"管"好权力

其实,"三张清单一张网"建设自2013年11月就已启动,至2014年6月25日亮相,该亮相亦是一次兜底的简政放权。

某企业董事长表示,现在看来,确实比过去好多了,随着简政放权力度加大,政府对企业关心支持力度更大、服务更周到了,企业发展的信心也更足了。

其实,浙江的"晒清单"目的,是公开政府部门的权力运行流程,自亮家底接受监督。"简政放权不是嘴巴说说。政策是有了,放权从中央放到省里,再放到地方,关键是落实",某集团高管认为,尽管权力已经下放,但地方政府思维没有转过弯来,存在观望现象。

政府不能规范用权,自然意味着企业无法提高效率,从而利益受损。某高管就曾经吃过这个亏。他举例说,之前企业有项投资,如果当时能迅速进入,将会有不菲利润,但在审批上,政府拖了两年,"商机稍瞬即逝。"他建议地方政府要结合地方特色,从为地方企业服务的角度出发,把放下来的权力用起来,要有所作为。

作为此次"革命"的总设计师,浙江省省长李强指出,凡是市场能解决的问题就让市场去解决。

浙江工业大学政治与公共管理学院教授吴伟强也建议,政府的大包大揽不利于释放市场的活力,政府不该管的事,就最好不要插手。但在政府的权力上,他建议使用时更应审时度势。"政府要管的事,可通过间接的方法而不是直接的方法来约束企业的发展。"

企业也提出自己的期望,"政府要简政放权,简化审批程序,不要过多地干预民营企业的发展,有时候政府不干预就是对民营企业最大的支持。"

"要把'权力清单'本质性贯彻到底,就应该从体制和机制上来着手。"吴伟强强调。如何监管简政放权?吴伟强称,"三张清单"的推出,正是让老百姓可以逐条对照,监管政府有没有按照它公开的"权力清单"来办事情。信息的透明化将是监管前提,吴伟强称,信息若不公开,民众将无从监管,"任何权力掌握在任何人手里都可能被滥用,权力滥用的一个根本的基础就是信息不够透明。"

对此,李强曾说,这一轮深化改革以政府自身改革为撬动点,是一场以清权、确权、配权、晒权和制权为核心的权力革命,目的就是要给行政职权打造一个透明的制度笼子。权力清单等"三张清单"上网就是晒权,开弓没有回头箭,一定要经得起市场与群众的检验。

据悉,对于政府权力的使用,政务服务网有自己的一套监督体系。陈新忠说,各个部门把事项梳理完后会导入权力库,权力库再导入审批的运行库,整个过程由法制办和审改办确认。"这样就可以监察政府办事是否合规,有无超时等;如果超时,监察厅会通报。"

简政放权未有完成时警惕简政副作用

2014年,改革是政府工作的首要任务。建立政府权力清单制度,实现了政府与市场从"掰手腕"到"握手"转变,直接追溯到了政府权力的源头。

政府权力攸关企业的生存。吴伟强认为,目前中国的企业需要政府的地方还很多,政府也应担起责任。吴伟强举例称,"缺少好的投资领域和投资方向是不少企业面临的严重问题之一,而政府掌控的权力就包括部分投资领域的开放以及竞争的公平性。投资领域的开放就跟政府权力的掌控密切相关。"

某集团公司管理者认为:"哪些是政府需要下放的权力?哪些是企业需要政府下放的权力?现在都还没有明确。整个简政放权的时间还很多,还需要逐步完善。"

"浙江推动政府职能转变光建政务服务网是远不够的。简政放权是一个动态的过程,只有进行时,没有完成时。"浙江大学公共管理学院教授范柏乃认为,目前权力下放的数量还不是很多,占到60%。"三张清单一张网"的推出,有利于管住政府这只"看得见的手",而且还降低行政成本和社会总成本,范柏乃提出要警惕简政放权随之产生的"副作用"。

范柏乃认为,当一些省级权力下放到基层时,可能基层政府并不需要。而有些基层政府需要的权力却没有下放。同时省政府把权力下放到基层,而由于人员、编制等问题,导致基层政府工作人员工作量增加,工资却没有增加,不排除政府工作人员对权力的主动性不高,可能出现无能力对接、不能对接等现象。所以对于有些权力下放基层政府并不欢迎。权力下放了,地方政府的压力变大,权力带来的责任也越大,导致有些地方政府不愿意承接权力。另外由于人员编制、机构设置、工作人员能力等原因,有些基层政府没有能力来承接权力,也没有能力运行下放的一些权力。

范柏乃开出了"良方"来规避这些问题:一是对权力下放进行调整,并不是所有的权力都要下放。二是根据需求来调整。企业和基层政府真正需要的权力下放,不需要的不下放。三是加强对基层政府工作人员的能力培训。在权力下放时对政府机构进行设置调整。省级权力下放了,上级机构就可以精简,对下级政府的机构可以相应的增加,编制也可以适当地增加。

企业追求的是什么?效率和效益。政府要服务好企业,同样也要提高效率。政府首先要用市场的思想去为企业服务,具体操作过程中确保流畅。

(资料来源:中国新闻网http://www.chinanews.com/df/2014/08-15/6498361.shtml)

 思考题

1. 什么是权力清单?
2. 推行权力清单有何意义,我们需要一份怎样的权力清单?
3. 权力清单推行过程中需要注意哪些问题?
4. 如何以权力清单规范政府权力,实现政府职能转变?

【本章小结】

本章主要讲述了行政权力的内涵、行政权力学说的演变、行政权力的结构与特征等基本概念,介绍了行政权力的分配方式与途径、行政授权的特点和方式、行政权力的类型与表现形式。较为全面地论述了规范行政权力,推进行政权力公开透明运行的具体要求与步骤,强调了从行政权力体制深处、权力源头预防腐败的意义。

行政权力本身代表的是公共利益,科学设置和运用国家行政权力的目的和任务是执行国家意志,履行国家行政职能,管理国家和社会公共事务。行政权力通常以行政法规、政策、计划、决议、命令等为表现形式,通过政府指挥命令系统来实现。它的有效行使是保

障国家稳定、健康发展的前提条件。行使国家行政权力的主体是国家行政机关及其工作人员，为了适应维护国家、社会和谐发展的需要，保证行政目的的实现，防止行政权力的滥用，遏制行政权力腐败，有必要系统地把握行政权力的运行规律，对行政权力的功能加以调整，对行政权行使的方法和方式加以改变，用行政责任来约束行政权力，促进行政权力的法制建设。

【复习与思考】

1. 行政权力的内涵是什么？
2. 行政权力学说是如何演变的？
3. 试述行政权力的结构与特征。
4. 行政权力的分配方式与途径有哪些？
5. 行政权力的类型有哪些？
6. 行政权力的表现形式有哪几种？
7. 行政授权的特点是什么？
8. 行政授权的方式是什么？

第五章 行政组织

组织的目的在于让平凡的人做不平凡的事。

——［美］彼得·德鲁克（Peter Drucker）

【知识要点】

通过本章学习，要求学生理解行政组织的含义与特征等相关概念以及行政组织的基本要素；充分认识行政管理机构的组织结构、体制与建立原则；了解行政组织相关理论，以及行政组织变革的环境条件、目标与内容等。

【关键术语】

行政体制；行政组织；行政机关；行政组织理论；管理幅度；行政组织体制；行政组织设计原则；行政组织变革

行政组织是运用行政权力依法实施行政管理的主体。一切行政管理活动必须依靠一定的行政组织来推行。行政组织的高效与否，直接关系到行政职能的实现和行政效率的高低。所以，建立科学而合理的行政组织机构是保证行政活动顺利进行的重要前提，也是行政管理学所要研究的最基本问题。

第一节 行政组织概述

行政组织是行政管理的主体，一切行政活动都是以行政组织为基础而展开的。高效的行政领导、合理的人事行政、科学的行政决策、有效的行政监督、顺畅的行政沟通、和谐的行政协调均依赖于科学合理的行政组织。

一、行政组织的一般概念

（一）组织

从广义上说，组织是指由诸多要素按照一定方式相互联系起来的系统。在管理学中，组织的含义可以从静态与动态两个方面来理解。从静态方面看，组织是指组织结构，即：组织是反映人、职位、任务以及它们之间的特定关系的网络。这一网络可以把分工的范围、程度、相互之间的协调配合关系、各自的任务和职责等用部门和层次的方式确定下来，成为组织的框架体系。从动态方面看，组织指维持与变革组织结构，以完成组织目标的过程。从人类社会群体的角度看，组织就是指人们为达到一定的目的，按照一定的形式联合起来，组成具有特定结构和活动方式的人类群体。简单地说，组织就是追求一定目标的人的集合体。它具有一定的目的性、结构性和活动方式这三个要素。尽管这三个要素在不同的组织中所体现的程度不同，但任何组织都具备这三个要素。

(二) 行政组织的含义

行政组织有广义和狭义之分。广义的行政组织就是指各种为达到共同目的而负有执行性管理职能的组织系统。它既包括各类企事业单位、群众团体、政党的负有管理职能的组织系统，也包括国家机关中的立法、司法系统中负有执行性职能的各类单位和国家的整个组织系统。

行政学所研究的是狭义的行政组织。狭义的行政组织是指依一定法律程序建立的、行使国家行政权力、管理社会公共事务的政府组织机构实体。

在现代社会中，行政组织是社会各种组织中规模最大的组织，其管辖的范围涉及社会生活的各个方面、各种领域、各个团体。我国的行政组织是我国国家权力机关——人民代表大会的执行机关即国务院系统。为了更好地理解行政组织的含义，可从以下四个方面来把握。

(1) 从静态的角度看，行政组织是一个完整的实体，它是由按照职能目标分工、权责分配、工作程序设置的各个层级、各类部门、各个职位等所共同构建的一个完整体系。其中职位是行政组织结构的基本元素，职位引发的责权关系构成了整个行政组织的结构。

(2) 从动态的角度来考察，行政组织是一个发挥组织功能的动态活动过程。任何组织都具有一定的组织目标，而行政组织目标的实现则依赖于领导、决策、执行、监督、协调等一系列的组织活动过程。可见，行政组织并不是铁板一块，不是僵硬凝固的结构框架，它具有动态的功能。

(3) 从行政组织与其内部和外部环境平衡的角度来看，行政组织是一个有机的生命体，是随着环境的变化而自我适应、自我调整的开放性系统，是整个社会的子系统。任何行政组织都是一定历史条件、社会条件和文化条件的产物，它必然会受制于这些社会的客观条件，从而调整自身的结构与活动方式以适应环境的变化和需要。

(4) 从行政组织的心理与精神方面来看，行政组织是其人员的权责观念、感情交流、价值观念与思想沟通所形成的思想意识的团体。这种团体意识与行政组织行为有着密切的关系，它对行政组织行为具有正反两方面的作用，因此必须注意行政组织的心态特征。

二、行政组织的要素

行政组织的构成要素主要包括组织目标、组织人员、物质基础、行政职能、机构设置、制度规范、组织文化以及技术信息等。

（一）组织目标

行政目标要素是行政组织的灵魂，共同目标的存在是行政组织赖以产生和发展的基础及前提，它规定了行政组织的发展目标和前进方向，是行政组织人员所要努力达到的一种期望状态。

（二）人员构成

公共行政人员是由各种不同专业、水平、年龄的人按照行政组织目标和职能组合而成的。组织人员是行政组织的核心和公共行政的主体。

（三）物质要素

物质要素主要包括行政经费、物资供应、空间场所、办公设备等。这是行政组织为实现目标而开展组织活动的物质手段。

（四）行政职能

行政职能是组织应有的作用和功能，行政职能范围是组织目标的具体化，它决定着行政组织规模、内部职位设置等方面的内容。

（五）机构设置

机构设置、职位配置、权责划分等关系到整个行政组织的有效性程度，尤其是决定行政效率高低的关键因素。

（六）法规制度

这是行政组织依法行政的根本保障。法规制度的完善程度，也是衡量行政组织是否健全的主要标志。因此，建立健全行政组织法、编制法以及组织内部的各项具体法规、制度，是行政组织建设的重要内容。

（七）组织文化

行政组织文化包括行政人员对组织的认同态度、共同信念、共同行为尺度和评价标准等。这是行政组织所必备的文化精神，是长期养成的组织行为，是一种习惯性规范，是实现行政目标的精神动力。

（八）技术信息

公共行政人员需要用一定技术对信息进行加工运用。如果信息不灵，技术落后，管理的高效率就难以实现。

三、行政组织的特征

行政组织作为行政权力的载体与其他社会组织不同，它有其自身的特征，具体表现如下。

（一）阶级性

在阶级社会中，国家是统治阶级用来维护本阶级利益的工具，国家的意志就是统治阶级的意志。行政组织作为国家意志的执行者，其活动过程必然表现出鲜明的阶级性特征。因为行政组织建立及运行的根本目的是维护和推行统治阶级利益和实现统治阶级的意志。

（二）社会性

国家职能的两重性决定了行政组织必须承担管理社会公共事务的社会职能，它体现了行政组织的社会性特征。任何国家的行政组织在行使管理社会公共事务职能时，都需为全社会提供服务，其行为都具有维护社会公共利益的属性。行政组织的这种社会性是由于行政组织为了达到维护阶级统治，稳定社会秩序的目的所决定的。

（三）服务性

首先，行政组织的社会性是通过其服务性表现出来的。行政组织作为管理国家政务的机构，还必须履行发展和完善社会各种公共事务的服务职能，即政府必须努力发展经济、文化、教育及各种公共福利事业，为整个社会提供服务。其次，行政组织作为上层建筑的重要组成部分，必须为经济基础服务。它要根据国家政治、经济、文化等事业的需要，制定各项法规政策，发挥其管理职能的作用，巩固经济基础，促进社会的发展。

（四）权威性

行政组织作为国家权力的合法代表，以国家的名义管理社会公共事务，拥有凌驾于整个社会之上的权威，并用强制力来保证其政策法令的实施。全社会的团体、公民都有义务服从行政组织合法的管理与指挥，并不许与之抗衡，否则，要用法律和政纪加以惩戒与制裁。

（五）法制性

行政组织是依法代表国家行使行政权力的机构，有着很强的普遍法制约束性。这是它不同于其他社会组织的鲜明特点。行政组织的设置及其宗旨和目标、人员编制及管理、行为规范、管理方式等都是由《宪法》和有关法律决定的。与此同时，行政组织也必须依据法律规定及运用法律手段来行使其职权，并承担法律责任。法制既是行政组织活动的依据，又是行政组织活动的手段之一。法制性是行政组织权威性的基础。

（六）系统性

任何国家的行政组织都是依法设置的，它是由若干要素按一定目标结构、部门结构、权力结构所组成的职责分明、协调有序、纵横相连、浑然一体、政令统一的有机整体。一个国家的行政组织首先形成大系统，然后分成省级次系统和市、县级子级系统。行政组织的这种系统性使其具有了整体性和对环境反应的灵活性。行政组织可以通过对系统的调节以适应外部环境的变化，并使其自身不断地完善。

四、行政组织的类型

对于行政组织类型的划分，可以按不同的标准，从不同的角度进行分类。按照行政组织的职权范围和作用不同可划分为以下几种类型。

（一）领导机构

领导机构亦称首脑机关，指国务院和各级地方人民政府。它是各级政府领导统辖全面的决策核心。领导机关是行政组织的中枢，是各级政府决策和执行的指挥机关。领导机关的职能是对辖区内的重大行政事务进行集中领导和决策，并督导决策的实施。它的职权活动具有全局性、综合性特征。

（二）职能机构

职能机构指各级政府中负责组织和管理某一专业方面行政事务的执行机关。职能机关在领导机关的领导下进行工作，执行领导机关制定的方针、政策和指示，对上受政府首长的指挥监督，对下在所管辖范围内行使其行政管理职能。它的职权活动具有局部性、专业性特征。

（三）办公机构

办公机构指协助行政首长处理日常事务的综合性办事机构。其典型的存在形式是各级政府的办公厅（室）。办公机关没有特定的专业性，不能离开行政首长而独立存在，其活动直接听从行政首长的指挥和要求。它对各专业行政职能部门没有直接指挥和监督的权力，但在授权条件下可以代表行政首长行使权力。由于辅助机关是紧靠行政首长且完全受命于首长的一个组织环节，它参与政务、协助决策、沟通关系、协调活动、收集信息和处理纠纷，因此，它的状态直接关系到首脑机关功能的发挥，历来被认为是一种重要的行政机构。

（四）咨询机构

咨询机构亦称智囊机构，是一种现代政府的组织形态，通常指汇集专家学者和富有经验的政府官员来专门为政府出谋划策、提供论证和较佳政策方案的行政机构。参谋咨询机关具有业务独立的地位，其基本职能是研究咨询、参与决策、协调政策、培训人才。目前，从世界各国情况看，咨询机构在政府中的地位日益重要。

（五）派出机构

派出机构指一级政府根据政务管理的需要，按管辖地区授权委派的代表机关。派出机关是不构成一级政府的行政机关，其权力是委派机关权力的延伸，因而以委派机关授权的性质、程序和范围为转移。派出机关的主要职能是承上启下实行管理，即监督检查辖区行政机关贯彻执行上级的决议和指示，同时向委派机关报告辖区行政机关的情况和意见，并完成委派机关交办的其他事项。在我国行政组织中所设置的地区行署就是典型的派出机构。

（六）临时机关

临时机关是领导机关为解决某一特定问题，或为调查某一事件，而从各个政府部门抽调人员组成的临时性组织。它的主要任务是接受委托，处理某一特殊事件或突发性事件。任务完成，临时机构应随之撤销。

五、我国的行政组织

我国的行政组织是一个体系完整、职能齐全的行政系统。我国的最高权力机关是全国人民代表大会，国务院是在其监督和领导下的最高行政机关。同时，各级人民政府都必须在各级人民代表大会的监督和领导下行使权力，开展政务活动。

我国行政组织从纵向层次看有中央政府、地方政府和基层政府三级。中央政府是指国务院，它管辖全国的政治、经济、文化、社会等事务，它所制定的方针、政策、法规、命令、指示、规定、条例，各级政府必须贯彻执行，其效力达及每个公民。各部、委、办、局是国务院的职能部门，主管某一专业方面的行政事务，其效力可及在全国范围内与其业务有关的部门和公民。

地方政府是指省政府、自治区、直辖市政府、计划单列市政府、设区的市政府、县政府和县级市政府、自治州政府、盟政府、旗政府等。其管辖权是在其行政管辖区域之内。同时，这些地方政府也有其职能部门，主管某一专业的行政事务，其管辖权是在政府所管辖行政区划内的有关部门和公民。

基层政府是指乡（镇）政府。其管辖权在乡或镇。小的乡（镇）不设职能部门，但有主管各方面事务的办事人员。在大的乡（镇）可设置少量的办事机构。

地方政府必须执行中央政府的方针、政策，但也有相对的自主权。在中央方针、政策的指导下，地方政府为了本地区的政治、经济、社会、文化的发展，可自行制定一些政策、规定、法令、条例、办法等。少数民族地区的地方政府的自主权更多。

我国行政组织从横向分工上看，依工作性质不同而划分为不同的工作部门。同一层级的各部门是平行关系，有明确的工作范围和适当的权责划分。我国中央政府下设的各部（委）机构、直属机构和办事机构，省级人民政府下设的各个厅（局），县级人民政府下设的科（局），均是按业务性质划分的横向工作部门。

六、行政组织结构

（一）行政组织结构的含义

结构是指组织构成要素以及要素之间所确定的关系的形式。结构是组织的基本属性之一。组织的性质不仅取决于它的构成要素，而且也取决于它的结构方式。行政组织结构是指行政组织各要素的排列组合方式,是由法律所确认的各种正式关系的模式。

行政职位是行政组织结构的基本元素,是行政组织结构中的支撑点和联络点。行政组织的整体框架是由各种行政职位排列组合而成,即由行政职位组合成一个单位、部门、层级、整个国家政府系统这四个层次的行政组织结构框架。构成这个框架的实质是行政分工,是根据目标、责任和权力进行的个人、单位、部门及层级的行政分工。行政分工是行政组织结构形成的基础。根据行政分工的方向不同,行政组织可分为纵向结构和横向结构两个部分。行政组织结构本身又是一个分工与合作的综合体,任何行政组织都是横向结构和纵向结构的结合,这种结合被称为复式结构,现代国家政府的组织结构均为复式结构。

（二）行政组织结构的功能

行政组织结构本身是静态的,但同时也具有动态的功能。结构和功能是相互作用、相互关联、互为条件的统一体。结构是功能的结构,没有一定的结构就不可能产生相应的功能;功能是结构的功能,是结构在其运动中的外在表现。因此,结构具有功能才有意义,功能离开结构就无法存在。结构产生组织静态的特性,功能产生组织动态的特性。合理的行政组织结构有利于组织目标的实现;有利于稳定工作人员的情绪,调动工作人员的积极性;能使行政组织保持良好的沟通与协调关系;是提高行政效率的前提条件,是实现行政职能、推行行政计划的物质基础。

（三）行政组织结构的层级化

行政分工是行政组织结构建立的基础。在当今纷繁复杂的行政组织中,高度的分工和专业化程度加深,使得行政组织结构越来越复杂。在通常的行政组织结构中分化表现为两个方面,即垂直分化亦称层级化,水平分化亦称部门化,二者的结合构成行政组织的结构。

行政组织结构的层级化是行政组织内部各级政府上下级之间、职能部门上下级之间的机构、职位、人员的配备和责任、权力、工作程序的等级划分,也称为行政组织的纵向结构。

构成各级政府上下级之间的层级化分工是以管辖地域的大小不同为分工内容的。其特点表现为:层级愈高,管辖的地域范围愈广,但组织数量愈少;层级愈低,管辖的地域范围愈窄,但组织数量越多。即行政组织数量多少与层级的高低成反比例关系,不同层级之间管辖的职能基本相同,但管辖的地域大小不同。低层级的行政组织管辖的区域在高层级的行政组织管辖范围之内,上下之间形成垂直的领导关系,它要求下级必须服从上级,形成层级节制的隶属关系。总之,从各级政府的总体结构上看,它呈现出一个金字塔形的垂直领导关系结构,如省辖市级行政组织、县（县级市）行政组织、乡（镇）行政组织。

各级政府职能部门内部层级化分工是以其各部门所承担的行政工作任务及责权关系不同为内容的。其特点表现为,它们之间的分工关系是以职能的隶属关系为根据的。

行政组织结构的层级化,建立了组织的层级节制体系,尽管各级行政组织在层级分化的程度上有所不同,但都具有层级节制的特征。行政组织结构层级化的基本问题是确定各层级之间的隶属关系,要确定这一关系,就必须解决管理层次与管理幅度问题。

管理层次是指行政组织纵向等级结构的层级数目。任何国家的行政组织都是按层级化设计的。如我国政府行政组织分为中央、省、市、县、乡五级管理层次；从行政机构设置上划分，可分为部、司（局）、处、科等。不同的行政组织其管理层次的多寡不一，但一般可分为三个层次：领导决策层、中间管理层、执行实施层。管理层次必须适当，如果过多会造成信息不畅、程序复杂、浪费时间和人力、公文旅行、官僚主义等问题。管理层次过少则会造成分工不明，责任和权力不清。现代行政学研究认为，在满足客观需要的前提下，管理层次越少越好，应尽量设计一条简捷的指挥链条，这样才可能提高行政效率。

管理幅度也称控制幅度，是指上级领导或上级部门所能直接指挥监督的部属的数目。管理幅度要适当。管理幅度如果过宽，则会造成穷于应付的局面；如果过窄，则会造成对下属干涉过多，影响下属的积极性。管理幅度与管理层次是影响行政组织纵向结构的两个决定性因素，在组织条件不变的情况下，管理幅度和管理层次之间成反比例关系，即管理幅度宽，则管理层次少，反之则相反。管理幅度的设定不是任意的，而是有条件的。决定管理幅度宽窄的主要因素有：工作性质、领导水平、部属素质、组织模式、管理层次、空间距离、信息沟通手段，等等。

行政组织结构的层级化是行政活动的需要。其优点是权力沿直线分布，权力链清楚，权力集中，利于政令统一；层级节制行动迅速，利于监督、控制，有利于信息的传递与沟通，有利于调动下属和工作人员的积极性。行政组织结构的层级化是提高行政效率的有力保证。

（四）行政组织结构的部门化

垂直的分化形成了管理层级，水平的分化则界定了行政组织机构的基本部门。行政组织结构的部门化，亦称分部化，是指同级行政部门之间水平分工的构成形式。一级政府部门，按其行政目标、工作性质、权责区分而划分若干个平行的职能部门，这种划分是对行政职能目标的分解，同时也是一种行政分权。

行政组织结构的部门化是行政组织的一种水平扩张，是按一定的依据将行政活动归类到一定部门和单位的过程。在部门化的行政组织中，同一层级的各部门都是平行的，各部门皆拥有明确的工作范围和切实适当的权责划分，部门化的主要目的是以横向分工来求得更大的行政组织效益及行政效率。

行政组织结构的部门化是行政活动的客观要求。随着社会的发展、科技的进步，国家行政事务愈来愈多，分工愈来愈细，专业化程度愈来愈高，由此造成政府行政部门愈来愈多。因此，要提高行政效率，就必须依工作性质的不同而进行横向分权，以规范各部门的权责关系及工作范围，加大组织的专门化管理程度，发挥组织成员的专门才能，以实现有效达成行政目标的目的。

对于行政组织结构部门化的基础，理论界一般公认有以下几个方面。

1. 按行政业务分工

按行政业务分工是指按行政管理的业务性质异同来组成行政组织单位。如，财政、外交等均为不同的业务，以此为基础设置不同的单位。依据行政业务性质的异同来划分行政部门是行政组织平行分部化的基本方式。这些平行部门之间地位平等，各自的行政目标、

第五章 行政组织

业务范围和权力责任自成体系。行政组织中的绝大多数部门均是按业务性质不同而设置的。

2. 按行政管理程序分工

按行政管理的程序分工是指按行政管理过程的程序不同，分别设置行政组织部门。行政管理过程有决策、执行、监督、咨询、信息反馈等环节，依据这些程序将行政组织划分为行政决策部门、行政执行部门、行政咨询部门、行政监督部门、行政信息部门等，每个部门在管理过程中发挥各自的功能作用，使行政管理的功能齐全配套，使管理过程井然有序。

3. 按管理对象分工

按管理对象分工是指按行政组织服务的人群、财物为对象进行部门设置。这一分工方式最常见于政府经济行业主管部门的设置。如，我国先前设有工业部、轻工业部、电子工业部等，均是按不同对象类别实行分部管理。这种分工可使行政工作专业化，使政府能在某一专门领域政令统一，统筹安排，从各角度满足管理对象的需要，以有利于提高行政效率。

4. 按地区划分

按地区划分是指按行政组织管理的一定空间地域来划分其行政权限的界限，从而设置相应的组织结构。如我国划分若干省、直辖市和自治区；省划分为若干市、县；市划分为若干区；县划分为若干乡；等等。这种划分有利于地区内各种工作的协调与监督，有利于因地制宜地进行决策，以适应各地区的不同需要。

行政组织结构的部门化是层级化的基础。一般说来，只有当职能部门确立后，层级化才能进行。部门化的优点在于有利于行政组织整体协调，突出行政管理的专业特征，对于所管理的对象实行专业化管理、自成体系、分工合作，有利于提高行政效率。同时，部门化扩大了行政组织的管理职能。随着社会事务的增加，政府建立了相应的组织，以便及时灵活地管理这些行政事务，从而扩大了行政管理的职能。在扩大行政组织职能时要警惕部门林立、机构臃肿、效率低下的现象出现。

现代政府组织结构均为层级化与部门化的综合体。层级化构成行政组织的纵向层级，部门化构成行政组织的横向部门，层级化必须与部门化相配合，部门化又必须以层级化为基础，二者相辅相成，既分工又合作形成有机的统一整体，构成现代行政组织完整结构。

第二节 行政组织理论

行政组织理论由片断的组织思想演变为系统的知识体系始于19世纪末20世纪初。这一理论的形成并非偶然，时代为行政组织理论的产生提供了基本的政治、经济、文化基础。行政组织理论依其理论发展线索可大致划分为三个时期，即传统理论时期的组织理论、行为科学时期的组织理论和系统科学时期的组织理论。多年来，行政学界对行政组织的问题进行了深入的研究,留下了丰富的著述。现代组织理论的研究更是融入了大量的心理学、社会学、人类学、应用数学、运筹学和经济学方面的思想与研究方法。行政组织理论已成为行政管理学研究领域中的一个重要部分。

一、古典组织理论

泰罗等人的科学管理组织理论、法约尔、古立克等人的行政管理组织理论,以及以韦伯为代表的科层组织理论为西方早期行政组织理论奠定了第一个里程碑。

(一)泰罗的科学管理组织理论

泰罗的基本管理思想体现在他所著的《科学管理原理》(1911年)一书中,他也因此被称为"科学管理之父"。其重点在于计划、专业化、标准化和提高人的工作效率。科学管理的产生是管理从经验走向科学的标志,也是管理走向现代化的标志。泰罗提出了一套标准化操作方法让工作人员掌握,提出要明确划分计划职能和执行职能,他还提出命令统一原则和例外原则。由"泰罗制"引申出来的科学管理组织理论就是把企业的科学定量管理办法搬到行政管理工作中,包含权责划分、任务专门化、严格的奖惩制度等一些基本原则。尤其是他提出的以专业分工为基础的职能主义思想,对提高行政组织的基层管理效率有一定的作用。

(二)法约尔行政管理组织理论

亨利·法约尔对企业组织及其管理理论的贡献主要反映在《工业管理与一般管理》(1916年)一书中。法约尔关注的焦点是整个组织,因而有的学者称他的管理理论为"一般行政管理理论"。法约尔组织理论的重点在组织结构上,他指出,设计组织结构有几项基本要求,即保持统一指挥、规定工作职责、确保有效控制。法约尔还概括出组织管理过程的5项职能,并提出他认为适应于任何类型组织的14项原则:劳动分工、权力和责任、纪律、统一领导、统一指挥、个人利益服从集体利益、人员的报酬、集中、等级制度、秩序、公平、人员的稳定、首创精神及人员的团结。

古立克把他那个时期的管理理论加以系统化,提出著名的管理7项职能说,即任何一个完善的行政组织,必须具备计划、组织、人事、指挥、协调、报告和预算7种工作内容。他的另一贡献体现在部门化分工和协作的原则上,他认为组织的产生来源于客观的需要,总是先由个别职位组合成小的管理单位,再将小的单位组合成较大的单位,最后再组合成最高层级的部门。古立克的行政组织理论为组织理论的完善与发展提供了重要的依据。

(三)韦伯的官僚制行政组织理论

古典理论时期最为典型的代表人物是韦伯,他提出了自认为是适应于一切复杂组织的最有效的组织形式——官僚模型的组织理论。韦伯视野中的"官僚制"实质上是指一个以效率为中心,以分部—分层、集权—统一、指挥—服从为特征,以等级原则为基础，以组织稳定为目标，以个人服从组织为要义的金字塔形的组织机构。其实质是通过一层一层的行政隶属关系，遵照行政命令来完成内部交易的组织形式。韦伯组织理论中包含许多合理内容：它突出效率原则并以此作为组织设计的中心法则；它重责、权、利的有机结合；它主张从组织结构上保证"法治"等，这些思想时至今日仍有重要的指导意义。

二、行为科学组织理论

从20世纪30年代开始，学者们将行为主义的研究方法用于行政组织理论的研究，以人的行为和人际关系作为研究组织的基点，来揭示组织的社会心理特征及本质，形成了行为科学组织理论，又称"新古典组织理论"。其主要有以梅奥为代表的人际关系组织理论、以巴纳德为代表的组织平衡理论和以西蒙为代表的决策过程组织理论。

（一）梅奥的霍桑实验与人际关系组织理论

20世纪20~30年代中，梅奥在美国芝加哥郊外的西方电气公司的霍桑工厂中进行了测定工作条件、社会因素等对生产效率影响程度的试验。在1933年出版的《工业文明中人的问题》一书中，梅奥系统地提出了一套新的人际关系组织理论，其基本观点是：人并非"经济人"，而是"社会人"；组织中个人的需求是多方面的，人的行为除受经济因素的刺激外，还受不同的社会、心理和文化因素的激励；企业中除了正式组织，还有非正式组织，非正式组织影响工作效率，还影响整个组织文化。因此要建立一个有效率的组织，必须加强组织中各层级之间的沟通及组织成员的参与，要运用民主方式进行管理，激励成员的工作热情和积极性。

（二）巴纳德的组织理论

巴纳德提出组织问题是管理的核心问题，其理论的主要内容：一是组织本质的系统论观点。巴纳德认为，"组织是两人以上、有共同目标、通过一定物质和信息手段、彼此协调自己行为的系统"。组织是人的系统、物质系统、社会系统共同构成的一个整体，在这个整体中，组织系统起着核心作用，它受人、社会、物质三方面条件的制约和影响，又反过来作用它们。二是权威接受理论。巴纳德认为，组织中的权威应建立在下级服从的基础上，权威来自于下级的认可，在于命令能否被接受和执行。由此导致了对组织中管理对象的重视。三是组织平衡理论。巴纳德重视组织中的正式组织与非正式组织、个体与群体的平衡，认为有效率的组织要保证个人为组织所做贡献和从组织所获报酬的动态平衡，才能抵消成员对组织的离心力，否则组织就会陷于无效、紊乱以致崩溃。巴纳德对组织本质的深刻见解，以及对组织的系统分析和社会性分析，促进了组织理论的深化和发展。

（三）西蒙的行政组织决策理论

西蒙以决策为中心建立了决策过程理论。西蒙认为，组织的全部活动都是决策活动，决策贯穿于管理的全过程，管理就是决策。组织是由作为决策者的个人所组成的系统，因而组织成员不是机械执行任务的工具，而是有选择能力的"理性人"。但是，人的理性由于无法摆脱主观和客观条件的限制，其选择能力又是有限的，是有限的理性；组织的功能就在于提供一个有利于做出合理决策的组织机构，以引导其成员的决策，弥补其理性不足；管理者的作用是使行政组织成为一个有系统、有步骤、有理性的决策程序，以促使组织效能的提高。

行为科学时期的组织理论以人为中心，研究人的行为对于组织的影响及它们之间的相互关系，重视人的心理需求。但局限于人和组织行为的研究，只注重社会科学实证的研究方法，忽视组织结构、法规及环境的作用等。

三、现代行政组织理论

20世纪60年代以来，组织理论的研究引进系统论、控制论、信息论的成果，从此进入一个新的发展阶段，主要有以卡斯特为代表的系统组织理论和以劳伦斯为代表的权变组织理论。

（一）卡斯特的系统组织理论

系统组织理论用系统分析方法研究组织，认为行政组织是"一个结构的技术系统"，由许多分系统组成，包括目标与价值分系统、技术分系统、社会心理分系统、结构分系统和管理分系统。这些分系统不是互相隔绝的，而是按照一定的结构形成有机联系的整体。另外，行政组织又是一个有机的系统，是受社会政治、经济和文化等环境影响的生态系统，只有在同社会环境进行物质、能量、信息交换的相互作用中，才能建立和维护自身的工作流程和正常运转，并随环境的变化不断进行反馈调节，以保持组织与环境之间的动态平衡。

（二）劳伦斯的权变组织理论

权变组织理论是在系统理论的基础上产生的，"权变"的意思是"权宜通变"。权变组织理论认为，组织要不断适应变化了的条件和环境，组织形式、管理方式要随条件和环境的变化而变化，这样才能提高组织效率。权变组织理论认为不存在普遍适用的、一成不变的组织模式和管理方法，其有效性将随着组织内外各种因素的变化而变化，一切都取决于时间、地点、条件，只有权变，没有不变。权变观在系统论提供总体指导思想的基础上，由原则性转向灵活性、由标准化转向多样化。

可见，现代组织理论强调组织的部分、部分之间的交互影响、部分之和组成的整体的重要性，而且更着重从组织和社会环境的相互影响方面把组织看作一个动态的、开放的系统，充分反映出组织体系内外因素的多元性。

四、组织理论新的发展趋势

(一) 组织文化论

20世纪80年代,经济竞争的日益国际化和日本经济与管理对美国产生的冲击与震荡,使得组织文化运动在美国流行起来。组织文化的奠基人是爱德加·沙因(Edgar Schein)。沙因认为,从本质上讲,组织文化是一种基本的假设模式,这种基本的假设模式是由一个给定的群体在学习如何处理外部适应与内部整合问题时所发明、发现或发展起来的;这些假设一直被认为是很好的、有效的,因而它们会被当做感觉、认知和思考有关内部整合及外部适用问题的正确方法传授给新的成员;由于这些假设长期被反复使用,它们很可能成为理所当然的和无意识的。沙因将组织文化分为三个层次。继沙因之后,路易斯论述了组织文化研究的社会学和心理学渊源,提出并论证了组织是文化生成的环境的观点。

(二) 学习型行政组织理论

"学习型组织"自1990年由彼得·圣吉(Peter Senge)提出后,十几年来,已经成为这个时代的流行词。学习型组织的理论研究也日渐深入,中外学者和理论家往往根据个人对学习型组织的理解提出不同的概念。彼得·圣吉在其著作《第五项修炼》中将学习型组织描绘成这样一种组织:在其中,大家得以不断突破自己的能力上限,创造真心向往的结果,培养全新、前瞻而开阔的思考方式,全力实现共同的抱负,以及不断一起学习以及如何共同学习。学习型组织的核心概念就是创新和变革。学习型组织以改善心智模式、团队学习、系统思考来提升组织的应变能力;以自我超越、建立共同愿景来成就组织,实现组织远大愿望和自创未来的能力。

(三) 虚拟型行政组织理论

虚拟组织就是指通过信息网络技术连接而成的,结构非完整化、成员知识化、核心能力突出化、存在形式离散化、运作方式合作化的,对环境高度适应和灵活的组织。虚拟组织具有以下特征:

(1) 界限的模糊性。
(2) 组织结构扁平化,结构上可大可小,编制不固定。
(3) 功能的专长化。
(4) 并行或串行分布式作业。
(5) 虚拟组织具有较大的适应性、在内部组织结构、规章制度等方面具有灵活性。
(6) 组织间连接以先进的信息技术为依托。

与传统组织不同的是,虚拟组织交流的手段是现代信息和通信技术。虚拟组织的支持技术主要由三部分组成:基于Internet的群体技术(groupware)、EDI(Electronic Data Interchange)电子数据交换技术、标准数据交换技术。可以说这三部分技术的最终目的就是实现虚拟组织各纵向和横向单位之间进行实时的信息交流。基于此,虚拟组织也才具有了

不同于传统组织的特征。

第三节　行政组织的设计原则与行政组织体制

一、行政组织的设计原则

行政组织原则是关于建立良好而健全的行政组织的基本准则，是使行政组织长期稳定、平衡有效和充满活力的一般性规范或法则，是行政组织机构设置所应遵循的范例。

（一）现代西方行政组织原则的主要内容

现代西方管理学者十分注重对于行政组织原则的研究，提出了许多有益的见解。

1. 科学管理时期的行政组织设计原则

（1）目标原则：所有的组织都必须建立和表现出一个明确的目标，并根据组织目标来设计组织结构、配置组织成员。

（2）层级节制的原则：按地位高低规定命令与服从的关系，除最高领导者外，每个人都只有一位上司。

（3）权限的原则：上下级之间、成员之间应当建立一种绝对的权限关系和责任关系。

（4）专业化的原则：每一个人的工作都应当限制为一种单一的职能。

（5）控制幅度的原则：每一位主管人员直辖下属不得超过5~6人。

（6）协调性的原则：以协调来保证组织的和谐、促进组织的统一。

（7）明确性的原则：每种职位和工作规范都应有明确规定。

（8）平衡的原则：组织结构应当系统考虑，避免畸形或偏激，以利长期稳定发展。

（9）权责一致的原则：每一个职位的权力和责任都应当一致。

2. 行为学派关于行政组织原则的主要内容

（1）人格尊重的原则：社会心理需求是人们工作热情的主要动因，因此应当在人们的感情与工作任务之间建立合理的平衡。

（2）运用非正式组织的原则：非正式组织不可避免地要影响到正式组织的领导、管理制度及其效能，因此，应当充分认识并合理运用之。

（3）参与管理的原则：通过参与管理，增加成员的主体意识，进而调动人的潜能。

（4）优化人际关系的原则：人际关系直接影响组织整体氛围和成员心理平衡，因此，应当经常注意调节人际关系，引导健康、和谐、有益于互动的人际关系的形成和发展。

（5）培养新型领导能力的原则：其核心是民主管理意识和技能，因此，应当培养管理人员倾听意见、了解下情、吸引群众的观念、技能和魅力。

3. 系统权变学派关于行政组织原则的内容

（1）整体性原则：组织系统是一个整体，整体是要素的有机结合，只有整合才能产生整体效应,因此,应当强调总体目标、利益和功效。

(2) 有序性原则:组织是按一定秩序和等级形成的系统,因此,应当合理划分等级和部门,并相应规定权力和责任。

(3) 结构性原则:规定不同的组织有不同的结构,要素和结构共同决定组织的性质,因此,必须正确选择组织的结构。

(4) 动态性原则:任何组织都处在动态之中,一个系统的质一旦流入其他系统就会具有其他系统的质,因此,应当注重社会环境和组织自身条件的变化,实现二者之间的动态平衡,并不断努力改造内外环境。

(5) 相关性原则:任何事物都是相互联系的,一个因素的变动将影响其他因素的变化,因此,组织的一切决策都必须作系统的设计。

(6) 开放性原则:只有开放的系统才能与环境大量交流信息、能量和材料,才能形成有效的投入、转换和产生良性循环,实现熵的负值转换,因此,组织应当尽可能扩大与环境超系统的双向交流,以取得不断发展。

(7) 最优化原则:期望值引导组织的努力方向,较强的动机和较好的组织条件是将组织推向前进的动力,因此,应当努力使组织处于最佳状态,首先是最佳决策状态。

(8) 反馈原则:信息反馈对保持组织的稳定、有效和发展具有至关重要的意义,因此,应当设计组织活动流程中的回路,建立及时、有效的反馈机制,包括较为灵敏的自动报警系统。

系统权变学派强调从特定的条件出发实施具体的管理,即强调特定的社会历史条件与组织性质、状况、能力等诸因素之间的对应关系。因此,权变观的组织"原则"集中到一点,即一切以时间、地点和条件为转移。从这个意义上说,迄今为止一切行之有效的组织管理原则都是权变观所认同的原则,问题的关键只在于对环境与组织之间相互关系的理解和判断。

(二) 我国行政组织原则的内容

1. 服务原则

服务原则是指政府机关要为自己的管理对象服务,为发展生产和改善人民生活服务,为基层和企事业单位服务,为人民群众服务。这是我国行政组织建设第一的和最高的原则。这一原则要求要把为人民谋利益作为组织建设和组织全部活动的出发点和归宿。服务原则的实施必须有制度上的保障,通过加强法制和强化行政组织的监督机制来防止行政组织由服务组织蜕化为脱离人民的官僚机构。

2. 目标原则

行政组织目标是行政组织设置的唯一根据。目标原则要求:

(1) 根据组织目标设立相应的机构。我国行政组织的设置要根据客观需要,为完成一定组织目标、实现特定组织职能而设置组织机构。要因事设位,因事择人,反对因人设位,因位生事。只有这样才能控制机构总量,避免部门林立。

(2) 依据组织目标的难易程度确定组织结构。即依据组织的总目标、分目标及目标的难易来设定组织的规模及繁简,以保证达到以目标为中心的既分工又合作的良性组织结构。

（3）根据目标的发展变化适时地调整行政组织。即随着组织职能目标的发展、变化、消亡而相应地增加、调整和撤销组织机构。

3. 完整统一原则

完整统一是现代各国政府组织的主要特征之一。在一个国家或一个地区只能有一个政府行使行政管理权，政府组织机构必须是完整统一的。所谓完整统一是指一个国家的各层级各部门组织是一个有机统一的体系。它要求做到以下几点：

（1）政府职能要完整统一。这是指行政组织结构的设计必须考虑到国家行政事务的所有管理职能；不能有的事务没人管，也不能有的事务谁都管。也就是说不能出现"权力真空"，也不能出现政出多门。政府职能的完整性是有效进行行政管理的前提。社会是不断发展的，组织设计要能够适应社会发展而扩大政府职能。

（2）行政目标要完整统一。各级各类行政组织要在政府职能总目标下分解子目标。政府系统也是一个目标系统，这些目标必须形成一个完整统一的体系。目标必须是对总目标的完全分解，不能有遗漏，那样会造成有的事情没人管。同时，这些子目标又必须统一在总目标之下。

（3）机构设置要完整统一。行政组织之间要明确隶属和制约关系，要明确下级对上级的服从关系。任何行政组织都是政府整体的一部分，从而形成一个完整统一的权力体系。只有行政机构设置齐全，才能完整地发挥管理职能。职能机构设置要完整配套，功能要完备齐全。机构设置的名称和级别也要大体上统一，不能自立称号，随意升格，以免造成混乱。

（4）领导指挥统一。行政组织作为行政管理的主体要成为强有力的指挥系统，在行政管理活动中，必须由上级机关或行政首长统一领导和指挥，必须形成一个指挥的垂直系统，一般要实行首长负责制。一个行政机构，需要各部门协调配合，也必须统一的领导指挥。

4. 精简原则

我国《宪法》规定，一切国家机关实行精简的原则。这是行政组织机构设置必须遵守的一条原则。行政机关只有精简，才能实现高效廉洁、精干效益的目标。精简原则要求行政组织做到以下几点：

（1）行政机构要精简。现在行政机构林立，部门过多，是造成行政效率低下、行政经费开支过大的主要原因。行政机构设置要精简，组织功能要齐备。要裁减合并一些可有可无或过度膨胀的机构，理顺权力关系。为了减轻行政机构负担，要有意识地将一些政府管理职能交给社会团体承担，使行政管理向社会化迈进。

（2）行政人员要精干。现有行政机关人浮于事的现象非常严重，有的人没事干，有的事没人干。要改变这种状况，必须实行定编定员，而且必须严格进行编制管理。这就要求行政人员必须有较高的素质和办事能力。

（3）办事程序要精简。办事程序简化，是实行精简原则的重要方面。程序复杂，手续繁多，一件事办下来要盖一二百个公章，造成效率低下，这与我国现代化的要求格格不入。简化办事程序，不仅可以精减办事人员，也可以精简机构。

5. 法制原则

行政组织机构设置必须有一定的法律程序。它必须根据《宪法》和政府组织法以及其他有关法律设置。各级政府行政机构设置的数量、性质、地位、职权、编制、隶属关系、行政程序、行为规范等都必须由有关法律予以规定。行政机构的法律地位使其具有权威性,才能发挥管理职能。依法设置行政机构才能杜绝机构设置的随意性,避免机构膨胀,人浮于事。

值得强调的是,我国行政组织是一个复杂的大系统,关于这个系统的任何规定性,即原则,都是一个相互联系、互为因果的系统工程。因此,强调各项原则的互生性、互动性是发挥原则的规范作用或法则规范指导的前提。

二、行政组织体制

"体制"一词的含义很广,一般而言,是指某一组织的权限划分,以及按照这种划分所设置的机构和所形成的组织制度与体系。行政组织体制是指行政组织内部各层级、各部门之间权力关系制度化的表现形式。行政组织体制可以从各种不同的角度进行划分,根据不同的划分标准可分为不同的类型,一般有以下几种。

(一) 首长制与委员会制

根据行政组织中掌握最高行政决策权人数的多寡,行政组织体制可分为首长制和委员会制。

1. 首长制

首长制,也称独任制或一长制,是指行政组织的法定最高决策权由行政首长一人执掌的行政组织体制。在这种体制下,其他领导人只是首长的幕僚,只有建议权,没有决策权。首长制不遵循少数服从多数的原则,而是由首长一人决策。美国的总统制堪称这种体制的典型,美国的《宪法》规定,行政权属于总统。首长制的优点在于事权集中,责任明确,指挥灵便,行动迅速,效率较高。其缺点表现为:易使首长独断专行;首长个人能力、精力有限,考虑问题总有不周之处,容易造成决策失误;权力集中于一人,不易监督,易于营私舞弊。

2. 委员会制

委员会制,也称合议制,是指行政组织的法定最高决策权由两人以上的人员组成的集体或委员会执掌的一种行政组织体制。瑞士联邦政府是这种体制的典型代表:由七人组成的联邦委员会是瑞士的最高行政机关,也是该国政府的行政首脑机关,联邦委员会主席、副主席只是礼仪上的国家代表,全部行政职权由委员会讨论决定行使。其最大的优点在于:能集思广益,使大家同心协力;能相互监督,防止营私舞弊。但其缺点也很明显:权力分散,各人职责不明,意见难以集中,决策相对迟缓,常出现议而不决、决而不行、功则相争、过则相诿的现象,造成时间的浪费和效率的低下。

权衡首长制与委员会制的利弊得失,各有千秋,不能一概而论,关键在于运用。用其长则优,用其短则劣。但是,由于机关事务纷繁复杂,有些工作性质不明,或具有多种性质,所以许多行政组织宜采用混合制,即重大问题的决策权由委员会行使,具体问题的决策权由首长个人行使。混合制可以兼有首长制与委员会制的优点,但运用不当,则会使二者的弊端产生合力，危害更大。我国的行政组织一般采用混合制。

(二) 集权制与分权制

根据中央行政组织与地方行政组织的权力分配关系不同，行政组织体制可分为集权制与分权制。

1. 集权制

集权制是指行政决策权集中于上级机关，下级机关没有或很少有自主权，必须根据上级机关的指示或法令办事的行政组织体制。这种体制的主要优点是：政令统一，标准一致；力量集中，统筹兼顾；指挥灵便，运用自如。但其缺点也很明显，表现为：下级机关唯命是从，消极等待，不能因地制宜，严重地束缚了下级积极性、主动性、创造性；上级易趋专制，独断专行。

2. 分权制

分权制是指下级机关在其管辖范围内有自主决定权，上级机关只作某些重大的方针、政策方面的指示、规定，而不干涉下级权限之内决定的事项的行政组织体制。其主要优点有：因地制宜，因时制宜，便于行事；下级机关有灵活性，能激发下级机关的创造精神。其主要缺点是：过度分权，则政出多门；上级机关有时不能照顾到下级机关的统筹发展；容易形成"地方主义"，自谋私利，影响行政管理的整体功能。

分权与集权各有利弊。我国自秦汉以来就是中央集权制国家，新中国成立后深受苏联模式的影响，造成权力过分集中。各级领导机关都管了许多不该管、管不了、管不好的事。不仅严重挫伤了下级的积极性，而且大大增加了上级机关的负担，助长了官僚主义，降低了行政效率。所以，发挥中央和地方两个积极性，建立科学的行政管理体制，不仅是理论上有待研究的重大课题，而且也是我国政治体制改革中必须解决的问题。

(三) 完整制与分离制

根据行政组织中同一层级各行政部门所隶属的领导不同，行政组织体制可分为完整制与分离制。

1. 完整制

完整制是指同一层级各个行政机关均受同一行政机构领导的一种行政组织体制。其基本特点是指挥、控制权集中于本层级的行政组织，各级政府的首脑机关对该层级的所有工作部门实行一元化领导。凡是采取分权制的国家大多采用完整制，其地方政府的行政部门一般归属同级政府首脑机关领导。完整制的优点是：权责集中；指挥统一，可令行禁止，防止迟缓推诿；各部门互相合作，减少摩擦和冲突，避免工作重复。其缺点是：权力过分集中于某级政府，易形成一级行政领导的个人专权；易形成地方保护主义，不利于上级对整体的宏观调控。

2. 分离制

分离制是指同一层级各个行政部门分属两个以上的行政机构领导的行政组织体制。其基本特征是行政组织中各个层级，主要指地方政府的行政部门，既受同级政府首脑机关领导，又受上级政府同类部门的领导。分离制是实行二元化领导的组织体制。这种组织体制的优点是领导权力分散并互相牵制，可防止一级行政首长独裁专断；二元化领导既有利于上级方针政策的贯彻落实，也有利于下级政府因地制宜实施上级的决策。其缺点为：权力分散，政出多门，指令冲突，导致下级无所适从或使任何一个领导机关均指挥不灵。

（四）名誉市长制与市经理制

随着社会的发展，现代欧美一些国家的城市政府中又出现了不同于上述行政组织体制的新体制，即名誉市长制与市经理制。这种新体制与上述行政组织体制的不同表现为：它不仅涉及行政组织内部的分权关系，而且同时还涉及行政组织与立法组织的关系。这是根据城市政府行政首长的产生及职权不同而形成的新的行政组织体制。

1. 名誉市长制

名誉市长制是指城市政府仅设立一名名誉市长，行政及立法实权皆由民选的市议会或委员会所执掌的行政组织体制。其基本特征为，城市的一切立法权与行政权由民选的市议会或委员会行使。市议会或委员会的组成成员除一人被指定为"市长"外，其他成员负责管理市政府各行政部门具体工作。市长仅为名誉性的，并不掌行政实权。名誉市长制的优点是：责权集中于市议会，机构精简，可有效避免立法与行政机构之间的冲突。其缺点为：没有一个统一负责的行政首长，各部门难以协调；立法、行政职能由同一机构行使，使行政失去了立法的监督和控制；议会成员均为民选，难以保证其能力和专长适合于从事行政工作。

2. 市经理制

市经理制是指城市的立法权由民选议会掌握，再由市议会聘任一名市经理执掌行政权的行政组织体制。该体制产生于美国，其基本特征为市议会根据市政管理需要，聘请一位受过专门训练、并具有一定行政管理能力的市政专家为市经理，以专司行政权。市议会对市经理有聘任、监督和随时罢免的权力。市经理要执行市议会的政策和法规，并对市议会负责。市经理任期不定，取决于其任期内的工作业绩。市经理制的优点是：有一个统一而高度负责的行政首长，便于指挥，行政效率高；由市政专家担任市经理，有利于提高城市管理科学化水平；市经理对民选市议会负责，市议会对选民负责，使得专家特长与选民的意志得到较好的结合。其缺点为，市经理制易产生急于求成的短期行为。目前世界上很多国家的城市采用了这种行政组织体制。

第四节　行政组织的变革

行政生态理论认为，任何行政组织都不是一个绝对独立、自我封闭的系统。它在运行过程中经常要与社会环境相互影响、相互作用。尤其是面对迅速变化和发展的社会环境，以管理社会公共事务为存在依据和基本职能的行政组织（政府）更需不断作出相应的调整和变革，以完善组织结构，提高行政管理效能。

一、行政组织变革的目标与内容

(一) 行政组织变革的目标

1. 确定行政组织变革目标的重要性

组织目标是组织的基本要素,也是组织得以建立的依据。静态的组织结构总是按照一定的组织目标进行构建的。同样,目标也是组织变革这一动态过程的灵魂,任何组织变革都要围绕一定的目标展开。行政组织变革的目标对行政组织的变革有着重要的作用:一是定位作用,即指出组织变革的最终结果;二是定向作用,即指出组织变革的方向。

2. 行政组织变革的基本目标

一个复杂的目标群,并非是某个简单的单一目标,其基本目标可以概括为两点:

(1) 提高行政组织对于外在环境的适应力、改造力。适应力就是适应外在环境的需要;改造力就是在适应外部环境的同时,能动地去影响外部环境,推动社会发展。

(2) 加强行政组织自身的稳定性、协调性,使其能稳定协调有序地工作。一个组织要理顺行政组织自身的工作秩序,使其形成一个科学的、协调有序的系统;还要理顺组织与个人的关系,使组织成员能通过组织目标的达成,得到个人的全面发展。

在实现上述两点的过程中,必须处理好行政组织的变革性与稳定性的关系。首先,稳定性是变革性的基础。离开必要的稳定性,组织变革就会陷入一个越变越乱、越乱越变的恶性循环之中,也就失去了变革的意义。从这个意义上说,没有稳定性就没有变革性。其次,任何事物都是发展变化的,为了使行政组织适应不断变化着的环境,并使其在适应中不断改造环境,必须使行政组织具有一定的灵活性,必须使其能突破原有的稳定协调关系,在新的条件下建立更为科学的协调关系。

(二) 行政组织变革的主要内容

1. 行政组织职能的变革

行政组织的职能就是政府行政组织在一定时期内根据社会发展的需要所负有的社会职责和所要执行的功能。它是根据经济、政治、科学和社会的发展而发展,根据不同时期的形势和任务的变化而变化的。行政组织变革必须围绕着政府职能的变革而开展。

行政组织职能发展的总趋势可从以下五个方面来考察:

(1) 从行政组织职能作用的领域来看,政府职能是由以政治职能为重心,逐渐向以经济职能、社会事务管理职能、科技文化职能为重心转移的。

(2) 从行政组织职能作用的性质来看,政府职能是以保卫性、统治性的职能为主向管理性、服务性职能为主的方向转变。

(3) 从行政组织职能分化的程度看,其变化趋势是以原来混沌不清的职能向高度分化的职能转变。

(4) 从行政组织职能的行使方式来看,其变化的趋势是由以人治、行政手段为主转为以法治为主,行政手段与法律手段、经济手段并重。

（5）从行政组织职能作用的深度与广度来看，行政组织的职能作用正以宏观、微观并重——社会、组织、个人的各个方面无所不包、无所不管——转为主要控制宏观，主管对社会、经济、政治、文化有决定意义的重要事务，以及公民个人行为中涉及违法的事件。

2. 行政组织结构的变革

行政组织横向部门结构的变革趋势是：

（1）从行政管理过程来看，正在由重决策、执行部门，轻监督、咨询、信息等部门的倾向，发展成重咨询、信息、监督部门，使其与决策、执行部门相平衡的趋势。

（2）从行政管理职能来看，变革的趋势是精简、合并比较庞大、众多的对社会微观活动进行专业的直接管理部门，加强对社会宏观活动进行综合的间接管理部门；由过去的重管理部门发展成现在的重服务部门。

行政组织纵向层级结构的变革呈不明显趋势，基本上比较稳定。整个行政组织结构有从集权式尖塔形结构转向分权式扁平形的趋势，这是行政管理日益民主化的需要。

3. 行政组织权力关系的变革

随着政府职能的转变，行政组织纵横结构的调整，行政组织的权力分配关系也要相应地发生变化。集权型和分权型是权力体系的两种基本类型，行政组织权力变革的主要趋势是由集权型向分权型转变。主要包括：

（1）行政组织向社会组织还权。将大量的具体社会事务管理工作委托、转交给相应的社会组织进行。

（2）横向分权。逐步由单纯的直线型权力关系向直线型权力关系和参谋权力关系并存的状态转变。

（3）纵向分权。既有从集权走向分权的趋势，又有从分权走向集权的趋势。现代行政管理重视组织中每一层级、每个单位、每位组织成员效能的发挥。在现实中，分权的趋势表现为：一方面，行政组织中的领导者向普通成员分权，行政组织向着越来越民主的方向发展；另一方面，对社会宏观控制从分权走向集权，凡涉及宏观发展的各项有关事务必须由政府高度的统一计划、统一命令来进行管理。

二、行政组织变革的动力

行政组织变革的动力就是推动决策者和行政领导进行组织变革的力量[①]。它是一个综合范畴，推动行政组织变革的动力或动因是非常复杂的，归纳起来主要有以下几种类型。

（一）环境的动因

公共行政组织作为一个开放性的生态系统，必然要受到外部环境的深刻影响，环境的改变无疑是行政组织变革的根本动因。无论是一般社会环境、具体工作环境，还是团体社会环境[②]都会不同程度地直接或间接地影响到行政组织结构和功能的变化，推动着行政组

---

① 任晓：《中国行政改革》，浙江人民出版社1998年版，第32页。
② 参见张国庆：《行政管理学概论》，北京大学出版社1990年版，第80~84页。

行政管理学

织的变革。特别是现代环境的变化速度越来越快。环境的这种变化对行政组织产生了持续的冲击和影响。如亚洲金融危机要求各国政府迅速改变金融政策；东欧剧变使各国及时调整对外关系；中国自1978年实行改革开放以来，经济体制和政治体制改革的不断深化要求行政组织作出相应的变革；等等。

（二）职能的动因

行政职能是行政组织存在的依据，行政组织是行政职能的载体或承担者。因此，行政职能的变化必然引起行政组织结构的变化。例如，我国政府过去对社会经济生活实施了广泛的、直接的强制性管理，各国营企业的产供销、人财物等微观管理权都统于政府，造成以政代企、政企不分，这种经济管理职能决定了政府机关中必然要设置大量的按经济行业和产业划分的经济管理部门。随着经济体制改革的进行和市场机制的逐步形成，政府简政放权，转变职能，这就使得重新调整政府经济管理机构的设置成为不可避免的事情。

（三）目标和价值观的动因

行政组织的目标反映行政组织的价值观和对客观环境的判断，是行政组织战略的凝聚点，而行政组织战略则是行政组织的内外因素——如环境和机会，内部的能力和资源，管理部门的兴趣、愿望以及社会责任等——的一种函数。因此，行政组织目标的重新制定或修正，都将引起行政组织的变革。美国战略思想家柯林斯（Collins）说："我们必须了解这一点，即使利益丝毫未变，组织像目标一样，也可能在一夜之间发生变化。①"行政组织价值观的变化也具有同等重要的意义。因为行政组织价值（观）是行政组织的灵魂要件以及公共行政活动的动力源泉和理性后盾，而目标的制定或修正本身是组织价值观念体系平衡的结果，价值观念方面的变化必然引起目标的变化，并通过组织目标的变化对组织变革发生强烈的推动作用。值得强调的是，价值观念在许多条件下构成组织变革的原动力，它往往对行政组织变革提供长期和持久的推动力。

（四）人事的动因

组织与人事密切相关。人事变动会影响到组织的变动。这里所说的人事变动及影响包括两种情况：一是高级行政领导人的变动对行政组织的影响。不同的领导人总要采用不同的施政策略或领导对策，因此他总要对组织结构提出自己的特殊要求。比如在西方国家，随着政府首脑的更换，经常发生政府机构的增减裁并。我国也有类似情况，各级政府行政首长更换后也常调整机构。二是人员素质的变化对行政组织的影响。以高质量的行政人员为基础的行政组织将是一个精干、高效组织，以低素质的行政人员为基础的行政组织必然是一个臃肿低效的行政组织。

（五）专家的动因

专家不一定是行政组织的固定成员，也不一定拥有正式的行政职务，但他们丰富和先

---

① 柯林斯：《大战略》，战士出版社1978年版，第22页、第27页。

进的知识、理论及方法,有助于他们对行政组织的弊端以及组织变革的意义、步骤和前景作出科学的分析及论证,从而大大提高行政组织变革的前瞻性、合理性、可行性和可操作性。正是从这个意义上说,专家是推动行政组织变革的特殊动力。特别是日趋发达的网络社会中的电子政府更强调以知识和人才为中心的管理,更强调发挥行政组织内外有关专家学者在组织变革中的智囊作用。

（六）科学技术进步的动因

随着当代科学技术日新月异的发展,特别是电子信息技术、现代办公自动化技术,尤其是网络技术在政府组织广泛普及与应用,网络政府和电子政府的出现,促使行政组织作出相应的变革:

（1）组织结构形态趋于扁平网络化,即行政组织结构从金字塔形向扁平形发展,并且更加具有有机性、灵活性和适应性。

（2）行政组织规模趋于小型化。

（3）行政组织权力结构走向分权化。

（4）行政组织信息结构走向网络化、交互化。

（5）行政组织管理方式趋于民主化。

（6）行政组织办公趋于虚拟化。

（7）政府组织内部技术和专家系统的功能更为凸显,甚至连行政组织本身都被看作是"学习型组织"[①]。

三、行政组织变革的阻力

阻力是动力的对立面,有动力就有阻力。行政组织变革也必然遇到阻力,这是因为行政组织变革只能是一种"非帕累托最优",它不可能做到使所有的人在同样的时间获得收益。从各国实际情况看,行政组织变革的确遇到了各种各样的阻力或抵抗力。"任何变革社会生活组织、人际关系、决策体系的行动,都不会不走弯路和不需要付出巨大的努力"[②]。不弄清这种阻力的来源、性质和力度的改革是一种盲目的改革,因此,为了保证行政组织改革有条不紊地进行,有必要理清这些阻力。尽管现实中许多阻力一时或事先难以认明,但至少在思想上应有所警惕。一般来说,行政组织变革的阻力主要有以下几个方面。

（一）误解方面的阻力

一个人一旦确立起自己的态度体系之后,就必然对外部输入的信息在既定的态度体系框架内作出反应。人们对行政组织变革的目的、机制和前景是怎样理解看待的,有时差别很大,其结果可能导致基于理解不清或理解混乱而抵制、干扰变革[③]。加上行政组织变革

---

① 参见吴爱明、祁光华:《政府上网与公务员上网》,中国社会科学出版社1999年版,第63~70页。

② 米歇尔·克罗齐埃:《论法国变革之路——法令改变不了社会》,上海译文出版社1986年版,第50页。

③ 汪永成:《中国行政改革的阻力及其消解》,载于《云南行政学院学报》1999年第2期。

行政管理学

前的信息沟通不够,更会引起一些有关人员的不满和误解,形成一些阻力。事先消除误解之源将有助于改革与发展的顺利进行。

(二)利益方面的阻力

从实质上说,行政组织的变革意味着政府内权力、利益和资源的调整或再分配,因此必然会触动人的切身利益,进而形成不满和阻力。比如:在因机构变动而引起的权力再分配活动中,丧失权力的人将产生不满,并可能形成阻力;组织机构的变动可能会触动一些原有的宗派团体等非正式组织的利益,从而引起这些团体的不满,并形成阻力。来自于利益方面的阻力是最顽强和最富有破坏力的,对此应当始终保持高度的警惕。因为一般来说,当行政组织变革所带来的预期收益低于预期成本时,人们就会对变革持反对态度。

(三)成本方面的阻力

行政组织的变革都要付出一定的成本,如果成本投资大于收效时,改革与发展就难以继续进行。这里所说的成本投资主要指:所需用的改革时间;改革中所造成的各种损失;所需用的财政经费。美国利特尔咨询公司提出一个公式:$C = (abd) > X$。式中,C 指变革,a 指对现状的不满程度,b 指对变革后可能到达情况的概率,d 指现实的起步措施,X 指对变革所花的成本①。此公式说明,是否进行组织变革还取决于需要变革的各种因素的乘积要大于变革所花的成本,否则进行变革就得不偿失。

(四)组织惰性方面的阻力

对社会而言,行政组织在功能上是不可取代的,它们几乎没有竞争者和对手,没有能够代替它们的私人对应物。它们几乎垄断了本领域的经验、知识和才能。行政组织的成员是独此一家的专业人员,他们在本质上趋于僵硬、保守、墨守成规、动作缓慢。而变革本身就是对既定模式和习惯的一种否定,因此容易受到组织惰性的抵制和阻挠。

(五)变革不确定性方面的阻力

心理学研究表明,不确定性因素使人产生紧张和忧虑。变革的意义在"新",即通过变革给组织带来某一方面的新观念、新技术、新设备、新结构、新环境、新任务、新行为、新格局、新利益、新结果。但新的东西总是人们所不了解和不熟悉的,而对不了解和不熟悉的东西人们通常会产生程度不同的潜藏的不安全感,从而对变革持一定的观望和保留态度。这种不安全感一般与守旧或稳妥的意识相联系,表现为由于担心变革可能带来的消极影响和前途未卜,比如失控、矛盾、冲突、后遗症,因而对改革不轻易认可②。加上行政组织变革的复杂性,人们很难在变革付诸实践之前证明改革是有益的,更难对自己从变革中获得的预期收益进行精确计算,这容易造成人们产生不安心理,对变革产生疑虑,进而形成消极态度和抵触性行为,妨碍和制约变革的顺利进行。

---

① 参见孙彤、李悦:《现代组织学》,中国物资出版社 1989 年版,第 211 页。
② 张国庆:《行政管理中的组织、人事与决策》,北京大学出版社 1990 年版,第 276~277 页。

（六）习惯性方面的阻力

行政人员长期处在一个特定的组织环境中从事某种特定的行政工作，就会在自觉或不自觉之间形成某种对这种环境和工作的认同和情感，形成关于环境和工作的一套较为固定的看法和做法，即习惯性。这种习惯性建立在时间延续和动作反复的基础之上，逐步沉淀在他们的意识深层，一旦形成，就会在一个较长的时期内影响甚至支配他们的心理活动和行为。除非环境发生显著的变化，否则他们通常总是按照自己的习惯对外部刺激作出反应，而行政组织变更本身通常意味着某种习惯性的否定。因此，"不管一项建议有多少优点，叫人忘掉花在现在的系统中的血、汗和泪是困难的"①。甚至有时人们在理智上明明知道变革将带来比现在更多的收益，但在情感上宁愿维持现在的办法。当变革试图改变他们某种习惯性的时候，就会给他们带来强烈的感情震荡，容易失去公正地判断变革的客观尺度，或者招致他们下意识的不良反应，产生抵制态度。

四、行政机构改革的条件

要完成行政组织的变革，必须具备基本的条件。一般而言，这些条件涉及以下几个方面：一是组织所面临的情景压力已将组织推到非改不可的境地，除非改革，否则组织将无法继续生存下去。二是有计划的变革必须由组织管理部门来制定系统的规划和模型，这一规划和模型既要能适应当前的环境，又要能适应未来的变化。三是负责考察组织历史、现状和设计未来的人必须对变革承担责任，他们必须了解职工的需要并把需要反映到解决问题的方案中来。四是为避免重大失误破坏变革的进程和打击人们对变革的信心，应首先在小范围内进行变革实验，待取得成功的经验和失败的教训后，再向大范围推广。五是必须从组织外部引入一些新的思想和方法，以帮助组织内的人们开阔视野、活跃思想、启发创新思维，从而找到改善组织状况和提高组织效益的途径。六是组织的各级领导层和变革的主持者应当经常收集他人关于变革的新想法，并将自己关于变革的新想法介绍给他人，以实现相互促进。七是组织的管理人员应当准确而全面地了解和把握变革的阻力，了解和把握主要矛盾所在以及各种阻力之间的相互关系。在此基础上根据阻力的性质和主要表现形式，正确地选择克服阻力的方法，以有效而巧妙地克服阻力，推动变革的不断发展。

【案例分析】

新一轮国务院机构改革大家谈

2013年3月14日十二届全国人大一次会议审议通过了《国务院机构改革和职能转变方案》。这次改革，国务院正部级机构减少4个，其中组成部门减少2个，副部级机构增

---

① F.E. 卡斯特、J.E. 罗森茨韦克：《组织与管理——系统方法与权变方法》，中国社会科学出版社1985年版，第678页。

减相抵数量不变。改革后，除国务院办公厅外，国务院设置组成部门25个。改革的重点是，紧紧围绕转变职能和理顺职责关系，稳步推进大部门制改革，实行铁路政企分开，整合加强卫生和计划生育、食品药品、新闻出版和广播电影电视、海洋、能源管理机构。

官方解读

在十二届全国人大一次会议今日上午举行第三次全体会议，国务委员兼国务院秘书长马凯作关于国务院机构改革和职能转变方案的说明。他指出，这次改革，要以更大力度，在更广范围、更深层次上加快国务院机构职能转变，重在向市场、社会放权，减少对微观事务的干预，同时改善和加强宏观管理，严格事后监管。

马凯指出，深化国务院机构改革和职能转变，要按照建立中国特色社会主义行政体制目标的要求，以职能转变为核心，继续简政放权、推进机构改革、完善制度机制、提高行政效能，加快完善社会主义市场经济体制，为全面建成小康社会提供制度保障。深化国务院机构改革和职能转变，必须坚持人民主体地位，最广泛地动员和组织人民依法管理国家事务和社会事务、管理经济和文化事业；坚持解放和发展社会生产力，激发市场和社会活力。

马凯指出，坚持精简统一效能，优化机构设置和职能配置；坚持创新制度机制和管理方式，提高政府管理服务能力；坚持强化对行政权力的制约监督，确保政府按照法定权限和程序履行职责；坚持从中国现阶段实际情况出发，与经济社会发展和改革开放进程相适应。

在这次改革中，除了有机构增减，更重要的是政府部门职能的转变。打个形象的比喻，不仅要拆庙、建庙，更要让庙里的神仙换换脑筋，否则很多事情还是办不好。在职能转变上，减少和下放投资审批权就是重头戏。

中央编办副主任王峰如是说：有些机构很具有我们国家的特色，在西方国家看来没必要，但我们这里少不了，而且作用发挥得很好，比如发展改革委，这个机构我个人感觉，作为一个很重要的宏观调控部门，尽管大家现在对发展改革委微词较多，说发改委管得太多了，权力太大了，太集中了。我觉得大家这一点讲得是有道理的，也正是基于这个问题，在上一轮改革当中，就开始强调发改委要大力转变职能，主要是投资，它是最主要的投资主管部门，大家诟病的主要是这一块。应该说发改委也是不断地在推进着自身的改革。现在看来，力度还不够，和一些部门，包括和地方政府，还有一些老百姓看来，和他们希望达到的标准还有距离，因此，这次改革，发改委转变职能的任务依然繁重，而且比上一轮改革对发改委职能转变方面的要求提得更高。这次职能转变的若干项里边，第一条就是减少和下放投资审批，如果落实这条，那发改委就对现在的行政审批事项得好好理一理，按照规定要求，哪些该下放，哪些该取消。但你说这个机构，这个机构确实，众矢之的似的，成为矛盾的焦点，我说心里话，发改委也很不容易，任务很重，人员都很辛苦，加班加点，发改委是在国家机关当中是最多的职能之一吧。两句话：第一，发改委职能转变任务很繁重，比一般部门还要重，目前大家反映的问题是存在的，权力过度集中，审批事项过多等这些问题是存在的，正是基于这一点，发改委就要进一步转变职能，而且转变职能力度还要再大一点。第二，发改委发挥的作用大家要给予充分肯定。

学者之问

1. 此轮改革核心是什么

国家行政学院教授汪玉凯表示，2008年的大部制改革方案确定了决策、执行、监督的行政三分制。本轮改革将继续深化、推进这个目标，部门进行"微调"，重在转变政府职能、理顺内部关系，重在减少职能重叠，防止多重管理。

2. 改革应该避免哪些误区

记者采访的多名专家表示，实行大部门制的根本目的，在于优化党政机构内部的资源配置，最大限度减少内部不必要的摩擦，提高公共部门整体对外管理和服务的水平和能力。因此，要克服两个误区，政府的部门结构不是越大越好，政府机构不是越少越好。

汪玉凯解释称，一个国家的政府架构及其数量，从根本上说是和一个国家政府在经济社会中扮演的角色以及所发挥的功能相联系的。一般来说，在政府功能相对比较强大的国家，政府机构数量要多一些，反之则会少一些。世界各国都在追求"小政府、大社会"的治理模式，但绝不是说政府机构设置越少越好，而是政府规模要与其承担的管理服务事务相适应。在政府部门的设置中，目前世界大国普遍实行大部门制的管控方式，也就是将相近的职能，尽量归到一部门管理，避免出现职能交叉重叠等弊端，然后通过决策、执行、监督的相对分离，实行对公权力运行的监督。即使如此，在大部制的部门设置中，也绝不是部门越大越好，而是要相对集中，尽量减少政出多门、多头管理。对现代政府治理来说，政府部门间有效地协作，是一个永恒的主题，因为科学地分工协作是科学管理的基础，也是公共治理必须遵循的准则。难以想象，一个不设部门的政府，其管理将是一种什么样的混乱状态。

同样，政府机构也并非越少越好。就中国的实际状况来看，我们是一个后发国家，也是一个政府主导型的市场经济大国。政府部门的设置，要避免计划经济体制下的部门林立、机构臃肿、人浮于事的现象，但绝不是认为机构越少越好，部门越大越好。

3. 百姓将会得到哪些实惠

汪玉凯教授分析，铁路实现政企分开后，应该不会影响中国铁路的长远规划和发展战略，而且将更有利于整合资源，使铁路、民航、公路、水路实现均衡协调发展。

"企业化运行以后，在外部压力下，尤其是有了民间资本更多参与，将增加铁路内部竞争力，使铁路运行成本降低，老百姓将有望从中得到实惠。"他说。

食品药品直接关系人民群众身体健康和生命安全。过去，人们通常用"九龙治水"形容食品药品监管现状，由于管的部门太多，出了问题也不知道该找谁。

"改革后，实现了对生产、流通、消费环节的食品安全和药品的安全性、有效性实施统一监督管理。"汪玉凯说，以牛奶为例，第一个环节是农业部对牛奶从源头上要把握好，进入生产、流通、消费环节后，就由新组建的国家食品药品监督管理总局来监管，最后由卫生部门进行评估。评估后将信息反馈给上述两个部门，由他们来进行改进，这样就构成了一个无缝隙的监管流程。

4. 改革将会遇到哪些阻力

全国政协委员、上海财经大学公共预算专家蒋洪教授说，此次改革针对当前政府职能转变中的突出问题，让我们看到了解决"九龙治水"、"跑部钱进"等顽疾的曙光。但同时也要清醒地看到，机构改革涉及权力关系的调整、利益格局的分配，阻力很大，很容易出现精简、膨胀、再精简、再膨胀的现象。

国家行政学院教授、博士生导师马庆钰认为，改革的意义不仅也不能止于"大部制"，如何在大部门下实现各个分支机构各有管辖、责任明晰、相互融通、理顺关系、有效衔接、运行通畅，这才是最重要的。

良好成熟的基础性制度，事关经济社会发展和市场经济运行的基本秩序，是政府实施有效管理的基础。"除了机构改革，方案还提出了建立不动产统一登记、社会信用、现金管理等方面的重要基础性制度，这些都是立足当前、着眼长远、牵一发而动全身的，地方政府必须在中央政府领导下把这些工作做好。"全国人大代表、上海浦东新区区委书记徐麟说。

（资料来源：中国新闻网 http：//news.qq.com/a/20130310/000739.htm；人民网 http：//legal.people.com.cn/n/2013/0311/c188502-20744857.html）

思考题

1. 为什么要推行大部制改革？
2. 大部制改革的核心是什么？试图解决什么问题？
3. 改革的目标如何顺应民众的需求？
4. 部门是否越大越好？机构是否越少越好？

【本章小结】

本章主要讲述了行政组织的含义、要素、特征等基本概念，介绍了行政组织的类型、行政组织理论的基本观点，较为全面地论述了行政组织的设计原则与行政组织体制的分类，揭示了行政组织变革的原因、动力及成功的条件。

行政组织存在的基础是行政组织的职能目标，机构设置是行政组织的核心，是决定行政效率的关键。行政组织的设置与改革要适应时代发展需要，根据行政组织改革本身的需要，依照行政组织设计的指导原则，注重行政层级和行政幅度的合理定位，对行政区域、行政管理职能进行合理划分，根据行政组织机构中的不同部分和环节采取不同的措施，调整行政组织的内外部环境，加快行政管理的体制改革，对人员结构、人员编制和人员素质等进行综合考虑，这样才能真正提高行政组织运行的效能。

【复习与思考】

1. 行政组织的基本概念是什么？
2. 国家行政组织的特征有哪些？
3. 行政组织理论的基本观点有哪些？
4. 行政组织的设计原则有哪些？
5. 行政组织的体制类型有哪些？
6. 行政组织变革的主要动力是什么？
7. 行政组织变革的原因是什么？
8. 行政组织变革成功的条件是什么？

第六章 人事行政

人才的组合正是人类微妙之处。如果是机器，一加一必定是等于二。但是人的组合如果得当的话，一加一往往会变成三甚至五；反之，可能变成零甚至得到负效果。

——［日］松下幸之助

【知识要点】

通过本章的学习，使学生在掌握人事行政的概念、基本目标和任务、基本原则以及地位和作用的基础上，进一步认识中国古代人事制度的历史演变、西方公务员制度的建立和发展的历史，了解当代西方公务员制度改革和发展的趋势及主要特点，并且对我国国家公务员制度内容及其发展趋势有深刻的理解和把握。

【关键术语】

人事；人事管理；人事行政；人事制度变迁；干部人事制度；公务员制度；人事行政改革；公务员法

人是一切社会组织的关键和灵魂要素。"人亡政息，人存政举"充分说明了人事行政在行政管理活动中的重要性。东西方公共部门人事管理都经历一个发展演变过程。在现代社会中，公务员制度及其改革是行政管理活动的重要议题之一。

第一节 人事行政概述

一、人事管理和人事行政

(一) 人事管理

"人事"一词古已有之，并在不同意义上使用。作为人事管理学的一个基本范畴，人事指的是在社会组织中与人和事相关的工作事宜，包括代表工作对象或任务的职位系列以及与此相关的职位分类、录用、考核、奖惩、培训、工资福利、职务任免升降、交流回避、辞职辞退、退休等事宜。人事管理就是运用科学的手段与方法，管理社会生产活动中形成的事与事、人与事、人与人之间的相互关系，以做到"人"与"事"的匹配与协调，因事求才，因才施用，做到事能得其人，人能任其事。它包括两个方面的内容：一是组织成员与组织及其所从事的工作之间的相互协调，做到人与事的合理匹配；二是处理社会组织中人与人之间相互关系，创造和谐的人际关系，以期实现人事关系的最佳状态。

人事管理活动是组织活动中最早发展起来的管理活动之一，但分化出一个相对独立的人事管理领域并形成一系列的人事理论、制度和方法则是在近代。在西方国家，人事管理首先在企业实施，后来在国家行政管理中逐步推广。在它的演进过程中，曾经出现过不同的名称：20世纪30年代前称"劳工管理"；30~70年代称"人事管理"；80年代开始演变为"人力资源管理"；90年代中后期以来，又出现了从"人力资源管理"向"战略人力资源管理"的发展趋势。对人事管理称谓的演变，不仅是概念或术语的变化，更主要的是表现为人事管理的理念、内容和制度安排的发展，而这种发展根源于时代条件和环境的变化。

我国的人事管理通常包括国家行政机关的人事管理和企事业单位的人事管理。前者称为人事行政，后者称为企事业单位人事管理。

（二）人事行政

人事行政，是指国家行政机关凭借一系列法规、制度和措施，对国家行政机关的工作人员与行政事务之间的关系以及行政工作人员之间相互关系所进行的规划、决策、组织、协调、控制等管理活动。人事行政的具体职能体现在对行政人员的录用、开发、维持、使用、更新等环节上。

人事行政是国家产生之后出现的一种社会政治现象，是国家政治制度中不可缺少的成分，也是政府行政管理的重要组成部分。政府为达成其职能，必须通过一定的人事机关及相应的人事制度、法规、方法和手段等，对行政人员进行选拔、任免、培训、考核、奖惩、调配等方面的管理。

现代意义上的人事行政是资本主义社会的产物。工业革命的完成，生产规模的日益扩大，使雇主与雇工之间的矛盾尖锐化。资本家为了多获利润，迫使工人延长工作时间，增加劳动强度，提高效率；工人为维护自身利益，采取消极怠工或罢工方式与资本家相对抗。工厂、企业的人事管理由此得到广泛重视。与此相适应，行政机关的人事管理也发展起来。伴随着企业人事管理从传统走向现代，人事行政也从传统的人事管理走向现代人事管理。目前，发达国家公务员制度基本上已经完成了由人事管理向人力资源管理的转型，有些国家还提出了战略人力资源管理的发展目标。例如，美国联邦政府的公务员管理，20世纪30~50年代称"人事行政"；60~70年代改称"人事管理"；80~90年代发展为"人力资源管理"，美国联邦政府1993~2000年公务员制度改革及其相关文件中，基本上都使用人力资源管理术语，改革本身就以重塑"人力资源管理"命名，改革的许多举措也体现了人力资源管理的实践内涵；21世纪初又进一步提出了"人力资源战略管理"的命题。

（三）人事行政与其他组织的人事管理

根据对社会组织的划分，社会组织包括公共部门和私人部门两大类。政府是公共部门的核心。人事行政是以国家行政机关工作人员或国家公务员为管理对象的人事管理，是人事管理的一个特定领域。在人事管理的具体功能、职责和管理方式上，它不同于公共部门

第六章 人事行政

中其他部门的人事管理，也不同于私人部门的人事管理。

以政府与私人企业作比较，私人企业作为社会中最活跃的组织，在人事管理方面的改革和创新往往走在前列，为人事行政提供了可资借鉴的技术和方法。但是，作为两类不同组织的人事管理，人事行政与私人企业人事管理存在着差别。

第一，宗旨不同。政府属于公共部门，私人企业属于私人部门，两者的组织目标不同，这就使得人事行政与企业人事管理有着不同的目标，并体现出管理的方法和手段上的差别。私人企业人事管理以营利为主要宗旨，人事行为遵循市场规律；人事行政以追求全社会普遍的公共利益为根本宗旨。

第二，管理对象不同。国家公务员制度建立后，人事行政以国家公务员为主要管理对象；私人企业以企业中成员为管理对象。

第三，管理权不同。行政权力是国家权力的核心，人事行政管理权来自国家行政机关的授予，是国家行政权的一个方面。而私人企业的人事管理权来源于对企业资产的产权和企业制度。其中，产权是根本的决定因素，企业制度决定了具体运作的方式。如私有企业的人事权掌握在私有企业主手中，混合所有制企业的人事权则要看所有者所占的资本比例；在现代企业制度中，股份有限公司和有限责任公司的人事管理权则要遵循现代公司制的运行原则，这与传统的企业制度下的企业人事管理权截然不同。

第四，适用的法律规范不同。国家公务员的法规体系是人事行政主要法律依据。国家公务员的人事管理必须根据有关的法律规定，任何领导无权随意更改。但私人企业在不违背国家有关法规（如劳动法、企业法等）的条件下，对本企业的人事管理有较大的自主权，可以根据本企业的具体情况制定相应的人事规定和采取灵活的人事管理措施。

以政府与公共企业、非政府组织做比较，三类组织同属于公共部门，公共性是其最重要的特征。因此，它们不仅共同遵循人事管理的规律和准则，而且在人事管理的宗旨、职责和管理方式上有着许多共同的方面。但同时，三类组织的组织功能及特点却是不同的。政府部门是指以财政拨款为经费来源，免费或部分免费地向社会提供公共品和服务单位的总称。公共企业部门从事产品和服务的生产与销售，依靠销售取得收入，是政府部门实现公共服务目的的必要途径，是公共利益实现的必要保障。非政府组织是具有社会公共管理职能的社会公众组织，它们具有非政府性、非营利性和公益性等特点，介乎政府和市场之间，担当起两者的沟通和桥梁作用。因此，体现在人事管理上，在管理对象、管理权、适用的法律等方面存在着一定的差别。

二、人事行政的基本目标和任务

人事行政的基本目标是通过人事管理，保证公共行政组织的高效运行，达成既定的行政目标和社会目标，实现和推动全社会普遍的公共利益。人事行政的基本任务包括以下几项。

（一）确立国家人事行政制度

国家人事行政制度代表了政府任用行政人员的一整套目标或行为模式，包括人事行政的基本制度和具体运行方式，即人事行政的目标、依据和原则，人事行政管理的法律、条例及配套实施细则，人事行政管理权的划分与配置，有关管理国家行政人员的行政组织机构及其体系。

（二）制定人事政策与计划

人事政策与计划的制定，旨在计划人事行政的发展方向，规范人事行政的具体管理活动，是政府为实现其目标任务而确定的人事行政的行动指导原则与准则及其具体的目标、方针和措施，是政府行政管理政策的重要组成部分，具有普遍性、指导性、灵活性等特征。人事政策与计划的制定，必须以人事行政管理的法律、条例及其实施细则为依据，并要考虑人事行政所处的经济、政治、文化等社会背景。

（三）对人事行政的各环节进行管理

人事行政的具体事宜包括职位分类、录用、考核、奖惩、培训、工资福利、职务任免升降、交流回避、辞职辞退、退休等，涉及公职人员的录用、开发、维持、使用、更新等环节。对人事行政各环节的管理，既需要统一的国家人事行政的法律政策进行规范，又需要各政府职能部分根据自身的特点进行管理。

三、现代人事行政的基本原则

人事行政的基本原则与时代和社会背景相关。不同时代、不同国家的人事行政的基本原则不尽相同。以我国与西方国家为例，由于历史文化传统不同、社会经济政治制度不同，其价值观和政治原则就有根本区别。西方国家的文官制度奉行"价值中立"（"政治中立"）原则。在政府中工作的业务类公务员，在执行公务的过程中，应超然于政党政治和个人政治理念之外；不以行政权力偏袒某一政党、政治团体或利益集团，不介入派系或政治纷争，以客观、公正、公平的态度和中立的能力尽职尽责，执行法律，推动政府的各项政策，为公民服务。虽然，由于现代各国政府行政权的扩大，公务员在政策制定中的影响力越来越大，甚至高级业务类公务员可能已经成为实质上的政策制定者，"政治中立"原则受到了挑战，但是，它作为西方公务员制度的核心理念，仍然发挥着重要作用。与西方国家的"政治中立"不同，我国的人事行政实行党管干部原则，这是社会主义国家人事制度中不可动摇的根本原则。我国《公务员法》第四条规定：公务员制度坚持以马克思列宁主义、毛泽东思想、邓小平理论和"三个代表"重要思想为指导，贯彻社会主义初级阶段的基本路线，贯彻中国共产党的干部路线和方针，坚持党管干部原则。在公务员管理中，坚持和贯彻党管干部的原则，具体表现在：公务员制度的各项规定应根据党的干部工作方针和政策制定；公务员中各级政府组成人员由各级党委考察、推荐，依法由各级国家权力机关选举或任命，而且其中的共产党员由各级党委负责监督。对于不属于政府组成人员，但担任重要职务的公务员，党委也根据工作需要进行直接的管理和监督。

尽管不同社会制度的国家的人事行政在价值观和政治原则上有着根本区别，但作为现代人事行政管理，各国的人事行政必然遵循现代人事行政的一般原则。这些原则，既有对传统人事行政的延续和传承，又有随着时代变迁而发生的新变化。

（一）人是第一资源原则

以人为中心还是以物为中心，是传统人事管理与现代人事管理的根本区别之一。在工业化时代，社会财富的创造和社会经济的增长在很大程度上取决于自然资源的利用和有形资本的投入，从而形成以物为中心的管理理念和原则。随着社会的发展，人力资源日益成为创造社会财富和经济增长的第一位因素，这一历史性的变化要求人事管理必须从以物为中心转移到以人为中心，人不再只是工具，而是第一资源，人的发展成为管理的重要目标。对于政府而言，公务员作为政府工作人员，在国家行政管理运行中起着决策、组织、协调和控制的重要作用，从而直接影响着政府的管理水平和工作效率，也直接影响着政府在公众心中的地位和形象，进而影响着国家战略目标的实现，以及一个国家在国际竞争中的地位。

（二）人事相宜原则

"人事相宜"是人事行政的全部出发点和归宿点。人事相宜，就是要求岗际合理、人适其事、人群相合，即事与事、人与事、人与人之间的相适与和谐，实现人与事的最佳配合。识事、识人是实现人事相宜原则的基础，因此，在人事行政具体工作中，必须做好职位分析、人力测评这些基础性工作。

（三）功绩制原则

功绩制的提法首见于美国。1883年，美国国会通过了《公务员制度法》（即《彭德尔顿法》），确立了功绩制原则，这一原则一直延续至今，并成为各国人事行政的基本原则。功绩制原则指的是国家在对公务员进行考核的基础上，根据公务员的工作成绩以及这种成绩所反映的公务员的德才水平和工作能力，决定公务员的任用、晋升、加薪和奖励的制度。功绩制原则在不同国家的人事行政中的具体内容不尽相同，但基本精神是一致的。

（四）分类管理原则

公务员分类制度是公务员管理的基础和出发点，各国的人事行政管理中普遍实行分类管理原则，但具体的分类原则和分类方法各有特点。

西方国家奉行政务官与业务官分途而治原则。在西方公务员制度中，政务官和业务官的发展通道不同：第一，产生方式不同。政务官是通过竞选获胜的执政党组阁而获得政治任命的；业务官是通过公开考试、择优录用进入公职系统的。第二，任期不同。政务官实行任期制，业务官实行常任制。第三，与执政党关系不同。政务官与执政党共进退；业务官则采取功绩制的晋升路线，不受党派轮流执政的影响。第四，业务官有专门的管理机构，有自己的工会组织，具有相对独立性。

我国对公务员实行分类、分级管理。我国的公务员制度中不存在政务官和业务官的划分，公务员职位类别按照公务员职位的性质、特点和管理需要，划分为综合管理类、专业技术类和行政执法类等类别。国家根据公务员职位类别设置公务员职务序列。国家对公务员实行分级管理。

（五）公平竞争原则

公平竞争原则是市场经济的基本的竞争原则，是指竞争者之间所进行的公开、平等、公正的竞争。在人事行政中坚持公平竞争原则，就是要求在人事行政中实行公开选拔、竞争上岗、择优录用等人事管理方式，采用有利于公平竞争的人事选拔制度、录用制度、考核制度等制度和体制。公平竞争原则促成了一个人才优胜劣汰、竞争发展的环境，它可以调动政府公职人员的积极性，使他们不断完善管理，向社会提供更好的公共产品和服务。

（六）依法管理原则

依法管理原则就是要实行法治化的人事行政管理，以法律为准绳，政府和公务员都要做到有法可依，有法必依，依法办事，违法必究。具体体现在两个方面：一方面，对公务员的管理必须有法律依据，做到依法管理。从公务员的录用、考核、晋升、培训、工资、福利直至退休，都有严格的法律规定，并按照法定的程序和规定办理。另一方面，公务员行使权力、履行职责，必须依照法律规定，做到依法行政。公务员的行政行为如果超出法律的范围或违反法律的规定，就构成了违法渎职行为而应受到制裁。

四、人事行政的地位和作用

（一）人事行政在政府行政管理中居核心和关键地位

自古以来，"为政在人"，人事是行政之本。人事行政是国家行政职能中的首要职能，它在国家行政管理中居核心地位。人事行政为政府履行其公共行政职能，完成各种组织目标和社会目标提供了重要保障。一切行政管理工作，包括行政决策、行政执行、行政沟通、行政协调和行政监督等，都要通过人的活动来实现。能否科学合理地选人、用人是行政管理成功与否的关键。科学的人事行政，不仅可以使行政管理中的人、财、物、信息等各种行政资源得到最佳组合和充分利用，并且通过有效组织和管理，能够达到行政活动的预期目的。相反，落后的人事行政，只能浪费人才，压制人在工作中的积极性和创造性，结果只能是延迟甚至妨碍行政事业的发展。当今国家的行政管理越来越复杂，职能越来越繁多，分工越来越细，人事行政在国家管理和政权建设中起到越来越重要的作用。

（二）人事行政对经济和社会发展具有推动作用

人事行政是推动经济和社会发展的重要因素。人事行政，通过选人、用人等一系列的工作，开发利用人力资源，为经济管理和经济建设提供合适的领导人才、管理人才和科学技术人才，推动生产的发展，促进经济效益的提高。合理的人事行政对社会经济健康发展具有巨大的促进作用。

人事行政是推动经济市场化和政治民主化的重要途径。伴随着经济市场化和政治民主化的进程，政府行政体制和人事行政体制也进行相应的调整和重构。而政府行政体制的改

第六章 人事行政

革与人事行政体制的科学化和法制化，又反过来确保经济市场化目标的实现和政治的民主化进程。

第二节 人事行政的历史与演变

一、中国古代人事行政制度的历史演变

中国在封建社会时期就形成了一整套官僚管理以及行政管理制度，并积累了丰富的吏治和治国安邦的宝贵经验。其中的官吏制度不但产生较早，而且发展得相当完备，尤其是自隋朝开始、在唐朝得到长足发展的科举制，不仅为中国各个朝代的封建政权收罗了大量的人才，发挥了积极作用，而且被近代西方国家文官制度所借鉴。中国古代的人事制度，大体上包括了官吏的选拔、培训、任用、考核、奖惩、分类、俸禄、休致以及监察等各项具体制度。这一制度体系配套成龙，紧密联系，互相依赖，结构化程度高，自身整体性强。

（一）发生阶段：从传说中的尧舜至春秋战国

中国历史的开端是先秦时期，即从170万年前中国人类的起源到公元前221秦统一中国为止的历史。这一时期包括：原始社会、夏、商、西周、春秋战国。

在原始社会，生产力低下，没有阶级，没有国家，不存在阶级出现以后按统治阶级意志制定的人事制度。但是，人类为了生存与发展，必然在同自然的斗争中形成一定的相互关系与社会结构，以解决人类生产斗争与社会生活中的诸多问题。这就要求选择公务事务的管理者，因而已经出现了识别、选择考察、任用、罢免首领的问题。由于没有国家机构，部落酋长和其他管理人员由氏族部落全体人员或部落联盟会议民主选举产生，那些在部落中享有较高威望、具有一定才能的贤德之士往往被选中，这就是原始的贤能制时代。后来这种贤能制又进一步发展成为以贤能为标准、通过让贤的方式来产生首领继承人的禅让制，传说中的尧传舜、舜传禹的禅让方式就是例证。

到了大约公元前21世纪，我国历史上第一个朝代——夏朝诞生，原始社会的"公天下"变成了阶级社会的"家天下"，"世袭制"取代了"禅让制"。在奴隶制社会，我国的人事行政基本上是实行以宗法血统为特征的世袭制，即世卿世禄制，而王位继承则实行父子继承制，以嫡长子继承为主，弟继承为辅。从夏商至春秋战国各个朝代都设有中央行政机构，而这些行政机构中最为重要的机构是管理官吏的部门，它掌管着全国的官吏，综揽朝中的政事，这一做法一直延续到清朝。

（二）发展阶段：从秦朝到南北朝

公元前221年，秦统一了中国，建立了中国历史上第一个中央集权制国家。自秦以

后，中国古代官吏制度的沿革变化，总是围绕着一个共同的核心进行的，这个核心就是皇权，共同的宗旨就是不断强化皇权。为适应大一统和加强皇权的需要，秦朝在人事制度上作了一系列调整和改进。

秦朝实行以郡县为基础的君主集权制。秦朝的中央政府机构体制是"三公九卿制"。"三公"为丞相、太尉、御史大夫。"三公"作为秦朝中央政府的最高官职，是向全国发布政令的中枢。在"三公"之下负责中央各部门事务的则由九卿分掌。"九卿"包括奉常、郎中令、卫尉、太仆、廷尉、宗正、少府、典客、治粟内史。官吏的选任采取保举、军功、通法入仕、葆子、考试的方式。实行官吏的考课和监察制度。实行封爵制度，官、爵分离。

两汉的政治制度和中央官制基本承袭秦制，都实行三公九卿制，嗣后逐渐有些变动。两汉选拔官吏，以察举和征辟为主，以考试为辅，还有任子制度、纳赀（即用钱买官）的形式。官吏的任免上，采用"拜、守、假、兼、行、领、督、迁、免"制度规定。建立了官吏的培养制度，设立太学，太学的教官为博士，教学内容为儒家经典，即《诗》《书》《礼》《易》《春秋》。官吏的考课与监督制度、奖惩制度、秩禄制度、退休制度等得到进一步发展。

三国两晋南北朝时期，封建统治阶级内部皇权与门阀士族矛盾日益复杂，北方少数民族进入中原建立政权，这个时期常常是几个政权同时并立，征战屡起，百姓流徙，社会动荡。因此，这个时期政治制度复杂多变，或遵依汉魏，或胡汉分治，或胡汉杂糅，或托古改制，其主流仍是因袭秦汉之制，在混乱中孕育着新的变化，尤其在官吏选拔制度上有了新的发展。在察举、征辟制度腐败不堪的情况下，九品中正制应运而生。九品中正制始于魏朝，延续至南北朝，其最初目的在于排除名士大族对政府用人权的干预。但由于魏晋南北朝时期盛行门阀士族政治，中正之权尽被士族独占，对人才的选拔标准不再是德才，而是门阀的高低，以致出现了"上品无寒门，下品无世族"的奇特现象。

（三）成熟阶段：从隋唐至清末

九品中正制的弊端，到南北朝时期已暴露无遗。因此，隋朝建立以后，隋文帝决定废除九品中正制，设秀才科。在隋炀帝大业二年（即公元606年）又设进士科，通过考试选拔官吏，科举制度正式建立。科举制即分科举士之意，它通过分门别类的考试来确定官吏的选拔和任用，考试成绩是主要的标准。科举制在唐朝得到长足的发展，分为常科和制科两类。常科即每年由礼部定期举行的科举考试，科目有"秀才"、"明经"、"俊士"、"进士"、"明法"等十几种；制科则是由皇帝不定期下诏举行的考试。明清时期科举考试大体分为四级，即童试、乡试、会试、殿试。科举制为中国各个朝代的政权收罗了大量的人才，发挥了很大的积极作用，但到了明清时代，科举制步入了八股文的歧途，日趋僵化，产生了严重的消极影响。

这一阶段的人事行政制度，除了在人才的选拔上坚持走公开考试、择优录用的科举考试之路，而且在人才培养制度、考核奖惩制度以及人事行政管理机构的设置与完善等方面取得很大成绩。如在人才培养制度上，通过举办官学和私学来培养人才；在官吏的考核奖惩上，各个朝代都制定了比较详细的考核标准和评定方法，并根据考核的具体结果实行进等加禄以及退等夺禄的奖惩措施；在人事行政管理机构的设置上，自唐朝以后，各个朝代都正式设立了主管人事行政的机构，如吏部、礼部、御史台（明朝以后改为都察院）等。

中国古代的人事制度以其严密而完整的体系存在于历史长河之中，它的严密性使它形成了一个体内自我完善的互补结构。一方面，人事制度中各个部分的缺陷能够得到其他部分的克服，发挥其长处。例如，在汉代的察举制和征辟制下，下级向上级推荐官吏或者自行任免部署，同中央集权有着不可克服的内在冲突。但是，由于有官吏录用制度、任用制度等一系列制度的互补，察举制和征辟制同专制集权的矛盾在长时期内没有显露出来，而仅成为一种潜在形态。另一方面，人事制度的严密性又使它形成了一个稳态僵滞的制约结构，各个部分的功能作用又要受到其他部分的制约。比如科举制，本来是较为有效的人才选拔方式，但由于受到其他人事制度的制约而存在很多弊端。从培训制度上来看，官僚化的内容和方式导致了科举考试同官吏选拔对象的才干能力脱节，"所习非所用，所用非所习"成了同科举制始终伴随而不能解决的问题。从任用制度看，除科举可获得任官资格外，门荫、捐纳、恩赐等多种途径都可获得任官资格，从而制约了科举制作用的发挥。这些制约使科举制由选贤任能的方式逐渐蜕变成了禁锢思想、限制才能的工具。由此使得古代的人事制度既促进了中国封建社会的稳定和繁荣，又导致了中国封建社会的僵滞和衰落。

二、西方国家公务员制度的变迁

公务员在西方国家称为文官，英文名称为 civil servant（单称）或 civil service（群体总称），在美国另称为 government employee（政府雇员）。从世界各国公务员制度分析，一般可以理解为从事国家公共事务管理的人员。各国的公务员所指的范围不尽相同，其范围大致有三类：第一，窄范围的划分，仅指行政机关中非选举产生和非政治任命的业务官，英国和英联邦国家属于此类型。第二，宽范围的划分，包括从中央到地方行政机关的公职人员，以及国会议员之外的工作人员、法官、检察官、国有企业事业单位工作人员。法国、日本属于此类。第三，中等范围的划分，是指行政机关的所有公职人员，既有部长等任命官员，又有政府雇用的行政人员。美国、德国属于此类。

西方国家人事行政制度的改革，是资本主义经济、政治、社会发展的必然产物，而选择公务员制度是多种社会因素影响的结果。西方公务员制度是在借鉴了中国科举考试制度等精华的基础上，在与君主、政党争取政府人事权的过程中逐步确立的。它的确立和发展有两种不同的类型，经历了两个不同的过程：一类是英美式的类型，这一类型是在同恩赐官爵制和政党分赃制斗争过程中确立的；另一类是德、法、日本式的类型，它主要在原有的官僚制和封建制的基础上逐步演变而来的。

（一）西方公务员制度的建立

1. 英美公务员制度的建立

英国是世界上最早建立常任文官制度的国家。17世纪以前，在封建君主专制制度下，英国国王集立法和行政大权于一身，所有的官员都是国王的臣仆，官吏的任用和升迁，取决于门第出身和对国王的忠诚,这种人事行政制度实质上就是"恩赐官爵制"。

自1688年以后,英国确立了资产阶级的君主立宪制度,议会成为国家的最高权力机关,确立了资产阶级的君主立宪制度,资产阶级的地位迅速上升。从17世纪末到18世纪初,议会通过一系列法令,扩大议会权力,削弱王权,最终取消了封建社会中长期由国王任命政府官员的恩赐制,重要官员的任免权逐渐掌握在议会手中。1700年通过《吏治澄清法》明确规定:接受皇家薪俸及年金的官吏,除各部大臣及国务大臣外,均不得为下议院议员。英国官员队伍开始有了"政务"与"事务"之分。1805年,英国财政部首先设立了一个常务次官,主持日常工作,不与内阁共进退。1830~1833年,英国各部陆续设立常务次官,英国政府官员从此正式分为政务官与事务官两类,为公务员制奠定了基础。

19世纪初,在议会制度得到进一步完善、发展的同时,资本主义的两党制度正式形成,在议会中占多数席位的党派掌握了对重要官员的任免权。新上台的执政党,把官职作为战利品,合法地、公开地进行"肥缺分赃"。这种状况严重地损害了后起的工业资产阶级的利益,要求变革这种有碍于资本主义迅速发展的人事制度的呼声与日俱增。1854年,英国政府为研究文官状况而专门成立的诺斯科特—屈维廉委员会提出了《关于建立英国常任文官制度的报告》(通称为诺斯科特—屈维廉报告)。该报告提出用公开竞争考试、择优录用的方式来结束长期以来一直实行的"恩赐官爵"现象,以此建立一支稳定的、不受政府更迭影响的职业文官队伍。这一报告奠定了英国公务员制度的基础。1855年5月,英国政府颁布《关于录用王国政府文官的枢密院令》,决定成立文官委员会,办理各级公务员的选拔考试事宜。1870年6月,英国政府又颁布了第二号枢密院令,对文官的考试、录用、等级结构等重要原则作了进一步的确定和完善。人们通常把1870年枢密院令的颁布作为英国近代文官制度正式建立的标志。

美国公务员制度是在反对政党分肥、借鉴英国文官制度的基础上,经过多次调整、改革而逐步建立和完善起来的,经历了由"政党分肥制"到"功绩制"的过程。

1829年,美国民主党领袖杰克逊(A. Jackson)当选总统之后,极力主张"缩短官吏任期"、"实行官职轮换",轮换的依据完全取决于政党竞选的结果,获胜的政党可以把政府的所有官职分封给本党党员,政党分赃制形成。这种人事管理方法使政府的全部官职完全控制于一党手中,长此以往,很容易使政府沦为政党的工具,其弊端日益显示出来,产生了结构性腐败、周期性政治震荡、公职队伍人才匮乏、效率低下等问题。美国民主人士和社会各阶层要求改革政党分肥制的呼声日益强烈。1853年,美国国会提出公务员的录用必须经过考试才能进行;1870年,内政部规定以公开竞争考试来选拔政府工作人员;1871年,国会授权总统颁布命令,规定公职人员录用的知识、能力、年龄、品德等条件和有关公务员的规则。1881年7月7日,加菲尔德总统被一名求职者枪击身亡。这一事件促使美国政府不得不尽快对官员的任用制度进行改革。

1883年,美国国会通过了《彭德尔顿法》。该法确立的原则主要有:用功绩制取代分赃制;公务员实行公开竞争考试,择优录用;公务员为职业官员,不犯错误,不得解雇;公务员不得参与政治活动,在政党政治中必须保持中立;依法成立公务员委员会,负责联邦公务员的统一管理活动。该法第一次把联邦政府行政官员划分为两种类型——政治官员和职业文官,并使美国官员的任用在历史上第一次建立在"功绩制"的基础上,具有十分重要的意义。《彭德尔顿法》的出台，标志着美国现代公务员制度的形成。

2. 德法文官制度的建立

法国公务员制度受法国历史影响很深，其建立经历了长期的、曲折的复杂过程。法国经历了漫长的封建君主专制时期。封建专制统治使国家管理事务均操纵在君王及其亲信手中，国家官员由国王任命，而这些受国王派遣的官员大都出自名门望族，只听命于国王，不受任何法律约束，享受各种特权。由此造成当时法国政坛冗员充斥、政治腐败、丑闻百出。1789年资产阶级大革命摧毁了封建王朝，建立了资产阶级专政，使法国官吏制度发生了根本性的转变，出现了公务员制度的雏形。19世纪至20世纪前半期，法国政局一直动荡不安，封建君主制的复辟和资产阶级反复辟的斗争激烈、尖锐，使公务员制度建立受到严重影响，导致政府在官员任用上交替使用"恩赐官职制"和"党派分肥制"，造成官场营私舞弊、行贿受贿现象层出不穷，政府部门工作效率低下，国家机器运转不灵，危及法国资产阶级的根本利益和统治地位，因而法国一些议员提出了一些有关公务员的法律草案，要求对公务员加强管理。在此期间制定了许多单项法规。为了改变混乱的公务员管理制度，20世纪初，法国议员成立了"研究委员会"，专门研究这方面的建议。1920年，议员密尔朗曾提出了一个新的全面规定公务员在职期间有关问题的法律草案。1936年，勃鲁姆总理委托一个咨询委员会研究有关公务员的问题，该委员会草拟了一些统一公务员鉴定、晋级和纪律等方面标准的条款。为了重建统一完备的公务员制度，戴高乐政府在1945年设立"公职管理总局"，由其专门管理公共职务，并于同年设立"国立行政学院"，统一考选、培训高级公务员；1946年制定并颁布公务员总章程。为了进一步完善公务员的管理，法国政府于1959年2月对1946年制定的公务员章程作了修改，颁布了新的公务员章程，并陆续颁布了一些法令和条例，使得法国公务员制度逐步成为统一、完整、健全配套和比较科学的现代人事管理制度。

德国公务员制度起源于19世纪晚期，稍晚于英、法等国。德国的公务员制度最初叫官员制度。在第一帝国时期，普鲁士政权刚刚巩固，过去的诸侯列国急需管理人员，于是形成了原始的"行政管理"。行政长官由皇帝任命，始称"官员"，分文官和武官。1873年，威廉二世颁布了德国历史上第一部《官员法》和《资历条例》，并首先在军营中实行改革。魏玛共和国时期，魏玛《宪法》明确规定了公共行政管理的基本原则，即"公开、平等竞争录用人员，全心全意服务于公众"，为德国公务员制度进一步发展打下了基础。魏玛后期，纳粹分子上台，实行专制、独裁统治，破坏了过去在公共行政管理中的基本原则，行政管理失去了法律保障。在第二次世界大战后，联邦德国于1946年通过了《德意志联邦共和国基本法》，对帝国的官吏制度进行了一系列的改革，确立了"考试用人"、"机会均等"、"文官常任"等原则，1950年又颁布了《德意志联邦共和国公务员法》，并相应制定了公务员的有关条例，从而形成了一套比较完整的现代公务员制度。1990年10月3日，两德实现统一，德意志民主共和国加入德意志联邦共和国，承认联邦宪法——《基本法》。根据两德统一条约的规定，在公共行政管理领域原民主德国部分实行公务员制度。

（二）西方公务员制度的改革和发展

随着社会历史背景的不断变迁，西方国家对公务员制度进行了持续不断的改革。

行政管理学

英国的文官制度改革有几个比较重要的事件。第一，借鉴了美国的职位分类制度，将以前分类比较粗糙的品位分类进行了改革。如1920年重新划分了业务类公务员的等级结构，同时也实行了一些以工作性质分析为基础的分类管理措施，使公职管理更加规范化和科学化。第二，1968年，英国以苏塞克斯大学名誉副校长富尔顿勋爵为首的12人委员会提出了包括158项具体建议的改革报告，内容主要包括：精简文官层次，打破行政官员系统的封闭性，建立开放的、统一的分类制度；成立文官事务部，代替财政部行使文官管理权限；改革对文官的考核办法；重视专家和专业技术人员的作用；成立文官学院；通过了一系列有关公务员制度的法律，其中职位分类法最为重要。第三，英国从20世纪80年代撒切尔政府到21世纪初布莱尔政府的一系列行政改革中，公务员制度改革的重点是提高管理成本意识、压缩规模和层次、改进工作效率、实行分权及权力下放、关注"核心"事务及产出和结果等。英国政府于2002年开始实施的"服务供给与价值"改革项目，改革的内容涉及高级公务员领导能力、职业生涯、培训与开发、绩效、专业主义五个方面。

美国的公务员制度改革和发展，主要经历了以下事件：第一，美国公务员制度在1883年以后是随着职位分类制的实行向前发展的。1896年，联邦文官委员会提出以工作人员的职务和责任作为职位分类的原则，并于1903年建议政府机构正式推行职位分类制。1905年，芝加哥市政府率先开始推行这一制度，并从1912年正式实行。在以后的20年里，许多州和地方政府都先后实行了职位分类制。1923年，美国国会正式通过了第一个《联邦政府职位分类法案》，职位分类制度在美国联邦政府和全国范围内正式实行。1978年，美国国会通过了以功绩制为核心的《公务员制度改革法》，对联邦公务员制度进行重大改革。改革内容包括：建立新的人事管理机构；下放人事管理权限；严格公务员的评价考核制度；设立"高级行政职务"，实行"级随人走"的"功绩工资制"；等等。1991年，美国人事管理办公室发布《职位分类标准介绍》，这是现今联邦政府分类管理工作最重要的指导文件。2008年2月，美国人事管理办公室公布了《职位分类手册》，对现有的职位分类标准进行了调整，对每个职系重新作出了归类和定义。此外，人事管理办公室制定了分类标准的相关文件，还包括：《人员分类手册》《重大分类决策与参考文献》《任职资格标准》等。第二，美国联邦政在1993～2000年的"重塑联邦政府"运动期间，推出了被称为"重塑人力资源管理"的公务员制度改革。联邦政府的"重塑人力资源管理"，旨在形成一种"既以功绩制和公正为基础，又能够适应目前的管理需要和面向未来的公务员制度"。这一改革确立了四项指导原则：由过程或程序导向转变为结果导向，由集中管理转变为授权管理，由刚性规则管理转变为弹性管理，由服从性管理转变为激励性管理。之后，布什政府进一步对联邦政府的公务员制度进行了后续性变革。这一变革设定了四项战略原则：维护基本理念、实行最大弹性、利用规模效益、合作和协调，愿景是要在四项战略原则的架构内逐步形成一种体现人力资本战略管理特征的新制度。

其他国家在公务员制度建立后也不断地进行改革并完善。如法国公务员制度的现代化改革，虽然与英国、美国20世纪80年代中叶开始的激进化改革相比较，其改革进程发展较缓慢，但至20世纪末其成绩卓著且已初见成效。

当今发达国家公务员制度改革和发展，除了存在某些由制度传统、行政文化和价值偏好所决定的个性特点之外，更多地展现出了各国趋同的共性特征，如：公务员制度由人事管理转变为人力资源管理；公务员管理体制由单一、统一、集权转变为放权、弹性、多样；公务员制度中开发和应用了人力资源管理新工具，并适度采用了企业人力资源管理方法。这些共性特征，反映了现时代公共部门对人的管理的一些普遍要求，体现了当今时代公务员制度发展的一般趋势，显现出当代公务员制度的新面貌。

第三节 我国公务员制度的建立与改革

一、中国特色的国家公务员制度的发展历程

（一）新中国干部人事制度的建立和发展

新中国的干部人事制度，是在计划经济体制下，在民主革命时期解放区和人民军队干部人事制度的基础上，借鉴了苏联的一些人事管理经验逐步建立和发展起来的。这一制度的根本特征是对各类人员进行集中统一的管理，建设一支精干的干部队伍，充分发挥这支队伍的群体优势，从组织上确保党和国家的政治、经济和文化任务的完成，确保党的政治路线的贯彻实施。新中国成立初期以及后来一段时期内，这种制度适应了当时的历史条件和环境，对巩固新生的国家政权、恢复国民经济、开展大规模的经济建设起了促进作用。但是，随着形势和任务的不断变化，这种管理体制和管理制度越来越暴露出弊端。

干部人事制度存在的主要问题是：第一，"国家干部"的概念过于笼统，缺乏科学分类。长期以来，不论是党或国家机关的工作人员，还是群众团体的工作人员，不论是企业单位的管理人员，还是各类专业技术人员，一律都称为国家干部，甚至连宗教界的一些人士也被纳入国家干部的范畴，混淆了不同行业人员的工作性质，也给管理造成麻烦。第二，管理权限过于集中，管人与管事脱节。各类干部的管理权限主要集中于上级党委，使得企业、事业单位缺乏用人的自主权，由此也造成党政不分、政企不分，管人与管事相脱节。第三，管理方式陈旧单一，一切按行政级别划线。各行各业、各个部门或各个单位都套用党政干部的管理方式进行管理。长此以往，势必造成各行业人事管理的僵化，也使整个干部队伍失去活力。第四，管理制度不健全，用人缺乏法制。虽建立了一些管理制度，也颁布了若干法规，但就总体而言，还没有形成健全的人事管理制度，各项管理法规也不完善，在实践中难免出现以言代法、以人代法、以权代法，各行其是，任人唯亲的现象。

针对原来干部人事制度存在的问题，邓小平在1980年曾明确提出：坚决解放思想，克服重重障碍，打破老框框，勇于改革不合时宜的组织制度、人事制度；并且强调废除干部领导职务终身制，关键是要健全干部的选举、招考、任免、考核、弹劾、轮换制度，对各级各类领导干部（包括选举产生、委任和聘用的）职务的任期，以及干部离休、退休，要按照不同情况，作出适当的、明确的规定。

（二）中国特色的国家公务员制度的建立和发展

我国国家公务员制度的建立和发展过程，是对中国特色的社会主义人事行政管理制度认识不断深化和实践不断探索的过程，它大致经历了五个阶段。

第一阶段，酝酿阶段。1980年8月，在中央政治局扩大会议上，邓小平就我国的党和国家的领导制度改革问题发表了题为《党和国家领导制度的改革》的重要讲话。之后，政府和学术界便积极开展了对发达资本主义国家公务员制度的研究工作，并派出考察团赴国外学习先进经验，邀请外国学者和官员来中国讲学。自1984年年底开始，中共中央组织部和原劳动人事部组织有关单位的工作人员及专家学者，着手对国家行政机关工作人员实行科学管理法规的起草工作。经过两年努力，终于起草出《国家行政机关工作人员条例》。

第二阶段，提出阶段。1986年12月至1987年年底，根据邓小平同志的建议，中共中央成立了政治体制改革领导小组，下设人事制度改革专题组。该专题组在研究提出建立国家公务员制度的基础上，按照公务员制度的普遍规律、特点和中国的实际情况，对《国家行政机关工作人员条例》作出重大修改，并将其更名为《国家公务员暂行条例》。在1987年12月党的十三大和1988年4月召开的七届全国人大一次会议上，作出了在中国建立国家公务员制的重大决策。

第三阶段，法规颁布阶段。为顺利推行国家公务员制度，国务院成立了人事部。与此同时，积极开展国家公务员制度的试点工作。在此基础上，对《国家公务员暂行条例》和公务员管理的一些单项法规进行了反复的修改。1993年8月14日，《国家公务员暂行条例》经国务院总理签署颁布，并决定自1993年10月1日起正式实施。

第四阶段，推行阶段。《国家公务员暂行条例》颁布后，人事部先后制定了录用、考核、职务升降、辞职辞退、交流、回避等十多个与《国家公务员暂行条例》相配套的单项规定和实施办法，并按"整体渐进、分步到位"的思路，结合机构改革，积极稳妥地进行实施工作。从1989年年初开始，在审计署、国家税务局、国家环保局、国家建材局、统计局和海关总署等国务院六个部门和深圳、哈尔滨两个城市进行国家公务员制度试点。此后，国家公务员的考录工作在各地相继展开，至1996年，全国绝大多数政府机关开始实行考试录用公务员的制度。经过5年的努力，国家公务员制度在全国范围内基本建立。

第五阶段，深化完善阶段。2000年8月启动公务员法研究起草工作，2005年4月27日十届全国人大常委会第十五次会议审议通过了《中华人民共和国公务员法》（以下简称《公务员法》），标志着公务员管理进入法律化新阶段。该法是我国50多年来干部人事管理方面第一部总章程性质的法律。根据第十一届全国人民代表大会第一次会议批准的国务院机构改革方案和《国务院关于机构设置的通知》（国发[2008]11号），设立人力资源和社会保障部，为国务院组成部门。2008年7月成立国家公务员局，专门负责对公务员的行政管理，加强《公务员法》的实施和公务员队伍建设。

二、我国国家公务员制度的主要内容

国家公务员制度，是指通过制定法律和规章，对国家公务员依法进行管理的制度。其基本制度包括国家制定的有关公务员权利义务、考试录用、职位分类、职位聘任、考核、奖惩、任免、培训、转任、回避、工资福利、辞职辞退、申诉控告，以及人事监察与监督等法律、法规、制度和管理体制。我国公务员的范围类似于美国。我国《公务员法》所适用的范围是指依法履行公职、纳入国家行政编制、由国家财政负担工资福利的工作人员。

（一）国家公务员的义务和权利

国家公务员的义务是法律对国家公务员在履行职责、执行公务过程中必须做出一定行为或不得作出一定行为的约束，或是国家公务员所应当履行的法定责任。根据我国《公务员法》第十二条规定，公务员应当履行下列义务：模范遵守宪法和法律；按照规定的权限和程序认真履行职责，努力提高工作效率；全心全意为人民服务，接受人民监督；维护国家的安全、荣誉和利益；忠于职守，勤勉尽责，服从和执行上级依法作出的决定和命令；保守国家秘密和工作秘密；遵守纪律，恪守职业道德，模范遵守社会公德；清正廉洁，公道正派；法律规定的其他义务。

国家公务员的权利，是国家公务员在履行职责，执行公务过程中所享有的权益的许可和保障。法律确认国家公务员在执行公务过程中能够做出或不做出一定行为，并可以要求他人做出或不做出一定行为。根据我国《公务员法》第十三条规定，公务员享有下列权利：获得履行职责应当具有的工作条件；非因法定事由、非经法定程序，不被免职、降职、辞退或者处分；获得工资报酬，享受福利、保险待遇；参加培训；对机关工作和领导人员提出批评和建议；提出申诉和控告；申请辞职；法律规定的其他权利。

（二）职务与级别

我国实行公务员职位分类制度。职位分类是相对于品位分类而言的一种人事分类管理制度。职位分类的对象是职位，分类的依据一般包括职位的工作性质、难易程度、责任轻重和所需资格条件，分类的结果是依据上述条件将职位分门别类，分类的目的是为其他人事管理工作奠定基础。公务员职位类别按照公务员职位的性质、特点和管理需要，划分为综合管理类、专业技术类和行政执法类等类别。

国家根据公务员职位类别设置公务员职务序列。公务员职务分为领导职务和非领导职务。领导职务层次分为：国家级正职、国家级副职、省部级正职、省部级副职、厅局级正职、厅局级副职、县处级正职、县处级副职、乡科级正职、乡科级副职。非领导职务层次在厅局级以下设置。综合管理类的领导职务根据《宪法》、有关法律、职务层次和机构规格设置确定。综合管理类的非领导职务分为：巡视员、副巡视员、调研员、副调研员、主任科员、副主任科员、科员、办事员。

公务员的职务应当对应相应的级别。公务员职务与级别的对应关系，由国务院规定。

行政管理学

公务员的职务与级别是确定公务员工资及其他待遇的依据。公务员的级别根据所任职务及其德才表现、工作实绩和资历确定。公务员在同一职务上，可以按照国家规定晋升级别。国家根据人民警察以及海关、驻外外交机构公务员的工作特点，设置与其职务相对应的衔级。新录用公务员的职级，根据《新录用公务员任职定级规定》确定。

（三）录用

国家公务员录用是指国家行政机关依据一定法律法规，通过法定的程序和方法从公务员系统外的人员中录用担任主任科员以下非领导职务公务员的行为和活动。公务员录用的法律依据有《公务员法》《公务员录用规定（试行）》《公务员录用考试违纪违规行为处理办法（试行）》《关于加强防范和打击利用无线电设备及互联网在公务员录用考试中进行作弊活动的通知》《国家公务员录用面试暂行办法》和《国务院工作部门面试考官资格管理暂行细则》《国家公务员通用能力标准框架（试行）》《公务员录用体检通用标准（试行）》《公安机关录用人民警察体检项目和标准》等。

我国录用担任主任科员以下及其他相当职务层次的非领导职务公务员，采取公开考试、严格考察、平等竞争、择优录取的办法。民族自治地方依照此规定录用公务员时，依照法律和有关规定对少数民族报考者予以适当照顾。中央机关及其直属机构公务员的录用，由中央公务员主管部门负责组织。地方各级机关公务员的录用，由省级公务员主管部门负责组织，必要时省级公务员主管部门可以授权设区的市级公务员主管部门组织。我国公务员录用的条件、程序、考试内容和方式等在相关法律法规和政策中有具体规定。

（四）考核

公务员的考核是指国家行政机关按照法定管理权限，根据国家公务员法规和其他有关规定所确定的考核内容、原则、方法、形式和程序，对所属公务员进行的考察和评价制度。公务员考核必须坚持客观公正原则，实事求是地对公务员的绩效作出全面、准确的评价；必须坚持民主公开原则，建立绩效评估指标体系。

根据《公务员法》和《公务员考核规定（试行）》，对公务员的考核，按照管理权限，全面考核公务员的德、能、勤、绩、廉，重点考核工作实绩。公务员的考核分为平时考核和定期考核。定期考核以平时考核为基础，对非领导成员公务员的定期考核采取年度考核的方式。对领导成员的定期考核，由主管机关按照有关规定办理。定期考核的结果分为优秀、称职、基本称职和不称职四个等次。定期考核的结果作为调整公务员职务、级别、工资以及公务员奖励、培训、辞退的依据。

（五）职务任免和职务升降

职务任免是公务员职务管理的重要活动，是任职和免职的简称。公务员职务序列是由低到高的层次结构。职务升降是在公务员职务序列中的纵向调整，是公务员职务关系的变更。职务晋升是由较低职务升任到较高职务。降职是与职务晋升方向相反的一种职务关系变更形式，是指由较高职务改任为较低职务。

根据《公务员法》和《公务员职务任免与职务升降规定（试行）》规定，公务员职务实行选任制和委任制。领导成员职务按照国家规定实行任期制。选任制公务员在选举结果生效时即任当选职务；任期届满不再连任，或者任期内辞职、被罢免、被撤职的，其所任职务即终止。委任制公务员遇有试用期满考核合格、职务发生变化、不再担任公务员职务以及其他情形需要任免职务的，应当按照管理权限和规定的程序任免其职务。公务员因工作需要在机关外兼职，应当经有关机关批准，并不得领取兼职报酬。我国相关法律法规和政策对公务员晋升职务应当具备的条件、资格和程序等进行了规定。

（六）奖励和惩戒

奖励是指国家行政机关对在工作中表现突出、有显著成绩和贡献的以及有其他突出事迹的国家公务员给予鼓励的制度。奖励制度包括奖励原则、条件、权限、种类、程序等。根据《公务员法》《公务员奖励规定（试行）》规定，奖励坚持精神奖励与物质奖励相结合、以精神奖励为主的原则。公务员集体的奖励适用于按照编制序列设置的机构或者为完成专项任务组成的工作集体。奖励分为：嘉奖、记三等功、记二等功、记一等功、授予荣誉称号。我国相关法律法规和政策中对奖励的权限和程序、奖励和撤销奖励的情形等分别作了说明。

建立国家公务员的惩戒制度，能够对国家公务员产生较大的威慑力，这是矫正国家公务员腐败行为的有力手段。《公务员法》规定公务员因违法违纪应当承担纪律责任的，依照本法给予处分；违纪行为情节轻微，经批评教育后改正的，可以免予处分。处分分为：警告、记过、记大过、降级、撤职、开除。《行政机关公务员处分条例》对处分的原则、处分的种类和适用、违法违纪行为及其适用的处分、处分的权限和程序、不服处分的申诉等做了具体规定。

（七）培训

国家公务员的培训是指国家行政机关根据经济和社会发展的需要以及职位的要求，通过多种形式，有计划、有组织地对公务员进行政治理论、文化知识、科学技术、操作技能等方面的培训和训练。公务员培训主要有初任培训、任职培训、专门业务培训、更新知识培训四种。国家建立专门的公务员培训机构。机关根据需要也可以委托其他培训机构承担公务员培训任务。公务员的培训实行登记管理。公务员培训情况、学习成绩作为公务员考核的内容和任职、晋升的依据之一。《公务员培训规定（试行）》中对培训原则、对象、分类等做了具体规定。

（八）交流与回避

公务员的交流，是指国家行政机关根据工作需要或公务员个人愿望，通过调任、转任、轮换、挂职锻炼等形式变换公务员的工作岗位，从而产生、变更或解除公务员职务关系或工作关系的一种人事管理活动。根据《公务员法》规定，公务员可以在公务员队伍内部交流，也可以与国有企业事业单位、人民团体和群众团体中从事公务的人员交流。交流的方式包括调任、转任和挂职锻炼。《公务员调任规定（试行）》对公务员调任的原则、资格条件、程序、纪律和监督等进行了详细规定。

国家公务员回避，是指为了防止公务员利用职务之便，为亲朋好友徇私舞弊而对其所任职务、任职地区和执行公务等方面作出的限制性规定。我国《公务员法》规定，公务员之间有夫妻关系、直系血亲关系、三代以内旁系血亲关系以及近姻亲关系的，不得在同一机关担任双方直接隶属于同一领导人员的职务或者有直接上下级领导关系的职务，也不得在其中一方担任领导职务的机关从事组织、人事、纪检、监察、审计和财务工作。因地域或者工作性质特殊，需要变通执行任职回避的，由省级以上公务员主管部门规定。同时，对地域回避、公务员执行公务时应当回避的情形、程序等做了具体规定。

（九）工资、福利、保险

公务员的工资福利保险制度主要指公务员依法获得工资、保险和社会福利待遇的有关原则、标准、类型和方式等方面的规定。

根据《公务员法》规定，我国公务员实行国家统一的职务与级别相结合的工资制度。公务员工资制度贯彻按劳分配的原则，体现工作职责、工作能力、工作实绩、资历等因素，保持不同职务、级别之间的合理工资差距。国家建立公务员工资的正常增长机制，公务员工资包括基本工资、津贴、补贴和奖金。公务员按照国家规定享受地区附加津贴、艰苦边远地区津贴、岗位津贴等津贴。公务员按照国家规定享受住房、医疗等补贴、补助。公务员在定期考核中被确定为优秀、称职的，按照国家规定享受年终奖金。公务员的工资水平应当与国民经济发展相协调、与社会进步相适应。国家实行工资调查制度。公务员按照国家规定享受福利待遇。国家根据经济社会发展水平提高公务员的福利待遇。公务员实行国家规定的工时制度，按照国家规定享受休假。公务员在法定工作日之外加班的，应当给予相应的补休。国家建立公务员保险制度。公务员因公致残的，享受国家规定的伤残待遇。公务员因公牺牲、因公死亡或者病故的，其亲属享受国家规定的抚恤和优待。

（十）辞职、辞退、退休

公务员的辞职辞退制度主要是指公务员根据本人意愿辞去所担任的职务和国家行政机关按照一定条件及法律程序解除公务员职务的有关规定。公务员退休是指国家公务员达到一定年龄和工作年限，或因公、因病丧失工作能力而根据国家规定办理手续，离开工作岗位，并按月领取一定数额的养老金。

根据《公务员法》规定，担任领导职务的公务员，因工作变动依照法律规定需要辞去现任职务的，应当履行辞职手续。担任领导职务的公务员，因个人或者其他原因，可以自愿提出辞去领导职务。领导成员因工作严重失误、失职造成重大损失或者恶劣社会影响的，或者对重大事故负有领导责任的，应当引咎辞去领导职务。领导成员应当引咎辞职或者因其他原因不再适合担任现任领导职务，本人不提出辞职的，应当责令其辞去领导职务。辞职应按法律规定的程序。辞退公务员，按照管理权限决定。公务员达到国家规定的退休年龄或者完全丧失工作能力的，应当退休。另外，《公务员法》规定了不得辞去公职的几种情形、予以辞退的几种情形、不得辞退的几种情形、提前退休的条件，等等。

（十一）申诉控告

申诉控告，是国家公务员享有的基本权利之一。当国家公务员的合法权益遭到非法或不当侵害时，国家公务员有权向国家公务员主管机关或其他法定受理机关提出申诉和控告，有权要求变更或撤销原处理决定，赔偿损失，以及惩处责任人。

根据《公务员法》《中华人民共和国行政监察法》《公务员申诉规定（试行）》规定公务员的申诉应当坚持合法、公正、公平、及时的原则，依照法定的权限、条件和程序进行。公务员认为机关及其领导人员侵犯其合法权益的，可以依法向上级机关或者有关的专门机关提出控告。公务员提出申诉、控告，不得捏造事实，诬告、陷害他人。

（十二）职位聘任

根据《公务员法》规定，机关根据工作需要，经省级以上公务员主管部门批准，可以对专业性较强的职位和辅助性职位实行聘任制。职位涉及国家秘密的，不实行聘任制。机关聘任公务员可以参照公务员考试录用的程序进行公开招聘，也可以从符合条件的人员中直接选聘。

机关聘任公务员，应当按照平等自愿、协商一致的原则，签订书面的聘任合同，确定机关与所聘公务员双方的权利、义务。聘任合同经双方协商一致可以变更或者解除。聘任合同的签订、变更或者解除，应当报同级公务员主管部门备案。聘任合同应当具备合同期限，职位及其职责要求，工资、福利、保险待遇，违约责任等条款。聘任合同期限为1～5年。聘任合同可以约定试用期，试用期为1～6个月。聘任制公务员按照国家规定实行协议工资制。机关依据《公务员法》和聘任合同对所聘公务员进行管理。

国家建立人事争议仲裁制度。人事争议仲裁应当根据合法、公正、及时处理的原则，依法维护争议双方的合法权益。人事争议仲裁委员会根据需要设立，由公务员主管部门的代表、聘用机关的代表、聘任制公务员的代表以及法律专家组成。聘任制公务员与所在机关之间因履行聘任合同发生争议的，按法定程序办理。

公务员制度实施至今，正是我国承前启后、继往开来、迈进新世纪的重要历史时期，也是人事制度改革不断深化、人事行政工作实现较快发展的时期。当前，我国公务员分类管理的格局基本形成，公务员登记工作平稳顺利，"凡进必考"机制基本建立，考核机制运行良好，竞争上岗制度逐步推开，交流、回避制度成效明显，公务员队伍的"出口"保持畅通，培训工作经常化、制度化，奖惩制度发挥有效作用，公务员权利有了保障。公务员制度的推行，对推进人事行政的科学化、民主化、制度化，优化人才队伍，提高工作效能，起到了重要作用。

【案例分析】

公务员报考"热"与"冷"的理性思考

传统的公务员刻板形象与公务员报考热

"一杯茶、一包烟、一张报纸看一天"，这是过去社会对公务员职业形象的一种刻板描述和认识。实事求是地说,公务员队伍中肯定存在有的公务员工作展现这样的状态,甚至今天依然存在这种现象,但同时必须指出,这种现象并非意味着具有普遍性。

除了对公务员工作状态的传统描述和认知之外,社会传统认为公务员工作稳定、工资待遇和福利高、权力大、社会地位高。的确,在相当长的一段时间内,不同的政府部门、不同地方,存在各种五花八门公务员"补贴"、"津贴"、奖金以及其他"灰色收入",一些地方和单位以各种名义违规发钱、发福利,广受社会诟病。

在公务员工作稳定、社会地位高、工资待遇福利好的整体社会认知情况下,加之社会就业竞争日趋激烈,公务员在相当长的一段时间以来成为热门就业去向,一年一度的国家公务员招考也因此被喻为"中国第一考",公务员考试不断升温,公务员考试竞争激烈,甚至几千个人抢一个岗位,竞争达到了白热化程度。

表6–1　　　　　　　　2004~2012年国家公务员招录情况

年份	总分	行测分	合格人数(人)	招考人数(人)	录取率	最热职位	最终比例
2012	105	55	1174487	17941	1.25%	4124:1	53:1
2011	105	55	1294520	16205	1.25%	4889:1	59:1
2010	105	55	1360700	15526	1.14%	4224:1	59:1
2009	105	60	1040000	13566	1.28%	4723:1	58:1
2008	105	55	800000	13977	1.67%	3592:1	46:1
2007	110	60	535574	12724	2.38%	4407:1	42:1
2006	115	60	365000	10282	2.86%	2014:1	48.6:1
2005	120	60	310656	8400	2.70%	322:1	35:1
2004	135	65	181488	7900	4.35%	—	15:1

十八大有力反腐倡廉行动与公务员报考相对"遇冷"

十八大以来,中央掀起了一轮广度和深度空前的反腐倡廉行动,许多违反党纪国法的领导干部被相续查处;同时,中央出台了一系列规范领导干部和普通公务员职业行为的政策文件,约束和规范公务员职务行为。

反腐风暴、八项规定、六项禁令、党员问责条例等行动和政策陆续出台,强化领导干部和普通公务员的职务行为规范,大力压缩公务员权力寻租空间,清理灰色地带,砍掉许多现实中实际存在的不合法不合理的灰色利益,实行阳光工资,规范公务员工资和福利待遇,使工资福利待遇透明化。

宏观上看,政府职能方面,政府正从统治型政府、管理型政府转向服务型政府,更加强调领导和公务员对公民和社会的服务角色和服务意识;政府管理手段方面,从更多重视前期审批向更加重视事中事后的监管转变;公务员的身份方面,从普遍的终身制到一些地方试行聘任制,试图打破公务员的铁饭碗;在养老方面,实行几十年的双轨制养老模式开始逐步并轨,事业单位职工和公务员都需要个人缴纳养老金,原来事业单位职工和公务员在职不用缴纳养老金,但退休后养老金比同等工龄学历私营企业的退休职工养老金要高出一大截……此消彼长,公务员的身份地位、工资福利待遇、社会认知和职业要求都在发生变化。

第六章　人事行政

在这样的背景下,公务员职业不再像以前那样炙手可热,正在逐步向一般性职业转变,公务员报考温度也就相应下降。当然,公务员报考并非如有些媒体所形容的断崖式下降。

表6-2　　　　　　　　　2013~2016年公务员招考情况

年份	招考职位(人)	招考人数(人)	合格人数(万人)	参考人数(万人)	录取比率
2016	15659	27817	139	93	33∶1
2015	13475	22249	141	105	47.2∶1
2014	11729	19538	140	112	57.3∶1
2013	12927	20879	138	112	53.5∶1

从表6-1、表6-2的数据对比可以发现,公务员招考的录取率近年的总体趋势在提高,这从一个侧面可以反映公务员报考温度在降低。与2015年相比,2016年国家公务员招考增加了约5000个名额,最终有139万多考生通过资格审查,虽然2016年国家公务员考试招录人数在增加,但是报名人数并没有随之增多。同时弃考人数也在不断增加,弃考的情况在往年的国家公务员考试招录中并不少见,2012年国考,133万人报名,最终37万人弃考,2016年国考弃考人数则超46万人。由于弃考和报考条件等因素的限制,2016年国考的录取比率也在下降,仅为33∶1,为近12年来最低,国家公务员考试报名总数与竞争程度再度呈"双下降"趋势,被称作是"最好报考年"。

2014年的地方公务员招录考试报考人数比2012年锐减36万多人,也从一个侧面说明"中国第一大考"出现降温现象。

事实上,随着政府职能转变的加快、社会对公务员工作要求的不断提高和政府绩效管理的推行和公务员体制的改革,公务员不再是铁饭碗,不再是人们印象中端杯茶看看报纸,清闲而又体面的工作;公务员工作呈现另外一种景象,"没有周末,白天有事白天到,晚上有事晚上到",公务员队伍中离职的消息也不断增加。自然地,公务员报考也在"退烧"。

公务员报考的"冷"、"热"理性思考

国家公务员相对而言,工资水平在中等,但是工作和收入稳定,不像在企业,工作和工资受到激烈的市场竞争的影响。在企业工作,可能因为企业经营不善,面临裁员、解雇乃至因企业倒闭失业等压力和风险。

公务员收入稳定,医疗养老有保障。同时,中国长期的官本位思想影响深远,国家和行政主导的社会发展和治理模式没有发生根本转变。

公务员离权力更近,更有能可能利用公权来谋取自己的利益。民间广泛流传公务员"工资基本不动,抽烟喝酒靠送"的段子,虽然不无偏颇,却也的确曾经反映有些公务员的生活实情。在有的人眼中,除了这种弹性待遇、或明或暗的补贴外,"切实利益"还可能包括权力寻租和腐败所得。制度的缺陷或不完善使得握有实权部门工作的人员利用部门的管理权限寻租利益的可能性会更大。这就可以解释,公务员报考最火热、竞争最激烈的往往也是所谓的权力部门,或者是最容易凭借权力获取利益的部门。

在这样的背景下,公务员报考热就不难解释了。

近年来，公务员报考出现了降温，一定程度上的"遇冷"。

"国考降温"是理性选择的结果，有学者认为，从社会发展角度来说，这是一种好的现象，因为留下来的人可能是真正对公务员事业抱有热情并有能力的人才；而从大的层面来说，随着改革进入深水区，公务员热迟早都会过去。国家行政学院教授汪玉凯在接受媒体采访时表达了类似观点，国考报名的人数降低，意味着有更多的人选择去其他行业发展，表明整个社会的发展是良性的，千军万马都挤破头去考公务员，这样的国家是没有未来的。汪玉凯认为"国考降温"的原因主要有三个：第一是大环境的变化。公务员不再"工作轻松、福利好、灰色收入多"，对一些人的吸引力减小。第二是由于国家鼓励自主创业，尤其是为大学生自主创业降低了门槛，很多人选择自己创业，减少了公务员的报考比例。第三是人们思想观念的转变。以往争取公务员工作是求安稳，图体面，现在很多人觉得公务员工作单调，不能发展自己的个性，想做的事情不一定有机会做。相比之下，他们更愿意找体制外的工作。

不同地方、不同部门，公务员报考情况也是冷热不均，甚至冰火两重天。国家党群机关和行政机关一直是竞争激烈的报考部门，有的岗位竞争比近万，但同时有的部门和地方岗位无人问津，没人报考，或者报名人数非常少。有的职位报名人数集中是因为学历、专业和工作经历的要求比较宽泛，考生选择的余地大；有些职位报名人数少，甚至没人报考，主要原因是有的职位是县以下且在比较艰苦地区，或者对学历和专业等的要求相对高一些。

公务员是一种职业，但更是一种特殊的职业，应以国家和人民的利益为职业追求。如果抱着享受福利待遇甚至搞权力寻租的目的而来，想着升官发财，那么纷纷落马的"老虎"、"苍蝇"就是前车之鉴。

（资料来源：人社部：2017年国家公务员招考报名有冷有热很正常，http://www.offcn.com/gjgwy/2016/1025/30255.html；公务员考试真遇冷还是假降温，http://learning.sohu.com/20150515/n413121642.shtml 等资料改写整理而来）

思考题

1. 出现公务员报考热的原因是什么？你怎么看？
2. 公务员报考近年"遇冷"的原因是什么？你怎么看？
3. 如何看待公务员招考岗位冷热不均的现象？
4. 谈谈你对改革公务员体制、建立合理的公务员激励机制的看法。

【本章小结】

人事行政在政府行政管理中居于核心地位，它对社会和经济发展具有巨大的推动作用。公务员制度是现代政府人事行政体制的普遍形式。本章对人事行政的基本概念、人事行政的基本目标和任务、基本原则进行了概述，对中西方人事行政制度的变迁进行了回顾，并阐述了我国国家公务员制度的主要内容。要求学生在掌握这些基础知识的基础上，关注当代人事行政改革的现状和趋势，掌握现代人事管理的相关法律法规和政策，以期进一步加深对人事行政的理解和把握。

第六章 人事行政

【复习与思考】

1. 人事管理和人事行政的含义是什么？企业人事管理与人事行政有何联系与区别？
2. 人事行政的基本任务有哪些？
3. 人事行政的地位和作用是怎样的？
4. 试述现代人事行政的基本原则。
5. 试述我国古代人事制度的历史演变及其特点。
6. 试述西方公务员制度建立的两种不同的类型，经历的两个不同过程。
7. 试述西方文官制度在当代的改革和发展的特点。
8. 试述我国国家公务员制度的建立和发展过程。
9. 结合实际谈谈应如何进一步健全与完善我国的国家公务员制度？

第七章　行政领导

> 将者：智、信、仁、勇、严也。
>
> ——《孙子兵法》

【知识要求】

通过本章的学习，使学生掌握行政领导的含义、特点以及几种有代表性的现代行政领导理论；了解行政领导理论的演变过程及其最新发展；理解行政领导的职责以及行政的方式、方法和艺术；运用行政领导者素质的相关理论知识来分析我国社会现实中行政领导干部的选拔与任用。

【关键术语】

行政领导；领导特质理论；领导行为理论；领导权变理论；现代领导理论；行政领导者的素质；行政领导方式；行政领导艺术

行政领导是行政主体的基本构成要素之一。行政组织的各个部分要形成一个统一的整体并发挥其功能，就必须有统一的组织和指挥，从而显示出行政领导的作用和重要性。行政领导贯穿于行政管理全过程，是行政管理协调统一的保证，是行政管理成败的关键。

第一节　行政领导概述

一、领导的含义及其特点

（一）领导的含义

领导是人类社会中自古就有的一种最普遍和不可缺少的现象，马克思说："一切规模较大的直接社会劳动或共同劳动，都或多或少地需要指挥，以协调个人的活动，并执行生产总体的运动——不同于这一总体的独立器官的运动——所产生的各种一般职能。"所有参与社会活动的人，不是领导别人，就是受别人领导，或者既领导别人又受别人领导，人们都感受到领导的存在和重要，于是就产生了一门专门研究领导活动及其规律的科学——领导科学。

但是人们对"领导"的含义有着不同的理解。领导这个词在汉语中有多种意思，例如：领导活动、领导过程、领导功能、领导者、领袖、领导行为、领导集体等。据美国学者统计，领导的定义有350多种。

关于"领导"的含义可以归纳为以下几种观点：
- 领导是一种艺术。
- 领导是影响他人的一种力量。
- 领导是一种能力。
- 领导是一种影响力。
- 领导是一种过程或行为。

领导在《现代汉语词典》里的解释是：率领并引导朝一定方向前进；担任领导的人；领导者。在英文中，"领导"为 lead、leader 或 leadership。可见，不论在中国还是外国，"领导"只有两种基本的含义：一种是作为名词的领导，是指领导者；另一种是作为动词的领导，是指领导活动。

可见，领导是组织中具有权威的个人或集体，带领和引导组织成员实现既定目标的行为过程。我国习惯上把有正式权威和正式职位的领导者称为领导，也将领导者的行为称为领导。

（二）领导的特点

从上述对领导的定义可以看出，领导具有以下四个方面的特点：

（1）从领导的目的来看，领导是为了实现特定的组织目标。也就是说，并不是所有的成员间的影响都形成领导行为，只有引导下属或其他成员实现组织目标的行为过程才是领导。

（2）从领导的构成要素来看，领导是组织者、指挥者和被组织者、被指挥者共同活动的过程。因此，形成领导活动必须具有领导者、被领导者、作用对象和环境四个基本要素。

（3）从领导的本质来看，领导是领导者对被领导者的一种影响。领导不同于一般的管理，而是一种能影响别人去完成或实现一定目标的管理活动。

（4）从领导的过程看，不管是军事、政治、社会，还是经济、文化各个领域的领导，都是一种通过影响所管辖或所从属的人们及其行动进行组织、指挥、协调、控制的活动过程。

（三）领导与管理

领导与管理二者既有区别又有联系，在实践中，领导活动和管理活动是相互包容、相互渗透的。领导工作是管理工作的重要职能，领导活动本身就脱胎于管理活动，是一种更高层次的管理活动。一个有效的管理者也必然要掌握一定的领导方法，具备一定的领导者素质；一个成功的领导者也必须直接参与管理过程。领导与管理最大的区别在于，管理是一种程序化的控制工作；而领导是一种变革活动。管理是为组织活动选择方法、建立秩序、维持运转的行为；而领导体现的是管理过程的战略性，它是一种确定方向、开拓局面的行为。领导者与管理者的区别如表7-1所示。

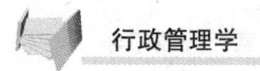

表7-1　　　　　　　　　　领导者与管理者的六大区别

不同方面	领导者	管理者
历史使命不同	解决做什么	解决怎么做
关注对象不同	人及其作用发挥	制度和规则
关注目标不同	长远发展	近期效益
思维方式不同	创造思考	逻辑推断
工作方式不同	擅长激励	擅长控制
素质要求不同	知识面要广	专业化要深

二、行政领导的含义及其地位与作用

（一）行政领导的含义

跟领导的含义相一致，行政领导也有两种基本含义：一是名词意义的行政领导，也就是行政领导者，是指在各级行政机关中，具有组织、管理、决策、指挥职能的行政人员，即行政领导者。行政领导者可以是一个集合概念，指一个领导集体；也可以是一个个体概念，指某一行政首长。二是动词意义的行政领导，是指在行政组织中，经选举或任命而享有法定权威的领导者依法行使行政权力，为实现一定的行政目标所进行的组织、管理、决策、指挥等的社会活动，即行政领导活动。

在我国，行政领导主要是指国家行政机关的领导。国家行政机关即各级政府，它们的任务是推行国家政令，管理政治、经济、科学、文化、教育、卫生、体育等社会公共事务。行政领导就是国家各级行政机关的行政领导者依法行使国家行政权力，组织和管理行政事务，进行决策、指挥、组织、控制、检查、监督等行政活动。行政领导在整个国家管理活动中处于极为重要的地位，是整个国家机器正常运行的核心部分，行政机关的决策、执行都直接影响到国家各项事业的发展，关系到国家的前途和命运。

（二）行政领导的特点

行政领导是国家行政管理活动中的领导活动，它具有一般领导的共同特点，同时又有执行性、政治性、权威性和综合性的特点。

1. 政治性

政治性是行政领导的鲜明特点。国家行政机关是国家机构的重要组成部分，而国家机构具有鲜明的政治性，行政机关也不例外。行政机关的政治性要求行政领导必须要有鲜明的政治性，必须坚定地执行国家的意志。例如，在我国，中国共产党是执政党，因此，在我国社会主义现代化进程中的重大问题，都由党中央提出路线、方针、政策，再由国务院拟定实施方案。中央和地方国家各级行政机关，都要自觉接受中央和地方党委的领导，重大问题要提请同级党委讨论决定。

2. 执行性

执行性是行政领导的显著特点。这是因为：

第七章　行政领导

（1）国家行政机关是国家权力机关的执行机构，在整个国家机关中是居于行政执行的地位，因此，行政领导必须在权力机关发出的指令下工作。对行政领导来讲，它与权力机关的关系首先是按权力机关的合法指示，依法行政；其次就是根据权力机关的合法要求，迅速组织人力与物力资源，高效、快捷地实现权力机关的工作意志。

（2）在政党政治时代，国家政权由执政党掌握，因此，国家行政机关必须执行执政党的决定，接受执政党的领导。

3. 统一性

统一性是行政领导的又一显著特点。这是因为：

（1）行政组织是整个国家机器中纵向、横向分布最广泛、最重要的组织，机构数、职位数大大高于其他国家机构。一般行政机关的职位数占整个国家机关职位数的80％，国家机器的日常运转主要靠各级行政部门、行政组织有条不紊地进行。如果国家行政机关因故停止活动，整个国家活动就会陷于瘫痪，并造成巨大的损失。行政领导活动在国家机器中处于牵一发而动全身的地位。

（2）行政领导是国家管理活动中最具直接性、时效性的活动，对国家、社会的各类问题，包括突发事件要迅速有效地作出反应。行政领导活动必须具有高度的统一性，统一政令、统一行动。

4. 权威性

行政领导是依据《宪法》和法律，运用国家赋予的权力来组织和管理国家事务和社会公共事务的，因而具有权威性。同时，行政管理活动的特性也要求行政领导必须具有高度的权威，而行政管理对象对行政机关及其公务人员法定的行政行为都有服从的义务。

（三）行政领导的地位与作用

行政领导是行政管理活动的决策者、组织者、推动者，它在整个行政管理活动过程中处于核心和主导地位。行政领导在行政管理活动中起着重要的作用，主要表现在以下几个方面：

（1）行政领导是行政管理协调统一的保证。在行政领导过程中，为了使行政活动协调和统一，保证行政目标的顺利实现，就需要使所有组织成员的意志服从于行政领导的意志。随着行政职能的扩展，行政人员不断增加，统一意志和统一指挥的行政领导的必要性和重要性就显得尤为突出。

（2）行政领导是行政管理成败的关键。由于行政领导具有"统领"、"引导"的整体管理功能，因而成为行政行为的指南和准则。正是这样的决定作用，决定了担负行政决策责任的行政领导的状况是关系整个行政管理活动成败的关键。

三、行政领导者的职责

行政领导者的职责由职位、职权和责任组成。

（一）行政领导者的职位

行政领导者的职位，是指由国家权力机关或人事行政部门根据相关的法律法规，按规

行政管理学

定程序选举或任命行政领导者所担任的职务以及要承担的相应责任。职位由职务和责任两个不可分割的部分构成,即,担任了某一职务,就拥有了与之相应的领导权,但同时也就必须承担相应的领导责任。

行政领导者的职位有四个方面的显著特点:第一,职位是以"事"为中心确定下来的;第二,职位的设置有一定的数量规定性;第三,职位本身具有相对的稳定性;第四,行政领导者职位有法定性。

(二) 行政领导者的职权

行政领导者的职权,是指由于行政领导者担任一定的职位而获得的具有法律效力的权力。

行政领导者的职权,是其行使指挥与统御过程的支配性影响的实质条件。同时,职权不仅意味着行政领导者具有从事一定行为的可能性,而且意味着必须从事这一行为,否则就构成失职。

职权法定是赋予行政领导者的职权所必须遵守的基本原则,这一原则的具体要求是:第一,职权依法定程序被授予,只可以依法定程序收回或转移,任何人不得以任何形式私下转让。第二,职权与个人因素无关,不论谁掌握它,权力都是一样。第三,行政领导者所拥有的职权及其行使都有严格的限制。

行政领导者的职权与职位有着密切的关系:一方面,职权是与职位联系在一起的,职权是由职位衍生出来的,职位的性质决定职权的性质;职权与职位有对称关系,职权的大小与职能的高低、责任的轻重相适应;职权是法律认可与确认的权力。另一方面,行政职权是有限度的权力,它由国家权力机关因社会公共管理分工的不同而进行功能性划分,并由国家依据划分做出授予,被授予者需对权力有明确的认识,从而掌好权、用好权。

(三) 行政领导者的责任

行政领导者的责任,是指行政领导者在国家行政机关中处于一定的职位所承担的工作任务及应负有的责任。

根据权责统一原则,在一定岗位上拥有一定权力的领导者就必然要承担与权力相对应的领导责任。领导责任主要包括两方面内容:第一个方面是指行政领导者要依法履行行政领导职位上的工作任务。由于职位的不同,各级行政领导者都有其具体的职责,行政领导者的职责和其他领导者的职责基本相同,我国学者将行政领导者的职责归纳为三个方面:决策规划、组织建设和选材用人。第二个方面就是行政领导者必须承担违反法定义务而引起的法律后果,主要包括政治责任、工作责任和法律责任。政治责任是指行政领导者依照权力机构或者授予者的要求进行工作,完成工作过程之后造成的客观社会影响;工作责任是指行政领导者自己的岗位责任与领导责任,所谓岗位责任指行政领导者担任某一职务所应承担的义务以及对成败的个人担当,而领导责任则指行政领导在组织、决策、指挥、用人、监督、评估等环节的工作过程中所必须负有的保其成而避其败的职责;法律责任是指行政领导者因担任某一职务、运用某种权力时应对法律所作出的承诺，这种承诺既是行政领导对法律予以规范的回应，也是对所承担的领导工作可能发生的社会影响的一种反馈。

第二节 行政领导理论的演变

一、行政领导理论的发展过程

随着现代化大生产和科学技术的不断发展，自20世纪30年代以来，行政管理学科获得了快速的发展，出现了诸多新的研究领域，领导科学就是行政学中的重要研究范围。各国学者针对领导行为进行了大量的研究，提出了各种各样的领导理论，出现了诸多的理论流派。概括起来，西方领导理论的发展经历了四个阶段。

（一）领导特质论阶段（20世纪30~40年代）

领导特质论以领导者为中心，从不同领导者在领导活动中显示出的不同特质出发，希望通过对领导特质的研究，发现领导者的一般特征，并解释领导现象的发生与变化。

（二）行为论阶段（20世纪40~60年代）

领导行为论认为：领导的本质是一种影响力，它是在领导者与被领导者之间的相互作用中形成的，领导者借助这种相互作用来引导被领导者的思想与行为，最终实现组织目标。行为理论强调在对领导行为的基本倾向进行划分的基础上，应对不同领导风格和领导行为对领导绩效的影响加以分析。

（三）权变论阶段（20世纪60~90年代）

由于未能在特质和行为方面获得一致的结果，20世纪60年代，研究者开始探讨影响领导效果的情境因素，形成了权变理论。这种理论的前提假设是：一种领导行为是否有效依赖于具体领导情境的需要。领导情境因素包括工作特征、工作群体的构成、组织的特点、人际关系等。

（四）现代领导理论（20世纪90年代以来）

随着时代的变迁和行政管理趋势的变革，一些学者在领导概念的界定、研究对象和研究方法上都超越了以往的研究，提出了许多新的领导理论。相对于以往的领导理论，这些新观点或从原角度进行了深化，或从其他角度进行了丰富，成为新世纪行政管理中行政组织领导行为的行动指南。其中比较有代表性的有变革型领导理论、领导归因理论、魅力型领导理论等。

以上四个阶段理论的出现并不是偶然的结果，它们是应时代的需要而出现的，是随着科学的发展而发展的。总体来看，行政领导理论遵循由内而外、由静态到动态、由个体到系统方向发展的，这与行政管理学科发展的总体趋势是一致的。

在我国，关于领导科学概念的提出，大体是在 1979~1981 年期间。1982 年 10 月，中共中央、国务院发出的《关于中央党政机关干部教育的决定》，把领导科学列为党政干部必须学习的共同业务基础课之一。1982~1983 年，首先在党校系统开始，研究建立领导科学体系问题。自从 1984 年以来，无论是行政管理学学科建设，还是干部普及宣传与实践应用等方面，都取得了令人瞩目的成果。

二、20 世纪的行政领导理论

（一）领导特质理论

领导特质理论是指从领导者的性格、生理、智力及社会因素等方面寻找领导者特有的品质或应有的品质的理论，也称领导素质理论。该理论最初由心理学家提出，试图区分领导者与被领导者或有效领导者与无效领导者之间的差异。研究人员着重对个人特性进行归纳分析，并根据领导效果的具体情况进行比对，从而找出一个优秀的领导者所应具有的特质。

领导特质理论的典型代表，加拿大多伦多大学组织行为学教授罗伯特·豪斯（Robert House），他确定了一个优秀的领导人应具有的三项因素：极高的自信、支配力以及对自己信仰的坚定信念。美国学者詹姆士·库塞基（James M. Kouzes）和贝瑞·波斯纳（Barry Posner）通过对近千家企业的领导者及政府行政部门的调查研究发现，排在前四位的领导特质是：

（1）诚实。人们对于诚实的领导者有良好的印象，并乐于接受他们的领导，一个言而有信的领导者最容易调动下属的积极性。

（2）有远见。领导者目光长远，懂得审时度势，合理地确定组织的发展方向；组织目标清晰，有利于成员团结一致，有利于组织目标的实现。

（3）懂得鼓舞人心。领导者拥有一定的手段激励团队士气，鼓舞大家斗志，这对于一个团队是十分重要的。

（4）能力卓越。有效的领导者，最重要的是具有相当程度的领导能力，在整个领导活动中，领导者能力的高低对于组织的成长和发展具有举足轻重的作用。尽管各个领域对领导者能力的要求各不相同，但有一点是可以肯定的，那就是对本行业相关知识和技能的熟悉和掌握。

现代特质理论否定了"领导者是天生的"，认为成功的领导者可以通过后天塑造，领导者的性格特征是在实践中形成的，也是可以训练和培养的。领导特质理论为选拔与培训领导者提供了依据，为行政领导的素质评定奠定了基础。

（二）领导行为理论

领导行为理论是在 20 世纪 40 年代兴起的，一些行为科学家从领导特质理论的研究转向领导行为研究，以此来了解领导者具体行为的规律，达到提高各种领导活动的预见性和可操作性的目的，以进一步提高组织的工作效率。这一研究的重点放在了"什么才是领导者应有的行为"、"哪一种行为的效果最好"等问题上。这种理论模式的前提假设是：有效的领导依赖于一系列特定的领导行为，这些领导行为能够对组织成员完成组织目标产生积极的影响，以期寻找最佳领导方式。行为理论强调一个有效的领导行为，而不是判断谁应该是一位有效的领导者。

行为理论的典型代表主要有：

（1）俄亥俄州立大学的双维领导理论。它确立了领导行为的两个最基本考察维度，即结构维度和关怀维度，在此基础上还提出了四种领导方式，包括高关怀、低结构，高关怀、高结构，低关怀、低结构，低关怀、高结构。该研究表明了不同的领导方式对工作效率和职工情绪有直接的影响。

（2）罗伯特·布莱克（Robert Blake）和简·默顿（Jane Merton）设计的管理方格图。它用对人的关心程度和对生产的关心程度的坐标组合方式来描述领导方式的差异，提出了五种典型的领导方式：贫乏型领导、俱乐部型领导、任务型领导、中庸型领导、团队型领导，其中团队型领导模式被认为是最理想、最有效的。

（3）卢因（K. Lewin）的领导风格理论，提出了专制型、民主型、自由放任型三种领导风格，认为只有在民主的领导风格下，才能达到群体的高生产率和群体的高满意率。

（4）利克特（R. Likert）的"第四种领导体制"，提出了四种类型的领导方式和风格：专权独裁型、温和命令型、协商型和参与型，并认为只有"参与型领导体制"才是效率高的。

（三）权变领导理论

权变理论的前提假设是：一种领导行为是否有效依赖于具体领导情境的需要。这里所说的领导情境因素包括工作特征、工作群体的构成、组织的特点、人际关系等。

具有代表性的领导权变理论主要有：

（1）菲德勒模型（Fiedler model）。伊利诺伊大学的菲德勒从1951年开始，先从组织绩效和领导态度之间的关系着手进行研究，经过长达15年的调查试验，提出了"有效领导的权变模式"，即菲德勒模型。他认为任何领导形态均可能有效，其有效性完全取决于是否与所处的环境相适应。他把影响领导者领导风格的环境因素归纳为三个方面：职位权力、任务结构和上下级关系。

（2）领导生命周期理论（Situational Leadership Theory, SLT）。该理论由赫塞（Paul Hersey）和布兰查德（Ken Blanchard）提出，他们认为下属的"成熟度"（readiness）对领导者的领导方式起重要作用，对不同"成熟度"的员工采取的领导方式也应有所不同。所谓"成熟度"是指人们对自己的行为承担责任的能力和愿望的大小，它取决于两个要素：工作成熟度和心理成熟度。工作成熟度包括一个人的知识和技能，工作成熟度高的人拥有足够的知识、能力和经验完成他们的工作任务而不需要他人的指导；心理成熟度指的是一个人做某事的意愿和动机，心理成熟度高的个体不需要太多的外部激励，他们靠内部动机激励。他们在管理方格图的基础上，根据员工的成熟度不同，将领导方式分为四种：

命令式、说服式、参与式和授权式。

(3) 路径—目标理论 (path-goal model)。路径—目标理论是以期望概率模式和对工作、对人的关心程度模式为依据,认为领导者的工作效率是以能激励下属达到组织目标并且在工作中得到满足的能力来衡量的。领导者的基本职能在于制定合理的、员工所期待的报酬,同时为下属实现目标扫清障碍并创造条件。根据该理论,领导方式可以分为四种:指示型领导方式 (directive leader)、支持型领导方式 (supportive leader)、参与型领导方式 (participative leader)、成就指向型领导方式 (achievement-oriented leader)。

权变领导理论为人们分析和处理各种行政管理问题提供了一种十分有效的方法。它要求行政管理者根据组织的具体条件及其面临的外部环境,采取相应的组织结构、领导方式和管理方法,灵活地处理各项具体管理业务。这样就使行政管理者把精力转移到对现实情况的研究上来,并根据对具体情况的具体分析,提出相应的管理对策,从而使行政管理活动更加符合实际情况,更加有效。因此,任何行政领导者在进行领导活动时既要坚持原则性,又要有必要的灵活性,即把原则性和灵活性有机结合起来,从而卓有成效地实现行政目标。

(四) 现代领导理论

现代行政领导理论中比较有代表性的是:变革型领导理论、领导归因理论、魅力型领导理论、愿景领导、跨文化领导等理论,本章重点介绍变革型领导理论、领导归因理论和魅力型领导理论。

(1) 变革型领导理论。变革型领导理论是 20 世纪 80 年代由美国政治社会学家詹姆斯·麦格雷戈·伯恩斯 (James Mac Gregor Burns) 在他的经典著作《领袖论》(Leadership) 中提出的一种领导理论类型。伯恩斯将领导者描述为能够激发追随者的积极性从而更好地实现领导者和追随者目标的个体,进而将变革型领导定义为:通过让员工意识到所承担任务的重要意义和责任,激发下属的高层次需要或扩展下属的需要和愿望,使下属为团队、组织和更大的政治利益超越个人利益的领导者。巴斯 (Bass) 等人最初将变革型领导划分为六个维度,后来又归纳为三个关键性因素,阿沃利奥 (Avolio) 在其基础上将变革型领导行为的方式概括为四个方面,理想化影响力 (idealized influence)、鼓舞性激励 (inspirational motivation)、智力激发 (intellectual stimulation)、个性化关怀 (individualized consideration)。具备这些因素的领导者通常具有强烈的价值观和理想,他们能成功地激励员工超越个人利益,为了团队的伟大目标而相互合作、共同奋斗。

变革型领导理论把领导者和下属的角色相互联系起来,并试图在领导者与下属之间创造出一种能提高双方动力和品德水平的过程。拥有变革型领导力的领导者通过自身的行为表率,对下属需求的关心来优化组织内的成员互动。同时通过对组织愿景的共同创造和宣扬,在组织内营造起变革的氛围,在富有效率地完成组织目标的过程中推动组织的适应性变革。

(2) 领导归因理论。领导归因理论 (Attribution Theory of Leadership) 是由米契尔 (Terence R. Mitchell) 于 1979 年首先提出的一种领导理论。这种理论指出,领导者对下级的判断会受到领导者对其下级行为归因的影响,但领导者对下级行为的归因可能有偏见,这将影响领导者对待下级的方式；同样，领导者对下级行为归因的公正和准确也将影响下级对领导者遵从、合作和执行领导者指示的意愿。领导者典型的归因偏见是把组织中的成功归因于自己，把失败归因于外部条件，把工作的失败归因于下级本身，把工作的成功归因于领导者。

领导归因理论是在领导者对下级行为表现及所处环境进行观察后作出归因分析和判定，再根据归因结果作出相应的行为反应。在归因分析和判定中，领导者根据自己的观察把下级的行为归于外因或内因，但这期间受两方面因素的影响：一是观察线索，即领导者要考虑下级行为的差异性、普遍性和一贯性；二是领导者的个人偏见。在行为反应中同样也有两方面因素的影响，即对所造成后果影响的判断和领导者的偏见。因此，克服领导者的归因偏见是有效领导的重要条件之一。领导归因理论的主要贡献在于提醒领导者要对下级的行为作出准确"诊断"，并"对症下药"，才能达到有效管理的目的。

（3）魅力型领导理论。魅力型领导理论（Charismatic Leadership Theory）是指领导者利用其自身的魅力鼓励追随者并作出重大组织变革的一种领导理论。

20世纪初，德国社会学家韦伯提出"charisma"，即"魅力"这一概念，意指领导者对下属的一种天然的吸引力、感染力和影响力。但从20世纪70年代后期开始，一些学者对这一概念作了重新解释和定义，进行了深入的研究，充实了新的内容。豪斯于1977年指出，魅力型领导者有三种个人特征，即，高度自信、支配他人的倾向和对自己的信念坚定不移。随后，本尼斯（W. Bennis）在研究了90名美国最有成就的领导者之后，发现魅力型领导者有四种共同的能力：有远大目标和理想；明确地对下级讲清这种目标和理想，并使之认同；对理想的始终贯彻和执着追求；知道自己的力量并善于利用这种力量。

魅力型领导理论从20世纪80年代起，日益受到研究者的重视。这是因为随着经济全球化的发展，市场竞争日趋激烈，各类组织尤其是企业组织迫切需要魅力型领导者的改革创新精神，以对应环境的挑战。但一些学者也指出，魅力型领导者也可能有消极方面。如果魅力型领导者过分强调自己的个人需要高于一切，要求下级绝对服从，或利用其高超的说服能力误导或操纵下级，则可能产生不良结果。目前，多数研究者还是采用面谈、传记、观察等描述性方法对魅力型领导者进行定性研究，也有不少研究者正在探索研究魅力型领导者的定量方法。

三、21世纪行政领导理论的发展

进入21世纪以来，信息技术的发展引起了行政组织结构、领导方式及价值观念的巨大变化，"领导"的范畴也获得了极大拓展，它被渗透到行政组织的各种职能和各级部门之中，从而突破了传统组织体系的约束。领导已不再单单是居于高层职位的人所进行的决策活动和用人艺术，而是使居于各个部门、各个层次上的主管者都能成为成功的影响者和鼓动者的一种活动。超级领导理论、团队领导理论、服务型领导理论等领导理论模式，反映了领导的内涵与范围已被大大拓展了。

（一）超级领导理论

超级领导就是领导者发动下属自己领导自己的新型领导方式。

行政管理学

超级领导实现了领导观念和领导方式的根本转换，它一反传统的那种把下属单纯当作下属的做法，认为强有力的领导不是统治别人和让别人去做你想让他们做的事情，而是一种激发部属无穷的才智并使他们成为自我领导者的过程，这一观念的转变是实施超级领导的关键。因而主张把下属都当成富有主动精神和责任感的"准领导者"甚至是"实际领导者"，让他们全方位发挥作用，以领导的角色和方式致力于推进整个组织的共同事业，共同完成任务，以实现领导目标。"超级领导"模式不仅实现了领导观念的根本变革，而且引发了领导体制的根本变革。因为一旦把组织系统内的每个人都当做领导主体，就必然把传统意义上的领导主体由过分突出和高高在上的状态，拉平到现代意义上的实际上趋于平等的状态，把原来的金字塔中单纯的领导主体和领导客体混合化起来，变成一个将领导主体和领导客体整合一致的平盒式领导实体；在这个实体中，领导主体和领导客体这对角色至少在组织方式和形式上已经基本消失。这是领导方式的重要创新，也是一种明显的民主进步。

（二）团队领导理论

团队领导理论把领导看作团队过程中的投入或产出（结果）。如果把领导看作一种投入，那么就是研究团队的领导者及其对团队过程和结果产生的影响，如果把领导作为一种产出（结果），那么就是研究在给定的团队及其影响下形成的领导。把领导看作团队过程的结果这种新的研究视角是对前一种视角的补充，而不是替代。

厄尔斯（Earce）和西姆斯（Sims）率先从团队共享领导的观点出发，把团队领导定义为由团队成员和指定的团队领导者共同执行的领导，是团队所有成员整体水平上表现出来的领导者行为。当团队的所有成员充分参与到团队的领导，为最大限度地发挥团队的潜力而毫不犹豫地为其他团队成员进行指导和影响，则团队实现了共享领导，它是领导者与非正式领导者之间的相互领导。

团队领导放弃了期待一个人拥有各项必备特质及正式领导者带领被领导者走向成功的信念，转而求助于群体成员共同承担领导责任。团队领导理论把领导者从控制的作用更多地转变为推动作用，把团队成员带入决策、指挥等行政管理活动过程中。领导者认为每个人都是领导者，而他自己的任务是建立一支强有力的团队，团队成员拥有共同的远景目标，大家平等参与，相互影响，共担责任并彼此合作来实现组织目标。

（三）服务型领导理论

服务型领导就是能够将他人的需要、愿望及利益置于自己之上的领导。服务型领导理论借鉴了仆人式领导方式，完全颠覆了通常的领导模式和思维模式，把上下位置颠倒了过来，以他人的成功为自己的成功，把团队看成是一个优势互补、取长补短的有机整体。德鲁克曾指出：领导者的工作不仅仅局限在给员工工作方面的指导，还必须关心他们将会成长为什么样的人，以及在他们的成长过程中，工作环境会发挥什么样的作用。

服务型领导理论强调个人发展和对下属授权，认为服务型领导者是一个活的矛盾体，必须做到以下五个方面：第一是目标远大，给周围的人树立远大的目标，这个目标要足以激励每个人都为之全力以赴；第二是颠覆传统的管理思维模式——倒转金字塔，把自己放在底层，激发出周围人的能量、激情和才能；第三是高标准、严要求，精挑细选团队的领袖,要求团队的领袖在工作中有非常出色的表现,营造一种高标准、严要求的文化氛围;第四是开路,指导精挑细选出的团队领袖,做一名服务型领导者所应学习的原则和方法,并为他们扫清障碍,帮助他们做到表现出色;第五是以优势为本,给最合适的人分配最合适的事,攻克弱点不如发挥强项。

综上所述,行政领导理论的发展经历了一个不断创新的过程。我们可从领导理念、领导方式和领导角色三个维度考察领导理论的创新;在领导理念上,经历了一个仅专注于领导者自身的封闭的领导观向一个逐渐重视领导者身处的生态环境的开放领导观转化的逻辑进程;从领导方式维度看,一个世纪以来的领导学理论经历着一个从眼睛向上的、以伟人领导观作指导的领导方式向眼睛向下的、以平民领导观作指导的领导方式的转换;而领导角色的创新则体现为从高高在上转向领导共享,包括目标共享、利益共享、困难共享、成功喜悦共享;从追求"个人冠军"到旨在团队获胜,从居高临下解决问题转向敢为人先,与大家一起共同开创美好未来的前景。

21世纪行政领导理论的发展趋势是要突破传统理论的个体化取向,重视团队合作、共享领导、群体成员共同承担领导责任,使领导更加科学化和艺术化。

第三节 行政领导的方式与艺术

一、行政领导者的素质

行政领导者的素质是指行政领导者所具备的先天的心理和智力,经过后天教育和实践形成的心理特点、价值取向、文化修养、智慧、能力和品德的综合条件。行政领导者的素质非常重要,它对一个国家、一个地区、一个行政机关的行政管理的成败起着决定性作用。

(一)行政领导者的个体素质结构

1. 思想政治素质

行政领导者的思想政治素质即领导者的"德",是指在政治方向、政治立场、政治品德、思想作风和工作作风方面的表现。

思想政治素质决定行政领导者的献身精神、创业精神和开拓精神,决定行政领导者的组织性、纪律性、自觉性和主动性。首先,要有坚定的政治信念。行政领导者是社会公共事务的决策者,对所有的公民都会产生较强的影响。因此,行政领导者必须具备明确、坚定而崇高的政治信念。其次,要有较高的政治理论水平。行政领导者应运用自身制度所推崇的价值观和方法论,去分析问题、解决问题,不断吸收新的科学思维方法,不断提高自身的理论修养和思想水平。最后,要有全心全意为人民服务的精神。行政领导者代表广大人民群众的利益,其根本宗旨是为人民谋幸福,因此,行政领导者必须具有崇高的道德情操和高尚的人格,要有端庄正派的良好作风,胸襟坦荡、豁达大度,要勤政为民、廉洁奉公；树立正确的政绩观，严格依法行使权力，不以权谋私；忠于职守，勤于政事，对工作兢兢业业，认真负责，不搞形式主义。

2. 业务素质

行政领导者的业务素质，即干部的"才"，是指领导者的专业化、知识化，具有真才实学、能够开创新局面的组织领导才能和管理才能。

行政领导工作是一项系统复杂的工程，行政领导者业务素质的高低直接影响领导效能。行政领导者必须具有一定的科学文化知识和公共行政专业知识，全面系统地掌握国家管理和政府管理理论，熟悉本职位的工作业务，同时，还应接触综合性学科、边缘学科、交叉学科的新知识，以适应时代发展和领导工作的需要。专业素质决定行政领导者从事某种专业技术工作或专门业务工作的熟练程度和复杂程度，决定他们搜集、筛选、传递专业信息或业务信息的能力，决定他们处理专业技术问题或专门的业务问题的效能和效率。新中国成立前，面对大城市的管理和国家经济建设任务，毛泽东同志在党的七届二中全会上曾号召全党、全军干部要加强学习经济管理知识，适应党的工作重点由革命斗争向经济建设转移的形势。当前在建立和完善社会主义市场经济体制的过程中，我党也号召各级领导干部要学习和掌握有关市场经济的理论，尽快成为熟悉和能够驾驭市场经济的领导者。

3. 能力素质

行政领导者要有较强的领导能力和驾驭全局的管理能力，领导管理能力是领导者各种素质的综合表现，也是行政领导者发挥领导职能的基础。

行政领导者要有大局意识和战略思维能力，从整体上把握经济建设和改革开放的大局，对重大实际问题和全局性的问题进行深入思考；行政领导者要有判断能力。要善于发现问题的关键，比较利弊得失，作出有效选择；要善于发现人才、培养人才、用好人才，做到人尽其才；行政领导者能够有效地激励下属，调动下属的积极性、创造性；要有创新的精神与能力；要有较强的计划、组织、协调、控制的管理能力。

4. 身心素质

行政领导者要实现领导目标，首先要有一个良好的身体素质，这是做好领导工作的前提。对行政领导者的身体素质要求是具有健康的体魄和旺盛的精力。身体素质是一个合格的行政领导者必不可少的基本素质。行政领导者应该具备的心理素质包括：要有积极主动的性格、较强的自信心、较强的自制力以及坚忍不拔的意志力等。心理素质是行政领导者对环境、对现实、对意外情况作出反应的基础。

（二）行政领导者的群体素质结构

邓小平同志曾指出，"领导班子就是作战指挥部"、"指挥部不强，作战就没有力量"，必须建立一个坚强的领导班子。为此，不仅要求有个体素质优势，而且更讲求集团优势的最佳组合。所以，优化领导班子素质结构在现代领导活动中有着重要作用。

优化行政领导班子的素质结构必须遵守以下基本原则：一是要从领导成员的个体素质转移到考虑领导成员的最佳组合；二是要从年龄、文化等静态组合转到考察能力、气质等动态组合；三是选拔行政领导成员时，要从全面要求转到因岗位不同而有所侧重；四是既要重视配备和调整行政领导成员，也要注重加强行政领导群体结构的建设和培训。

第七章　行政领导

担当起领导社会主义现代化建设重任的最佳领导班子的合理结构应包括以下几方面。

1. 知识结构

领导班子的知识结构，就是指领导班子的知识构成状况。领导班子的最佳知识结构，是指将具有不同的知识特长和不同专长的领导者组成合理的立体知识结构。

现代领导者必须具有丰富的知识，在整个组织智力结构中，他们应属于高文化知识水平的层次。领导班子的层次越高，其成员的文化知识水平也应越高。

领导班子的知识结构还要注意合理的搭配。作为行政领导者除了必须具有一般的文化知识外，要特别强调具备专业知识以及现代科学技术知识、社会主义市场经济知识，才能承担起行政领导的责任。重视领导班子的文化知识水平不是唯文凭，更应该注重干部的真才实学；也不是要求所有领导成员具有相同程度的文化水平，应该由不同层次、不同门类的、懂得各种知识的成员组成领导班子。

随着社会分工的发展和科学技术的不断进步，专业门类日益增多。但绝大多数人只是某一方面的专才而不是全才。只有将各种"专才"很好组合起来，构成更大的"全才"或"通才"，才能胜任综合而复杂的领导工作。在一个领导班子里，应该既有懂得自然科学技术方面的人才，也有懂得人文科学、社会科学方面的人才；既有理论家，又有实践知识丰富的实干家。总之，一个领导班子应该是具有多种专长的成员的有机结合，以形成具有较宽的知识平面和精深的专门知识相统一的立体知识结构。

2. 智力结构

领导班子的智力结构是指领导者所具备的认识世界和改造世界的水平、才能方面的合理构成。

在某种意义上说，智力结构比知识结构更为重要。领导智力是由多种因素构成的，主要包括观察能力、思维能力、研究能力、创造能力、组织能力、指挥能力、协调能力、控制能力等。人的智力是各种各样的，因此，担负着多种功能的领导群体，必须由不同能力的领导成员协调结合。行政领导工作需要具有各方面才能的人共同协作才能做好，一般来说，一个领导集团合理的智能结构，除挑选主导型人才充任集体领袖外，还应包括具有高超创造能力的思想家、具有高度组织能力的组织家、具有"一步一个脚印"精神的实干家和善于传播沟通的公共关系专家等。假如清一色、"一刀切"，纵然人才荟萃，其整体功能仍是单一的，无法适应复杂多变的领导工作需要。

3. 年龄结构

年龄结构，是指领导班子成员的年龄构成状况。领导班子最佳的年龄结构，是根据不同领导层次，由老年、中年和青年干部按照合理的比例构成的综合体。

领导班子的年龄结构问题，实质上是讲领导班子平均年龄要年轻些，这是现代社会的客观要求，也是社会主义现代化的共同趋势。忽视这一点，就会犯历史性的错误。中年人是领导班子中的中流砥柱，可以承担主要领导工作，是整个领导班子坚强有力的体现；年龄大一点的领导者，具有凝聚力，能团结、影响周围工作人员完成所担负的任务；年轻人是领导班子朝气蓬勃的象征，也是领导班子承前继后的主要力量。合理的年龄结构不仅是建立充满朝气、又富有经验的领导班子的基本条件，也是实现领导班子自然交替的基础和条件，而且可以弥补因为年龄差别带来的不利因素，避免行政领导工作中因年龄因素而带来的问题。但是,也不能把干部年轻化简单理解为青年化,更不能把年龄作为唯一的绝对因素。老中青的具体结构,应根据实际情况区别对待。从领导层次来看,层次高的年龄可以稍大一些,层次低的应相应年轻一些。还应该指出,人的个体是有差异的,有人年逾古稀,尚思维敏捷,精力充沛,而有的人未老先衰。如果按年龄搞"一刀切",就不可能构成最佳年龄结构。

4. 气质结构

领导班子良好的气质结构是指领导班子成员在性格、气质、兴趣、意志、风度、风格等方面应有合理的结构。

所谓气质,是指一个人比较稳定的个性特征,是个体对外界事物的一种惯性的心理反应。人的气质一般分为胆汁质(急躁型)、多血质(活泼型)、黏液质(胶滞型)、抑郁质(稳重型)四种类型。不同的人有不同的气质特点,如有的人性格沉稳内向,有的人爽朗豪放。一个群体里的成员如果都是同一气质类型的人,并不见得就好。领导班子成员由各种性格的人组成,能保证班子工作积极稳重,避免急躁冒进和安于现状、不求进取。

综上所述,领导班子素质结构就是一个多维的动态的综合体,应根据领导班子的层次、工作性质及其特点等实际情况,确定其合理的配备和结构,以提高整体领导效能。同时,还应从改革干部制度、制定科学的考核标准、定期培训干部、抓紧后备干部的培养、进行领导干部的必要调整等方面,加强领导班子建设,不断优化领导班子的素质结构。

二、行政领导的方式

行政领导方式是指在领导活动过程中行政领导者为实现一定的组织目标必须遵循的比较稳定的领导模式。行政领导方式的中心问题就是正确处理领导者与被领导者之间的关系。

行政领导方式的分类有很多种,可以从不同的角度对行政领导方式进行分类:从行政领导者运用权力的不同方式角度进行划分,可以分为独裁式领导方式、民主式领导方式和放任式领导方式;从行政领导的工作侧重点角度进行划分,可划分为以事为中心式、以人为中心式、人事并重式;从行政领导者作用于行政人员的方式角度进行划分,可划分为强制式领导方式、说服式领导方式、激励式领导方式和示范式领导方式。实践中,行政领导者常常是混合交替运用多种领导方式开展行政领导工作的。

(一)按行政领导者运用权力的不同方式分类

1. 独裁式

行政领导把决策权和决定权集于一身,只注重工作的目标,着重强调任务的完成情况及其效率。领导只重视利用组织规章、纪律,通过组织系统,采取强制命令的方式实施领导。上下级之间沟通不够,执行人员往往不了解决策的内容和要求,一旦出现错误很容易受到惩处,下属的主动性和积极性不易发挥。这种领导方式较为落后,容易在上下级之间产生敌对情绪,除特殊情况外,不建议采用这种方式。

2. 民主式

行政领导注意与下属之间的沟通协调,对于解决问题的方案也主动征求各方不同的意见。在执行过程中，领导者注意对下属的工作加以肯定和鼓励，关心下属的工作情况并充分授权以发挥其积极性和主动性。在民主与平等的氛围中，使下属认真体会和接受领导的意图，自觉为实现组织目标而努力。这种领导方式，会使组织成员的工作积极性提高，责任心加强，因而工作效率也较高，是一种比较成功的行政领导方式。

3. 放任式

采用这种方式，上下级之间相对较为陌生，缺乏必要的人际交流，权利、规章制度和纪律的作用被大大削弱，因此容易造成失控和混乱等状况发生。

（二）按行政领导工作侧重点的不同分类

1. 以事为中心式

采用这种方式的行政领导者注重组织目标的实现、任务的完成、行政效率的提高，工作以任务为中心进行展开。对下属的评价注重以工作效率和质量来评价工作人员的实绩，以完成任务的好坏评价单位的工作。这种领导方式，工作抓得很紧，但忽视了下属在精神和感情方面的需求，把下属看作是完成组织目标的工具。因此，在工作环境较好，任务明确，领导者威信高、权力大的情况下，能提高工作效率；如果环境一般，则不适用这种领导方式。

2. 以人为中心式

采用这种方式的行政领导者比较民主、宽容，关心下级、平易近人，体贴人、关心人，关心体贴下属，能给下属以宽松舒适的工作环境，行政领导者尊重下属的建议，能把全体组织成员团结起来，相互信赖，共同完成任务，组织内部人际关系相对和谐，活动的展开注重以人为本。这种领导方式能使群众感到满意，能较好地团结在一起，为调动成员积极性，完成工作任务创造了条件。一般情况下，如工作人员觉悟较高、责任心较强，那么这种领导方式能创造最好的效果、最高的效率。但它并不是在任何情况下都能创造最高的工作效率，由于领导者尊重下级，比较民主，较少运用惩罚手段，有些下级就可能偷懒，工作不努力。

3. 人事并重式

采用这种方式的行政领导既关心人，又关心工作，做到两方面的和谐统一。这种方式将前两种领导方式的优点结合起来，一方面强调关心人，从而调动下属的积极性；另一方面关心工作，使组织成员具有一定的责任感和使命感，更好地实现组织目标。研究表明，凡是对人和对任务都表现热切关心的领导者，都能比只对人或只对任务表现关心的领导者取得更好的效果。有人认为，最能干的领导者总是趋向于强烈地关心人和任务。

总之，选择领导方式时，应对环境、任务、对象的特点进行充分的研究，在从事不同的任务时及时变换领导方式，这就是应变式领导，做到因人制宜、因事制宜、因地制宜。

（三）按行政领导者作用于行政人员的方式分类

1. 强制式领导方式

一个行政组织要协调一致，现代行政组织作为现代社会组织的一种，为使本组织的意志统一、行动一致，高效率地完成组织目标，务必要求本组织成员遵守组织的规章制度，

为此,行政领导者需要发出行政指令来约束或引导行政人员的言行。这种采取发布有权威性、非执行不可的指示、命令的领导方式,就是强制式领导方式。而行政指令具有明显的强制色彩,这种强制,又直接以惩罚为外在特征。一个行政领导者,要善于运用行政指令来规划和指挥行政人员及行政活动的参与者,保证他们不违反行政指令,保证他们服从自己的权威,只有这样才能保证领导者的权威与整个活动的高效率。

2. 说服式领导方式

这一领导方式是指行政领导者在工作中采用劝告、诱导、启发、商量、建议等易于领导者和群众双向沟通的方式,使被领导者接受并贯彻自己的意图。它的优点在于:通过说服有利于贯彻行政领导者的领导方略;有利于上下级达成共识和建立共同的情感以及加强上下级协同工作的愿望,优化人力资源,以较少数量且较高质量的人力投入,赢得更高的行政绩效。

3. 激励式领导方式

这是一种最直接服务于提高领导效能的领导方式,行政领导者运用物质或精神鼓励的手段激发被领导者的工作积极性,以达到工作目标。激励式领导方式大致可以区分为普遍激励和特殊激励两种。普遍激励是针对组织中所有成员的,在方式上包括改善工作条件和提高工作报酬;特殊激励是对部分人员予以特殊的精神与物质激励,特殊激励的对象是那些工作积极、态度端正、成效显著、贡献较大的人员,对他们予以特殊的精神与物质奖励,既可以促使他们产生更大热情,还可以产生榜样效应,从而激发其他工作人员的积极性。

4. 示范式领导方式

领导者是一个组织的象征。他们的精神面貌、行为方式、工作方式、工作动机、价值观念乃至个人趣味,对本组织的人员都会产生明显的或潜移默化的影响。示范方式是领导者以本人"身教"或者树立榜样、典型,供组织成员仿效、学习的一种领导方式。领导者作风正派、遵纪守法、不徇私情、不图私利,在工作上身体力行,就会在组织中形成好的风气,使工作能够顺利开展。

总之,行政领导方式千变万化,领导者要充分考虑到组织所要面对的环境、任务、下属状况等,根据不同的任务选择不同的领导方式,在实践中,常常要通过多种领导方式的结合来开展行政领导工作。

三、行政领导的艺术

行政领导的艺术是行政领导者为了有效地实现领导目标而灵活运用的各种领导技巧、手段和方法。行政领导艺术是行政领导者领导方法的个性化、艺术化,是行政领导者在工作中结合普遍经验和个人体会而形成的。领导艺术是在实际领导活动中总结出来的,建立在经验和理论基础上的领导技巧,它反映了领导者的智慧、能力和经验。领导者掌握了领导艺术就能对一些随机性大的人、事、物,经过周密的思考,作出相应的、当机立断的判断和决策。

行政领导艺术的类型,从领导事务的类别上进行区分,可划分为授权艺术、用人艺术、处事艺术、运时艺术。

（一）授权艺术

授权艺术的科学运用与否在某种程度上直接决定了领导行为的成功与否。授权是指领导者根据工作的需要，将自己所拥有的一部分权力委托给下属去行使，使下属在一定的约束机制下放手工作的领导方法与艺术。

授权是行政领导者的"分身术"，在领导实践中具有十分重要的意义。授权，可以使领导者从烦琐的事务性工作中解脱出来，拿出更多的时间和精力去考虑战略性的大事情，去抓带有全局性的重大问题，更有效地完成决策、指挥、协调和监督等领导者最基本的职能；也有利于激发下属的积极性。领导者把权力授予给自己的下属，可以增强下属的荣誉感和责任心，激发下属的工作热情，调动下属的积极性和创造性，提高工作效率；还有利于发挥下属的专长，弥补领导者的不足，提高领导工作质量。

行政领导者在授权时必须坚持以下原则：

1. 明确职权范围，逐级授权的原则

领导者要授权，必须首先弄清职权范围，这是授权的前提。否则，就有可能将本属他人的权力当成自己的权力授予下属，这种超越自己职权范围的授权，必然造成权力关系上的混乱，破坏正常的领导秩序，影响上下左右的关系和团结。同时领导者只能在纵向系统上逐级授权，下授一级，即只能对自己的直接下属授权，绝不可越级授权。既不可代替自己的上级把权力授予自己的下属，也不可将自己的权力授予给下级的下级，还不可代替自己的下级把权力授给他的下级；否则就混淆了领导层次，搞乱了权力纵向隶属关系，增加矛盾，会造成领导工作的被动。

2. 视能授权，授权有度的原则

授权必须以工作的需要和授权对象能力的大小、水平的高低为依据，绝不可不顾工作需要，或超越下属能力和水平所能承担的限度"因神设庙"，把授权当成对下属的一种奖励或搞任人唯亲。要防止大材小用、小材大用、有材不用和无材宠用。领导者必须知人要有眼力，善任要有魄力，做到量才任职，视能授权，以充分发挥下属潜能。授权意味着上级领导者将自身一部分权力委授给下级去开展某一项具体方面的工作，从而在一定程度上，接受权力的下级就代表了上级领导者甚至是整个组织的意志和行为。下级能力的强弱将直接决定授权目标的实现与否。故而，在授权的前期应对即将接受权力的下属的实际能力进行系统科学的考察，按照下级所具有的能力进行适度合理的授权，防止出现超出下属能力范围的过度授权，避免委授权力的不科学给组织带来负面损失。

3. 权责明确、责权同授原则

领导者向自己的下属授权时，必须向下属交代清楚与被授权力相应的责任，保证被授权者的权力与责任相一致，即有多大的权力就应担负多大的责任，做到权责统一。同时，领导者把所属的一部分权力授予下属后，仍然对其所履行之工作负有总体责任。权力虽然可授，责任却无可旁贷，只有上下相互监督、责权明确，领导工作才会富有成效。

（二）用人艺术

我国古人曾经说过："为政之要，惟在得人""用非其才，必难治政"人能尽其才，则百事兴。善于发现人才、团结人才、使用人才，是领导者是否成熟的主要标志之一。用人对于领导事业的成败起着重要作用。

作为一个行政领导者应有爱才之心、识才之眼、求才之渴、用才之能、容才之量、举才之德。"知人善任、人尽其才"是用人艺术的基本要领。为此，行政领导者必须做到：第一是关心人、了解人、尊重人。只有关心人、了解人、尊重人才能使人们之间的感情得到沟通，建立起友好、和谐的关系，才能使每个人的才能得到充分发挥。第二是对己严、对人宽。作为领导者一定要严格要求自己，处处起表率作用，要求别人做到的，自己首先要做到，才能产生影响作用，领导者才能有威信。领导者在工作中要给下级及时的指导和帮助，出现了问题要实事求是，绝不能把成绩归于自己，把责任推给别人。对别人的缺点和错误要诚恳帮助，以诚相见，这样才能团结同志，赢得同志的信任。第三要知人善任。善于识人、用人，善于授权给下级，让下级独立负责地完成任务，调动下级的积极性。第四要善于处理人与人之间的矛盾，遇到矛盾要客观地调查、分析，分清责任，奖罚分明。尽量采取冷处理方法，摆事实、讲道理、消除矛盾、团结同志。

（三）处事艺术

处事艺术是领导者极为重要的艺术，作为一个行政领导者应学会抓中心工作、统筹兼顾、协调平衡、"弹钢琴"等理事艺术。抓中心工作，就是行政领导者要集中精力抓自己应做的领导工作，而不是动手去干每一件事。有一些行政领导者，工作上习惯于"亲自动手、一竿子插到底"的做法，事无大小，都详细交代。即使让下级干部去干，也要指定谁干，应该怎么干。在干的过程中，还随意作出具体指示。这种干扰下一层甚至更下一层的做法，久而久之就会严重地挫伤下级的积极性、主动性和责任心。有些领导把"亲自动手"，看作是密切联系群众的一个方面，其实是一种错觉。"弹钢琴"的领导艺术就是要求行政领导者在千头万绪、日理万机的繁忙工作中，既要抓住中心工作，又要带动其他工作，分清轻重缓急。重要的先办，比较次要的缓办，但不是不办。只抓重点不及其余的一点论、不分主次的均衡论都不利于工作，不能顾此失彼而要统筹兼顾、协调一致，才有利于工作和事业的发展。

（四）运时艺术

运时艺术是指行政领导者必须树立强烈的时间观念，善于运筹自己的时间，坚决反对那种"一杯香茶一支烟，一张报纸混半天，个个文件划个圈，实际问题不沾边"的工作作风和"一看二慢三通过"的时间态度。

作为一个行政领导者，应该做到：（ⅰ）科学运筹时间。领导者想要完成组织行政目标，就必须科学地运筹时间。在领导工作中科学地运筹时间是项重要的领导艺术。（ⅱ）合理安排工作程序。即领导者合理安排时间消耗比例，把要完成的工作依据工作的轻重缓急、规模大小进行分类，按照时间先后次序安排好，然后按预订计划逐步完成。合理安排工作程序的基本要求有：明确工作先后的次序、先主后次；建立严格的时限要求，提出具体工作的明确时限要求，严格规范时限计划，并按预先规定的时限检查或总结完成情况；最重要的是安排处理好整体工作与局部工作的日常工作计划。（ⅲ）提高时间利用率。处理工

第七章 行政领导

作事务,要专心致志,利用各种有利因素,延长内在时间,努力提高单位时间的利用率。要善于挤时间,充分利用现代化的科技手段,把握高效率的黄金时间段,从而提高工作效率。

【案例分析】

从两位美国总统的性格看领导力

艾森豪威尔:有大局观,方能成为好领导

1. 敢于担当,凝聚力源于发自内心的平等意识

艾森豪威尔可谓大器晚成的典型,在为赴欧作战的美军选定统帅时,艾森豪威尔只是一名新晋升的少将,出人意料地被委以重任,超越了在他前面的366名高级将领,成为美国历史上继潘兴后第二位远征欧洲的统帅。

对于选择艾森豪威尔,马歇尔在给罗斯福的提名报告里解释说:艾森豪威尔不仅具有军事方面的学识和组织方面的才能,而且还善于使别人接受他的观点,善于调解不同意见,使人感到心情舒畅,并真心地信赖他。

应该说,最为马歇尔看重的,是艾森豪威尔的凝聚力,因为他的任务不是带兵打仗,而是领导带兵打仗的将军。艾森豪威尔在团结由丘吉尔、蒙哥马利、戴高乐、达尔朗上将、布莱德雷、巴顿等领袖和名将组成的盟军方面,发挥了关键性作用。而马歇尔对艾森豪威尔的使用,被视为仅次于林肯重用格兰特将军的用人经典。

如后来的政治学家们所言,艾森豪威尔在完成盟军团结上所取得的成功来源于他的人格与能力,由于他十分善于处理人际关系,也使得他的成功看上去从容不迫。历史学家们感叹,艾森豪威尔动人的风度,热情的微笑,谦逊的态度,诚实与坦率,再加上他的力量与坚强信念,消除了最冷漠的英国人的疑虑。温斯顿·丘吉尔称他"可能是世界上最乐观的人",而乐观主义也确实是艾森豪威尔最难能可贵的气质,对于安抚重压下的英国和受伤的法国,极为重要。让许多国家的将军和领导人感到欣慰的是,即便是在面对那些被占领国家的人,艾森豪威尔也表现出十分的敬意。

令下属佩服的是,艾森豪威尔坚持的原则是,"领导只不过是对一切错误承担责任,而把一切好事归功于部属"。而正是他的敢负责任,善于授权,使得下属能够充分发挥作用,保持了较强的团队凝聚力。

即便是后来当上总统,艾森豪威尔仍坚持平等对待他人,善于发挥他人特长。他经常打电话向在工业领域和经济领域做出卓越贡献的专家咨询意见,并始终做到"在人性的基础上解决人的问题"。这一点,对后世的领导者有着极大的启发作用。

2. 抓大放小,要有从整体利益考虑的大局意识

艾森豪威尔还是一个有大局观的领导者。美国参战后,由于珍珠港袭击给美国人带来巨大的心理震撼,而在太平洋战场上美军与日军也是打得难解难分,举国上下多数人都认为应该以太平洋地区为战略重点,先打败日本人,再对付希特勒。但罗斯福和马歇尔却不这样想。从二战的整体战略上考虑,他们认为必须实行"先欧后亚"战略。

按理说,艾森豪威尔在菲律宾服役6年之久,对日本人可谓深怀仇恨,应该是极力主

行政管理学

张坚持"先亚后欧"战略的人。然而，艾森豪威尔却在并不知道罗斯福和马歇尔想法情况下，坚决主张"先欧后亚"战略，并且还制定出了一份完备的美军赴欧作战统一指挥问题的报告，这使得马歇尔相信，艾森豪威尔可堪重用。有意思的是，艾森豪威尔在选择主将时，也比较倾向于任用有大局观的人，这也给后世的管理学提供了很好的案例。在一个组织中，如果最高领导人具有大局观，那么其他高级领导者和中层干部也有大局观，能够为整体利益考虑的可能性就会大许多，其中，不仅有人事任命的缘故，也有上行下效的因素。

胡佛：性格弱点加剧国家危机

1. 刚愎自用，一意孤行导致危机加剧

1929年胡佛上台后，美国股市暴跌，国际贸易摩擦不断，在这样的背景下，美国国会通过了法案建议对进口商品实行前所未有的高关税。当时，有1028名经济学家上书反对，但固执的胡佛还是签署了法案。遗憾的是，胡佛所期待的保护本国企业的效果并没有达成，反而引发了美国贸易伙伴的疯狂报复，不仅美国经济正式进入寒冬，状况也进一步恶化。

直到今天，该法案仍被认为是胡佛担任总统期间犯下的"最大错误"，它不仅催化了美国以及世界历史上最有名的经济大萧条，也留下了病根——只要美国经济出现问题，就会有人自觉不自觉地祭起贸易保护主义的大旗。

胡佛一开始对形势是很乐观的。即便是在危机到来之际，胡佛还是坚信，"我们正在取得对贫困战争决定性胜利的前夜，贫民窟即将从美国消失"。在危机愈演愈烈之际，人们盼望着政府能采取断然措施，但信奉自由放任的胡佛却还是没有转过弯来，导致民众对未来彻底绝望。社会动荡加剧，暴力事件层出不穷，反政府力量在不断聚集。

渐渐地，胡佛自己也对形势开始绝望，这种情绪直接影响到国民重整旗鼓的信心，加剧了危机。

股市和楼市的泡沫，是导致美国经济崩溃的罪魁祸首。但胡佛政府在金融政策上矫枉过正。由于和美国股市、楼市一样心虚，一旦发现形势不妙，胡佛政府便采取了严厉的紧缩政策。1929年8月9日，美联储根据宏观经济过热情况，将利息提高到6%，将证券交易商的利率由5%提高到20%，使投机商们顷刻间陷入了资金短缺状态，只好逃出股市。

从根本上说，这反映了胡佛在领导能力上的不足。一个好的领导，不能是惊慌失措的，要对困难有清醒认识，也要有所预案，这样才会在危机面前泰然自若，而不会做雪上加霜的蠢事。

2. 傲慢偏见，高高在上漠视民生

胡佛的失败，还有着深刻的个性根源。在1932年大选期间，美国媒体曾经特别探讨过"胡佛与傲慢"的问题，回顾了他用铁链封锁白宫，以隔绝上访的退伍军人，并用武装力量对付的"故事"。

而最令胡佛总统生涯蒙羞的，是1932年7月28日，他发出的镇压全国各地要求补偿金的退伍军人的命令。这项极不光彩的指令使胡佛一夜之间成了最不受欢迎的总统，并被美国人视为耻辱——此事既表现出胡佛政府在处理经济危机上的无能，更折射出他的高高在上。

164

让美国人不能接受的是,当美国经济低迷到极点,民不聊生之际,胡佛总统却对记者们说:"并没有谁真正挨饿。拿那些流浪汉来说,他们吃的就比过去什么时候都好。纽约有一个流浪汉,一天吃了 10 顿饭。"这引起了媒体和民众的愤怒。

(资料来源:张国庆,《从两位美国总统的性格看领导力》,载于《人才资源开发》,2011 年第 2 期)

 思考题

1. 试用现代行政领导理论分析艾森豪威尔的行政领导艺术。
2. 结合行政领导理论分析胡佛领导失败的主要原因。
3. 结合案例讨论现代社会的行政领导者应该具备哪些基本素质。

【本章小结】

领导是组织中具有权威的个人或集体带领和引导组织成员实现既定目标的行为过程。行政领导是国家行政管理活动中的领导活动,它具有一般领导的共同特点,同时又有执行性、政治性、权威性和综合性的特点。西方领导理论的发展经过了四个阶段:领导特质论阶段、行为论阶级、权变论阶段和现代领导理论。行政领导既是一门科学,也是一门艺术。行政领导方式是指在领导活动过程中行政领导者为实现一定的组织目标必须遵循的比较稳定的领导模式。行政领导的艺术是行政领导者为了有效地实现领导目标而灵活运用的各种领导技巧、手段和方法。

【复习与思考】

1. 如何理解行政领导的含义与特点?
2. 行政领导的职责是什么?
3. 试述行政领导理论的演变及其最新发展。
4. 作为一个行政领导者,应具备哪些基本的素质?
5. 结合实际谈谈你对优化领导班子结构的观点。
6. 行政领导者在工作中应如何运用领导艺术?
7. 为何说行政领导既是一门科学,又是一门艺术?

第八章 行政决策

"除非决策能够落实，否则不能够称为决策。"

——［美］彼得·德鲁克

【知识要点】

通过本章的学习，使学生掌握行政决策的含义、特点以及行政决策必须遵循的原则，而且，使学生了解行政决策在行政管理中的地位和作用：决策是行政管理的中心环节，行政决策的正确与否，直接决定着行政管理的目标能否顺利实现，所以，行政决策在行政管理中起着决定性作用。特别是要使学生懂得行政决策的科学性和民主性，是决定行政决策正确与否、能否顺利地实现行政目标非常重要的前提和条件。同时让学生了解行政决策的体制和模型；了解我国在行政决策方面存在的问题以及改革创新。

【关键术语】

决策；行政决策；行政决策基本原则；行政决策类型；决策模型；行政决策体制；科学化；民主化

行政决策是政府行政管理的首要环节，是实现行政职能和行政目标的具体管理环节，在公共行政中占有重要的地位，它是行政管理活动全过程的起点。行政决策的质量与效率，对整个行政管理具有重大影响作用，直接关系着政府社会管理和公共服务的绩效。在当代社会，提高决策水平、保证良好的决策效果、避免决策失误，已经成为对各级行政组织的必然要求。

第一节 行政决策概述

一、决策和行政决策

（一）决策的含义

所谓决策，就是作出决定，即人们为实现一定的目标，所作的行为设计及其抉择。也可以理解为，决策就是决定政策和策略，是社会组织为实现某个目标，制定行动方案并加以优化选择的过程。

（二）行政决策的含义

一般意义的决策普遍存在于社会生活的各个领域，行政决策是决策的一种类型，只存在于行政领域内。

所谓行政决策，是指国家行政机关及其行政首长，在处理国家公共事务时，依据法律和政策及社会发展的需要，为达到某种预定的行政目的而制定并选择行动方案的过程。行政决策是决定行政管理中的重大问题，是行政领导工作的中心内容。

这一含义包括三层内容：

首先，公共行政决策是政府运用国家法定权力做出的一种行政行为，体现了国家的意志、利益，具有权威性。

其次，公共行政决策是所有行政机关的重要功能，它以国家法律为依据。行政决策的内容随着行政职能的扩大而扩大，包括由国家干预的社会生活各个方面的公共事务，并且对所有的行政客体有约束力和强制力。

最后，公共行政决策不是瞬间完成的，需要一系列的具体工作，包括调研、论证、分析、预测等，如果缺少这些环节，行政决策职能就是主观臆想、随意的决定。

二、行政决策的特点

作为管理决策的一种形式，行政决策除了具有一般决策的共性特征外，还突出地具有以下特点：

（一）决策主体的确定性

只有掌握国家行政权力的组织和代表这些组织的个人，才能成为行政决策的主体。

（二）决策客体的对象性

即目标性。行政决策是针对国家和社会公众的事务，区别于个人或企业的事务，特别强调公共性。决策目标与政府行政职能密切相关，所以，行政决策是公共行政组织的核心任务。

（三）决策代表利益的阶级性

亦称政治性。行政决策属于政治范畴，具有鲜明的政治性。它强调决策主体只能是行使国家行政权力的组织和个人；决策客体是整个国家和社会的公共事务；行政决策的进行必须以法律为依据；行政决策通过行政方式（政策、法律、法规）作用于社会，具有特殊的权威性和强制性；由于决策者的原因导致严重的后果，要依法追究决策者的政治和法律责任。

（四）决策依据的法律性

从决策依据看，依法行政是行政管理的根本原则，从而决定了行政决策具有很强的政

策规定性。

（五）决策约束范围的广泛性

决策结果在整个管辖区域内具有强制约束力，任何社会组织和公民都必须给予支持，使之能够有效执行。

（六）决策效果的权威性

行政决策以国家权力为后盾，具有强制性的约束力。任何公民和组织都必须贯彻执行政府制定的行政决策，若不执行，必将受到惩罚。这种权威性是行政机关单向行政行为合法的强制力量。

（七）非营利性

以管理社会公共事务为目的，而不以营利为目的。这是与企业决策的本质区别。行政决策过程中，需要考虑成本和效率问题，更重要的是考虑提高为公众服务的社会效果问题。

三、行政决策的基本原则

行政决策的基本原则，是指在行政决策过程中必须遵循的基本准则，它是对行政决策过程中客观规律的反应和要求。主要有以下几点：

（一）系统原则

这一原则要求决策主体实施决策时树立整体观念，应该对决策进行系统分析，而且，应该把决策对象看成是一个完整的系统，实现决策目标的系统完整和系统平衡。

（二）信息原则

行政决策的正确程度取决于决策过程中信息资料的全面性和准确性，信息资料的真实、全面、及时、准确决定了行政决策的科学化程度和正确率。如果行政信息缺失，行政决策就无从进行。

（三）预测原则

这一原则要求决策主体必须将决策建立在对事物发展趋势所作出的推测和论证的基础上，以减少和避免损失。科学预测是保证决策成功的必要前提。

（四）可行性原则

这一原则要求决策主体在决策过程中实事求是，尊重主客观规律，注重可行性分析，减少决策的盲目性。

（五）对比择优原则

这一原则要求决策主体在进行决策时，应该设计多个备选方案，进行比较并且选择最佳方案，以保证决策能够顺利实施。

（六）连续性原则

这一原则要求决策适应不断变化的行政环境，使决策具有前后衔接性、继承性，以保证行政决策的稳定与前后一致。

（七）动态原则

这一原则要求决策必须随着社会、经济、政治的变化而变化，决策不可能一成不变。决策要富于远见，保持可调节的弹性。

（八）民主原则

这一原则要求决策必须走群众路线，广泛听取意见，包括民众、专家的意见，正面反面的意见。

（九）创新原则

这一原则要求决策在现代观念指导下，打破陈规旧俗。既继承前人的先进经验和优秀传统，又不拘泥于前人的做法，对决策对象进行多角度、多方面的分析，运用现代思维、现代科技进行决策。

（十）时效原则

决策必须抓住关键，把握时机，树立强烈的时间观念和效益观念；必须不失时机，才能准确有效。如果不能及时抓住时机，再好的决策也无任何实际意义。

（十一）责任原则

行政权力具有渗透性和扩张性，必须对行政决策权力进行制约，避免滥用，造成损失。所以，决策者必须对行政决策承担政治责任、法律责任和道义责任。

四、行政决策的类型

（一）按主体地位分类

可分为高层决策、中层决策和基层决策。

（1）高层决策：具有战略意义，通常指中央政府一级国家机关处理国家事务或全国性问题进行的决策，亦即涉及国计民生等内容的中央政府的决策。如《中国制造2025》就是我国实施制造强国战略制定的第一个十年的行动纲领。

（2）基层决策：乡、镇一级政府机构对其管辖范围内的行政事务所作的决策。

（3）中层决策：介于中央政府与县、乡级政府之间政府机构作出的决策。

（二）按行政决策客体范围分类

可分为宏观决策和微观决策（又称战略决策和战术决策）。

（1）宏观决策：决策与国家和社会的重大目标相联系，所涉及的客体为全局性、核心性的重大问题。具有全局性、长远性指导意义和涉及范围广、实施时间长的特点。

（2）微观决策：在宏观决策指导下就其具体实施的步骤、方法和措施等作出的决策，与局部性、阶段性目标相联系；具有具体性和技术性的特点。

这种划分是相对的，中央决策与地方决策的关系、政府决策与企业决策的关系，都可以看作是宏观决策和微观决策的关系。

（三）按决策内容的性质分类

可分为常规性决策和非常规性决策。

（1）常规性决策：又称为例行性决策、重复性决策和确定性决策。涉及的是例行事务，具有方法上和程序上重复的特点，可以凭经验按照例行规章和程序决定。

（2）非常规性决策：又称非规范性决策，与前者相反，它所处理的是一些偶然性、随机性甚至是突发性事件。决策时，往往无常规可循。特点是不确定性和应变性。

当然，常规性决策与非常规性决策的划分也是相对的。

（四）按决策条件和可靠程度分类

可分为确定型决策、风险型决策和不确定型决策。

（1）确定型决策：信息完备，存在一个确定的目标，面对一种环境和条件，从备选方案中选出最佳方案就可决定。

（2）风险型决策：有一个确定目标，但是面对两个以上的环境和条件，有一定把握，可以预测出现情况的概率，但又不能在完全断定的情况下作出的决定。

（3）不确定型决策：和风险型决策相似，但是不能预测环境出现的概率，因而结果不确定，决策更没有把握，风险性更大。

（五）按决策的方式分类

可分为经验决策和科学决策。

（1）经验决策是由决策者根据主观经验、个人生活阅历作出的决策。现代社会的发展，政府职能的变化，使得经验决策越来越不适应客观形势发展需要。

（2）科学决策是指以科学预测、科学方法、科学计算为依据，通过试验、模拟等作出的决策。

五、行政决策的一般程序

（一）确定目标

确定目标是决策的第一步，也是决策工作的基础、前提。决策目的就是针对社会某个领域出现的问题，作出反映、寻求对策、主动提出解决问题的方法，进行社会管理活动。发现和提出问题，就要进行决策；决策目标规定了决策方案设计的方向，是判断决策方案优劣的基本标准以及检验决策执行结果的基本尺度。

（二）拟订方案

确定行政目标后，必须通过决策者的创造性思维活动，拟订和设计各种可能方案以供选择。拟订方案，首先要设计轮廓，从不同的角度提出多种方案的初步框架；然后精心设计，也就是方案设计者将轮廓设计中提出的较为合理的方案，进一步充实，使其具体化，成为完整、详细的行政决策备选方案。

（三）方案抉择

备选方案有多个，为了能够更好地实现决策目标，必须对备选方案进行评价和比较，也称为方案的可行性研究。任何决策实质上都是一种选择取舍的过程。这种评估分析主要有六个方面：

（1）是否符合现行的政策、法律或上级有关规定。
（2）是否符合客观条件要求。
（3）经济上是否可行。
（4）技术上是否可行。
（5）是否还有更好的方案。
（6）个别方面是否需要修改。

（四）完善方案

方案抉择不是行政决策的终点，因为已选定的方案必须在实践中进行检验，才能确定是否科学，并且对其结果进行再评价，及时修改和完善原有的方案。

（五）决策过程反馈

在整个决策的不同阶段中，必须要不断地通过信息反馈对过去的抉择进行实践性评价和检验，尤其是对最后的抉择进行实践性评价和检验，验证决策的正确与否及其程度，以及时修正决策方向或弥补决策遗漏，从而避免重大的决策失误。

六、行政决策的地位和作用

决策是行政管理的中心环节，行政决策的正确与否，直接决定着行政管理的目标能否顺利实现，所以，行政决策在行政管理中起着决定性作用。

（一）行政决策是政府管理过程的首要环节、中心环节，是行政管理全过程的基础和起点

决策是行动的选择，行动是决策的执行。为了解决社会公共问题，在广泛征求民众意

见的基础上，拟定出切实可行的政策。由于有了决策，行政管理过程的其他活动——计划、组织、协调、控制，才得以展开。

（二）行政决策正确与否，直接关系到政府工作的效率和成败、决定着行政目标能否实现

成功的决策是行政管理成功的关键。一切行政管理活动都是围绕一个核心——解决社会公共问题展开的。决策是发现问题、分析问题、提出解决方案的过程，所以，正确的、科学的决策决定着行政管理活动的方向，是实现行政管理目标的关键。新中国成立后几次政治经济方面的重大决策失误，使国民经济濒临崩溃的边缘，给人民造成严重的灾难。党的十一届三中全会后，在一系列重大问题上作出了正确的决策，使我国在现代化建设上取得了巨大发展。当今无论是改革开放，还是科学技术的迅猛发展、国际竞争的急速加剧，都极大地突出了决策在各级政府管理中的地位和作用。

（三）行政决策是行政领导的首要职责

科学决策、统揽全局是行政领导的职责。决策水平的高低是衡量行政领导素质高低的重要尺度。

（四）行政决策是行政组织有效运行的导向，是规范自身行为的尺度

政府行为正确与否，很大程度上取决于行政决策的正确与否。决策可以为各级政府导航，明确目标，通过决策规范政府行为，使社会的各种资源得到最优配置以提高政府管理的效率。

第二节 行政决策体制与模型

行政决策体制是为行政决策活动提供一个规范，行政决策在一定的规范下，就能够正常地、有条不紊地进行。科学的行政决策体制能够保证决策要求的完备性、操作程序的规范性、研究论证的准确性、方案选择的最优性，这有利于促成高水平的行政决策。

一、公共行政决策体制

（一）含义

公共行政决策体制又称为行政决策系统，从属于政治体制。它是承担行政决策的机构和人员所组成的组织体系及其制度的总称，是行政决策活动顺利展开的重要保证。

（二）组成

现代行政决策一般由四个部分构成：行政决策中枢系统、行政决策公民参与系统、行

政决策咨询系统、行政决策信息系统，它们之间相互依存、相互制约，形成一个有机整体。

1. 行政决策的中枢系统

亦称决策中心，是由有权作出行政决策的机构及领导者组成。它是行政决策系统的核心系统，在决策中自始至终占主导地位。拥有行政决策的领导集体或个人是决策中枢系统的核心。其主要任务是负责行政决策目标的确定和行政决策方案的抉择；把其他决策系统组织起来，围绕所要解决的问题和决策目标展开工作；负责选择决策方案，并对立法机关、上级机关及社会公众负责；负责推行决策并且监督决策的执行，在执行过程中修改和完善决策；对决策及其实施结果负有完全责任。

它享有法定的权力，并负有法定的责任，同时对行政决策的运行过程和其他系统进行有目的的组织、指挥、协调和监督以及控制着行政决策的方向和发展进程。

我国行政决策中枢系统的现实情况是：由党的领导机关制定路线、方针政策和确定目标；由全国人大及其常委会、地方人大及其常委会依法制定有关法律法规，作出决议决定；由政府行政机关设计初选方案，提出议案并负责执行。

2. 行政决策的公民参与系统

这是现代行政决策体制的一个重要内容，也是行政决策科学化、民主化的重要内容。政府决策必须集中反映大多数人的意见，不能只代表和反映少数人和特权者的利益。政府的决策如果不能代表和反映社会大多数人的利益和要求，政府就缺乏合法性的基础，这是任何政府必须高度注意的问题，同时也关系到政府决策的可行性问题和政府的存在与发展问题。例如，苏联和前东欧社会主义国家在短时期内从社会主义国家变为资本主义国家，除了深刻的国际背景外，非常重要的原因就是政府没有充分代表社会大众的意愿和利益要求，使其丧失了存在的合法性。基于这些原因，除了政治体制的问题外，比较重要的就是建立公民磋商参与机制。

公民磋商参与机制应主要包括以下几方面内容：

第一，建立社会信息反馈系统。了解民情民意，把人民群众的意愿和要求及时传达给政府，这样就可以使决策及其目标符合人民群众的需要，避免官僚主义和主观主义。

第二，建立政府、社会组织和社会团体的参与磋商机制。现代社会由于不同的行业和阶层形成了不同的利益集团，社会组织和社会团体代表了不同的利益和需求，因此，决策者在决策前就必须与这些社会组织和社会集团进行磋商，听取他们的意见，协调他们利益，力争在相互妥协的基础上达成共识，避免政府与社会团体之间、社会团体相互之间由于利益问题发生矛盾激化的情况。例如，北京出租车调价问题，市政府请出租车司机代表和乘客代表进行磋商，最终达成了双方都满意的价格。

第三，建立公民评价与监督政府决策机制。政府是为公众服务的，而服务的质量如何，则由公众予以评价和监督。所以，政府必须做到政务公开、政策透明、程序公开，并且要有科学而明确的评价标准。同时，政府应该对公众的评价和监督及时的回应，建立反馈机制，公开评价和监督结果，赏罚分明，这样就不会使公民评价监督机制流于形式，也就可以从根本上改变以往只对上级负责而不对公众负责的传统，对改变政府工作作风具有极大的推动作用。

行政管理学

3. 行政决策的咨询系统

它是行政决策的辅助机构，是由研究人员组成的官方和非官方专门从事决策研究咨询活动的工作系统。其主体由掌握各类专业知识的专家、学者组成，其基本职责是"谋"，而不是"断"。其主要任务是协助中枢系统发现并解决问题，确定政策目标，拟订可供选择的决策方案，为决策者进行方案的评估选优、确定决策方案提供科学依据。

行政决策的咨询系统具有群体性、辅助性、相对独立性和科学性的特点。当今社会，社会问题往往与科技问题交织在一起，许多社会问题不仅是社会问题，而且还是科技问题，一般的决策者很难界定，就必须依靠专家咨询机构。这种专家咨询机构在国外称为"智囊团"、"思想库"。如：美国的兰德公司和国际应用系统分析研究所、英国伦敦战略研究所、日本野村综合研究所、巴西瓦加斯基金会等。这些咨询机构在各国政府的决策中发挥了极其重要的作用。例如，美国兰德公司在很早就预测到希特勒必然发动第二次世界大战，且愿意以几百美元的价格把研究结果卖给美国政府，但是政府拒绝了。为弥补当年由于拒买造成的损失，并作为教训，告诫决策者专家咨询的重要性，20世纪80年代，美国政府却以几百万美元的价格买下了这份报告。

4. 行政决策的信息系统

它是指为行政决策中枢系统和咨询系统收集、加工、传输、贮存信息的服务系统。它是由从事行政信息处理的机构、人员、设备以及信息处理的各个环节构成的有机整体，是行政决策组织体系的基础。

现代社会发展快、变化大、信息多，所以，决策前的信息收集处理工作尤为重要。信息系统处理的信息主要包括民情民意，国内外的政治、经济、文化、外交、军事、科学等方面。其主要任务是把来自各种信息源的行政信息收集起来，进行加工处理，然后通过一定的途径传输给决策中枢系统和咨询系统，为它们提供信息服务。

行政决策备选方案的形成过程就是行政信息的处理过程。面对若干备选方案，必须以相关信息为基础进行科学分析、评价和科学决断。所选定的方案，必须进行实践检验、修正和补充，这些必须依据相关的反馈信息。

行政决策的科学化不仅依赖于行政信息的数量，更关键的是信息的质量。

二、行政决策体制的类型

当代世界的行政决策体制主要有独裁制、议会制和人民代表大会制三种类型。

（一）独裁制

它是通过传统继承或政变等方式产生的权威人物享有的最高决策权。主要有三种类型：宗教领袖型、君主亲政型、军人独裁型。

1. 宗教领袖型

在神权制国家中，议会和政府活动的依据是宗教教义，因此，居于权力顶端的是不受任何约束的宗教领袖，议会和政府的活动都要受其制约和监督。

2. 君主亲政型

即君主既当朝又亲政，这是传统君主专制在当代的延续。这种体制下，君主既是国家元首，又是政府首脑。君主通过对大臣的选择权和监督权而成为实际上最高的决策者。

3. 军人独裁型

它是通过政变方式上台的军人掌握国家的最高行政决策权。军队首领是国家的最高决策者，军队首领也可以经过选举成为总统，拥有比一般总统更大的权力。

（二）议会制

基本内涵是，由公民选出来能够代表自己意愿的代表或议员，然后由代表或议员代表公民直接或参与作出行政决策，维护自己的利益。在当代主要表现为以下三种：

1. 议会总统制

议会总统制国家以美国为代表，国会和总统都由选民选出，各自对选民负责；政府由总统组织，总统既是国家元首又是政府首脑，掌握行政事务决策权；国会通过的决策方案要经总统签署才能生效，总统对国会的方案有否决权。

2. 议会内阁制

其特点是：议会是国家的最高权力中心，内阁由议会产生，对议会负责，受议会监督，国家行政权属内阁，国家元首是"虚位"；内阁做出的重大决策，必须取得议会多数支持。

3. 议会委员会制

其特点是：议会至上，不仅具有立法权，而且掌握行政权；由议会产生的委员会主持日常行政事务，但是委员会只是议会的一个执行机关，委员会成员可以为议会的最后决策提供咨询；委员会作出的决策须经委员会集体讨论通过，委员会主席或副主席的权限与其他委员平等。

（三）人民代表大会制

它是民主集中制决策体制的一种，是最具中国特色的决策体制。国家的重大决策由中国共产党首先提出建议，再经由人民代表大会或其常委会讨论决定。国家行政机关、审判机关、检察机关都由人民大会产生，对它负责，受它监督。

三、行政决策模型

目前，在行政组织决策中应用的模型可以分为：理性决策模型、渐进决策模型、精英决策模型、混合扫描决策模型、系统决策模型等。

（一）理性决策模型

这一模型是诺贝尔经济学奖获得者、美国管理学家西蒙创立的一个分析模型。他认为理性决策模型是以追求"最佳"作为其基本原则。这种决策模型要求决策主体在决策中必须获得全部有效的信息。然而信息的获取是通过各种手段来完成的，在搜集信息时搜集者有其个人爱好、个人知识体系、现行搜集技术和方法、现行储存技术等限制因素，使得搜集到的信息不可能是完全信息。决策活动是一个包含多个环节的完整过程，理性决策具有以下四个阶段：

(1) 找出决策理由。
(2) 找到可能的行动方案。
(3) 在各个行动方案之间进行选择。
(4) 对已进行的决策进行评价。

（二）渐进决策模型

这是美国政治经济学家林德布洛姆对西蒙等人的理性决策模型批评后，提出的解决方法。

渐进决策模型被认为是最普遍使用的一种方法。它把行政决策过程视为逐步调整、修改以往的过程，而不像理性决策要求重新全面考虑决策方案。渐进决策模型强调了解以往同类问题的解决方法，保留以往决策的延续性；它不要求完全重新评价以往决策，并且不过多地分析与评价新决策的备选方案，其着眼点在于现有决策方案的修改和补充；分析、评价与现有决策方案有所不同或在有限方法上不同的决策，以达到简化决策过程的目的；决策坚持只要求实用、可行，达到各利益集团一致的结果即可；其选择标准是既有助于解决问题，又不会急剧改变现状、引发动荡。这种决策方法可以节约人力、物力和时间，简化决策过程，采取稳健的步骤进行，避免造成社会动荡不安的后果，同时适合于决策者在信息、技术、指示等有限条件下作出决策，因而在实际中较为普遍使用。

渐进决策模型是对行政决策过程中的一种常见行为和习惯做法的理论描述。现实中，许多行政决策者不自觉地运用这一方法。首先，因为他们处于一个需要不断作出决策的位置，从而没有足够的精力和时间去收集、研究各种可能的信息和备选方案，最简便的方法就是把现有政策的不足和缺陷加以分析，并制订有改进的方案。其次，决策者们一般都会赞同保持政策的连续性，避免由于朝令夕改而带来的各种问题，同时一些决策者具有维持现状、少惹麻烦、少冒风险的心态，这种决策模型比较适合这种政策要求和心理需要。再次，在解决涉及矛盾尖锐状况下的问题时，渐进决策有利于使行政决策者寻找到一个矛盾各方都能接受的折中的、缓和的方案。

其特点在于：与政策方案的有限性、政策结果评估的有限性相联系，政策修正也是有限的，也是一个渐进的过程，随着外界信息的变化而不断进行调适。即它是一个信息再造和完善的过程。

（三）混合扫描决策模型

这是社会学家阿米泰·埃奇奥尼（Amitai Etzioni）提出的，称为"第三条道路"的方法。

这种决策模型试图把理性决策和渐进决策结合起来，既可以利用它们的优点，又可以避免它们的缺点。混合扫描决策模型的方法认为人的理性是有限的，不可能做到在决策中全面、综合的考察，但是，理性决策模型所运用的系统分析技术是值得肯定的，主张决策必须有一定程度的理性考虑。混合扫描决策仍然是从对整个责任领域的广泛范围进行系统考察开始的，因此，应该首先确定一个较大的决策考察范围，在这个范围里，就像渐进决

第八章 行政决策

策那样把主要力量集中于那些"重要决定"上，但又比渐进决策有更多的选择余地和弹性。在备选方案的选择问题上，混合扫描决策的选择范围也可以较广泛，但仅集中注意似乎可能和有希望的选择，而不太关心同类问题以往的解决方案，改进了渐进决策的局限性，可以较为创造性地选择决策方案，同时又可以节约用于政策分析的时间和精力，改善了理性决策的局限性。

（四）精英决策模型

精英决策模型又称之为杰出人物模型，其观点认为，普通人通常是冷漠的、无知的、自私的、消极的，因此，杰出的人物不应该且事实上亦很少受到群众的直接影响。公共政策应由杰出人物作出决定。当然也包括信息的搜集或搜集方式的确立以及信息的处理。精英决策模型的优点在于效率高，实效性和专业性较强，但其最大的缺点是与民众相隔离。

（五）系统决策模型

这是美国政治学家戴维·伊顿（David Eton）提出的一个决策分析模型。

这一决策模型强调，作为一个系统，政府为了适应外界环境所产生的压力，必须采取相应的措施，作出必要的决策。这种决策模型体现出综合信息和人员的特征，使决策信息更加完备，决策更加合理。但这种模型也有其弊端：首先是效率性，众多人员参与讨论势必影响到决策制定的效率；其次，决策的参与者里面有一些人是其专业领域的权威，这样在参与讨论时，众多讨论者或多或少的受到权威观点的影响，主动或被动放弃自己的观点；最后，该模型缺乏一个让民众参与的平台。

第三节 行政决策的科学化与民主化

正确决策是整个行政管理工作成功的重要前提，健全的行政决策机制是正确决策的前提，因此，必须改进和完善决策机制，推进决策的科学化和民主化。

一、行政决策科学化

决策科学化或者科学决策，是针对政府主观决策、盲目决策而言的，是相对于传统的经验决策而言的，是行政决策的核心内容。它是以科学先进的理论为指导，以科学的技术方法为手段，以科学的决策程序为依托，以科学的评估为保障，以规范化的法律制度为纽带而进行的行政决策活动，其目的在于降低行政决策的风险和成本。

行政决策的科学化，是指行政决策在科学的决策理论指导下，按照科学的决策程序，运用科学的决策方法进行决策。行政决策应当按照行政管理的客观规律办事，严格遵守决策科学的理论、决策程序、决策原则和决策的方法来进行。即决策的内容必须是科学的、决策的方法也必须是科学的。从实际出发，运用科学方法、选择最佳抉择方案。对于公共行政来说，科学的决策方案可以有效解决社会问题，更好地管理公共事务，最大限度地实现公共利益。为保证公共行政决策的科学化，必须不断完善和严格执行决策程序制度。决策内容的科学性，就是必须符合经济、社会发展规律，有利于解放和发展社会生产力，得到人民群众的认同和拥护。

完善科学决策的机制，就必须做到：一是完善专家咨询制度。决策者必须联系专家学者，就涉及经济社会发展的重大决策广泛征询意见，充分进行协商和协调，建立多种形式的决策咨询系统和信息支持体系，使专家、学者、研究机构、智囊系统的专业意见被充分吸收，以保证行政决策的科学化。二是完善重大决策的论证制度。对专业性、技术性较强的重大决策，在作出决策前要就决策的各个环节进行专业论证与评估：可行性如何？措施是否合理？后果的可控性怎样？对决策实施过程中的状况和反映以及实施结束后将会出现的后果，如何应对、如何纠正、如何补救等一系列问题，都要经过充分的论证，听取和吸收专家学者的意见，使行政决策更加科学。

科学决策应当包含以下几个方面：

（1）决策要根据客观情况，实事求是是科学决策的基础。科学的决策应当建立在充分的调查研究基础上，应当有充分的客观根据。

（2）决策一定要按照规则和程序进行。行政决策不是决策者一个人的随意行为，必须按照严格合理的程序进行：从调查研究开始，到拍板决策，直至跟踪反馈，修改完善，全过程都应该规范操作以提高政府的决策水平和行政效率。

（3）决策要符合社会利益和效益的最大化。科学的决策要体现对社会和公众利益的保护，决策要建立在成本分析、科学论证的基础上，要树立行政决策的成本和效益观念并将此作为决策的一项考核指标。

（4）决策要保障可持续发展。行政决策不能仅考虑眼前利益、地方利益或部门利益，要考虑到整个国家、社会和未来的发展，要符合国家的长期发展规划。

（5）决策要具有实施性和可操作性。行政决策的权威性还通过其实施性和可操作性体现出来，任何一种决策如果不能贯彻执行，不仅浪费国家的行政决策成本、实施成本，还严重影响政府的权威和形象。因此，进行充分的论证，保障其正常实施是非常必要的。

二、行政决策民主化

决策民主化或者民主决策，是针对行政机关领导个人决策、政府暗箱决策而言的。民主决策是行政决策的程序要求，是科学决策的程序和制度保障。

行政决策的民主化，是指进行决策时必须经过民主程序，保障人民群众充分参与决策过程，广泛听取专家和人民群众意见，集中民智；在决策过程中必须具备论证、协商、审议以及集体讨论决定等环节。行政决策民主化的目的就是让各种要素能够畅通、规范、高效、有序地发挥作用。作为决策者，必须要摆正个人和人民群众的位置和关系，必须考虑人民满意不满意、人民高兴不高兴、人民答应不答应，把尊重民意贯穿行政决策全过程，使行政决策体现和反映人民群众的意愿和要求，代表人民群众的根本利益。

公民参与是公共行政决策民主化的重要内容。坚持行政决策的民主原则，首先要在决策方案提出和选择过程中充分调查和反映民意，凡涉及人民群众切身利益的决策方案必须要经过公众听证，有些国家还就重大决策进行全民公决。中国共产党非常重视决策过程中坚持群众路线。党的十六大明确提出，要"完善深入了解民情、充分反映民意、广泛集中民智、切实珍惜民力"的决策机制。只有这样才能实现执政为民，才能真正代表社会公众的公共利益。同时，政府公共行政及其决策的合法化，在很大程度上也来自坚持民主原则，公共政策能否体现公共利益也主要依赖于决策的民主化。坚持行政决策的民主原则是由国家的性质决定的，也是宪法法律明确规定的。

决策民主化的基本内容有以下几个方面：

（1）决策是在充分听取意见的基础上做出的。所谓兼听则明，偏听则暗，决策之前要公之于众，听取最广泛的意见和建议。

（2）决策程序要公开透明，要有利于社会公众的监督。政府应当在决策的程序中充分体现对公众意见的处理，比如，公众的意见有没有被考虑，有没有对各种可替代的方案进行过论证等。

（3）要有一个反复研究拟订决策的过程，有利于最大限度地汲取各种意见、完善决策。

三、行政决策科学化与民主化的关系

科学化与民主化是行政决策过程中互相联系、互相影响、互相渗透、紧密依存的两个方面。没有民主化，科学化就没有保证；没有科学化，民主化就失去真正的意义；只有真正实现民主化，行政决策才可能真正做到科学化。一方面，民主化是科学化的前提和先决条件，也是实现科学化的途径和制度、精神保证。因此，决策者在进行决策时，首要的问题是充分吸收社会各方面对行政决策的民主参与。另一方面，行政决策科学化是民主化的目的和归宿。科学化是民主化要追求或达到的目标，通过行政决策的民主化实现行政决策的科学化。

四、行政决策科学化、民主化的意义

行政决策科学化、民主化是适应时代发展的需要。

（一）适应科学技术迅猛发展的需要

当代以信息网络为特征的高科技革命推动了社会的快速发展，各方面的联系日益密切，社会生活节奏加快，新情况、新问题瞬息万变，这就要求政府的行政决策及时准确不出现失误，加之人们的意识随着社会的变动而日趋复杂，若决策不当可能导致重大失误，因此，要求不断提高政府决策的科学化和民主化。

（二）适应经济全球化的需要

在经济全球化浪潮的推动下，我国国内市场全面对外开放，资本、技术、信息、商品、人才等各种生产要素在全球范围大流动,各种不断变化的国际政治因素、社会因素都会对一个国家或地区政府的行政决策产生重大影响,这在客观上要求了行政决策科学化和民主化。

(三) 适应社会主义市场经济的需要

市场经济客观上使得经济利益多元化、社会利益关系复杂化,因此,在进行行政决策时,必须充分考虑各种经济主体、各个社会阶层的利益、处理好各方面关系,这也在客观上要求行政决策科学化和民主化。

(四) 适应依法治国、建设社会主义法制国家的需要

建设法治国家就是依法对社会政治、经济、文化等各项事业进行管理,各级政府都必须在宪法和法律的框架下进行管理活动,由于决策失误造成的损失,都必须由决策者承担相应的责任。法治社会有利于最大限度地抑制决策者的盲目性、随意性,从而促使其在决策中更加注重决策的科学化和民主化。

五、我国行政决策存在的问题及其改革

实现国家各级机关决策的科学化和民主化是我国行政决策的一个基本任务。实现决策的科学化和民主化是正确决策的基本前提,是现代政府决策要实现的基本目标。这是由我国各级行政机关的性质决定的,即始终代表最广大人民群众根本利益的性质。

在我国,决策科学化表现为:从实际出发,实事求是地进行决策,反映决策规律,准确把握决策客体;决策涉及的利益群体应该由代表参与决策;实现决策组织的科学性,遵循决策程序的科学性;运用科学方法,比较抉择出最优方案;决策符合社会发展规律,得到广大人民群众的拥护。决策民主化表现为:应该体现出行政决策的主体是人民;决策应该代表人民群众的利益;充分尊重人民群众的首创精神,积极汲取广大人民群众的聪明智慧;倾听人民群众的意愿和要求;在涉及人民群众切身利益的决策时必须请人民群众的代表参与决策。

新中国成立后,我国取得了经济、政治、文化、社会的全面发展,这是由于进行了一系列正确的决策。但是,也有一些重大决策的错误,导致社会和国民经济各方面与世界的距离拉大。例如,1958年的"大跃进"和十年"文化大革命",这些都是由于决策中严重缺乏科学性和民主性造成的。

(一) 造成决策科学化民主化缺失的原因

第一,决策权力过分集中。决策权力过分集中于少数人手中,这就必然造成官僚主义,必然导致决策科学化和民主化的缺失,必然造成决策失误。

第二,决策缺乏科学的程序和民主的氛围。决策中由于缺乏必要的科学和民主程序,就必然使得决策失去重要的环节和程序,必然造成决策失误。例如,一些重大的经济科技决策,若没有经济学家和科学家的参与,就容易使决策失误甚至完全失败。

第三，决策的制度化和法制化程度较低。不少决策者习惯个人决策，甚至进行"拍脑瓜"决策，拒绝听取和吸纳专家学者的意见及建议，这必然导致决策失误。

（二）实现行政决策科学化民主化的途径

实现行政决策科学化民主化的途径是决策体制的改革：改革权力过分集中的旧体制，建立权力下放、分层决策的体制。只有这样才能克服官僚主义和决策失误的现象，建立健全决策科学化和民主化的制度程序，实现决策组织结构的科学化和民主化，实现决策的制度化和法制化；发挥信息技术在决策科学化民主化中的作用。

具体如下：

（1）实现决策科学化的途径。首先坚持"实事求是"、"一切从实际出发"的马克思主义理论的指导思想，这是科学决策的思想基础。其次，实现决策程序的科学化。决策目标的提出、决策方案的选择、决策的具体实施、决策的变更和取消等整个决策过程的程序都必须符合客观规律的要求，都必须符合行政环境的条件；实现从"经验决策"到"科学决策的转变"，由于科学技术和社会的快速发展，行政决策者的决策应该是集体决策，甚至是一定社会范围的决策等。

（2）实现决策民主化的途径。我国是社会主义国家，一切权力属于人民，党和国家决策的出发点和归宿就是为人民群众谋取各方面的利益，为人民服务是民主决策的关键，因此要不断扩大人民群众参与国家各级机关决策的机会和条件；行政决策必须强调走群众路线，坚持群众路线是实现决策民主化的基本方法，是决策科学化的前提；从群众中来、到群众中去，相信群众、依靠群众；坚信人民群众是行政决策正确与否的最终评判者，行政管理活动是否正确取决于"人民拥护不拥护"、"人民高兴不高兴"、"人民满意不满意"。所以，要进行科学的决策，关键就是坚持党的群众路线。

【案例分析】

智库与行政决策科学化、民主化

中国加强特色新型智库建设

在行政决策过程中，行政决策信息失真，决策失误；行政领导违反行政决策程序，"拍脑袋"作决策，"拍胸脯"作保证，"拍屁股"走人，很多行政决策和公共项目、工程缺乏科学论证，"大项目"、"开发区"，政绩工程、形象工程、豆腐渣工程泛滥，造成国家财产损失，滋生腐败。行政决策价值取向上失之公平和公正，政府角色错位，垄断性行业，政府权力"部门化"，"权力利益化"，"利益法律化"，地方保护主义盛兴。同时，行政决策缺乏稳定性和连续性，朝令夕改，影响政府信誉和政策效力。

面对行政决策存在的各种弊端和问题，现代公共事务的日趋复杂性和不确定性，行政决策的复杂性和难度空前加大，不断推进行政决策科学化和民主化成为亟待解决的问题。

党的十七大报告第一次提及智库，"繁荣发展哲学社会科学，推进学科体系、学术观点、科研方法创新，鼓励哲学社会科学界为党和人民事业发挥思想库作用，推动我国哲学社会科学优秀成果和优秀人才走向世界。"

党的十八大报告提出，"坚持科学决策、民主决策、依法决策，健全决策机制和程序，发挥思想库作用，建立健全决策问责和纠错制度。"

2013年4月，习近平总书记对建设中国特色智库作出重要批示。2013年11月，党的十八届三中全会《关于全面深化改革若干重大问题的决定》提出要"加强中国特色新型智库建设，建立健全决策咨询制度。"

2014年11月，中共中央和国务院办公厅联合发文《关于加强中国特色新型智库建设的意见》（以下简称《意见》），就加强智库建设制定专门性文件，指导中国特色新型智库建设。

《意见》指出，"中国特色新型智库是党和政府科学民主依法决策的重要支撑。决策咨询制度是我国社会主义民主政治建设的重要内容……改革开放以来，我国智库建设事业快速发展，为党和政府决策提供了有力的智力支持。当前，全面建成小康社会进入决定性阶段，破解改革发展稳定难题和应对全球性问题的复杂性艰巨性前所未有，迫切需要健全中国特色决策支撑体系，大力加强智库建设，以科学咨询支撑科学决策，以科学决策引领科学发展。

"中国特色新型智库是国家治理体系和治理能力现代化的重要内容。综观当今世界各国现代化发展历程，智库在国家治理中发挥着越来越重要的作用，日益成为国家治理体系中不可或缺的组成部分，是国家治理能力的重要体现……必须切实加强中国特色新型智库建设，充分发挥智库在治国理政中的重要作用。

"中国特色新型智库是国家软实力的重要组成部分……智库是国家软实力的重要载体，越来越成为国际竞争力的重要因素，在对外交往中发挥着不可替代的作用……在国际舞台上发出中国声音，迫切需要发挥中国特色新型智库在公共外交和文化互鉴中的重要作用，不断增强我国的国际影响力和国际话语权。

"智力资源是一个国家、一个民族最宝贵的资源……随着形势发展，智库建设跟不上、不适应的问题也越来越突出，主要表现在：智库的重要地位没有受到普遍重视，具有较大影响力和国际知名度的高质量智库缺乏，提供的高质量研究成果不够多，参与决策咨询缺乏制度性安排，智库建设缺乏整体规划，资源配置不够科学，组织形式和管理方式亟待创新，领军人物和杰出人才缺乏。"

《意见》就加强智库建设，深化管理体制改革指出，"鼓励智库与实际部门开展合作研究，提高研究工作的针对性实效性。健全课题招标或委托制度，完善公开公平公正、科学规范透明的立项机制……搭建互联互通的信息共享平台，为决策咨询提供学理支撑和方法论支持。"

《意见》就健全制度保障体系指出，"完善重大决策意见征集制度。涉及公共利益和人民群众切身利益的决策事项，要通过举行听证会、座谈会、论证会等多种形式，广泛听取智库的意见和建议，增强决策透明度和公众参与度。鼓励人大代表、政协委员、政府参事、文史馆员与智库开展合作研究。探索建立决策部门对智库咨询意见的回应和反馈机制，促进政府决策与智库建议之间良性互动。"

全球智库发展报告

美国宾夕法尼亚大学麦甘团队TTCSP项目连续第九年发布全球智库发展报告《全球

智库报告2015》。

根据该报告,2015年,全球共有智库6846家,其中北美洲智库数量最多,拥有1931家;欧洲其次,拥有1770家;亚洲紧随其后,拥有1262家。美国依然是世界上拥有智库数量最多的国家,有1835家。中国依然是世界第二智库大国,拥有智库数量达到435家。英国和印度智库数量位列中国之后,分别拥有288家和280家。

《全球智库报告2015》的2015全球智库综合排名榜单共列及175家世界智库。其中美国的布鲁金斯学会蝉联榜单首位,连续4年排行第一。英国查塔姆社和美国的卡耐基国际和平基金会分列第二、三位。美国入选全球十大智库的数量最多,达到6家,与去年持平。

在2015全球智库综合排名榜单175强中,共有9家中国智库入选,分别是:中国社会科学院(第31名)、中国国际问题研究院(第35名)、中国现代国际关系研究院(第39名)、国务院发展研究中心(第50名)、北京大学国际战略研究院(第64名)、上海国际问题研究院(第72名)、天则经济研究所(第103名)、中国与全球化智库(第110名)、人民大学重阳金融研究院(第150名)。

(资料来源:两办文件《关于加强中国特色新型智库建设的意见》、2015年全球智库报告 https://www.douban.com/note/541360732/等资料整理)

 思考题

1. 现代行政决策为何需要借助智库的智力?
2. 智库在推进行我国政决策科学化、民主化过程中扮演什么样的角色?
3. 为了发挥智库的积极作用以进一步推进行政决策科学化、民主化,需要完善哪些配置制度和政策?

【本章小结】

行政决策作为国家行政机关或行政人员的一种活动,是行政管理的首要环节;行政决策是否适时及结果是否正确,关系着行政管理的成败,关系着能否真正为社会大众服务等一系列问题。随着我国行政环境的变化和社会主义民主政治的不断完善,社会大众对政府行政决策能力的提升、决策水平的提高等要求日益突出,防止、避免行政决策失误日益成为社会对各级政府的一种必然要求。因此,行政决策的科学化和民主化显得尤为重要。针对现实中行政决策由于缺乏制度建设而导致随意性较大、失误较多的情况,本章联系我国的实际情况,分析和阐述了这些问题的原因,并提出行政决策民主化和科学化的实施途径。

【复习与思考】

1. 简述行政决策的内涵和特征。
2. 行政决策应遵守哪些原则?
3. 简述行政决策的地位和作用。
4. 简述行政决策的一般程序。
5. 试述如何实现行政决策的科学化和民主化。

第九章 行政执行

虽然人们普遍地认为行政管理机构自觉地执行了其他政策制定者制定的政策,但事实并非如此。

——［美］安德森（J. Andserson）

【知识要点】

通过本章学习,使学生深入理解行政执行在公共行政过程当中的地位和作用,行政执行的基本原则,并且对公共行政执行过程的基本环节流程、基本方法技术等有较为全面的掌握,特别是对行政执行过程当中普遍存在的行政执行阻滞能做较为深入的分析,掌握消解行政阻滞的方法和技能。

【关键术语】

行政执行;行政执行步骤;行政执行方法;行政手段;经济手段;法律手段;教育手段;行政执行阻滞

行政执行是行政主体最基本的活动,各项决策、法律、法规都是通过行政执行活动来完成的。行政学所研究的各项问题最终都要涉及行政执行活动,因此,行政执行是行政学研究中最早提出并持续至今的课题之一。

行政执行是行政活动的中心环节,它贯穿于行政实务活动的全过程。行政执行本身又是行政活动中各种要素综合作用的动态发展的现实过程。行政执行是行政目标得以实现的最直接、最重要的行政活动。行政执行是一项复杂的行政活动,它有自身的内在规律性和特点。因此,掌握行政执行的规律和特点,使之进一步科学化、规范化,对行政效率的提高有重要的意义。

第一节 行政执行概述

一、行政执行的含义及特点

行政执行是行政机关及其工作人员实施决策中心发出的决策指令,以达到预期目标的全部活动的总和,即是指从决策批准时起,到决策目标实现为止的整个实践过程。行政执行作为行政活动的一个中心环节,是行政机关及其工作人员经常性的活动和基本使命。行政执行作为一种行政实务活动有其自身的规律性和特点。

(一) 目标性

行政执行行为具有鲜明的目标性。执行者无论采取什么样的具体方式、方法,总是为实现一定的目的进行的。没有明确的目标,就不能激发强烈的动机。整个执行过程如果不以行政目标为依据,则不能构成具体的行政执行行为。

(二) 实务性

行政执行属于一种实施性质的活动,是为解决具体问题,由决策、组织、沟通、控制、协调、监督等一系列前后密切衔接的环节构成的实施性行为系统。在行政执行中每一阶段的具体任务都有具体的计划措施、要求、规定,所有人员的具体行动必须服从统一指挥。行政执行以行政组织为载体,以人、财、物为物质条件而运作。行政执行的这些具体要求反映了它的实务性。

(三) 组织性

行政执行行为是行政机关通过一系列的管理方法和技术手段,为实现政府的职能所进行的一系列组织活动。任何一项行政执行均要按任务需要组织精干有力的执行队伍,使他们对执行目标和任务有深刻的了解;参与人员应明确执行环节、方法和技术,明确每个执行职位的位置、任务与执行程序;执行主体内部协调、统一,执行组织行为协调一致,执行纪律严明。所以行政执行的组织性很强。

(四) 时效性

行政执行行为具有很强的时效性。每一执行程序和执行阶段都有明确的时间限定,不允许随意拖延,因为它直接关系到行政执行的效率。行政执行越迅速、越及时,行政效率也越高。

(五) 强制性

行政行为是一种执法行为,它建立在命令与服从的组织原则之上。如果没有服从,行政执行就不存在,政府职能就无法实现。强制性是行政执行的重要特征之一。这种强制性,一方面强调了行政组织层级之间必须下级服从上级,局部服从全体,地方服从中央。另一方面体现在执行过程中,当行为对象拒不执行法定义务时,行政机关可以采取强制措施。

二、行政执行在行政活动中的作用

行政执行是行政活动中不可缺少的重要环节。行政活动是由行政决策、行政执行、行政监督等一系列的环节组成的。离开了行政执行则行政决策无法实现，同时也使行政监督失去了监督的对象。从这个意义上讲，没有行政执行也就没有行政活动过程，由此可见行政执行在行政活动中的重要性。其具体表现为：

（一）行政执行是实现行政决策目标的保证

行政决策目标的实现有赖于行政执行。一项行政决策如果不能付诸实施，则只能是一种设想，是纸上谈兵，没有任何意义。政府的任何决定、命令和法规只有通过执行才能得以发挥作用。行政执行是由此岸到达彼岸的唯一途径，是实现行政决策目标的根本保证。

（二）行政执行决定着行政管理的成与败

就整个行政活动而言，行政执行活动是最普遍、最经常的活动。行政执行是政府的实际运作过程，政府日常工作的实质就是执行决策计划等的活动。因此，行政执行活动是否准确、迅捷，是否切合实际，是否遵循了决策目标，在一定程度上决定了行政整体活动的成与败。脱离实际、办事拖拉、偏离决策目标的执行活动必然导致整个行政活动的失败。

（三）行政执行效果是检验各项行政工作的重要尺度

行政工作的各个环节、各个方面是否正确、有效，都必须由行政执行的效果来检验。行政决策是否正确，只有在实际执行中才能获得检验，而且行政决策的缺陷，也只有在行政执行中才能得以修改和完善。行政机构设置是否科学，行政法规是否健全，行政程序是否完善，都需要通过行政执行加以检验，发现问题，不断改进。

三、行政执行的原则

行政执行是一项十分复杂的活动，要采取许多必要的措施和行动，牵涉到许多动态因素，因此要保证行政执行的顺利有效，必须具有一定的原则要求。这些要求是：

（一）忠实于决策的原则

忠实于决策，使其贯彻执行不走样，这是行政活动对行政执行环节的首要要求。行政决策阶段的要求是作出准确无误的决策；行政执行阶段则要求不折不扣地依照决策指令办事。因为再好的决策，如果在执行中不照办，就等于没有作出决策。因此要做到忠实于决策，准确无误地执行决策，就要求行政领导者和行政工作人员必须领会政策、法令、决策和规定的精神，了解和分析决策及具体工作任务，准确地把握工作要求，以对人民负责的态度，按组织系统保质保量、不折不扣地贯彻执行。如果对决策一知半解，敷衍了事地执行，必然会偏离决策，这样不但落实不了决策，而且还可能劳民伤财，造成巨大的浪费。

（二）迅速有力的原则

即要求在行政执行过程中要坚决有力，迅速把决策目标变成现实。我国古代政治家张居正说过："天下之事，虑之贵详，行之贵力"。也就是说任何事情，考虑决策的时候要尽可能地详细准确，执行的时候要坚决有力。一般来讲，正确的决策一经作出，贯彻执行越坚决、迅速、有力，效果也就越好。因此，要求行政工作人员在行政执行活动中如期圆满地实现决策目标，及时解决问题，不拖拉，不积压，不欠账，否则就会失去时机，贻误大事，决策就失去意义。坚持迅速有力的原则，又需防止操之过急，如果简单图快，则会导致不能准确地实现决策目标的结果。

（三）创新灵活的原则

即在行政执行活动中要一切从实际情况出发，创造性地、灵活地实施决策。行政执行既要求忠实于决策，贯彻执行不走样，又要求从实际情况出发，创造性地贯彻执行。这二者看似矛盾，实际上是统一的。所谓的忠实，是指忠实于决策的基本精神和目标，而不是"句句照办"。所谓的创新，是指依据当时、当地的情况，创造出最为有效的执行方式和方法，取得最好的效果。因此，创造性地实施行政决策，不仅不与"忠实"相矛盾，而且是忠于决策、更好地执行决策所要求的。优秀的行政执行者应正确地领会决策者的意图，明确决策所要达到的目标，把上级的决策、指示与自己所处的客观实际情况有机地结合起来，创造出灵活有效的执行方式和方法，才能保证行政执行卓有成效和决策目标的圆满实现。

（四）持之以恒的原则

即要求在行政执行活动中持之以恒，不达目的不罢休。行政执行特别是对重大行政决策的执行是个比较长的活动过程，会遇到各种阻力和干扰，因此，需要有坚强的毅力和持之以恒、不达目的不罢休的精神，才能把决策贯彻到底。如果遇到阻力就动摇退却，虎头蛇尾，半途而废，那么任何决策都难以得到真正彻底的贯彻，预定目标也永远不能达到。所以，行政执行切忌"三天打鱼两天晒网"，否则，原有的问题没有解决，又会增添新的矛盾。

（五）计划安排的原则

即要求在行政执行活动中要有周密的计划安排，各项工作有条不紊地进行。行政执行是一个系统工程，涉及很多因素，要求行政执行人员在执行活动中统筹兼顾，合理安排，善于抓住主要矛盾，一切工作围绕中心去做。要分轻重缓急，妥善安排先后顺序。善于把各项工作密切结合起来，环环相扣，分工合作，齐心协力，克服困难，完成任务。否则，就会陷入忙忙碌碌的事务主义之中，执行工作变得杂乱无章。

（六）跟踪检查的原则

即要求在行政执行中为防止和纠正执行决策过程中的偏差和失误，保证行政活动正常进行，提高工作质量和工作效率，坚持跟踪检查、控制监督。跟踪检查行政执行过程中执行主体是否偏离原决策，行政执行人员是否依法办事，是否遵循工作程序，有无官僚主义及不负责任的现象，行政执行中要随时随地地检查、控制、考核、监督，才能保证执行不出偏差，保证决策目标的最终实现。

 行政管理学

第二节 行政执行的方法

行政执行的方法是指执行机关及其工作人员为执行行政任务、实现既定的决策目标所采用的各种手段、措施和办法。在行政执行的实践中我们要注意执行方法的多样性、合理性、合法性及合道德性，既要根据是否有利于既定目标的实现来选择执行方法，又要避免为达到目的而不择手段的马基雅弗利主义。因此，我们必须根据目标任务以及当时、当地所面临的诸多情景，正确地选择和熟练地运用行政执行的方法，以最快的速度、最好的质量、最低的消耗，圆满地完成行政执行任务。

在行政执行中常用的执行方法主要有行政方法、经济方法、法律方法、教育方法，即行政手段、经济手段、法律手段、教育手段。

一、行政手段

所谓行政手段是指行政机关依靠科层体系和法律授予的行政权力，通过发布指示、命令，推动行政执行工作的开展和执行任务的完成。这种方法以命令—服从的行为模式来运作，具有极强的权威性，往往能够迅速地解决所面临的特定问题或控制势态的发展演变。正因其有极明显的执行效果，所以行政手段一向为执行机关所倚重，成为执行工作的重要手段。但是，我们必须看到，行政手段不是万能的，其独有的属性也决定了它不可避免地具有某些局限性，如它虽然能迅速解决某个问题，但对与问题相关的当事人的思想、心理、态度和情绪往往无能为力，结果按下葫芦浮起瓢，问题层出不穷。另外，行政手段强调命令—服从，这一方面会抑制下级的积极性、主动性和创造性，另一方面也会助长上级的"长官意志"和官僚作风。最后，由于行政命令的发布既与当时当地的情景有关，又与行政领导的主观心态有关，而这两方面的因素都是易变的，因此，行政手段的运用极容易导致执行工作中的人治倾向。可见在行政执行中既不能忽视行政手段的运用，也不能单纯依赖这种手段，而必须与其他手段结合并用。

二、经济手段

经济手段是指行政机关根据客观经济规律，利用社会行为主体的自利倾向，通过运用价格、税收、信贷、工资、奖金、利率、经济合同等经济杠杆，来调节各种经济关系，进而影响行政对象的行为取向，以求完成行政任务。司马迁曾指出："人之趋利如水之走下，圣人弗能禁也。"我们的目标任务如果能够通过某种与社会行为人的自利倾向相一致的方法来完成，就可能取得事半功倍的效果。经济手段就是这样一种功效巨大的方法，它是物质利益原则在行政工作中的具体体现。因为在社会主义条件下，仍然存在着国家利益、集体利益、个人利益之间的差别，利益仍是人们奋力所追求的，运用经济手段进行管理，影

响行为主体的利益消长，就足以调整行为主体的行为倾向，使之朝行政机关所希望的方向努力，进而达成行政机关所预设的行政目标。较之行政手段，经济手段明显具有间接性、有偿性、平等性、关联性等特点。经济手段的执行优势是能够直接影响行政对象的利益消长，有效调整其行为方式，从而有助于从根本上解决问题。但由于经济手段是通过对经济利益的调节来影响行为主体的行为选择，这就需要一个相对较长的过程，所以，经济手段一般不适用于解决危机事件和突发问题。另外，如果过分倚重经济手段也会产生一些副作用，如限于本位利益、眼前利益的狭隘立场和目光短视，从而造成行政决策目标和行动方向的分散性，影响决策目标的实现。所以，在运用经济手段时，要注意克服其本身的局限性，并始终致力于经济手段的完善化，同时还要注意把经济手段和其他手段结合起来，加强思想政治工作，以充分发挥经济手段的积极作用，限制并努力消除它的消极影响。

三、法律手段

法律手段是指行政机关根据国家权力机关制定的有关行政管理的法律和其自身依法制定的法规规章，调整社会各方面关系并对社会的政治经济文化进行调控与整合，以解决某一特定社会问题。就一般而言，法律法规和规章是国家意志的一种比较稳定、比较完善的表示和概括，它将在一个较长的时段内起指导、规范和约束作用，因此相对于政策决定往往具有更高的权威性，能更有效地保障社会问题的解决，由此决定了它作为行政执行手段的特殊重要性。法律手段的实质在于凭借体现正义之法的权威来调整人们的行为和各种社会关系，以实现政府所预设的目标。它具有其他手段所不可比拟的行政优势，能够最大限度地保证管理者和被管理者行为的规范性，减少管理上的主观随意性，切实保证社会政治、经济、文化等方面发展的内在统一性和整体结构的稳定性。随着社会主义市场经济的发展，人民群众的权利意识、法律意识日益觉醒，整个国家的法律制度也日趋完善，在此宏观背景下，行政机关必须更自觉地更多地运用法律手段来开展执行工作。当然，法律手段也有它的局限性。因为，无论法律法规还是规章，相对于复杂多变的社会生活都有某种程度上的滞后性，一些新生的社会问题往往于法无据，这就需要运用其他手段加以解决。再则，法律法规和规章均具有较强的刚性，以此来解决某些问题往往缺乏应有的灵活性，以致产生合法与合理之间的矛盾。另外，法律可以规范人的行为，但不能规范人的思想，因此，对于意识形态领域的问题，法律手段就显得无能为力。所以，在行政执行中不能以法律手段代替其他手段。

四、教育手段

教育手段是指行政机关运用现代传播媒介，宣传党的路线方针政策和上级机关的指示精神，耐心地解释说明政策的背景、内容及其巨大意义，并以典型事例教育行政对象自觉接受政策规定，按照政策要求办事，从而达到预定行政目标。在我国，人民群众是国家的主人，行政机关及其工作人员是人民群众的公仆，他们以全心全意为人民服务为一切行为的根本宗旨，其所制定和推行的一切政策都是为了实现人民群众的根本利益，满足其物质

行政管理学

和文化需要，也就是说行政机关和人民群众无论在所思、所想、所欲、所求上都是一致的，由此决定了行政机关在执行政策时必须首先运用宣传、动员、说服、倡导、鼓励及榜样示范等教育手段，引导群众走上政策轨道。教育手段就其实质而言是通过耐心细致的思想政治工作，解决人们的思想认识问题，以此来保证政策的落实和行政目标的实现。教育作为一种执行手段具有引导性、长效性，它能够从根本上解决人们的思想认识问题，提高他们的觉悟，调动他们的积极性，为保质保量地完成行政执行任务打下一个扎实的并能持久起作用的思想意识基础。当然，毋庸讳言，以教育手段开展执行工作一般见效慢、周期长、过程复杂，如若不辅之其他手段，政策指示极易因执行手段的力量较弱而落实不到实处。

综合论之，行政执行的四种手段各有优劣，行政机关应根据所处理事务的性质特点以及当时当地的实际情况灵活选用执行手段。此外，由于事务本身的复杂性，单纯依靠一种手段有时也难以取得较好效果，四种手段往往要综合运用才能事尽其功。

第三节 行政执行的过程

从行政决策指令下达到行政决策目标实现所进行的全部活动构成了行政执行的过程。这一过程是一个较长的、复杂的过程，是由一系列环节有机构成的过程。这一过程大致可分为相互衔接的三个阶段，即准备阶段、实施阶段、总结评估阶段。

一、行政执行的准备阶段

行政执行的准备阶段是为实施决策目标奠定基础，创造条件。它包括计划、组织、思想、物资、法律、技术准备等环节。

(一) 计划准备

根据决策目标编制具体执行方案是行政执行的起点。从这个意义上讲，计划是由决策向执行过渡的中介和桥梁。计划准备就是编制行政执行计划，即对行政决策目标进行分析、计算并具体筹划人力、物力、财力，确定实施程序、方法及有关的制度和规定。行政执行的计划编制是行政决策目标实现的保证，是行政执行的实施纲领。计划准备的步骤是：首先调查研究，即对决策既定目标中的各个方面进行现状和历史的调查分析；其次进行预测，即对计划在未来的实施情况进行预测，以获取执行计划成功的概率；再次拟订具体计划，即根据调查和预测的数据、资料，拟订执行计划。编制行政执行计划要遵循科学性原则、整体性原则、重点性原则、弹性原则、综合平衡原则。

(二) 组织准备

决策的实施程度有赖于一定的组织机构和人员的科学配置的程度。因此，在执行前做好组织准备具有相当重要的意义。组织准备的内容包括：

（1）明确各执行部门的职权范围，即要明确规定每一个执行部门的组织规模、组织规程，明确其职权、职责及地位和应承担的工作任务，以避免权力冲突。

（2）明确执行人员的职、权、责、利。做到职权相称，责利相连，使执行人员各司其职，各尽其责地努力工作。

（3）健全制度。制定并健全必要的规章制度，建立健全简便的工作程序和办事制度，以保证执行过程中组织功能的最大发挥。

（三）思想准备

在执行前，行政领导者要有思想准备，对各方面情况有足够的估计，做到"知己知彼，百战不殆"。同时，要使执行人员对决策的目的及执行的步骤、方式等有充分地理解和掌握，这是执行能否达到预期目的的重要环节。此外，对群众进行思想动员工作，利用各种手段发动群众，使群众把执行工作变为其自觉的行动。

（四）物质技术准备

任何行政执行活动都离不开特定的物质基础。行政执行要有经费上的准备、必要的设备条件的准备，及工作人员生活、工作条件的准备。在当今科学技术蓬勃发展的时代，在行政执行中，一定的技术条件、技术力量的准备是必须考虑的重要因素，同时也要考虑技术人员和专家力量的使用，仅仅依靠行政首长的经验是难以进行科学管理的。

（五）活动准备

依法行政、依法执行是当代行政活动的重要特征。要根据将要进行的行政执行活动制定必要的规范性文件，以规范行政机关及执行人员的行为，使行政执行活动有法可依、有章可循，从而保证行政决策目标的顺利实现。

二、行政执行的实施阶段

上述准备工作完成后，行政执行进入了实施阶段。实施阶段是行政执行的重要阶段，它是行政执行过程中持续时期最长、内容最丰富、活动最复杂的阶段。在这一阶段内诸环节效率的高低，成效的大小将对整个执行过程有着极为重要的影响。可以说，行政执行能否达到预期目的，取决于行政执行实施阶段各环节的效绩状况。构成行政执行实施阶段的环节有指挥、沟通、协调、控制等要素。对此，在本章及其他章节有详细阐述。

三、行政执行的总结评估阶段

总结评估是对行政执行过程的理性认识阶段，它是行政执行过程的最后环节。同时也是新的决策的起点，为以后的决策提供经验教训及规律性的认识。

总结评估的目的是对行政执行情况作出评估，肯定成绩，找出问题，改进工作。行政执行总结评估的基本步骤为：

首先对行政执行情况进行全面检查。检查行政执行结果的数量和质量；检查工作进度与效果同原计划的出入；检查工作制度的遵循情况及制度本身的利弊；检查物资经营使用是否与计划相符等情况。

其次对行政执行的情况进行评定。在检查的基础上对该单位及工作人员进行评定。评定要客观公正，赏罚要分明。

最后对行政执行情况总结经验教训。通过总结来肯定成绩找出问题，获得经验性或规律性的认识，提出改进的措施，为今后的决策和执行提供理论上的依据。

第四节　行政执行阻滞及其消解对策

行政执行不仅是一个动态过程，而且是一个包含着建立执行机构、运用相关资源、解释决策内容、进行政治动员、开展局部实验、具体贯彻落实以及实施协调监控等诸多环节的复杂过程。在这个过程中，不仅各个环节之间相互联系、互相制约，而且每一个环节本身都要涉及众多的参量，其中的任何一个环节或参量出了问题，都会直接或间接地影响到行政决策功能的有效发挥和行政执行的实际效果，因此，我们可以说，行政执行是一个系统的工程，认识到这种过程的复杂性对于我们深入地探讨行政执行的阻滞机制及其防治对策无疑是大有裨益的。

一、行政执行阻滞及其表现

所谓行政执行的阻滞是指行政执行过程当中的活动因某些主客观消极因素的影响而出现的不顺畅、停顿乃至停滞，进而导致行政决策目标不能圆满实现甚至全盘落空的现象。其突出的特征是行政执行偏离既定的行政决策目标。行政决策目标是行政执行的逻辑起点和行为归宿，如果行政执行过程能够顺畅地实现行政决策的既定目标，则意味着行政执行阻滞现象并没有产生，相反，一旦行政执行的结果偏离既定的行政决策目标，那么预示着行政阻滞现象的发生，所以，行政执行偏离既定行政决策目标是行政阻滞的首要特征。

在公共行政实践过程当中，行政执行阻滞主要体现为以下几个方面：

（一）行政执行表面化

行政执行表面化是指在行政执行过程当中，行政决策只是被宣传一通，而未被转化为具体的操作性措施，使行政执行的作用大大低于行政决策原本的期待。荷兰学者 H. 布雷赛斯（Hans Bressers）和 M. 霍尼赫（Mac Honigh）所说的"象征性合作"就是典型的行政执行表面化。象征性合作，指地方政府假装合作，而实际上并未合作。在实际执行过程当中只是口头上的支持中央政策，或以书面形式表态，但没有按中央政府的期望做任何事情，这种现象在行政执行中并不鲜见。

(二)行政执行局部化

行政执行局部化是指作为行政执行者的下级行政单位或其他政策执行主体,在执行上级行政决策时,根据自己的利益需求对上级的行政决策改头换面,任意取舍,对自己有利的部分就贯彻执行,对自己不利的内容则不予执行,甚至肆意歪曲,致使行政决策初衷得不到实现。这种行政执行阻滞的表现形式在当下我国比较常见,国外学者把这种现象称之为"选择性执行"(selective implementation)。

(三)行政执行扩大化

行政执行扩大化是指下级行政执行主体在行政执行的过程当中,给原行政决策内容附加一些扩大化的内容,致使公共行政管理的范围、程度、力度等超越行政决策原定要求,影响了既定行政决策目标的实现。

(四)行政执行停滞化

行政执行停滞化是指行政决策目标与行政执行主体的利益相左时,出现的行政执行停滞不前的一种现象。行政执行停滞化有可能是行政执行主体的主观故意,即明知应为而不为,我们日常所说的"硬抗"、"顶风上"就是主观故意所造成的行政执行停滞。行政执行停滞化也有可能是行政执行主体的客观过失,即行政执行主体尚未意识到自身的行政执行主体身份,进而致使行政执行的停滞,进而致使行政执行时"雷声大,雨点小""只开花,不结果"。

二、行政执行阻滞的消解对策

行政执行阻滞的危害是显而易见的,它不仅会损耗行政效率、削弱行政权威,而且破坏政府形象、妨碍社会发展,因此,如何正确地防治行政执行阻滞,有效地发挥行政决策作为政府对社会经济发展实施宏观调控的杠杆作用,就是摆在我们面前的一个迫切需要解决好的重要问题。为此,我们可以从强化主体意识和加强制度建设两个方面探讨行政执行阻滞机制的消解对策。

(一)优化主体意识与行为

行政执行本质上是由行政执行主体的一系列相关行为构成的一种复杂的活动过程。为有效消解行政执行阻滞,必须从优化行政执行主体为切入点,全面确立和切实提高行政执行者的主体意识,优化其主体行为。

1. 提升行政决策认知

行政执行的有效性是建立在执行主体对行政决策内容的认同和接受程度上的,行政执行主体对行政决策内容的认同与接受又是建立在对行政决策内容科学认识的基础上的。因而,从行政执行过程来看,执行主体执行行政决策的首要环节就是对政策内容的正确认识。为此,必须组织行政执行主体对行政决策内容进行广泛深入的学习,同时不断完善行政执行主体的相关知识结构,着力提升行政执行主体对行政决策的认知。

2. 优化行政执行方式

美国学者安德森曾经说过,"为了使某一项政策有效,需要的不仅仅是广泛的权威和用以支付实施代价的拨款,良好的控制和政策实施技术也是必不可少的。①"现实中许多行政执行活动的不理想甚至完全不能达到预期目标,很大程度上就是由于行政执行者的行为方式不够妥当,为此,要提高行政执行的效能,消解行政执行阻滞,不仅要提升行政执行主体的意识,还要优化行政执行方式。具体言之,需要从计划、组织、指挥、沟通、协调、控制等方面予以优化,做到计划周详、行为正确、执行有力、方法适当,从而有效消解行政执行阻滞。

(二) 加强制度建设

从组织行为的视角分析,任何组织的活动都受到其制度环境和技术环境的制约。在特定的技术环境当中,制度环境成为影响组织成员行为的重要约束条件。公共管理组织及其工作人员在行政执行的过程当中也不可避免地受到其所在组织的制度环境的制约,因此,消解行政阻滞,除从行政执行主体的角度提出解决之道,更需要通过加强制度建设,消除制度漏洞,改变不合理的制度设计,通过制度的建立和完善来实现。

1. 完善行政职权的配置制度

作为一种法理型的公共权力,行政职权是公共治理的前提条件,而行政职权配置的合理与否对于一个国家政府系统的有效运转具有决定性的影响。为此,我们有必要从政府与执政党之间的职权分配,政府行政组织间的职权分配等角度,从职位权力配置的横向幅度与纵向梯度两个维度,完善行政职权的配置,从根本上解决因为党政不分、职能混同、机构重叠而造成的行政执行阻滞问题。

2. 强化对行政干部的管理制度

行政执行阻滞,从根本上来说,就是一种公共权力的异化,即由于公共权力出现"公属"与"私掌"之间的对立,引致了公共权力"善"的目的被"恶"的可能所替代,从而出现了行政执行表面化、局部化、扩大化和停滞化等多种违背公共权力本意的运行方式和不良结果。为此,对行政阻滞的消解就是对公共权力异化的遏制。根据政治学的理论,防止公共权力异化的重要手段就是对公共权力课以责任。

(1) 建立健全行政责任制度。责任有两重含义:其一是分内应做的事;其二是因为没有做好分内之事而应受到的惩罚②。相应的行政责任也有积极和消极之分,积极的行政责任是指某一行政岗位应当履行和承担的行政义务(包括政治的、经济的、道德的、法律的等多种形式的责任,即岗位义务);消极的行政责任是因为未能有效承担和履行行政义务而应承担的过失、不利后果或强制性义务。从行政执行的角度来看,我们应该依法规定公共行政的客观责任,大力弘扬公共行政的道德责任,严格追究其消极行政责任③,通过有

---

① [美] 詹姆斯·安德森:《公共决策》中译本,华夏出版社1990年版,第66页。
② 参见《现代汉语词典》,商务印书馆1980年版,第1430页。
③ 刘祖云:《当代中国公共行政的伦理审视》,人民出版社2006年版,第128页。

效的责任制度建设消解行政执行过程当中的失职行为,进而有效消解行政执行阻滞。

(2) 落实民主任用制度。健全行政责任制度固然可以增强干部在任时的工作责任心,预防行政执行阻滞现象的发生,但是,比较而言,干部任用制度的完善与否对于政策执行效果的影响更大。试想,在一个独断专行、任人唯亲的干部任用制度当中,行政执行的任何层级都不会对公共行政决策的内容负责,而只会对其权力的直接授予者负责,因而,行政执行过程当中的执行走样就不可避免了;相反,在一个公开、平等、竞争、择优、民主的制度环境中选任、考任、聘任产生的干部必然更忠诚于公共行政决策,而非个人和小集团利益。

3. 建构行政执行的监督制度

政策执行主体的行为缺陷,以及作为理性逐利人的行政执行者之间及其与行政决策者之间客观存在的利益矛盾或利益冲突,为行政执行过程中出现的阻滞提供了可能性,也正是行政执行阻滞的这种可能性,决定了对政策执行活动实施有效监督的必要性,而且现实中许多行政执行阻滞的情形又往往是因监督制度不到位而导致。因此,要从根本上防治行政执行阻滞机制,则必须进一步从制度上强化对政策执行活动的监督。

【案例分析】

五水共治:绝不把污泥浊水带入全面小康

2013年4月,绿色浙江联合浙江卫视共同策划推出大型新闻行动"寻找可游泳的河",引起了广泛关注和强烈反响。省委书记、省人大常委会主任夏宝龙亲自给各市县委书记写信,要求各地高度重视曝光的和群众反映强烈的环境保护问题,直接推动省委省政府头号工程"五水共治"的出台。

2014年初,浙江省成立了以省委书记、省长任组长,六位副省级领导任副组长,31家省级部门为成员单位的省"五水共治"工作领导小组。省治水办实行实体运作,分管副省长兼任省治水办主任。各地也都建立相应的工作机构,并形成了党委、人大、政府、政协四套班子齐上阵的组织推进体系。明确了"五水共治、治污先行"的路线图、时间表。即以治污水为突破口带动全局,3年(2014~2016年)要解决突出问题,明显见效;5年(2014~2018年)要基本解决问题,全面改观;7年(2014~2020年)要基本不出问题,实现质变。

2014年初,浙江举全省之力全面实施以治污水为突破口,协同推进防洪水、排涝水、保供水、抓节水的"五水共治",治出了改善环境的新成效、转型升级的新局面、百姓点赞的好口碑。

据相关报道,浙江省"五水共治"的主要做法有:

1. 狠抓组织领导,层层部署推进

一是建立指挥作战系统。省市县都建立了"五水共治"工作机构,党政一把手担任领导小组组长,党委或政府分管领导担任治水办主任,并抽调人员集中办公,全省共抽调1925名同志到各级治水机构工作。各地纷纷建立"五水共治"作战指挥室,集中指挥、挂图作战,部分市县还建立"五水共治"信息平台,实时监控、实时指挥。二是深入动员部署。2013年省委十三届四次全会和全省经济工作会议发出总动员令，2014年相继举行全省"五水共治"现场会、省"五水共治"工作领导小组会议和全省"五水共治"专题研讨班，再部署、再鼓劲、再加油。各地通过动员会、誓师会、推进会等形式进行层层传达和贯彻，切实统一思想和行动。三是细化明确任务。省里提出"十百千万治水大行动"，分别制定治污水、防洪水、排涝水、保供水、抓节水实施方案和2014年工作计划。省农办、省发改委、省财政排出了相关规划、项目和资金。各地结合实际细化深化，出台"五水共治"实施方案和行动计划，明确各自的治水目标任务，层层挂出路线图、作战图、时间表、任务表。四是强化责任担当。坚持党委领导、政府负责，夏宝龙书记、李强省长靠前指挥、带头示范，各级党政一把手紧盯紧抓、亲力亲为，各级人大、政协积极开展"五水共治"主题活动、专项审议和专项集体民主监督，做到四套班子齐上阵，形成强有力的组织推进格局。

2. 狠抓治污先行，实施重点突破

一是突出重点领域攻坚。把治污水当作"五水共治"的"大拇指"，把解决感官污染最明显、老百姓反映最强烈的垃圾河、黑河、臭河问题作为治污水的当务之急，确保2014年基本消灭垃圾河，明年基本消除黑河、臭河，以清三河带动城乡污水和生活垃圾处理设施两覆盖、工业和农业两转型。二是突出重点行业整治。坚持源头治水，促进治水与转型互动。深化重污染高能耗行业整治提升，全省累计淘汰关停造纸、印染、化工企业978家、原地整治提升1550家、搬迁入园182家。2014年以来全省依法调整划定禁限养区，禁养区养殖场一律关停或搬迁，限养区养殖场依法限期整治，宜养区养殖场确定养殖规模、推进转型升级。三是突出重点流域治理。全面落实河长制，形成了省、市、县、镇（乡）四级河长体系，很多地方还延伸到了村一级，全省现有6名省级河长、189名市级河长、2344名县级河长。省级领导担任河长的6条河的工作方案全面建立，6位省级河长亲自督导、作出部署，并排出了治理项目，扎实推进大江大河治理。

3. 狠抓项目建设，推进统筹共治

强化治水载体支撑，统筹抓好治污水、防洪水、排涝水、保供水、抓节水工作。其中，治污水重点抓好清三河、两覆盖、两转型；防洪水重点抓好强库、固堤、扩排工程建设；排涝水重点抓好强库堤、疏通道、攻强排工程建设；保供水重点抓好开源、引调、提升工程建设；抓节水重点抓好改装器具、减少漏损、再生利用和雨水收集利用。坚持以项目化责任制为推进方式，实施"十百千万治水大行动"。即"十枢"，建设十大蓄水调水排水等骨干型枢纽工程；"百固"，每年除险加固100座水库，加固500公里海塘河堤；"千治"，每年高质量高标准治理1000公里黑河、臭河、垃圾河，整治疏浚2000公里河道；"万通"，每年清疏1万公里给排水管道，增加每小时100万立方米入海强排（机排）能力，增加每小时10万立方米城市内涝应急强排（机排）能力，新增农村生活污水治理受益户100万户以上。以此实现工作项目化、项目目标化、目标责任化、责任具体化，确保项目落地、协调并进。其中，省级安排重点项目125个，总投资4680亿元，2014年投资超过650亿元。

4. 狠抓社会动员，扩大公众参与

一是强化舆论宣传。通过浙江卫视"五水共治"专题节目和"今日聚焦"栏目、浙江日报"五水共治"专栏和"五水共治百城擂台"系列报道、浙江在线"五水共治"直播访谈，以及各地报纸、电视、政府门户网站和微信、微博等载体，广泛宣传治水工作，既鼓劲造势，又揭短亮丑，形成强大舆论攻势。二是发动捐资投劳。各地干部群众、企业家、省外浙商、华人华侨踊跃捐款。截至2014年6月底，全省各级"五水共治"认捐金额已达25.5亿元，实际收到16.44亿元，其中省本级实际收到捐赠金额4988万元，所有捐款都已纳入各级财政专户专款专用。社会各界纷纷组建治水队、护水队、宣传队、市民监督团、义工服务队等，义务投工投劳，参与助推治水工作。三是抓好志愿服务。坚持公众志愿参与和专家技术指导相结合。依托工青妇和民间社团组织，发展志愿者队伍，开展公益活动。省里还成立了由216名专家组成的浙江省"五水共治"技术服务团，汇编了省"五水共治"技术支撑单位、适用技术，组织治水专家到基层挂职服务。四是鼓励参与监督。主要依靠省委、省政府30个督查组和各级治水办督查力量，开展明察暗访，建立了月通报、季督查、年考核的有效倒逼。同时，通过广泛设立举报热线、举报信箱、媒体曝光专栏等，广泛发动群众监督治水、共同护水。

5. 狠抓制度保障，完善体制机制

一是构建组织推进机制。制定了省"五水共治"工作领导小组工作规则、成员单位职责分工、工作考核办法、工作督导方案，明确了治水体制机制建设的框架、内容和方向，不断探索深化目标指标体系、标准评价体系、考核体系、组织领导体系、多元监督体系、市场机制、上下游协调机制、全民参与机制等制度建设。二是强化责任落实机制。把河长制和交接断面水质考核制度结合起来，把地方政府负责制与领导分工负责制结合起来，建立河长制工作考核办法和河长制水环境监测评价实施方案；全面推广"河道警长制"，基本实现"河道警长"与"河长"全配套。三是探索区域联动治水机制。在桐乡、南浔和建德、兰溪开展跨地市交界区水环境联防联治工作，探索建立跨区域"五水共治"联动协作机制。四是建立长效运行机制。积极研究完善阶梯水价制度，建立健全政府、市场、民间多元化的治水投融资体系，推进治水设施第三方运维机制。各地还以"五水共治"村规民约、门前"三包"责任书等形式，推进河道保洁专业化、制度化、社会化。

通过全省上下共同努力，"五水共治"各项任务进展顺利，取得阶段性成效。

（1）治污水。全省累计完成垃圾河清理6442公里，占年度任务的99.2%，除嘉兴外，其余市都已提前实现垃圾河年度治理目标；全省累计完成黑臭河治理3636公里，已超额完成确保年度任务（1500公里）和力争年度任务（2500公里）。2014年要完成的69个建制镇污水处理设施已有62个开工，其中11个基本建成；全省完成1377公里城镇污水管网建设，占年度计划任务的62.9%。2014年需完成生活污水治理的6120个建制村中，3500个村已完成施工招投标，2316个村已开工建设。上半年全省145个跨行政区域河流交接断面有87个满足功能要求，达标率为60%，其中Ⅰ~Ⅲ类水质断面89个，占61.4%。

（2）防洪水。全省病险水库除险加固开工187座、完工53座，年度计划开工、完工率分别为187%和53%，海塘河堤加固已开工665公里、完工288公里，年度计划开工、完工率分别为133%和58%。全省河道综合治理实际已开工3234公里、完工1794公里，完工率为90%。

（3）排涝水。全省扩排工程完成投资21.7亿元，完成年度投资计划的41.7%；完成排水管网清疏11028公里，完成年度目标的110%；完成城市内涝应急强排能力提升12.34万立方米/小时，完成年度目标的123%。

（4）保供水。基本建成慈溪郑徐等水源工程，新昌钦寸、杭州闲林等大中型水库建设加快推进，千岛湖配水工程等重大项目前期工作扎实推进。饮用水源保护区内需清理的55家企业或设施已完成37家。

（5）抓节水。全省改造"一户一表"已完工10.4万户，改造节水器具已完工4.19万套，完成新增改善灌溉面积36.8万亩，完成高效节水灌溉面积15.6万亩。

在此基础上，浙江省委省政府为确保以真实有效的成果取信于民，制订了进一步的工作计划，主要有：

（1）确保"清三河"取得实实在在成效。一是确保年度目标任务全面完成。继续督促各地抓紧工作进度、认真查漏补缺，确保2014年全面消灭垃圾河；高标准高质量治理黑臭河；确保完成河道综合整治2000公里。二是抓好"清三河"达标县的审核验收。严格标准，严格把关，认真组织好分批公布"清三河"达标县（市、区）工作。2014年8月将专门召开会议，命名第一批"清三河"达标县（市、区）。三是切实巩固提升治理成果。督促建立健全河道保洁机制，推进保洁市场化，建立专业保洁队伍和保洁收费机制；推进保洁社会化，发动老百姓参与治水、人人保洁；推进保洁制度化，用村规民约等制度加强引导和规约。

（2）切实加强源头截污和源头控污。一方面，着力"两覆盖"，加快推进工业污水、城镇生活污水设施建设和截污纳管，因地制宜加快推进农村生活污水处理、生活垃圾集中处理，积极实施排水管网雨污分流改造，确保2014年内工业污水基本实现全部纳管，县以上城区生活污水处理设施基本实现全覆盖，对不能截污纳管、又没有处理设施的重污染企业落实关停；完成6120个建制村的污水治理，确保150万户农户受益。另一方面，着力"两转型"，大力推进重污染行业整治提升，推进养殖等农业面源污染治理，确保2014年全面完成印染、造纸行业整治，建成富阳、萧山、柯桥等5个造纸印染行业整治示范区，基本完成化工行业的原地整治，列入搬迁的化工企业加快搬迁入园；力争完成小规模养殖场治理1万户、水产养殖场治理11.5万亩。

（3）统筹抓好防洪排涝和供水节水。立足于防，着力消除隐患保安全，抓紧强库、固堤、扩排工程和强库堤、疏通道、攻强排工作，确保雨汛、台汛等抗洪抗涝工作万无一失。狠抓饮用水安全，完善饮用水源地环境保护长效管理机制，积极推进城市应急备用饮用水水源地建设，着力改善钱塘江和嘉兴平原河网饮用水源地水质。突出抓好工业中水回用和城镇居民用水节约，确保2014年完成2个大型雨水利用示范工程，建成屋顶集雨收集系统5000处，改造节水器具10万套。

（4）建立健全社会行动体系。继续多方大力宣传"五水共治"，推广"河道警长"等部门联动制度。召开全省"五水共治"志愿服务动员大会，深化社会动员全民参与的氛围。一是群众投劳机制。发挥农民群众在农村治污中的主体作用，引导广大农民群众积极投工、投劳、投资参与治水。二是干群结合机制。组建全省"五水共治"志愿者队伍，广泛动员全省各地、各部门干部群众、高校师生和共青团员参与"五水共治"，形成人人投身参与治水的良好局面。三是村企挂钩机制。认真总结各地企业与行政村结对挂钩治污的经验做法,拓宽农村治污的技术、施工力量等来源渠道。同时,积极鼓励省内外广大浙商参与治水,积极探索市场化、商业化运作治理模式和第三方运营管理模式,调动社会各界的治水积极性。

(5)进一步完善治水体制机制。一方面,抓制度的建设。继续围绕建立定性定量结合的目标指标体系;建立从微观技术层面到宏观政策层面,从工程项目到领导干部的全方位立体式标准评价体制;形成奖惩分明的考核体系;形成统分结合的组织领导体系;建立人大法律监督、政协民主监督、公众监督和媒体监督结合的多元监督体系;完善市场化推进机制;建立以"河长制"为基础的上下游协调机制;健全社会动员全民参与机制等8个方面加强研究,着力形成体制机制创新成果。另一方面,抓制度的落地。进一步认真组织实施"五水共治"工作月报统计制度、专家技术服务制度、工作督导制度、考核奖惩制度,强化责任落实,强化治水"倒逼"机制,确保"五水共治"各项工作规范有序、落到实处。

浙江省治水办常务副主任方敏介绍,仅治理河道污水一项,2014年全面完成了6495.6公里的垃圾河清理,截至2014年8月,全省累计完成黑河、臭河治理验收5058.2公里。通过治水,目前全省基本清除"黑、臭、脏"等感观污染,城乡环境得到很大改观,也因治水得到民众积极呼应而成破竹之势,使绿色发展观、绿色政绩观深入人心,开启了"绿水青山就是金山银山"理论实践的新篇章。

(资料来源,根据《浙江:"五水共治"倒逼转型升级》http://news.xinhuanet.com/mrdx/2015-10/09/c_134694354.htm;《浙江省"五水共治"工作情况》http://zjnews.zjol.cn.cn/system/2014/08/11/020192309.shtml等资料整理)

思考题

1. 本案例体现了行政执行中的哪些环节?
2. 本案例体现了哪些行政执行的方法?
3. 本案例中浙江"五水共治"决策得到顺利执行的原因是什么?

【本章小结】

行政执行是行政机关及其工作人员实施决策中心发出的决策指令,以达到预期目标的全部活动的总和,即是指从决策批准时起,到决策目标实现为止的整个实践过程。行政执行是行政活动中不可缺少的重要环节。离开了行政执行则行政决策无法实现,同时也使行政监督失去了监督的对象。

行政执行过程大体上可分为相互衔接的三个阶段,即准备阶段、实施阶段、总结评估阶段。行政执行的特征表现为目标性、实务性、组织性、时效性、强制性。常用的执行方法主要有行政方法、经济方法、法律方法、教育方法,即行政手段、经济手段、法律手段、教育手段。

行政执行的阻滞是指行政执行过程当中的活动因某些主客观消极因素的影响而出现的不顺畅、停顿乃至停滞,进而导致行政决策目标不能圆满实现甚至全盘落空的现象。其具

体表现为行政执行表面化、行政执行局部化、行政执行扩大化、行政执行停滞化等四个方面。行政执行阻滞的消解可以从优化主体意识与行为和加强制度建设两个方面入手。

【复习与思考】

1. 行政执行的含义是什么？
2. 行政执行有哪些特点？
3. 行政执行的地位与作用体现在什么地方？
4. 行政执行有哪些手段与方法？
5. 行政执行过程分为哪几个阶段？
6. 行政执行的准备阶段包含哪些重要的环节？
7. 何为行政执行阻滞，其表现在哪些方面？
8. 如何有效消解行政执行阻滞？

第十章 行政效率

公益物品和服务产出的结果的衡量是根据其产出是否符合效率或其他绩效准则。

——［美］文森特·奥斯特罗姆

【知识要求】

通过本章的学习，掌握行政效率概念内涵、特点和分类，掌握行政绩效评估的内涵，了解公共部门的特殊性与绩效评估的困难，掌握行政绩效评估的类型与作用，掌握政府绩效管理的基本流程，了解政府绩效评估和管理的基本方法。

【关键术语】

行政效率；行政绩效；绩效评估；绩效管理；评估指标；3E；绩效计划；绩效反馈；平衡计分卡

行政效率是行政管理的出发点和落脚点，是衡量整个行政管理活动的重要标准，是行政改革的重要目标和原则，是公共行政研究的核心内容之一。行政效率是公共行政组织及其行政人员在从事行政管理活动的过程中所获得的实际效果与所付出的人力、物力、财力、时间等要素的比率。行政管理追求"以最少的可得资源来完成一项工作任务"，追求投入与产出之比的最大化。把握行政效率的内涵、测评方法，认清影响行政效率的因素，对于提高我国政府绩效具有重要意义。绩效评估与管理是行政效率实践的新发展，是行政效率研究的新趋向。

第一节 行政效率概述

一、行政效率的含义与特点

（一）行政效率的含义

"效率"最初是电学和机械学中使用的概念，指所产出的能量或功与所投入、消耗的能量或功的比值。此种意义上的效率仅是个数量概念，对效率的把握还停留在定量分析上。后来，"效率"这一概念被引入社会活动实践，把社会活动所取得的劳动成果同取得该成果所消耗的劳动量进行比较，以考察某项社会活动的有效程度。行政研究引入"效率"这一概念，用以衡量行政工作效率，研究、探索提高行政效率的途径。

效率有广义和狭义之分。总的来看，我国学术界倾向于对行政效率作广义的理解。多数学者认为，行政效率不仅仅体现在时效、速度和理想的产出与投入的比率上，更重要的是体现在社会效益上，认为行政效率是"数量与质量的统一，价值与功效的统一"。我国台湾学者认为绩效与生产力的概念相同，它是效率和效能的综合评价量，"效率指产出与投入之间的比较情况，着重于数量层面；效能则指目标达到的程度，着重于品质层面"。而西方学者对效率的界定多倾向于狭义的解释，即认为效率只是广义的绩效（performance）或生产率（productivity）的组成部分。美国著名管理学家孔茨（Koontz）认为，"生产率"这一概念反映了个人和组织绩效的多个层面，包括效益和效率，"效益指的是目标的实现程度，而效率则是用最少的资源达到既定的目标"。公共行政学家奥斯特罗姆从"成本计算"的角度界定效率，认为效率意味着"用最小的成本达到既定的目标，或者成本既定时产出最大"。西方政府也基本上是从狭义上理解行政效率的。英国政府运用"绩效"概念衡量政府行政活动的效果，它包括经济（economy）、效率（efficiency）、效益或效能（effectiveness）三项主要内容。

多数学者认为，行政效率是在行政管理中投入的工作量与所获得的行政效果之间的比率，是人们在单位时间和空间内开展行政活动，获得改造客观世界和主观世界的社会效果。简而言之，行政效率就是效果与消耗之比。效果是指有形和无形的社会效果；消耗是指人力、物力、财力和时间等综合消耗。实际上，行政效率具有两个内涵：一是行政效率的高低有一定的数量比例，可以做定量分析和对比。行政效率的数量比例通常表现在时效上。行政效率量的要求是以最少的人力、物力、财力、时间的消耗，取得尽可能大的效果。二是行政效率有质的规定性，可以做定性分析。它通常表现在社会效益上。因为行政效率体现国家和社会的需要。如果行政效率忽视质的规定性，单纯追求速度和数量，不仅对社会无益处，有时甚至会给社会带来严重的危害。在研究行政效率时，应该把行政结果的质量也就是社会效益放在第一位，在保证质量的前提下，以最少的投入取得最大的成果。我们这里谈的行政效率主要是狭义上的。

（二）行政效率的特点

1. 方向性

这是指要把行政效率与行政效果、行政效能、行政效益综合起来把握。评价与测定行政效率，必须以行政管理活动方向正确为前提，即必须反映国家的意志和人民的要求，并给社会带来积极的成果。如果行政管理偏离了国家的意志和人民的要求，违背国家政策和法律，给社会带来消极的影响，那么，谈论效率就毫无意义。

2. 关联性

这是指效率与效能、效益密切相关。行政效能是指行政组织实现预期目的的适应性能力，是对行政组织功能的评价。行政效能的高低取决于组织结构、领导才能、决策质量、人员素质、技术装备等因素。行政效益主要是看它对社会有益影响的大小，给社会带来福利的多少。而行政效率则是关于效果与消耗，即行政产出与行政投入的关系。效率的实现以一定的效能为基础，评价效率又要以对效益的肯定为前提。

3. 社会价值性

在行政管理过程中，效率永远不能脱离社会价值因素，成为中性的东西。因为行政投入（人力、物力、财力）虽然可以在一定程度上用金钱或时间的耗费来度量，但行政产出的价值往往无法用同样的尺度来衡量。衡量行政管理活动的成果，只能通过确定这些成果与总体行政目标的联系来完成。在具体行政活动成果与总体行政目标之间，往往没有直接的同质可比性，只能借助社会价值判断，才能确定它们之间的联系。所以，社会价值体系对于行政效率的评估和测定有重要的影响。

4. 相对性

在行政管理活动中，产出和投入很少能用可比单位来衡量，即使衡量标准可比，也没有什么守恒定律可以用来限制产出不超过投入。行政效率很难验证也没有必要普遍化为绝对的百分比。测定行政效率一般只要求在几个备选方案或几项同类行政管理活动之间，比较效率的相对高低。因此，行政管理学所处理的总是相对效率问题。

二、行政效率的要素和类型

（一）行政效率的要素

在行政管理中，由于一定的行政活动在单位时间和空间内总会创造出一定的社会效果，同时付出一定的消耗。行政效率的要素是国家行政机关及其行政人员从事行政管理活动所投入和产出的人力、物力、财力和效果等。行政效率包含着效益、经济、时间三个要素，构成了效益要素、经济要素、时间要素的效率整体。

1. 效益要素

公共行政管理是行政部门对国家和社会事务的管理，也是一项服务活动，因此，其社会效益应该是首先关注的事情。社会效益主要体现在质量和数量两个方面：从质量上看，行政管理活动的总方向和性质要符合人民的利益和社会发展的要求，符合国家的基本政策、各项行政决策，符合科学规律和现实条件，各项行政工作要符合法律、技术和国家规划的要求；从数量上看，在一定时期内要尽可能完成最多的行政任务。质量和数量因素相互影响，决定着行政活动在多大程度上满足公民对公共服务的需要，从而构成效率整体。行政效率是数量和质量的统一。

2. 经济要素

效率的公式表明，效率与效果成正比，与消耗成反比：效果一定，消耗越少，效率就越高。因此减少消耗，节约开支，是行政效率必须遵循的经济原则。行政效率同样包括经济要素，少花钱，多办事，在追求效率的过程中尽可能地实现最大的效益，尽可能地减少人、财、物的花费，只有这样才能获得高效率。因此，我们应该在行政任务一定的情况下，尽可能地减少行政消耗，按照经济的原则去提高行政效率。

3. 时间要素

时间是完成行政任务的基本条件，是行政效率不可缺少的要素。时间是具体行政活动的现实尺度，与时间相关的是行政工作的速度，行政效率最直接的是从行政速度上体现出来的。以最短的时间确定行政目标和作出行政决策，对所要实行的行政方案和具体措施做出最佳选择。在行政执行过程中，以最快速度对各种事件作出反应，迅速实施决策，就是行政效率高的表现。在行政管理的各个环节中，能否以最短的时间实现工作目标，能否以最快的速度发现和解决各种问题，直接关系到行政效率的高低。

在行政效率的诸要素中，效益要素是行政管理发展的根本，在肯定效益的前提下才能谈效率；经济要素是行政管理消耗量的问题，消耗少效率就高，如果行政管理中人、财、物的消耗高，即使有效益作前提，效率也是低的；时间要素是行政管理效率最直接的体现，在肯定效率、节约开支的情况下，速度的快慢对行政效率具有决定性意义。

（二）行政效率的类型

按照不同的要求和角度，行政效率的类型可分为微观效率和宏观效率、技术效率和配置效率、静态效率和动态效率、组织效率和个人效率等。

1. 微观效率和宏观效率

按照经济学家沃尔夫的观点，微观效率是指"用私人、市场导向的公司或政府机构提供相同单位的产品或服务所需要的相对成本进行解释"，宏观效率是指"用不同国家中市场和政府（非市场）的相对规模所真正引起的经济增长率来进行解释"。把沃尔夫经济效率的观点略加改造，可以划分出两种不同的行政效率：

（1）微观行政效率可以用特定政府机构或公共组织提供相同单位的产品和服务所需要的相对成本来解释。微观行政效率即具体行政单位管理和服务活动的产出和投入之间的比率。

（2）宏观行政效率可以用不同国家中不同的制度安排所引起的总体发展速度来解释。其中，制度安排包括政府与市场、政府与第三部门的相对规模和相对关系，政府与社会的关系及其政府结构和不同政府部门的职能分工等；总体发展速度既包括经济增长率，又包括文化、教育、社会道德水平等方面的社会发展速度。

2. 技术效率和配置效率

从投入—产出的角度看，一个行政组织的效率未达到100%，它就具有无效率特征。导致无效率有不同的原因，由此产生不同类型的效率。导致无效率的一个主要原因是投入的资源未得到充分利用，因此在投入为定值时，产出未达到最大可产出值。这种无效率称为技术无效率。换言之，技术效率关注的是各种投入是否得到充分有效的利用。导致无效率的第二个原因是多种投入要素未调整到最佳比例，由此引起的无效率称为配置无效率。配置无效率亦称为价格无效率，因为在确定最佳投入比例时，每一单项投入的价格（即投入成本）是一个重要的考虑因素。配置效率关注的是每项投入是否达到最佳组合或最佳比例。提高技术效率（降低技术无效率）的方法是充分利用资源提高产出，而提高配置效率（降低配置无效率）主要靠调整投入要素之间的比例，如调整特定单位领导职数和办事员职数之间的比例，或者调整人力资源和其他资源（如计算机）之间的比例。虽然侧重点有所不同，但只有当技术效率和配置效率都达到较高的程度时，才可以说某个单位的工作具有高效率。

3. 静态效率和动态效率

从测定涉及的时间段来看，行政效率可以分为静态效率和动态效率。静态效率关注的是在特定时点上能否有效利用资源进行管理和提供服务。测定静态效率即测定特定时点上投入与产出的比率。动态效率指在不增加投入的条件下，在一定时期内提高管理服务的能力和水平，即投入产出比率在一定时期的变动率。

4. 组织效率和个人效率

行政效率既在各个行政人员身上体现出来，又同时在特定的行政单位体现出来。个人效率指特定行政人员在履行职责过程中所体现的时效、办事速度等。个人效率的决定因素包括工作热情、办事能力、人际关系能力等。组织效率指特定行政单位从事行政管理活动和提供公共服务的时效、办事速度、投入产出比率等。组织效率所涵盖的内容比个人效率要广泛得多，既包括技术效率和配置效率，又包括静态效率和动态效率。决定组织效率高低的不仅仅是组织成员的工作热情、办事能力、人际关系能力等，而且包括组织之间的职能划分、组织内部的责任分工、组织结构、领导水平、工作程序等一系列因素。

三、行政效率的地位和作用

行政管理学创始人伍德罗·威尔逊认为，行政学研究的目标在于尽可能高地提高效率。行政效率是行政组织的生命，是行政领导人应该追求的目标。行政效率在行政管理中处于首要的、核心的地位，它是一切行政管理活动的衡量标准和追求目标。

第一，行政效率是行政管理的出发点和落脚点。在行政管理活动中，行政效率是行政改革的重要推动力量，首先必须明确行政的目标是什么，通过什么途径和采取什么方法，才能取得行政成果。行政目标必须有一定的质量和数量标准，并要求以一定限额的耗费和在一定的期限内达到。因此，行政效率是行政管理活动的出发点，而顺利完成行政目标就意味着行政活动具有所要求的行政效率。行政管理既要求提高本身的行政效率，也要通过管理活动提高整个社会的效率。没有高效的行政管理，就不可能获得经济社会的快速发展。一个具有高效的行政管理能力的政府，就会在人、财、物方面减少损耗，促进社会经济的全面快速发展。

提高行政效率是行政管理的核心问题，贯穿于行政管理的各个环节、各个层次，是行政管理体系中多种因素的综合反映，是全部行政管理活动的整体要求。所有国家和地区不论决策系统、执行系统、信息系统、咨询系统、监督系统，所有的行政人员不管职务的高低和权力的大小，所有的行政管理部门不论财务行政、人事行政、机关行政，所有的行政管理运行环节不论决策、执行、咨询、监督等，都要讲究效率，都要以高效率作为最高目标。

行政效率高有助于建立政府与社会之间的良性关系。行政效率的高低直接影响到政府和公务员在公众中的形象。良好的政府形象会影响政府公共部门的权威，减少行政管理活动中的阻力，降低公共政策执行成本，推动经济发展和社会进步。经济的发展和社会的进步有助于提高政府形象，最终形成政府与公民、国家与社会之间的良性互动关系。

第二，行政效率是衡量整个行政管理活动的重要标准。行政效率本身不是行政管理活动的环节和手段，但它是衡量行政管理活动客观效果的重要标准，效率高低是行政管理中各要素组合是否科学的综合反映。通过行政效率可以检验行政管理活动的主体，即国家行政机关和公务员队伍是否人员适量、素质优良、分工合理、关系协调；可以检验行政体制，即行政组织的设置、结构、权责划分与运行是否科学、完善；可以检验行政工作人员的编制是否合理、适当；可以检验行政管理活动的程序，也就是决策、咨询、执行、信息处理、监督等各个环节是否健全和功能是否正常实现；还可以检验行政管理的技术和方法是否科学先进，是否得到合理运用，是否随着科技和经济社会的发展及时采取现代信息技术等。行政效率是评价行政管理中各要素是否科学合理、行政活动是否有活力的重要标志。

第三，提高行政效率是行政改革的重要目标，是指导行政改革的主要原则，也是评价每一项行政改革是否成功的标志。行政效率是行政改革的客观尺度。由于新科学技术的发展以及全球经济一体化的加强，各国政府都在努力为国家的经济竞争力创造有利条件，发展更具有竞争性的经济，加入国际社会，以促进各自经济高速发展。按照这种新的要求，各国政府都必须加强其行政运转的质量和效率，成为本国加入国际竞争的强有力的工具，争取为本国在国际竞争中获得一个更有利的位置。行政改革就是为了适应经济发展和社会进步的需要，不断地、有目的地、有步骤地改善原有的和建立新型的行政机构、制度与方法的行为过程，包括改善行政组织机构，健全行政运行机制，改变行政管理方式等，目的在于提高行政效率，使行政管理更有效地促进经济和社会的发展。

第二节　行政绩效评估

一、绩效与绩效评估的含义

（一）绩效的内涵

绩效是一个多义的概念，在不同的情景之下有不同的解释。从管理实践的发展历程来看，人们对于绩效的认识经历了一个不断发展的过程：从单纯地强调数量，到强调质量，再到强调满足顾客需要；从强调"即期绩效"发展，到强调"未来绩效"。这说明，不论是对组织整体还是对个人来说，都应该以系统和发展的眼光来认识和理解绩效的概念。我们可以从以下几个方面来理解绩效的含义：

（1）从绩效的本质规定性来看，绩效反映的是组织整体或者个人在履行其职能或岗位职责的过程中、在一定时间内以某种方式实现某种结果的过程；在职能或职责履行以外所产生的结果不能视为绩效。

（2）从行使职能或职责、产生绩效的主体来看，绩效包括组织整体绩效或部门绩效、项目绩效、个人绩效。

(3) 从绩效的质与量的规定性来看，绩效并不等于产出本身，也不等于任务或产品本身，绩效不仅有数量的规定性，而且也有质的规定性。

(4) 从绩效形成的过程来看，绩效具有一定的周期，具有"投入→获得中期结果→获得最终结果"的周期性发展过程；时间对绩效形成具有影响作用。

（二）行政绩效的内涵

行政绩效，或政府绩效，是指政府在社会管理活动中的结果、效益及其管理工作的效率、效能，是政府在行使其功能、实现其意志过程中体现出的管理能力。行政绩效具有层次性。宏观层次的行政绩效涉及整个政府管理活动的成绩和效果，具体体现为政治的民主与稳定、经济发展、人们生活水平持续提高、社会公正、国家安全和社会秩序的改善、文化发展和精神文明的提高等方面。微观层次的行政绩效是特定的政府机构或公共部门的工作成就或效果，包括经济性、效率、服务质量、客观社会效果、服务对象的满意程度等。简单来说，行政绩效就是运用"绩效"概念衡量政府活动的效果。具体而言，行政绩效包括：经济绩效、政治绩效、社会绩效。

在政府绩效体系中，经济绩效是政府绩效的主要内涵和外在表现，在整个体系中发挥着基础作用。没有经济绩效，社会绩效和政治绩效就会缺乏物质基础和物质支撑，社会绩效和政治绩效也不会长久持续。社会绩效是政府绩效体系中的价值目标，没有社会绩效，经济绩效就没有实现的意义和价值，政治绩效会失去社会基础。社会全面进步是社会绩效的主要内容。政治绩效是整个政府绩效的中枢和核心，实现经济绩效和社会绩效需要政治绩效作为法律和制度的保证及保障。政治绩效也是政府决策、政府行政的直接结果。

（三）行政绩效评估的内涵

从历史的观点来看，绩效评估并不是一个新鲜的概念，可以追溯到20世纪初期泰勒《科学管理原理》的时间研究、动作研究与差异工资制。后来法约尔的《工业管理与一般管理》以更宏观的视野把这种绩效管理从工商企业推广到各种社会组织。从此，绩效管理的理论与方法成为适用于包括经济、行政、军事和宗教组织在内的一般的管理理论与方法。但绩效评估真正运用到政府公共管理中来，则是始于20世纪50年代美国的绩效预算制度。克莱伦斯·雷德（Clarence Ridley）和赫伯特·西蒙两人合著的《政府工作衡量——行政管理评估标准的调查》著作，是早期研究政府绩效评估的力作。

美国于1993年颁布的《政府绩效与结果法案》指出，进行政府绩效评估和颁布该法案的目的就是为了在提高政府效率和管理能力的同时，提高公共服务的质量，建立和发展公共责任机制，提高社会公众的满意程度，改善社会公众对政府部门的信任。政府绩效评估是社会公众表达意志的一种方式，其内涵是以任务为导向、以结果为导向、以顾客为导向、以社会为导向和以市场为导向，就是要将顾客的需求作为政府部门存在发展的前提和政府部门改革、组织设计方案应遵循的目标。

英国于1983年制定的《英国国家审计法》将政府绩效评估定义为："检查某一组织为履行其职能而使用所掌握资源的经济、效率和效益情况"。具体来说，英国绩效评估是检查公共资金使用情况的方式与效果，即3E评价法（economic，efficiency，effectiveness）。

其中，对经济的评估主要是关注在保证质量的前提下降低资源消耗量，将政府支出降到最低水平；对效率的评估主要是对比产出或服务与资源投入的关系，以一定的投入实现最大的产出或实现一定的产出应使用最少的必要投入，保证资金支出的合理性；对效益状况的评估，则主要是通过对比资金支出后所实现的实际效果和预期效果之间的关系，保证资金支出达到理想效果。

值得指出的是，"3E"评价法是政府绩效评估在方法探索上的开端，是美国会计总署于20世纪60年代提出的，他们率先对政府工作的审计重心从经济审计转向经济、效率、效益并重的审计，渐渐地形成了"3E"评价法，后来为许多国家所效仿。但由于政府在社会中所追求的价值理念和"3E"评价法单纯强调经济效率之间存在矛盾与冲突，"3E"评价法在实践中暴露出一系列的不足。随着管理民主化的发展，在"3E"评价法的基础上逐渐形成了"4E"评价法，增加了第4个"E"，即公平（equity）。"公平"指标关注的是接受服务的团体或个人是否都受到公平的待遇，需要特别照顾的弱势群体是否能够享受到更多的服务。以此为基础，各国制定了相对比较具体的政府绩效评估指标体系。

行政绩效评估是指对政府管理过程中投入、产出、中期成果与最终成果所反映的绩效进行评价和划分等级。沿用前面对绩效的二分（个人绩效、组织绩效）法，行政绩效评估一般也可分为两类：一类是个人绩效评估，另一类是组织绩效评估。厦门大学的陈振明教授指出，可以从三个层面来理解"政府绩效评估"的内涵：在微观层面，绩效评估是对个人工作业绩、贡献的认定；中观层面，便是政府分支的各部门，包括事业单位、非营利组织如何履行其被授权的职能，如政策制定执行的效果，项目管理实施的状况影响，给民众提供服务的数量、质量等；从宏观层面来说，是整个公共部门或狭义上指政府的绩效的测评，政府为满足社会和民众的需求所履行的职能，体现为政治的民主与稳定、经济的健康、稳定与快速发展、人们生活水平和生产质量的持续提高、社会公正与平等、国家安全和社会秩序的改变、精神文明的提高等方面。

二、公共部门的特点与绩效评估的特殊性

（一）公私绩效评估的差异

绩效评估最先是在企业组织兴起的，企业的绩效评估是指企业采用一套既定的并且是适合于本企业特点的标准，对员工在某一时期内的工作表现和企业的运营情况做出评估，然后分析评估结果，最终获得企业战略调整和员工行为改进的过程。政府绩效评估与企业绩效评估在评估主体、评估内容、评估目的等方面存在差别。

1. 评估主体的差异

企业绩效评估主体可以纯粹是资产所有者和专门机构。因为他们实际上掌握着企业决策和评估的权力，但是随着企业管理效率意识的增强，目前企业里也出现了评价主体多元化的趋势。而我国政府绩效评估主体则显得单一，这样极易产生腐败和政府工作流于形式的弊病。政府行政体制改革的推进使得政府日益获得更加广泛的管理自主权和资源控制

权，因此一个科学的政绩评估体系就显得尤为重要，其中评估主体多元化又是评估公正性的必要前提。

2. 评估内容的比较

企业绩效评估需要考核评价企业的财务、客户、经营过程、组织成员学习培训、组织成长等方面，对企业自身的经营状况和经营者的管理素质、管理行为及其结果进行综合的考察检验，以增强其管理成效；而政府绩效评估的内容除了要评估考核其经济表现，如政府及其各级机关部门运作与管理的成本、公务员薪酬成本、社会公益支出外，还要考虑社会各阶层民众和团体的需求和满意程度，公共政策和公共产品输出的公平和社会效果等非经济表现。

3. 评估目的的不同

对营利性组织而言，获取利润的能力是其赖以生存和发展的生命线，通过绩效评估并对结果进行分析总结，提高企业的管理水平和社会竞争力。政府绩效评估的目的则要求在提高效率和管理能力的同时，提高其公共服务质量，建立和完善公共责任机制，提高社会的满意度，改善公众对政府及其政策的支持和信任，也就是说要追求其服务对象的最大满意度。

（二）公共部门绩效评估的特殊性

1. 公共部门的垄断性

公共部门最显著的特征是其产出的非市场性质即垄断性。这种垄断性主要是由规模经济、公共服务的非营利性、管制等原因造成的。垄断性对组织绩效评估带来了两种后果：一是服务垄断往往伴随着对信息的垄断，使得公众难以掌握充分的信息对特定组织的绩效进行科学的评判；二是确定评价标准的困难。由于管理者或服务提供者具有唯一性，所以即使获得了相关信息，公众也无法通过横向比较来确定部门绩效的优劣，更难以确定绩效的理想水平或评价标准。

2. 公共部门的目标多元性和目标弹性

公共部门的目标多元性主要表现在没有一个统帅各项具体目标的总目标。企业活动的总目标是利润，一切工作和具体目标都是为了实现这个总目标。公共管理活动则不同，追求政治、军事、经济、社会、文化等不同性质的目标且目标常常发生变化。与目标多元性相联系的是目标弹性。目标弹性即软目标，表述抽象笼统且难以量化为硬性指标。利润率、市场占有率、单位成本的变化、营业额等指标都是硬性目标，而提高人的素质和道德水平、调动人的积极性等都是典型的弹性指标。组织目标是评价组织绩效的主要依据，多元化目标必然带来绩效评估的困难，目标弹性只能加剧绩效评估的困难。

3. 公共部门产出的特征

公共部门产出多为无形产品。多数公共部门的产品是服务，而非有形的物质产品。服务具有无形性、不可储藏性且只能在提供者和接受者互动过程中实现等特点，因而对提供服务的组织的绩效进行评估要困难得多。

公共部门产品的中间性质。非市场产出通常是一些中间产品，充其量是最终产出的"代理"，而间接的非市场产品对最终产品贡献的程度都是难以捉摸的和难以度量的。

公共部门最终产品的非商品性。由于公共管理具有垄断性和非营利性质，因此其产品和服务难以货币化，难以形成一个反映其生产机会成本的货币价格，这造成了评估测量上的困难。

4. 公共部门生产过程的特点

劳动密集型特征。公共管理主要靠管理主体的劳动过程来实现，机器代替劳动的作用十分有限。这使得公共管理"标准化"的推行很困难，而标准化程度的高低又制约着对绩效的测定。

公共部门生产技术的不确定性。非市场产出所需的技术经常是未知的。比如在国防领域，人们对于国防投入与国家安全这一期望的最终产出之间的关系，了解非常有限。对生产技术的无知加剧了绩效评估的困难。

5. 公共部门管理的环境特点

公共服务不是公共部门的单向性活动，而是在与社会和公众的互动过程中实现的。这种互动具有相当的复杂性、动态性、多样性和差异性。它要求公共管理有相当的灵活性和管理手段的适应性，这使得标准化很难实现。

三、行政绩效评估的类型

随着行政绩效评估活动的开展和影响的深化，绩效评估呈现出多样化的特点。从不同的角度，依据不同的标准，可以把绩效评估分为多种类型。从评估机构的地位来看，可分为内部评估和外部评估；从评估的对象上看，可分为个人绩效评估和组织绩效评估；从评估的目标来看，可分为管理与改进型评估、责任与控制型评估和节约开支型评估。

（一）内部评估和外部评估

内部评估是公共部门内部的评估者完成的评估。理论上，每个组织都应该做自我评估。内部评估最大的优点在于评估的主体本身就是公共部门内部的决策者、管理者和工作人员，他们对该组织有详尽的了解。然而，要求公共部门对自己的行为作出客观的评价并非易事。这是因为：

（1）评估往往会服从一些自利行为，如避免暴露缺陷，只强调取得成就的一面；如果某服务资金投入太多，未达到或只是较小程度达到目标，内部评估的主体很可能找到各种理由对其项目的失败进行辩护。

（2）评估往往代表着某一部门的局部利益，这使得内部评估工作容易走向片面性并带有浓厚的主观色彩。

（3）绩效评估是一项复杂而细致的工作，需要评估者系统地掌握有关的理论知识，并熟悉某些专门的方法和技术。因此，公共部门内部是否拥有从事绩效评估能力的专家就成为绩效评估的先决条件，很多组织绩效评估之所以失败，便是缺乏熟悉这方面的专家所致。

外部评估是由公共部门外部的评估者完成的评估。它可以是由公共部门委托营利性或非营利性的研究机构、学术团体、专业性的咨询公司乃至大专院校的专家学者进行的，也可以是由投资或立法机构组织的，或由报纸、电视、民间团体等其他外部评估者自己组织的。外部评估同内部评估相比，其优点在于外部评估者更为客观，但是外部评估也存在获取资料困难等问题。

（二）个人绩效评估和组织绩效评估

个人绩效评估是指基于事实，有组织地、客观地对公共部门的雇员的特性、资格、能力、业务态度、工作适应性及对组织的贡献所作出的评估。个人绩效评估不但有利于管理层与雇员沟通，而且还能激发雇员的工作潜力、责任感和紧迫感。

组织绩效评估是指对公共部门的产出在多大程度上满足社会公众的需要进行的评估。在微观层面上，便是对政府分支的各部门，包括事业单位、一些非营利组织如何履行被授权的职能的测评，如政策制定执行的效果、项目管理实施的状况影响等；在宏观层面上，便是对整个公共部门的绩效的评估，具体体现为政治的民主和稳定、经济的健康快速发展、人民生活水平的持续提高、文化的发展和精神文明的提高等方面。由于公共部门的组织行为较之雇员个人行为具有复杂、多面与难以界定等特点，因而组织绩效评估相对难度较大，其在科学化、规范化、制度化方面还有待于进一步发展。

（三）管理与改进型评估、责任与控制型评估和节约开支型评估

以评估目标作为绩效评估类型的划分标准目前已经被经合组织成员国广泛采用。绩效评估的目标包括：管理与改进、责任与控制、节约开支。进行绩效评估的成员国通常都具有这三个目标，但由于受经济危机或严重财政赤字等外部因素的影响，各国对不同评估目标的重视程度会有所不同。管理与改进型评估在澳大利亚、芬兰、瑞典受到较多关注，法国、新西兰、英国较强调责任与控制型评估，加拿大和美国则倾向于节约开支型评估。

四、行政绩效评估的作用

（一）行政绩效评估的责任落实作用

依据学者弗莱恩的观点和看法，公共部门对公民至少在三个方面的事情上负主要责任：一是政府的支出必须获得人民的同意并按照正当程序支出；二是资源必须有效率地利用；三是资源利用必须达到预期的效果。与此同时，人们期望政治家能为自己的决策和行为负责。上述这些责任都要求存在某种对绩效进行评价的方式。如果不能测评政府的绩效，那么，公众很难知道公共部门负起了哪些责任，完成了什么任务。因此，从现实和落实责任角度来看，行政绩效评估是很重要的。

（二）行政绩效评估的对比激励作用

对不同行政管理部门的经济、效率、效益情况进行全面比较，这是绩效评估的一个重要组成部分。这一比较一般可以采取三种形式：横向比较，即比较不同部门在同一时期的

表现；纵向比较，即比较同一部门在不同时期的表现；综合比较，即实际表现与可能达到的最佳状态的比较。绩效评估的比较功能，并不是说它使上述形式的比较成为可能，而是说它使这些比较趋于准确、客观、科学。比较本身并不是目的，以行政组织为对象的绩效比较也不是为了奖优罚劣。其主要目的是通过比较发现问题，寻找差距，诊断原因，挖掘潜力，寻求改进的途径。

(三) 绩效评估的计划辅助作用

绩效评估在计划阶段的辅助作用，首先表现在绩效指标有助于管理目标的分化。更为重要的是，绩效评估的结果有助于确定下一阶段的指标并依此合理分配资源。一个具体的管理目标或指标的制定至少要参照三个方面的信息：一是有关部门前一阶段的表现状况；二是部门内部工作条件、工作程序及环境方面的变化；三是社会需求与社会环境变化的预测。绩效评估的作用，就在于它满足了第一方面的信息需求。因此，某一阶段的评估结果，就成为下一阶段计划的基础和出发点。

(四) 绩效评估的监控支持作用

行政管理工作进入实施阶段后，必须时时对执行情况进行严密的监测，如发现背离计划的情况，就要预测它可能的后果并采取相应的控制措施。这就是管理活动中的监测与控制。绩效评估在这里的作用，主要表现在它为监控提供了信息支持。评估虽分阶段进行，但为评估而收集信息的工作却是持续不间断的，并最终成为日常工作的一部分。为评估而拟订的绩效指标及据此收集的系统资料，就是监控的一个重要的、现成的信息来源。

(五) 绩效评估的民主和教育作用

通过把政府各部门、各个公共服务机构在各方面的表现情况作出全面的、科学的描述并公之于众，无疑有助于广大群众了解、监督、参与政府的工作。同时，评估过程也是一个教育过程。它能帮助公众利用绩效评估作为分析工具，总结他们同公共部门打交道的经历，激发深刻的思考，确立自己对服务质量或效益的测定标准，等等。

(六) 绩效评估在吸引政治资源方面的作用

绩效评估把政府的开支用途、运转情况、为提高绩效所作的努力与结果、面临的困难等公之于众，有利于克服公众中固有的或因一两次不愉快经历而形成的偏见，在公众中建立和巩固对政府的信任，从而起到吸引更多政治资源的效果：吸引社会资助和捐款来应付严重自然灾害；吸引志愿者参加政府的某些服务工作；吸引社会上的研究机构和专家为政府出谋划策，解决难题；吸引社区建立自己的福利机构来弥补政府服务能力的不足；等等。

绩效评估还具有政治合法化、人力资源开发等方面的功能。最为重要的是，绩效评估的广泛应用，有助于在行政组织内部形成浓厚的绩效意识，从而把提高绩效的努力贯穿于行政管理活动的全过程，渗透到管理决策的各个环节。

第十章　行政效率

第三节　政府绩效管理

在政府管理的众多方法中，绩效管理由于对政府部门效率和责任的强调，注重结果导向和对公民需求的回应，成为政府部门有效配置资源、提高效率的重要手段，并因此成为各国行政改革的趋势。绩效评估是绩效管理的一个环节。政府绩效管理是一个包括绩效计划与实施、绩效评估与考核、绩效反馈与改进等环节的系统过程，强调通过持续开放的沟通形成组织目标，并推动团体和个人达成目标。

一、政府绩效计划与实施

（一）政府绩效计划

绩效计划是将个人目标、部门或团队目标与组织目标相结合的目标确定过程。作为绩效管理的第一个环节，计划是否合理，直接关系着后续工作能否正常开展，影响整个绩效管理的效果。政府绩效计划主要围绕以下几个方面进行：

1. 确定政府部门的战略目标

政府部门在制定战略目标的过程中，应与公众积极沟通，明确公众的需要与愿望，争取公众的认可与支持。政府作为公共服务的提供者，应以满足公众的需要作为自己的最高价值追求。政府在拟订计划、方案时应注意征求专家和中立组织的意见，具有开放性和包容性。

2. 战略目标的分解和落实

分解战略目标，首先要对工作标准进行明确的定义。工作标准必须符合组织的战略目标并且具有可测量性，使将来的绩效考核可以根据具体的标准来评价工作完成的好坏。这些工作标准应该是在对各个岗位进行相应的职位分析、工作分析、人员资格条件分析的基础上制定出来的，它反映了岗位的职责和特征。

3. 绩效计划中的沟通与参与

绩效计划是一个确定组织对员工的绩效期望并得到员工认可的过程。因此，它是一个双向沟通的过程，管理者和员工的共同投入和协作是绩效管理的基础，而不同于管理者单方面布置任务、员工单纯接受要求的传统管理活动。政府部门绩效计划的过程应是公务员全面参与政府管理、明确自己职责和任务的过程。只有当公务员明确公众对政府的期望是什么，自己将通过什么行动才能最大程度地实现这种期望，他们才能努力达到期望的结果。绩效计划制订后并不代表不需要改动，它必须根据环境和组织战略的变动而不断调整。

（二）绩效实施与过程管理

在绩效管理过程中，决定绩效管理方法有效与否的是处于计划与考核之间的绩效实施与过程管理。政府组织最容易犯的错误是在制订好绩效计划后，就等着年底的绩效考核，没有对计划的实施情况进行监督,这也是政府绩效管理最薄弱的地方。绩效目标和任务的达成,需要对绩效计划的实施过程和进展情况进行监控。绩效实施与过程管理主要包括两方面的内容:一个是持续的绩效沟通;另一个是对员工数据、资料等绩效信息的收集和分析。

1. 持续的绩效沟通

绩效沟通是一个管理者与员工追踪进展情况、找到影响绩效障碍以及获取相关信息的过程。这些信息包括工作进展情况、潜在的障碍和问题、可能的解决措施以及管理者如何才能帮助员工等。绩效管理系统中,绩效计划是动态的,需要随时发现不合理和过时之处及时调整。持续的绩效沟通可以使绩效周期内的每一个人,无论管理者或是员工,都可随时获得有关改善工作的信息,并就随时出现的变化情况达成新的承诺。

2. 绩效信息的收集和分析

绩效信息的收集和分析指系统收集有关员工、工作活动和组织等方面的绩效信息,并对此进行科学分析。绩效信息的收集过程不像其他过程一样有时间上的顺承关系,而是贯穿于整个绩效管理期间,渗透于绩效管理过程的每个环节。

收集绩效信息的主要目的是为绩效考核、绩效改进和员工交流提供事实依据。与绩效有关的信息包括:目标达到或未达到的情况,员工因工作或其他行为受表扬或批评的情况,证明工作绩效突出或低下所需要的具体依据,对管理者或员工找出问题有帮助的数据,管理者同员工就绩效问题进行谈话的记录,等等。信息收集的渠道可以是组织中的所有员工,有员工自身的汇报或总结、有同事的议论和观察、有上级的检查和记录,也有下级的反映和评价。

二、政府绩效评估和考核

(一)评估主体与评估对象

在传统行政模式下,效率的评估考核属于管理过程中的控制环节。考核主要是上级部门或领导对下级部门或个人的反馈活动。随着公共管理的发展,以往的自上而下的单向反馈考核方式已经转变为全方位的绩效考核方式。

近年来,对个人绩效的考核普遍采取了"360度考核",为个人绩效考核提供更为全面和准确的考核方法。"360度考核"尽可能综合来自上级、同事、下级、顾客等各方面的信息,可避免由直线领导进行考核时因信息不全或个人主观因素造成的错误,尽可能做到公平、公正。从考核程序上看,被考核者不仅有同样的机会自述,而且有同等的权利考核他人,这种积极的参与模式能使考核者更容易接受考核结果。

在组织绩效考核方面,同样也存在考核主体多元化趋势。随着各种类型的公共组织日益获得更为广泛的管理自主权和资源控制权,它们已不再单一而机械地执行上级部门的命令,还必须广泛考虑立法部门、利益集团、政治领导人、专业人士、公众以及其他相关业务部门对它们提出的要求,并作出及时的回应。

对不同等级的公务员要按其管理权限实行分级分类考核。把同一级公务员放到一起考核既能增加可比性,又能强调主管领导在考核中的责任。对政府部门的绩效考核,要科学地界定政府及其各职能部门的职责，科学地限定行政权力特别是行政许可权的范围。如政府及其职能部门职责不清、权限不明，政府绩效管理考核就难以进行。此外，对各职能部门也要按其提供公共服务性质的不同进行分类，设置不同的绩效考核指标。

（二）绩效评估指标体系

在绩效指标的设置上，应遵循"SMART"原则。"S"表示"specific"，要求绩效指标应是"具体的""明确的""切中目标的"；"M"表示"measurable"，要求绩效指标最终是"可衡量的""可评价的"，能够形成数量指标或行为强度指标，验证这些绩效指标的数据或者信息是可以获得的；"A"表示"achievable"，要求绩效指标在付出努力的情况下是"能够实现的"，避免设立过高或过低的目标；"R"表示"realistic"，要求绩效指标是"现实的"，可以证明和观察；"T"表示"time bound"，要求绩效指标具有"时效性"，注明完成绩效指标的特定期限。

政府部门的绩效评估指标大致可分为四个方面：业绩、效率、效能和成本。

1. 业绩指标

业绩指标包括公共服务的数量质量、公共管理目标的完成情况、政策制定水平与实施效果、公民对公共管理和公共服务的满意度等指标。例如，经济是否持续增长、物价是否稳定、是否充分就业、收支是否平衡、资源配置是否合理、公民对行政管理过程中体现的公平和公正是否信任、对政府部门的服务态度和办事效率是否满意。

2. 效率指标

行政管理的效率可以从公共服务的数量、质量、时效、费用等方面来测量。效率指标通常包括提供公共服务与产品的单位成本、服务与产品的数目、公共政策执行的开支、政府部门的办公物品损耗费用等。

3. 效能指标

许多公共服务很难界定，很难量化，难以用效率指标进行测量。在这种情况下，效能便成为衡量政府部门绩效的一个重要指标。效能是指行政管理活动对目标团体的状态或行为改变的影响程度，如福利状况的改变程度、公共服务的顾客满意程度、政策目标的实现程度等。对政府部门的效能可以从两方面进行考核：

（1）行为的合理化水平，包括决策是否科学、民主监督是否有效、行政管理是否廉洁高效。

（2）政府机关效能，包括是否有合理而完善的制度、能否依法行政、是否推行政务公开等。

4. 成本指标

行政管理成本指标的设置包括两个方面：一是为了维持政府机构运转所产生的费用；二是为了履行其职能所产生的投入。具体包括，政府部门占用的人力、物力和财力（例如，政府公务员的人数），政府部门的支出（例如，政府一般性支出占GDP的比重，政府发展科教文卫等方面的专项支出）。

（三）个体绩效考核方法

公务员个人绩效考核有定性方法，如述职报告法、人物评语法、要素评语法等，也有

行政管理学

定量方法,如增/减分法、系数法、指标法等。各种方法对不同类别的公务员进行考核,并且互相交叉。

1. 自我报告法

即利用书面形式对自己的工作进行总结及考核的一种方法。这种方法比较适用于管理人员或高层领导的自我考核,并且测评的人数不宜太多。自我考核是自己对自己一段时期工作结果的考核,让被考核者主动地对其表现加以反省,独立地为自己的绩效作出评价。

2. 业绩评定表法

这个方法主要是在等级表上对业绩的好坏判断作记录。考核选择的因素有两种较为典型的类型,即与工作和与个人特征相关的因素。与工作有关的因素是工作质量和工作数量,涉及个人因素的有依赖性、积极性、适应能力和合作精神等。考核者通过明确最能描述出员工及其业绩的各种因素的比重来完成这项工作。

3. 因素考核法

即将一定的分数按照权重分配给各项绩效考核指标,使每项绩效考核指标都有考核尺度,然后根据被考核者的实际表现在各考核因素上评分,最后汇总得出的总分,就是被考核者的考核结果。运用因素考核法,应注意每个因素对于不同职位上的公务员的重要性不一样。从考核的目的上看,对公务员的奖励应以考"绩"为主,对公务员的晋升应以考"能"为主;从不同的考核客体来看,对于一般公务员的考核应侧重于工作态度和职业道德,对中层负责人的考核应侧重于能力,对部门负责人应侧重于业绩。

4. 个人绩效合同

首先根据组织绩效目标自上而下的层层分解确定不同员工的主要绩效范围,然后设定相应的绩效目标并确定具体的考核目标。员工在与其直接上级进行沟通后签订个人绩效合同。员工的直接上级负责监督绩效合同的完成,并负责根据绩效合同的具体要求对员工进行绩效考核。

5. 360 度考核法

由直接上级、下级、同事和服务对象对个人进行多层次、多维度的评价,可以综合不同评价者的意见,得出全面、公正的评价。

(四) 系统绩效评估方法

目前广泛谈论和应用的系统绩效评估的方法主要有两种:关键绩效指标法和平衡计分卡。它们是基于组织战略的系统考核方法。这两种方法的系统采用,使组织将未来愿景通过战略的连接,落实在每个经营单位或战略单位、每个部门乃至每个人,使整个组织在这个系统的引导和管理下,成功实现组织的战略目标。我们这里重点介绍平衡计分卡。

平衡计分卡,简称 BSC(balanced scorecard),是由美国哈佛大学教授卡普兰(Kaplan)和诺顿(Norton)共同开发的一种测评体系和战略管理工具。他们合作开展了"未来组织绩效衡量方法"研究计划,基于"财务绩效指标对于现代企业组织而言是无效的"这一研究假设,通过对几十家企业的调查研究,最终开发出了 BSC 这样一种着眼于组织发展战略的管理理念和新型的绩效管理工具,并使 BSC 成为系统化的组织绩效管理方法。BSC 提出后,便迅速在美国,然后是整个发达国家和部分发展中国家的企业和公共部门中应用,并被《哈佛商业评论》评为"75年来最具影响力的管理概念"。

平衡计分卡是以信息为基础，系统考虑企业业绩驱动因素，多维度平衡评价的一种新型的企业业绩评价系统。同时，它又是一种将企业战略目标与企业业绩驱动因素相结合，动态实施企业战略的战略管理系统（见图10-1）。平衡计分卡从四个层面对企业和个人进行评价：财务状况；顾客服务；内部流程；学习与发展。该体系从财务、顾客、内部流程和学习与发展四个角度，克服了以往单一财务考核体系产生的歪曲企业实际经营能力和管理能力的问题，同时也克服了单一财务考核体系偏重有形资产的考核和管理、对无形资产和智力资产的考核与管理显得无力的缺点。

尽管平衡计分卡是针对企业的绩效评估提出的，但因为它揭示了一般组织运作的逻辑特征和绩效评估的基本要素，因此在公共部门同样存在适用的可能性。美国等西方国家广泛借鉴平衡计分卡模型，建立了评估模型对政府绩效进行评估。从平衡计分卡本身的思想精髓及其具体内容来看，该方法在公共部门应用的关键是：

（1）公共部门对自身战略、使命的准确分析和把握并对该战略在政府内部各部门的分解。

（2）公共部门对服务对象即"顾客"的正确认识。

（3）公共部门内部的不断学习、变革和创新氛围的形成，建立学习型政府。

平衡计分卡在公共部门应用条件的满足，要求实施者在绩效测评时对指标体系进行恰当设计与构建，否则就只能是空中楼阁。平衡计分卡首次提出了政府短期目标与长期目标、组织战略与评估指标体系相结合的要求。在评估的四个维度中，顾客和财务的角度注重组织的现状，而内部业务角度和创新与学习角度则关注组织的长远发展，因为这两个方面是组织发展的内在动力，只有这两个方面保证了，才能保证组织未来的顾客满意和财务优化。针对政府来讲，平衡计分卡体现在把政府对社会发展所承担的眼前责任与长远责任结合起来，政府不单单要学会花纳税人的钱实现财政收支的平衡，更重要的是要承担起引导社会良性发展的重任。

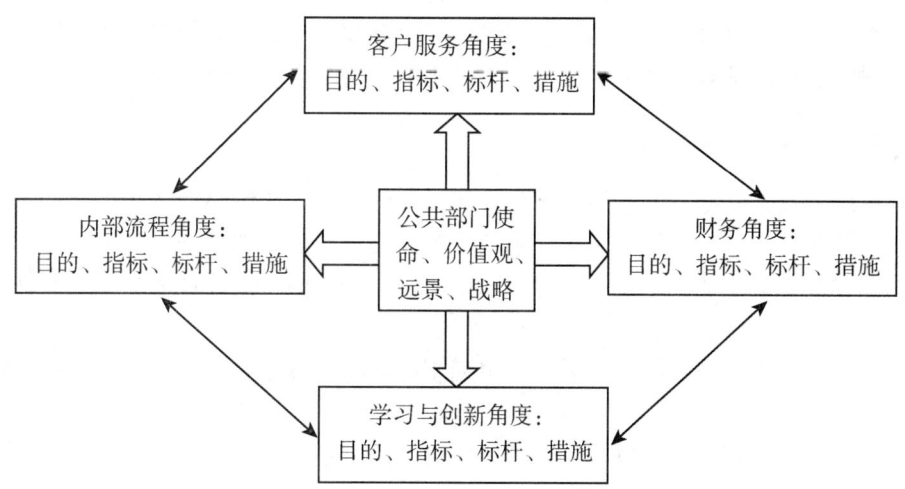

图10-1 公共部门平衡计分卡框架体系

三、政府绩效反馈与改进

（一）政府绩效反馈

绩效管理的循环是从绩效计划开始，以绩效反馈和面谈等环节导入下一个绩效周期。总的来说，绩效反馈主要有以下几方面的作用：

第一，使员工了解自己在本绩效周期内的业绩是否达到所定目标、行为态度是否合格，与管理者达成对考核结果一致的看法。

第二，探讨绩效未合格的原因所在并制订绩效改进计划。通过绩效反馈，员工与管理者之间有了良好的沟通，双方就如何解决绩效问题进行探讨，形成绩效改进计划，才能改进绩效。

第三，管理者可以在绩效反馈中向员工传递组织的期望。组织的战略是要层层分解到具体的工作岗位上的，在管理者与员工讨论工作目标的过程中，就可以将组织的战略目标贯穿其中，让员工把握具体的目标并将其落到实处。

第四，管理者和员工双方对下一个绩效周期的目标进行协商，形成个人绩效合同。绩效合同是一种正式的书面约定，它将管理者和员工双方讨论的结果列为具体的条目记录下来，既有助于员工清楚自己要完成的任务有哪些，又有助于管理者在绩效周期结束时对员工绩效进行评估。

绩效反馈着重于管理者与员工的沟通。因此，应鼓励员工积极参与绩效反馈过程，管理者与员工在相互尊重和鼓励的氛围中讨论如何解决员工绩效中存在的问题。参与的形式包括让员工发表自己对绩效考核结果的看法以及参与制定绩效目标的讨论。参与会使员工对上级监督者的满意度提高，还能预示员工对绩效反馈过程的满意程度的高低。

成功的绩效反馈应"对事不对人"，将绩效反馈集中于行为或结果上，而不是人的身上。重点要放在解决问题上，改善不良绩效。管理者应与员工一起找出导致不良绩效的实际原因，然后就如何解决这些问题达成共识。绩效反馈的最后，要制定具体的绩效改善目标，这是最为有效的绩效激励因素之一，有利于激发员工改善绩效的动力。

（二）绩效改进和导入

成功的绩效改进和导入，是绩效管理发挥效用的关键。传统绩效考核的目的是通过对员工的工作业绩评估，将评估结果作为确定员工薪酬、奖励、晋升或降级的标准。但现代绩效管理的目的不限于此，员工能力的不断提高以及绩效的持续改进才是其根本目的。

政府部门的绩效改进是这样一个过程：

第一步，分析组织绩效改进因素，确定期望绩效与实际绩效，找出两者间的差距，分析差距原因。

第二步，要针对存在的问题制订合理的绩效改进方案，并确保其能够有效地实施，如个性化的培训等。

第三步，通过对绩效改进过程和产生的结果进行评估，分析绩效改进方案的实施效

第十章 行政效率

果。如果效果不好或达不到政府部门的期望，就要对绩效改进计划进行调整。绩效改进计划要有实际操作性，最好能详细具体到每一步骤。

绩效导入就是进行绩效培训，为能保证绩效的持续改进，必须通过培训使管理者和员工具备相应的能力。绩效导入一方面可以增进管理者和员工对绩效管理的了解，尽可能减少绩效管理过程中的错误行为和由此造成的不良绩效；另一方面可以让管理者和员工掌握绩效管理的操作技能，例如如何设定绩效指标、如何评分、如何进行绩效沟通等，保证绩效管理的有效性。在具体实施绩效培训时，组织应根据员工的具体情况来设计个性化的培训流程。

政府部门的管理者经过培训后才能更好地指导下属，不是把自己放在一个监督者的位置上，而是注重和下属间的沟通，鼓励他们竭尽所能、改善自我，使员工的满意度和积极性得到提高，做到人尽其才、才尽其用。政府部门的员工只有在质量关注意识、服务导向、主动性等相关能力方面完善自己时，他们的工作效率和对"顾客"的服务质量才能提高，政府部门的整体绩效才能有效改进。

【案例分析】

《杭州市绩效管理条例》被权威解读七大疑问

这又是杭州的一个管理创新——《杭州市绩效管理条例》自 2016 年 1 月 1 日起施行，由绩效管理委员会统一领导本行政区的绩效管理工作，具体工作由绩效管理机构负责，机构编制、发展改革、监察、财政、人力资源和社会保障、审计、统计、政府法律等部门须按照各自职责，依法做好绩效管理工作。

《杭州市绩效管理条例》的出台和实施，简单地说，杭州整治"庸官懒政"将有法可依，今后将更以问题和民意为导向，在政府绩效管理中推进治理现代化，提高公共服务水平。具体到每一位市民的切身感受——今后，杭州的政府事务将会更加透明、公开，更全面接受市民的监督和评判；市民在政府部门办事将更高效、中间环节更少，并能得到更加细致周到的服务；在管理自己的城市方面，市民能够更全面、深入地参与到杭州市委、市政府决策中来。

问题一 为什么要出台绩效管理条例？

改进公共管理，提高公共服务水平，推进治理现代化。

问题二 杭州在绩效管理方面做了什么探索？

从 20 世纪 90 年代初开始实行机关目标责任制考核以来，杭州绩效管理经过了 20 多年的探索，经历了三次跨越。

第一次：从机关目标责任制考核向满意不满意单位评选的跨越。2000 年，杭州在全国率先推出"满意单位和不满意单位"评选活动，以根治"门难进、脸难看、话难听、事难办"机关"四难"综合征，促进机关作风转变，由此迈出了让社会公众评议党政机关绩效的关键性一大步。

第二次：从满意不满意单位评选向综合考评的跨越。2005 年，杭州市将目标责任制考核（目标考核）与满意评选活动（社会评价）结合，并增设领导考评，对市直单位实行全方位、多维度的综合考核评价，由此形成"三位一体"的杭州综合考评；2006 年 8 月，全国首家正局级常设绩效考评机构——杭州市综合考评委员会办公室正式成立，标志着杭州综合考评走向制度化、规范化、专业化;2008年,杭州市对下辖13个区、县(市)实施综合考评,由此综合考评实现了全覆盖。

第三次:从综合考评向绩效管理的跨越。2011年6月,杭州市被列为全国政府绩效管理试点城市之一,杭州综合考评加快了向绩效管理转变的步伐,进一步优化指标体系、简化目标考核、创新社会评价、做实创新创优、规范各类考核、加快法制建设,在推进城市治理现代化进程中发挥更大作用。

问题三 绩效管理要"管"谁?

不仅覆盖市政府组成部门和区县(市)政府及其组成部门、乡镇街道,还将其他依照公务员法管理的机构、组织,法律、法规授权的具有公共事务管理职责的组织,以及提供公共服务的企业(履行公共服务职责时)都纳入绩效管理的范围。

目前,杭州市的考评对象为118家市直党政机关和企事业单位、13个区县(市),还有一些垂直管理的单位。

问题四 绩效管理能随便"拍脑袋"吗?

一说考评,很多人都会认为是年底才要"对付"的事。实则不然,根据《条例》,绩效管理包括绩效计划(规划和目标)、绩效监控、绩效评估、绩效反馈、绩效改进五大环节。

其中,绩效管理规划期限为5年。批准后,可据此制定年度绩效目标。两者都要通过部门网站或其他渠道向社会公众公开征求意见。

绩效管理机构在审核年度绩效目标时,秉着公开透明的原则,会将初步审定的绩效目标通过"杭州考评网"公示,征求社会公众意见。下达后的年度绩效目标,常年挂在网上,接受公众监督。

问题五 "3+1"模式指的是什么?

根据《条例》,年度绩效评估将延续杭州自2005年起实施的"3+1"综合考评模式,即:目标考核、社会评价、领导考评及创新创优。

市和区、县(市)绩效管理机构从上述四方面对绩效责任单位组织实施全方位、立体式的考核评价。

问题六 想加分?拿创新项目来!

"3+1"中的"1",指的就是"特色评估",它的目的是激励政府"创新"。

"特色评估"作为加分项目,由单位自愿申报,专家绩效评估。从2006年到2014年,各市直单位和区、县(市)共产生了806个创新创优项目,对政府改革创新、提升治理能力和公共服务质量、有效回应社会公众诉求等起到了积极的推进作用。

比如,2014年度市直单位共申报了81个创新创优项目。其中,市政府办公厅、市卫计委、市人力社保局3家联合创新的"建立杭州模式的医养护一体化智慧医疗服务",吸引了47万居民与家门口的全科医生签约,解决了居家医疗供需矛盾,也加快了分级诊疗体系的建立。

问题七 绩效评估的结果有什么用?

考核依据

——连续两年不合格 领导一年内不得升职

绩效评估结果将作为政策调整、预算管理、编制管理、奖励惩戒、领导人员职务升降

第十章 行政效率

任免等方面的重要依据。

例如，2015年9月，杭州市考评办对跨境电商综试区建设的绩效评估，发现了有关税务政策衔接不到位等问题。测评报告出台后，相关责任部门立即提出了政策调整措施。

对连续两年绩效评估结果不合格的单位，直接负责的主管人员和其他直接责任人员当年或者次年取消评优评先资格，一年内不得升职。连续三年以上不合格的单位，直接负责的主管人员和其他直接责任人员将被予以调离岗位、降职、免职、解聘或者辞退。

整改依据
——积极回应民意 整改情况要反馈

年度绩效评估还有个大用处，就是对部门一年的工作进行全面检验，查找问题、落实整改、提升绩效。

从2012年起，市考评办还对其中社会各界关注度高、意见较集中、近年来多次反映的具体问题，实行跟踪督办，年底组织述评会进行述评；同时将完成情况向社会公示，开展专项绩效测评，形成"评价——整改——反馈"的压力机制。

例如，以前在医院看病需要多次排队，挂号、就诊、缴费、检查、取药……2012年市考评办将此作为跟踪督办项目，市卫生局积极回应民意，实施了"市民卡智慧医疗诊间结算"。现在，"智慧医疗"在杭州大范围推广，市民就医不仅不用多次排队，还可以通过网络平台、自助挂号等方式预约就诊，大大简化了诊疗手续。

让公众更全面深入地参与到政府决策中来

"《杭州市绩效管理条例》的实施，把对绩效责任单位的绩效管理，从前期编制绩效管理规划、制定年度绩效目标，到整个过程的日常监控、之后的'3+1'综合考评，以及结果反馈、绩效改进，如整改、跟踪督办等，最后是绩效问责，形成了一个完整的闭环。环环相扣，严格管理。"杭州市考评办党组副书记、副主任俞明辉说，"这很好地完善了政绩考核评价机制，也为从根本上解决庸官懒政问题打下了基础。"

俞明辉说，《杭州市绩效管理条例》还有一个很大的特点，就是特别重视聆听群众心声，勇于直面群众提出的意见建议，"让公众参与更全面、更深入，让社会评价在督促落实市委、市政府重大战略决策上有更大作为。"在绩效考核制度设计环节，就要征求公众意见，充分体现社会公众的主体地位。目标考核中，也包含对社会评价意见整改结果的考核。再加上创新创优专家绩效评估的比重，社会公众在综合考评中所占的权重，实际上超过了50%。

同时专门邀请第三方机构，组建了绩效信息员队伍，收集各种绩效信息。对平时发现的一些问题，根据轻重程度，向责任单位发放《绩效告知单》或《绩效改进通知书》，提醒责任单位引起重视或进行整改。责任单位要在收到告知单之日起10个工作日内做出情况说明，提出处理意见，反馈处理结果。

年度绩效评估结果，除了在政府内部进行通报外，还向全社会公开发布。杭州每年都会在第一时间把市直单位的综合考评得分通过报纸、网站等媒体向社会公开发布。今后还将通过更多的公开平台，如"绩效杭州"微信公众号等，向社会公众发布年度绩效评估结果。

（资料来源：杭州政府网 www.hangzhou.gov.cn/ant/2016/1/11/ant_812262-354487.html）

思考题

1. 简要叙述杭州市开展政府绩效管理工作的发展轨迹。
2. 试分析杭州市实施政府绩效管理工作能取得的功效。
3. 你认为杭州市深入推进政府绩效管理可能会面临哪些矛盾？
4. 结合本案例，谈谈你对推进政府绩效管理工作最关键问题的看法。

【本章小结】

行政效率是公共行政组织及其行政人员在从事行政管理活动的过程中所获得的实际效果与所付出的人力、物力、财力、时间等要素的比率。行政效率包含着效益、经济、时间三个要素，构成了效益要素、经济要素、时间要素的效率整体。行政绩效，或政府绩效，是指政府在社会管理活动中的结果、效益及其管理工作的效率、效能，是政府在行使其功能、实现其意志过程中体现出的管理能力。

行政绩效评估是指对政府管理过程中投入、产出、中期成果与最终成果所反映的绩效进行评价和划分等级。由于公共部门的垄断性、目标多元性和目标弹性、公共部门产出的无形性质、中间性质和非商品性质、公共部门生产的劳动密集性质和生产技术的不确定性、公共部门环境的复杂性等特点的影响，行政绩效评估在实践中遇到许多困难。绩效评估是绩效管理的一个环节，也是提高行政绩效的重要手段。

【复习与思考】

1. 什么是效率？什么是行政效率？
2. 什么是绩效？什么是行政绩效？
3. 什么是 4E 评价法？
4. 公共部门开展绩效评估会遇到什么困难？
5. 比较内部评估和外部评估。
6. 政府绩效管理包括哪些环节？
7. 如何制订政府绩效计划？
8. 什么是 SMART 原则？
9. 什么是 360 度考核？
10. 什么是平衡计分卡？

第十一章　行政法治

　　如果行政权力的膨胀是现代社会不可避免的宿命，那么为了取得社会的平衡，一方面必须让政治充分反映民众的意愿，另一方面在法的体系中应该最大限度地尊重个人的主体性，使他们能够与过分膨胀的行政权力相抗衡。

——［日］棚濑孝雄

【知识要点】

通过本章的学习，使学生掌握行政法治的内涵和基本原则；使学生了解行政立法体系的主要内容，行政执法行为的主要分类，行政司法活动的基本程序和原则；理解行政监督的功能，能运用行政监督理论来分析我国行政监督体系存在的主要问题及其改革方向。本章重点掌握：行政法治的内涵；行政立法体系；行政执法行为的分类；行政复议和行政诉讼的程序和原则；行政监督的功能；我国的行政监督体系及其存在的主要问题，行政监督改革内容、发展趋势等。

【关键术语】

行政法治；行政立法；行政许可；行政处罚；行政复议；行政诉讼；行政监督；人大监督

行政法治是法治主义在行政领域的体现，是依法治国的关键，是法治国家的必然要求。行政监督是行政过程的一个重要环节，是行政法治建设能否顺利推进的有力保障。如何改革完善我国的行政监督制度，推进我国行政法治建设，是实现我国行政管理现代化的重要课题。

第一节　行政法治概述

一、行政法治

（一）行政法治的内涵

依法治国是现代社会法治国家 21 世纪民主政治发展的重要目标。2014 年，十八届四中全会提出全面推进依法治国。此后，全面依法治国被认为是全面建成小康社会、全面深化改革、全面从严治党的重要保障。行政法治是法治主义在行政领域的体现，是依法治国的关键，是作为法治国家的必然要求。法律的实施和法治的推行需要所有国家机关和全体社会成员的参与，但是其中最主要的参与者是行政机关，在我国约有80%的法律、90%的地方性法规和几乎所有的行政法规及规章都是由行政机关负责执行的，行政法治是依法治国的核心和难点所在。行政法治是源于行政权力的扩张和对行政权的控制，"任何法治国家都把对行政权力的控制作为核心的制度内容"①。

理解行政法治的内涵，首先要注意"行政法治"不同于"依法行政"，是对"依法行政"的发展，"依法行政"强调的是行政行为应当"依法"行使，对所依据的法律的内容是否具有正当性和合理性强调的不够明确，而"行政法治"进一步提出在依法行政的基础上还要依"良法"行政，行政行为应当受到司法的监督，主张围绕行政立法、行政执法、行政司法建立完整的法治体系。因此，行政法治的基本内涵主要包括以下几个方面：

（1）在行政管理活动中坚持法律至上。行政机关拥有的权力必须来源于《宪法》和法律的明确规定，也就是说行政机关从事任何行政执法行为，均应有《宪法》和法律的明确授权。

（2）行政权力依"良法"运作。要厉行行政法治，必须确保治理行政的法是"良法"。判断一部法律是否是"良法"的标准可以说是多方面的，但最核心、最关键的还是看这部法律是否尊重人权，是否以保障和扩大民主自由为目的。法治原则不局限于合法性原则，还要求法律必须符合一定标准，具备一定内容。

（3）对行政行为司法部门有权进行合法性审查。行政法治的重要标志之一，就是对行政行为有独立的司法部门进行合法性审查。按照国际公认的观点，不对行政行为进行外部监督的国家绝无法治行政可言，然而即使行政行为受到外部监督，如果缺乏司法部门的监督，也不能承认该国家有法治行政的存在。

（4）行使行政自由裁量权要适当。行政自由裁量权主要是指法律尚未做出规定或虽有规定但规定不完备，而由行政机关自由裁量处置的一种行政现象。行政机关享有一定的自由裁量权对其有效实施管理十分必要。但是行政法治要求，行政自由裁量权的行使必须符合宪法、法律和法规的基本精神及原则，不可脱离法律的约束。

（二）行政法治的基本原则

1. 行政合法原则

行政合法原则是行政法治的首要原则，主要是指行政权的设定、行使必须符合国家法律的规定和要求，违反国家法律规定和要求的行政，都是不合法的和无效的，这是行政法治的重要前提和基本保证。行政合法性原则有两个基本要求：

（1）行政权的设定必须要有法律依据，即职权法定，授权行政，没有法律设定的权力不是真正的权力。行政行为"是否超越职权"是司法审查的一个重要标准。根据我国《行政诉讼法》第五十四条第（二）款的规定，法院对于超越职权作出的具体行政行为，

---

① 孙笑侠：《法律对行政的控制》，山东人民出版社1999年版，第23页。

将作出撤销判决。超越职权在实践中主要表现为：无权限，即行政机关行使了《宪法》、法律没有授予任何国家的权力；事务越权，即行政机关行使了法律授予其他机关的权力；超越权限范围，即行政机关虽然对某类事务有管辖权，但超出其权限范围。

（2）行政权的行使要依法进行。这有两层含义：其一是指行政权力的行使不仅要合乎实体法的规定，同时也要合乎程序法的规定；其二是指行政权力依法行使是行政主体的一项权力，同时也是其法定的职责和义务，即行政机关的职权相对于相对方而言是一种权力，而相对于国家而言则是一种义务和责任。不履行或拖延履行法定职责，要承担相应的法律责任。

2. 行政合理原则

行政合理性原则是与行政合法性原则相并列的一项基本原则，而且又是对行政合法性原则的补充。因为行政业务千头万绪，以有限的法规条文，绝不能尽行规范无穷的行政事件。因此行政机关在行使行政职权的时候必须享有一定的自由裁量权。但自由裁量权在存在和扩大的同时又给国家和人民造成了一定的威胁，即，自由裁量权作为一种权力同样包含着被滥用的可能性。为了防止自由裁量权的滥用，就必须在肯定和授受自由裁量权的同时，通过法律对自由裁量权的行使进行必要的监督、约束和控制，也就是通过行政合理性原则来制约行政自由裁量权的行使。行政合理性的判断标准是：

（1）行使行政自由裁量权的动因应符合法律授予该权力的目的。法律授予行政主体自由裁量权的目的是为了使政府有效地管理国家和社会公共事务，更好地维护社会秩序，实现公共利益。没有这种限制，自由裁量权就很容易成为随意裁量权，就很难保证行政决定的合理性。

（2）行政自由裁量权的行使具有正当性，即一方面行政主体行使自由裁量权时尽可能充分全面地考虑与行政行为相关的各种因素，另一方面要排除与该行为无关的因素。如果考虑行为人的职位高低、经济状况、民族及政治面貌来决定处罚，就是不正当的考虑，其作出的决定也不可能是合理的。

（3）行政主体行使自由裁量权应符合行政惯例，即在作出行政决定时应当参考以往所处理的相同或相类似的问题，尽可能做到相同（类似）问题相同（类似）处理，不同情况不同对待。

（4）行使自由裁量权的结果应当符合客观规律和社会的公平正义观念。合理性原则对行政自由裁量权的控制归根结底是要使自由裁量权的行使达到一个合理的结果，而衡量行使自由裁量权的结果是否合理的基本标准就是这种结果是否符合客观规律，是否符合社会一般的公平正义观念，符合客观规律的结果才是可行的，而符合社会一般的公平正义观念的结果才能被社会公众所接受和认可。

3. 行政公开原则

行政公开性原则是现代行政法治的必然要求，是指行政主体在实施行政行为过程中，除非法律另有规定，必须将行政行为在事前、事中、事后公开于行政相对人和有关关系人。它有利于相对人对行政主体的行为实行真正的监督，从而促使行政主体严格依法行政。公开原则主要体现在法律公开、资料公开、行政过程公开、行政决定公开等方面。这一原则为现代各国行政程序法所普遍采用，并被视为现代行政程序的生命所在。如果国家机关及其国家工作人员进行秘密行政，其办公时间、地点、方式、情报、档案不予公布，无人所知，《宪法》规定的公民权利何谈实现与满足？所以，行政公开是必要的，是行政民主的必然要求，有利于公民行使参政、议政的权利，但行政公开作为一项原则，毕竟是抽象的，它的具体实现有赖于各种具体制度予以体现，从世界各国的行政立法看，信息公开、听证、回避、说明理由是行政公开的制度保障。公开原则在我国行政法律中已有一定的表现，其最具代表性的是《行政处罚法》。此外，一些执法部门也通过普遍推行行政执法公示制，实践着行政公开的要求，如行政机关新闻发布制度的建立，都是对公开原则的实现。

二、行政立法

（一）行政立法概述

1. 行政立法的含义

所谓行政立法是国家特定行政机关依照法定权限和程序，制定具有普遍约束力的法的规范的活动。这个定义包括以下几个方面：

（1）行政立法的主体是特定行政机关。首先，只有国家行政机关才能够成为行政立法的主体；其次，只有依法被赋予立法权限的行政机关才能够成为行政立法的主体，我国行政立法的主体具体包括国务院、国务院各部委和具有行政管理职能的直属机构，省、自治区、直辖市人民政府；省、自治区人民政府所在地的市和经国务院批准的较大的市的人民政府。

（2）行政立法是上述行政机关依照法定权限和程序实施的行政行为。根据国家权力分工的原理，本来意义上的立法权为宪法设置的立法机关所享有。由于社会管理所需，行政机关也被授予了制定具有法的效力的规范的权力。行政机关必须依据《宪法》、法律或有权机关的授权进行立法活动，同时行政立法必须依照法定立法程序进行。

（3）行政立法是行政机关制定具有普遍约束力的社会规范的行为。这就是说，首先，行政立法是行政机关实施的抽象行为，具有法的一般特征，即普遍性、抽象性及规范力，从而使行政立法与具体行政行为区别开来。其次，行政立法活动表现为行政法规、行政规章之类的规范性文件。

2. 行政立法的特点

行政立法作为行政机关的一种特殊立法行为，它具有以下特点：

（1）行政立法是一种从属性立法。所谓从属性立法是指在法律体系中，行政立法居于权力机关所制定的法律之下，从属于宪法、法律。这种从属性源于我国《宪法》的规定，国家行政机关由权力机关产生，并对它负责，受它监督。因此，行政机关的行政立法不得同《宪法》与法律相抵触，而且，行政机关制定的规范性文件的效力低于权力机关制定的法律。同时，由于行政机关的行政立法权源自权力机关的授权，因而从属于权力机关的立法权，所以行政立法严格受授权法规定的立法目的、授权范围、标准、原则、程序的制约，行政机关只能在授权法规定的职权范围内依法进行行政立法，不能超越授权法自定标准和程序，不能把行政立法排除在权力机关审查的范围之外。

第十一章　行政法治

（2）行政立法是一种准立法活动。具体表现在：行政立法的主体只能是国家行政机关，而不是其他机关；行政立法的调整对象，只限于调整行政管理中的一定社会关系；行政立法的表现形式为行政法规和行政规章，其名称通常是条例、规定、办法等；行政立法的制定程序也比权力机关的立法程序来的简单。

（3）行政立法是一种抽象的行政行为。行政立法活动实质上是国家行政机关的一种行政管理活动，因为行政立法不是针对特定的人和事项作出的规定，而是针对不特定的人和事项所规定的一般性行为规范。所以行政立法是一种抽象行政行为，而不是具体行政行为。

3. 行政立法的分类

依照不同的标准，对行政立法可以做不同的分类。

（1）根据国家行政机关行政立法权力来源的不同，可以将行政立法分为职权立法、委托立法和特别授权立法。

职权立法是指行政立法机关依照《宪法》和有关组织法规定的职权，就职权管辖范围内的事项进行的立法。如我国《宪法》第八十九条规定，国务院可以根据《宪法》和法律，规定措施，制定行政法规，发布决定和命令。

授权立法是根据《宪法》和组织法以外的其他法律的授权所进行的立法活动。我国许多法律明确授权国家行政机关制定某一方面的行政法律规范，这种立法又叫一般性授权立法，如我国《著作权法》第五十四条规定，"本法的实施条例由国务院著作权行政管理部门制定，报国务院批准后实施。"

特别授权立法是指国家最高权力机关将本应由它制定的某一方面法律的立法权，特别授予国家行政机关行使的立法，在我国可特别授权立法的主体包括国务院和经济特区政府，如 1994 年和 1996 年全国人大常委会分别授权厦门和珠海两市人大及其常委会和人民政府分别制定法规和规章，在厦门、珠海两市经济特区实施。

（2）根据行政立法的内容和目的不同，可以将行政立法分为执行性立法、补充性立法和实验性立法。

执行性立法是指为了执行效力高于其自身的规范性文件而进行的行政立法活动。如国务院为实施《中华人民共和国公司法》而制定的实施办法就是执行性立法。其特点是不创设新的法律规则，只对效力比自身高的法律、法规的具体执行问题作出说明或规定办法。

补充性立法是指行政机关为补充法律、法规在某个具体方面内容的不足，而进行的行政立法活动。之所以要作补充，是因为法律、法规对某个或某些具体方面的问题难以作详尽规定或不宜规定得过细，为方便实施，行政机关接受授权，在原法律、法规确立的原则基础上制定补充规定。

试验性立法。这是在特殊条件下采取的临时立法措施。如本应由全国人大或其常委会制定法律的事项因立法条件尚不成熟，而由国务院接受全国人大或其常委会的特别授权，先制定行政法规，以适应需要，同时也便于总结实施的经验，为制定法律做准备。这类立法往往带有过渡性、超前性和实验性。

（二）我国行政立法体系

行政立法体系是指一个国家行政立法主体的设置及其权限的划分，是一国立法体系的重要组成部分。主要包括三方面内容：一是确定行政立法主体；二是确定各个行政立法主体的行政立法权限；三是确定不同的行政立法的效力等级。

1. 行政立法主体

根据我国《宪法》和有关组织法的有关规定，我国实际上拥有立法权的行政立法主体有中央行政立法主体和地方行政立法主体。

（1）中央行政立法主体。包括：国务院是我国最高的行政立法主体，国务院的行政立法统称行政法规，其具体名称为"条例"、"规定"、"办法"，国务院制定的行政法规，效力覆盖中国大陆地区；国务院各部、各委员会是中央人民政府的职能部门，根据《宪法》和组织法，在其职权范围内可自主制定部门规章，其具体名称多采用"决定"、"命令"、"指示"等；国务院直属机构根据法律和行政法规的授权，所制定的规范性文件经国务院批准后，具有部门规章的同等效力。

（2）地方行政立法主体。根据我国现行法律规定，省、自治区、直辖市人民政府，省、自治区人民政府所在地的市和国务院批准的较大的市的人民政府，经济特区人民政府，有权在其所辖区域内制定地方行政规章。地方行政规章有两类：一是以政府的名义发布的规范性文件，二是地方人民政府转发其职能部门的规范性文件。

2. 行政立法权限的划分

行政立法权限是指行政机关制定行政法规与行政规章在内容与形式上的权限范围，即行政法规、部门规章与行政规章可以就哪些事项作出立法性的规定。行政机关行使行政立法权必须严格遵循法律保留原则。法律保留即凡是由法律规定的事项，只能由法律规定，其他规范无权规定，否则构成违法。根据我国《宪法》规定，行政立法权限的具体划分如下：

（1）国务院的行政立法权限。主要包括：根据《宪法》第八十九条的规定，为领导和管理国家各项行政工作而制定和发布的行政法规；全国人大及其常委会授权立法的事项，应当由全国人民代表大会及其常委会制定的法律事项，国务院可以根据全国人民代表大会及其常委会授权决定先制定行政法规；在《宪法》和法律规定的范围内批准行政法规。

（2）国务院各部委的行政立法权限。根据《宪法》、法律和行政法规的规定，国务院各部委的行政立法权限包括：根据法律、法规授权而制定的行政规章，在本部门权限内发布的命令、指示和规章；涉及多部门权限的必须由相关部门共同发布。

（3）地方人民政府的行政立法权限。根据我国《立法法》的规定，地方性法规所规定的事项包括为执行法律、行政法规的规定，需要根据本行政区域的实际情况作具体规定的事项以及属于地方性事务需要制定地方性法规的事项。此外其他事项国家尚未制定法律或者行政法规的，有行政立法权的地方政府根据本地方的具体情况和实际需要，可以先制定地方性法规。在国家制定的法律或者行政法规生效后，地方性法规同法律或者行政法规相抵触的规定无效，制定机关应当及时予以修改或者废止。

3. 行政立法的效力等级

行政立法的效力等级是指行政法规与行政规章在国家法律规范体系中的地位。《宪法》具有最高法律效力，法律、法规、规章不能同《宪法》相抵触；法律效力高于行政法规、地方性法规、规章；行政法规的效力高于地方性法规、规章；地方性法规高于本级和下级

第十一章 行政法治

地方规章；省级人民政府规章的效力高于本行政区域较大市的人民政府的规章。地方性法规与部门规章之间对同一事项的规定不一致，不能确定如何适用时，由国务院提出意见，国务院认为应当适用地方性法规的，应当决定在该地方适用地方性法规的规定，认为应当适用部门规章的，应当提请全国人民代表大会常务委员会裁决。部门规章之间、部门规章与地方规章之间对同一事项的规定不一致时，由国务院裁决。

（三）行政立法的程序

行政立法的程序，是指有权的行政机关在依照法律的规定，制定、修改和废止行政法规或规章的过程中所遵循的方式、步骤和顺序等要素构成的一个连续的过程。我国的《立法法》仅对行政立法程序作出简略的原则性规定，现有的行政立法程序主要依据2001年制定的《行政法规制定程序暂行条例》和《规章制定程序条例》。结合我国行政立法的有关实践，我国的行政立法程序主要分以下几个步骤：

1. 立项

立项是行政法规和行政规章制定的首要程序。行政立法的发展要适应民主法治建设的需要，必须要有计划地进行，需要编制行政立法的计划，做到先立项后立法。

立项通常包括三个环节：

（1）申请。有关行政机关认为需要制定行政法规或行政规章的，应就立法项目所要解决的主要问题、依据和方针政策及拟确立的主要制度向同级人民政府报请立项。

（2）编制行政立法工作计划。享有行政立法权的同级法制机构根据行政工作的总体部署安排，对报送的行政立法立项内容进行汇总研究，统筹兼顾下拟订行政立法工作计划，通常是按年度来进行。

（3）拥有行政立法权的行政机关对其法制机构拟订的行政立法工作计划进行审批，获得批准后方可执行，进入起草程序。

2. 起草

行政法规和行政规章的起草工作由有权制定该法规规章的机关负责。实践中通常委托所属的与该法规或规章有关的某一个或几个工作部门来主持起草，也可以确定由其所属的法制机构起草或组织起草。

起草时应遵循《中华人民共和国立法法》所确立的行政立法原则，应符合《宪法》、法律、行政法规和其他上位法的规定；立法活动应符合立法技术的要求，用语准确简捷，条文明确具有可操作性；还应当遵循协商原则，对涉及其他部门职责或和其他部门关系紧密的，起草单位应充分征求其他部门意见，有不同意见的应充分协商，协商不成的应在报送草稿时说明情况；起草活动应深入调查研究，广泛听取意见，可以通过征求意见、论证会、听证会等多种形式广泛征求所涉及各方的意见和建议。

起草完毕后，起草部门将有关草案送制定机关的法制机构进行审查，送审时应同时一并报送起草稿的说明和起草活动的有关材料。

3. 审查

行政法规和行政规章的送审稿，由制定机关的法制机构负责统一审查。

审查的内容主要包括：是否符合立法法确定的立法原则；是否符合保障相对人权益和

行政管理学

体现行政机关职权和责任的统一原则；是否能与有关法规规章协调衔接；是否符合立法技术要求；应协商的问题是否已经协调一致等。

审查的方式主要包括：对涉及的主要问题，征求有关机关和专家意见，对基层有关机关、组织和公民进行调研；可以组织座谈会、论证会、听证会听取意见，研究论证；可以向社会公布草案，征求意见等。

审查结束后，对制定法案的基本条件还不成熟的、有关机构部门对送审稿规定的主要制度存在较大争议的不能协调一致的、送审稿送审程序和有关材料不符合要求的，可以缓办或退回起草部门。如果符合要求，则在对送审稿进行修改，形成正式的立法草案并对草案进行说明后，提请本部门或者本级人民政府有关会议进行审议。

4. 决定、审批和公布

决定是指有关立法草案由制定机关召开会议审议通过。国务院发布的决定、命令和行政法规通常提交国务院全体会议或常务会议通过，并由总理签署；各部委发布的行政规章通常提交部委会议或部长办公会通过，由部长、主任签署；地方人民政府发布的决定和命令通常提交相应地方政府的政府会议或首长办公会通过，由相应人民政府首长签署。

审批是指一些比较重要的行政规章在通过和签署后，要报请上级机关审批。如国务院各部委发布的行政规章，须经过国务院审批或备案；地方政府制定的地方法规和规章在公布前也要经过相应的审批和备案手续。

公布是指经审议或审批通过的立法草案，在由制定机关的法制机构根据会议审议意见进行修改，形成草案修改稿后，报请部门首长或者本级人民政府首长签署命令予以公布。公布命令中载明该法案的制定机关、序号、法案名称、通过日期、施行日期、首长签署和公布日期。

三、行政执法

（一）行政执法概述

1. 行政执法的内涵

行政执法是行政机关执行法律、法规的行为，包括抽象行政行为和具体行政行为。本章所说的行政执法是指具体的行政行为，即有关行政主管机关及其工作人员为了保证行政法规和规章的有效执行，依照法定职权和程序，采取的具体直接影响行政相对人权利义务的行为。

这一狭义的行政执法概念可以从以下几点来理解其内涵：

（1）行政执法的主体是有关的主管行政机关及其工作人员，包括行政机关和得到法律法规授权的有权组织。行政执法主体的行政权力能力是其实施具体行政行为的前提，换言之就是行政执法主体应该在其行政职权范围或授权范围内进行行政执法。

（2）行政执法行为的结果直接对行政相对人的权利义务有直接影响。这种影响大致通过两个方面发生作用：一是行政机关依法作出决定，采取措施，直接影响行政相对人的权利义务；二是通过各种形式，对相对人是否依法正当行使权利和履行义务进行监督检查。

(3) 行政执法行为具有主动性和单方面性。行政执法行为的作出一般是在不争取行政相对人同意的前提下进行，可以直接依法定职权和程序施行。

(4) 行政执法是具体行政行为，也就是针对具体问题所做的具体行政行为，针对特定的人和特定的事物。如卫生局责令某一餐馆进行停业整顿，改善其卫生管理条件。

2. 行政执法的基本原则

行政执法的基本原则是指行政执法中必须遵守的准则或原则，违背了它，就会造成行政执法行为的违法或不适当，就要承担相应法律责任。行政执法活动需遵循以下原则：

(1) 行政合法原则。行政合法原则要求行政执法权的享有和行使必须有法律依据或者符合法律，不能与法律相违背。这里所说的法律是广义的，包括法律、法规、自治条例、单行条例和规章，同时也包括政策。行政合法原则是行政执法的最重要原则，是行政法治在行政执法中的具体体现，按照这一原则，在行政执法活动中要做到：行政执法单位必须具有合法主体资格；必须在法律赋予的职权范围内从事执法活动，不得擅自超越职权；行政执法活动的内容必须有法律依据；严格遵守法定程序。

(2) 行政适当原则。也叫行政合理原则，指行政执法的内容要客观、公正、适度、符合情理。由于行政事务的多样性和复杂性，法律不可能对所有的行政事务都规定得那样全面、细致、周到、具体，因而法律赋予行政执法机关在执法过程中对某种行为方式、范围、种类、幅度等一定的选择权，这就是通常所说的自由裁量权。行政机关对自由裁量权不得随意乱用，必须遵守适当性原则。遵守行政适当原则要做到：行政执法行为必须符合立法宗旨和立法目的；行政执法行为应当建立在符合法律规定的正当考虑基础上，不应当有法律以外的因素；在行政执法中所采取的措施和作出的决定应当合情合理。

(3) 接受监督原则。要使行政执法做到依法进行，必须建立起行之有效的严格监督机制。为了避免国家行政机关在行使行政行为时出现越权、侵权和滥用权力的现象，国家确定了行政监督制度，法律不仅赋予行政机关的行政执法权，同时也赋予社会团体、法人、其他社会组织和公民的监督权，以保障行政执法合法合理地进行。

(4) 行政及时原则。迅速有效的处理行政事务，执行法律，保障国家行政管理活动的合法高效性，是行政执法的一个重要原则，"迟来的正义为非正义"，高效便民，是衡量行政执法工作质量的重要标准，也是决定行政执法能否真正落实服务于民宗旨的重要环节。

(二) 行政执法行为

行政主体在行政执法活动中的具体行为方式多种多样，其中比较重要的有行政强制执行、行政许可、行政处罚、行政检查等。

1. 行政强制执行

行政强制执行是指在行政相对人拒不履行国家行政主体所作出的并且已经生效的具体行政行为所确定的义务，有关国家机关依法强制该相对人履行该义务，或者由国家机关本身或第三人直接履行或代为履行该义务，然后向义务人征收费用的一种行政执法行为。强制执行的方式分为三种。

(1) 代履行，是指在行政相对人不履行法定可代替作为的义务，由行政强制执行机关或行政强制执行机关指定的第三人代为履行，他人代为履行的费用由义务人负担的行政强制执行方法。采取代履行必须具备以下条件：存在相对人逾期不履行行政法上义务的事实，且此种不履行因故意或过失引起；该行政法上的义务是他人可以代为履行的作为义务；代履行的义务必须是代履行后能达到与相对人亲自履行义务同一目的的义务；由义务人承担必要的费用。

（2）执行罚，是指有关国家机关对拒不履行已经生效的具体行政行为的当事人进行制裁，以迫使当事人自觉履行该具体行政行为所确定的义务的行政强制执行方法。如对不按时纳税的义务人，除缴纳税款以外加收滞纳金，直到纳税人完税为止。

（3）直接强制执行，是指在采用代执行、执行罚等间接手段不能达到执行目的，或无法采用间接手段时，执行主体可依法对义务人的人身或财产直接实施强制，迫使其履行义务或实现与履行义务相同状态的强制执行方法。具体可以分为人身强制，如拘留、遣送等；行为强制，如强制拆除；财产强制，如查封、扣押、冻结等。

2. 行政许可

行政许可是指行政执法主体根据行政相对人的申请，经依法审查，通过颁发许可证、执照等形式，赋予或确认行政相对人从事某种法律通常严格限制的活动的资格或权利的行为。行政许可是行政机关依法对社会、经济事务实行管理的一种重要手段，具有以下特性：

（1）行政许可的前提是法律一般禁止的活动。行政许可以一般禁止为前提，以个别解禁为内容。即在国家一般禁止的前提下，对符合特定条件的行政相对方解除禁止使其享有特定的资格或权利，能够实施某项特定的行为。

（2）行政许可是一种依申请的行政行为。行政相对人针对特定的事项向行政主体提出申请，是行政主体实施行政许可行为的前提条件，没有申请就没有行政许可。不同于行政主体依职权主动作出的行政行为。

（3）行政许可是一种要式行政行为。行政许可必须遵循一定法定形式，一般是采用颁发许可证或执照等书面形式，且应是明示的书面许可。

（4）行政许可是一种授益性行政行为。行政许可是行政主体赋予行政相对人某种法律资格或法律权利的具体行政行为，是针对特定的人、特定的事作出的具有授益性的一种具体行政行为。

行政许可的程序，主要是指实施行政许可行为时所经历的步骤和所采取的方式。行政许可作为一种具有重要影响的法律行为，其主要程序由《行政许可法》明确规定，主要包括以下步骤和要求：

（1）申请。公民、法人或者其他组织从事特定活动，依法需要取得行政许可的，应当向行政机关提出申请，如实向行政机关提交有关材料和反映真实情况，并对其申请材料实质内容的真实性负责。

（2）受理。行政机关对申请人提出的行政许可申请应当根据不同情况分别作出受理或不受理的处理，并出具加盖本行政机关专用印章和注明日期的书面凭证。

（3）审查。行政机关应当对申请人提交的申请材料进行审查。申请人提交的申请材料齐全、符合法定形式，行政机关能够当场作出决定的，应当当场作出书面的行政许可决定；不能当场作出行政许可决定的，应当在法定期限内按照规定程序作出行政许可决定。行政机关对行政许可申请进行审查时，发现行政许可事项直接关系他人重大利益的，应当告知该利害关系人。申请人、利害关系人有权进行陈述和申辩。行政机关应当听取申请人、利害关系人的意见。

(4) 听证。法律、法规、规章规定实施行政许可应当听证的事项，或者行政机关认为需要听证的其他涉及公共利益的重大行政许可事项，行政机关应当向社会公告，并举行听证。

(5) 决定。对申请人的行政许可申请进行审查后，行政机关应当依法作出准予行政许可或不予行政许可的书面决定。准予行政许可，需要颁发行政许可证件的，应当向申请人颁发相应的加盖本行政机关印章的行政许可证件。不予行政许可的，应当说明理由，并告知申请人享有依法申请行政复议或者提起行政诉讼的权利。准予行政许可的决定应当公开，社会公众有权查阅。

3. 行政处罚

行政处罚是指国家行政机关依照法定权限和程序，对违反行政管理法规应受惩罚但尚未构成犯罪的行政相对人实施的一种行政制裁行为。实行行政处罚必须具备以下特点：

(1) 行政处罚以惩戒为目的。

(2) 行政处罚的适用主体是行政机关或法律、法规授权的组织。

(3) 行政处罚的适用对象有过错但尚未构成犯罪的行政相对人，是一种外部行政行为。由于行政处罚涉及相对人的合法权益，在适用过程中必须严格按照法定权限和法定程序进行，防止行政主管机关及其工作人员滥用职权。

按照《行政处罚法》的规定，行政处罚有以下几类：

(1) 人身罚。这是最严厉的行政处罚，是特定行政主体限制和剥夺违法行为人的人身自由的处罚。主要指拘留和劳动教养。

(2) 财产罚。这是运用最广泛的行政处罚，是行政主体依法对违法行为人给予的剥夺财产权的处罚。主要有罚款和没收财物。

(3) 行为罚。这是比较严厉的一种行政处罚，是行政主体限制或剥夺违法行为人特定行为能力的处罚。主要有责令停产、停业和暂扣或者吊销许可证和营业执照。

(4) 申诫罚。这是比较轻微的一种行政处罚，是行政主体对违反行政法律规范的行为人的谴责和警戒。主要有警告和通报批评。

行政处罚一般要由行政主管机关裁决，并作出裁决书交给违反义务的行政相对人。受到行政处罚的相对人不服裁决的，可在规定时间内向裁决机关的上级行政机关提出申诉或向人民法院起诉。

4. 行政检查

行政检查是行政执法主体为了保障有关法律、法规、规章在其所管辖的区域的执行，为实现行政管理的目标和任务，依法对行政相对人守法和履行法定义务的情况进行检查的行政执法行为。行政检查是一种依照职权进行的单方行政行为，其目的是为了掌握法律法规实施的社会效果，为行政管理活动和行政立法活动提供现实依据和参考。常见的如消防安全检查、食品卫生检查等。

行政检查可以及时反馈法律法规实施的社会效果，有利于及时发现相对人的违法行为，最后实现积极防止和及时纠正相对人的违法行为，保障法律法规的执行和行政管理目标的实现。

四、行政司法

(一) 行政司法概述

1. 行政司法的概念

行政司法有广义和狭义之分。狭义的行政司法是从行政行为概念出发,指行政机关根据法律的授权,按照准司法程序审理和裁处有关争议或纠纷,以影响当事人之间的权利、义务关系,从而具有相应法律效力的行为,是一种准司法行为。广义的行政司法则是从行政权力运用的法律制约角度出发,包括行政准司法行为和行政诉讼,本章所讨论的行政司法是广义上的行政司法,主要包括行政复议和行政诉讼。

2. 行政司法的作用

(1) 行政司法是行政法治的重要组成部分。行政立法是行政法治的基础,行政执法是行政法治的主要实现道路,行政司法则是实现行政法治的保障。通过行政司法,可以及时发现行政立法和行政执法过程中存在的问题,从而不断推动行政立法活动和执法活动的完善和发展,防止行政权力的滥用,促进行政管理的法治化。

(2) 有利于保护行政相对人的合法权益。行政机关在进行行政管理活动时,必然会与被管理的行政相对人发生争议和矛盾。行政司法为行政相对人提供了一系列保障其利益的程序设置,为相对人提供了一条得到行政救济的有效渠道。

(3) 对行政管理活动进行一种监督和制约。通过行政司法活动,维持正确的行政决定,纠正错误的行政管理活动,从而对行政管理活动进行监督和制约,可以促进行政机关严格依法办事,有利于实现行政管理的主要目的,保障社会秩序和公共利益。

3. 行政纠纷解决体系

在繁忙复杂的行政活动中,行政机关和相对人之间发生行政纠纷是不可避免的。围绕着如何合理有效地处理行政纠纷,就形成了行政纠纷解决体系,主要包括三个组成部分:

(1) 普通行政途径处理。主要是行政机关按照行政机关内部的指挥、协调、监督和控制规定来处理。主要是通过行政机关的自纠自查和上级行政机关的督导来实现。

(2) 行政准司法途径处理。主要是在行政机关内部设置专门的、相对独立的机构按照准司法程序处理行政纠纷,虽然是由行政机关主持,但是带有一定的裁判性质,所以称为行政准司法程序。主要包括三种:一是行政调解,通常只适用于行政赔偿纠纷。二是行政裁决,即行政机关或法定授权的组织,依照法律授权,对平等主体之间发生的、与行政管理活动密切相关的、特定的民事纠纷(争议)进行审查,并作出裁决。如工商部门根据《商标法》的授权对商标争议的裁决。三是行政复议,通过对具体行政行为的行政复议来实现行政救济。

(3) 行政诉讼。即采用向人民法院起诉的方法,由法官以裁判方式处理纠纷。

(二) 行政复议

1. 行政复议的概念

行政复议是指公民、法人或者其他组织不服行政主体作出的具体行政行为,认为行政主体的具体行政行为侵犯了其合法权益,因而依照法定程序和条件向作出该行政行为的上一级行政机关或法定的行政复议机关提出复议申请,由受申请的行政复议机关依法对该具体行政行为进行合法性、适当性审查,并作出行政复议决定的活动。行政复议是一种行政准司法活动,是解决行政纠纷的重要途径。

2. 行政复议的特征

行政复议是一种特殊的行政行为,具有以下基本特征:

(1) 行政复议主体的特定性。行政复议机关只能是国家行政机关,且是法律规定享有行政复议权的行政机关。按照我国《行政复议法》的规定,法定的行政复议机关一般是作出具体行政行为的行政主体的上一级行政机关或法律授权的组织。

(2) 行政复议具有应申请性。行政复议是以相对人的申请为前提条件的,即没有行政管理对象的申请,就没有行政复议活动的产生。

(3) 行政复议的对象主要是具体行政行为。行政复议是相对人对行政机关的具体行政行为的合法性和合理性有不同意见时,可以提出复议申请。而对于具有普遍约束力的规范性文件不服的,只能在对具体行政行为提出行政争议申请的时候一并提出,而不能单独对抽象行政行为提起行政复议。

(4) 行政复议的非终局性。行政复议是行政机关的一种内部监督机制,因为是一种内部的监督制度,所以一般不能成为解决行政争端的最终手段,对行政复议结果不服的,仍然可以通过行政诉讼途径来寻求救济。

3. 行政复议的程序

(1) 复议申请。行政复议申请必须在法定期限内提出,《行政复议法》规定申请人自应当知道具体行政行为之日起 60 日内提出行政复议申请,但是法律规定的申请期限超过 60 日的除外。如果因不可抗力或者其他正当理由耽误法定申请期限的,申请期限自障碍消除之日起继续计算。申请人必须是认为具体行政行为直接侵犯了其合法权益的公民、法人或者其他组织;行政复议申请可以书面申请,也可以口头申请。复议申请必须要有具体的复议请求和事实根据。

(2) 复议受理。复议机关对复议申请进行形式审查,并在 5 日内作出是否受理的决定,对不符合本法规定的行政复议申请,决定不予受理,并书面告知申请人;对符合本法规定,但是不属于本机关受理的行政复议申请,应当告知申请人向有关行政复议机关提出。除此之外,属于本机关受理的行政复议申请,自行政复议机关负责法制工作的机构收到复议申请之日起即为受理。

(3) 行政复议。行政复议期间,除非法律另有规定,否则不停止具体行政行为的执行。复议机关自复议受理之日起 7 日内,将复议申请书副本或复印件发送被申请人;被申请人自收到申请书副本或复印件之日起 10 日内,提出书面答复,并提交当初作出具体行政行为的证据、依据和其他有关材料;复议机关进行书面审查,必要时向有关组织和人员调查情况,提出复议意见,报经复议机关负责人同意或集体讨论通过。复议决定作出前,申请人可以要求撤回复议申请,但需说明理由,经复议机关同意后复议终止。

(4) 复议决定。复议机关根据事实和法律,以书面形式对有争议的具体行政行为作出判断和处理,复议决定的种类主要包括:决定维持;决定补正;决定被申请人在一定期限内履行法定职责；决定撤销或变更。复议机关应当自受理之日起 60 日内作出行政复议决定，情况复杂的，经复议机关负责人批准，可以适当延长，并告知申请人和被申请人，但是延长期限最多不超过 30 日。

（5）执行。申请人和被申请人自收到行政复议决定书之日起，应当履行行政复议决定。申请人不服行政复议决定的，自收到行政复议决定书之日起 15 日内向人民法院提起行政诉讼。复议机关逾期不作出决定的，申请人可以在复议期满之日起 15 日内，向人民法院提起行政诉讼。

（三）行政诉讼

1. 行政诉讼的内涵和特征

所谓行政诉讼，是指行政相对人对行政主体作出的具体行政行为不服，依法向人民法院提起诉讼，人民法院据此在诉讼当事人及其他诉讼参与人的参加下，对被诉具体行政行为的合法性进行审查和裁判的司法活动。行政诉讼是最权威的行政救济途径，它具有以下几个特点：

（1）诉讼主体的特定性。行政诉讼由行政相对人提起，以行政主体为被告。行政诉讼必须由当事人自己提起诉讼为前提，人民法院不能主动启动诉讼程序，在行政诉讼中，行政相对人始终处于原告地位，行政主体则始终处于被告地位。这是行政诉讼区别于民事诉讼和刑事诉讼的一大特点。

（2）诉讼对象的特定性。行政诉讼是以具体行政行为为诉讼对象和裁决对象，依据我国现行《行政诉讼法》，行政相对人仅能就行政主体作出的具体行政行为提起诉讼，而不能以抽象的行政行为为诉讼对象。法院也只能对具体行政行为作出裁判。

（3）行政诉讼审查标准的特定性。人民法院在行政诉讼中，审查的是具体行政行为的合法性，根据《行政诉讼法》的规定，人民法院审理具体行政行为，只审查其是否合法，而不审查其是否合理或其他。这是行政诉讼与行政复议的一个重要区别。

（4）审判机关特定。只能由人民法院进行行政诉讼审判活动，人民法院具体主持行政诉讼并作出最终裁判，这是行政诉讼和行政复议的另一个重要区别。

行政诉讼作为三大诉讼制度之一，首先属于诉讼的范畴，具有诉讼的性质和特征，但是行政诉讼的诉讼主体和诉讼对象的特殊性，使得行政诉讼同时又具备了行政法律监督和行政法律救济的性质和特征。因此，行政诉讼是一项结合了三重身份的制度：解决行政争议的诉讼制度；对行政行为进行司法审查的行政法律监督制度；对合法权益受到侵犯的行政相对人进行行政救济的行政法律救济制度。

2. 行政诉讼的基本原则

行政诉讼的基本原则是指人民法院和行政诉讼参与人在行政诉讼过程中必须遵循的基本行为准则，它对整个行政诉讼具有普遍的指导意义。根据行政诉讼活动的特点，我国的行政诉讼基本原则有：

（1）行政相对人依法起诉原则。《行政诉讼法》第二条规定：公民、法人或者其他组织认为行政机关和行政机关工作人员的具体行政行为侵犯其合法权益，有权依法向人民法院提起诉讼。这首先确认了当事人有权对具体行政行为提起诉讼，只要当事人认为具体行政行为违法，侵犯其合法权益，就有权起诉。同时限定有权提起行政诉讼的人只能是行政相对人，而作为行政主体的行政机关或被授权的组织无权提起行政诉讼或者提出反诉。

（2）具体行政行为合法性审查原则。人民法院审理行政案件，是对具体行政行为的合法性进行审查，人民法院的直接审查对象只能是具体的行政行为，审查的内容只是合法性，原则上不能涉及合理性的审查。审查具体行政行为的合法性的依据是法律、行政法规和地方性法规。

（3）被告负举证责任原则。举证责任的分配涉及败诉风险的承担，我国《行政诉讼法》明确规定，被告对作出的具体行政行为负有举证责任，应当提供作出该具体行政行为的证据和所依据的规范性文件。因为行政主体作出具体行政行为的过程，实际上是行政主体收集和运用证据并适用行政法律规范的过程，任何行政行为都要有事实根据和法律依据。因此行政主体如果不提供自己据以作出具体行政行为的事实根据和法律依据，法院将无法认定被诉的具体行政行为的合法性。如果被告无法举证，将因此承担败诉的风险。

（4）诉讼不停止执行原则。原告提起行政诉讼，不影响被诉具体行政行为的先行执行力，也就是行政主体在人民法院作出裁判之前，可以继续执行原被诉的具体行政行为。这主要是考虑到行政管理活动的连续性和有效性，保障国家行政权力的顺利行使。但是诉讼不停止执行也存在例外，《行政诉讼法》将这些例外归纳为三种：第一是被告基于正当考虑认为需要停止执行的；第二是原告申请停止执行并经法院裁定宣告停止执行的；第三是法律法规规定停止执行的。诉讼不停止执行原则的合理性主要在于维护具体行政行为的公定力和权威性。

（5）不适用调解原则。行政诉讼不能把调解作为行政诉讼的必经阶段，更不能把调解作为结案的一种方式，而只能就具体行政行为是否合法作出裁判。这是因为行政管理活动是应该严格依法进行的，在这样的一种管理中，行政主体是缺乏处分权的，它只能依照法律规定来履行行政管理职责，这种行政管理的权力和职责不得放弃也不能转让。如果行政职权行使不当，应依法予以撤销或纠正，如果正确，则应尽行政管理的职责，依法进行行政管理。所以，在行政诉讼中，不能适用调解。

3. 行政诉讼的受案范围

根据《行政诉讼法》和最高人民法院《行政诉讼若干问题解释》的有关规定，我国行政诉讼的受案范围具体包括以下几类：行政处罚行为；行政强制措施；侵犯法定经营自主权的具体行政行为；行政许可行为；不履行保护人身权、财产权法定职责的具体行政行为；发放抚恤金的具体行政行为；违法要求履行义务的具体行政行为；侵犯其他人身权和财产权的具体行政行为；法律法规规定的其他可诉行为。

同时，根据有关法律规定，又明确了九种不属于人民法院行政诉讼受案范围的行为：关于国防、外交等国家行为；行政法规、规章或者行政机关指定、发布的具有普遍约束力的决定、命令的行为；行政机关对行政机关工作人员的奖惩、任免等决定；法律规定由行政机关最终裁决的具体行政行为；公安、国家安全等机关依照刑事诉讼法的明确授权实施的行为；调解行为以及法律规定的仲裁行为；不具有强制力的行政指导行为；驳回当事人对行政行为提起申诉的重复处理行为；对公民、法人或者其他组织的权利义务不产生实际影响的行为。当事人不能针对这九种情况向法院提起行政诉讼。

4. 行政诉讼的程序

行政诉讼的程序包括起诉、受理、审理和裁判等环节。

（1）起诉。行政诉讼中的起诉是指公民、法人或其他组织，认为行政机关的具体行政行为侵犯其合法权益，向人民法院提出诉讼请求，要求法院依法保护并予以法律救济的诉讼行为。根据《行政诉讼法》的规定，提起行政诉讼必须具备以下条件：原告是认为具体行政行为侵犯了其合法权益的公民、法人和其他组织，是具体行政行为的相对人；有明确的被告；有具体的诉讼请求和事实根据；属于人民法院受案范围和受诉人民法院管辖。行政诉讼的提起还要遵循起诉期限的有关规定，不同的行政诉讼有不同的诉讼期限规定，行政诉讼必须在法定期限内以一定方式提出。

（2）受理。行政诉讼中的受理是指人民法院根据相对人的起诉，经审查认为符合法定起诉条件，决定立案予以审理的诉讼行为。受理主要是通过对起诉进行审查，对于符合起诉条件的，应当决定受理；对于起诉条件有欠缺的，应当要求当事人限期补正；对于不符合起诉条件的，决定不受理，并作出不受理的裁定。有关的处理决定应该在收到起诉状7日内作出。当事人提起行政诉讼后，一旦被人民法院受理，就意味着行政诉讼实质审理程序的开始，法院就获得了对有关行政案件的裁判权。

（3）审理。行政诉讼案件被受理后，就进入实质审理阶段。人民法院应当组成合议庭对行政案件进行审理。法院应当在法定期限内按法律规定向当事人送达相关的诉讼文书。合议庭应仔细审阅诉讼材料和调查收集证据。

对于事实清楚，双方当事人在事实认定上没有分歧，法律规定又明确的，可以不必开庭审理，直接通过书面审理作出判决。如果经审查后认为需要开庭审理的，除涉及国家秘密、个人隐私和法律另有规定的，一般都要公开审理。公开审理的程序由开庭准备、审理开始、法庭调查、法庭辩论、合议庭评议、宣告判决等阶段组成。开庭审理的全过程应当制作笔录，并经审判人员、书记员、当事人和其他诉讼参与人确认后在笔录上签名或盖章。

行政诉讼的审理期限是指从立案之日起至裁判宣告之日止的期间规定，我国《行政诉讼法》第五十七条明确规定，人民法院应当在立案之日起3个月内作出第一审判决，如有特殊情况需要延长审理期限的，由高级人民法院批准。高级人民法院审理第一审案件需要延长的，由最高人民法院批准。

（4）裁判。人民法院依法审理行政案件后，对所涉及的实体问题和程序问题，应当根据《行政诉讼法》的规定作出判决、裁定，认定起诉事实是否成立和是否合法。

《行政诉讼法》第五十四条规定："人民法院经过审理，根据不同情况，分别作出以下判决：（一）具体行政行为证据确凿，适用法律、法规正确，符合法定程序的，判决维持。（二）具体行政行为有下列情形之一的，判决撤销或者部分撤销，并可以判决被告重新作出具体行政行为：主要证据不足的；适用法律、法规错误的；违反法定程序的；超越职权的；滥用职权的。（三）被告不履行或者拖延履行法定职责的，判决其在一定期限内履行。（四）行政处罚显失公正的，可以判决变更。"

第十一章 行政法治

人民法院审理行政案件实行两审终审制度，判决一经生效就具有法律上的效力，产生一定的法律后果，当事人必须履行人民法院作出的发生法律效力的判决、裁定。

第二节 行政监督体制及其完善

行政监督是行政管理的基本职能之一，是行政管理体系的一个重要组成部分，也是国家机器正常运转的重要机制。行政监督在国家政治生活和行政管理中具有重要作用，它通过对行政机关及其工作人员的工作和作风进行监督检查，及时纠正偏差和失误，防止官僚主义、贪污腐败等不正之风，保证行政管理活动严格依法办事，确保国家总任务和总目标的实现。一个社会中，享有监督权力的所有主体之和构成该社会政府过程的监督体系。健全的监督体系的存在是政府正确决策、正确执行和保持廉洁的保障。

一、行政监督概述

（一）行政监督的含义

行政监督是监督的一种，是指针对国家行政机关及其工作人员的行政管理活动进行监察、督促、防患、纠正的活动。其监督对象是国家行政机关及其工作人员，监督内容是行政管理活动的合法性、合理性，是一种内外结合、上下结合的全面的综合监督体制。

学术界一般把行政监督划分为广义的行政监督和狭义的行政监督。广义角度的行政监督是指以政党、国家机关和人民群众对行政机关及其工作人员的行政管理活动是否符合国家和人民的利益，是否符合社会主义的民主原则和法制原则所实施的监察和督导，包括行政机关内部监督体系和行政机关外部监督体系。狭义角度的行政监督是指在国家监督制度体系中，有关国家机关依法定职权对行政机关是否合理、合法地行使行政职权所实施的督察、纠偏等活动。持这种观点的学者认为，新闻、民主党派、社会团体等社会监督虽然也是以行政机关是否合法、合理地行使职权为监督对象，但这种监督因为不直接产生法律后果，或者仅仅是启动行政监督程序的一个前提条件，故不属于行政监督范围。本书所述的行政监督是指广义上的行政监督。

（二）行政监督的分类

我国行政监督的种类按照不同标准，从不同角度可有不同的分类。

1. 内部监督和外部监督

按监督体系来划分，可以将监督分为内部监督和外部监督。内部监督是指行政组织系统内部的自我监督，即在有隶属关系的行政机关内部上下级之间、领导和被领导之间互相实行的监督；外部监督是行政组织系统外部力量对行政组织的监督。通常是指专门的国家权力机关、司法机关、党组织以及社会团体、人民群众对行政组织的监督。

2. 一般监督和专业监督

按监督的专业性质来划分，可以将监督分为一般监督和专业监督。一般监督是对某一行政机关的整体行政工作实行的综合监督，涉及被监督对象的一切方面；专业监督是对某一行政机关的某种业务实行的监督，如审计监督、人事监督等。

3. 事前监督、事中监督和事后监督

按监督的时间先后来划分，可以将监督分为事前监督、事中监督和事后监督。事前监督是在行政机关制定行政决策之前实行的监督，主要目的是为了保证决策的正确性；事中监督是在行政机关开展行政管理活动的过程中，对有关行政管理活动进行的检查性监督，目的是为了保障行政决策的顺利实施和行政执行的正常开展；事后监督是在行政管理活动基本完成之后实行的总结性监督，目的在于发现问题并及时补救和改进行政管理活动。

此外，还可以按监督的目的和方法划分为积极性监督和消极性监督；按监督主体划分为党的监督、国家监督、社会监督和公民监督；按组织形式划分为有组织的监督和无组织的监督。

（三）行政监督的功能

1. 预防功能

行政监督预防功能主要是采取相应措施事先防止行政权运行失范和失效现象的发生。事先预防属于静态控制，与事中控制相比较，它是一种代价较小的监督手段。通过行政监督的预防功能把政府管理中可能出现的错误、非法行政消灭于未发生之前，避免行政管理失误所造成的损失。如在重大决策通过或执行前，由有关部门进行事前的审查，以确保其合法性和合理性。

2. 补救功能

通过行政监督，可以揭露政府管理中的各种问题，并责成有关部门采取相应的措施进行补救，防止更大的失误和损害。

3. 促进功能

行政监督并不只是一种消极的制约机制，它对于行政效率的提高还具有积极的促进作用。通过行政组织内部上级对下级工作的指导、促进、检查、评价，可以促使下级努力、高效地完成工作，通过外部行政监督主体对行政活动的批评建议，也有利于行政人员克服行政弊端，完善行政管理，提高行政效率。

二、我国的行政监督体系

根据监督主体和监督客体之间的关系，我国现行的行政监督体系可以分为行政机关内部监督和行政机关外部监督两个部分。

（一）行政机关内部监督

行政机关内部监督即是指从国务院到地方各级人民政府组成的相对独立的行政系统内部的自我监督，它具体又包括专职机关监督和非专职机关监督两种形式。

1. 专职机关监督

它是指国家行政机关内部设置的专司监督职能的机关对行政机关及其工作人员所实施的专业性监督。我国现行的专职监督机关有行政监察和审计监督。

(1) 行政监察。行政监察是指国家监察机关（监察部及地方各级监察机构）对其他行政机关及其工作人员所实施的监督，它具有经常性和具体性，侧重于追究个人的行政责任。行政监察的目的，是为了保证政令畅通，维护行政纪律，促进廉政建设，改善行政管理，提高行政效能。

(2) 审计监督。审计监督是指作为国家行政机关内部设置的专司审计职能的审计机关对行政机关的财政和财务收支活动进行审查核算的行为，实质上是一种依法实施的经济监督行为，目的在于保证行政机关的资金合法合理地使用。审计机关有权在进行审计核算的基础上对有关单位进行相应处理（警告、通报批评、责令纠正、退还或没收非法所得等），提出整改建议或将有关违法违纪材料移送监察机关或司法机关，从而追究责任人的行政或法律责任。

2. 非专职机关监督

它是指国家行政机关之间按照隶属关系和机关协作关系而产生的监督。这类监督可分为以下三种：

(1) 自上而下的监督，即上级行政机关对下级行政机关的监督。这种监督包括：国务院对其所属工作部门以及对全国各级地方政府的监督；县级以上各级地方政府对所属工作部门及下级政府的监督；国务院各职能部门对地方政府相应部门的监督；县级以上各级地方政府的职能部门对下级政府相应部门的监督。

(2) 自下而上的监督。即下级行政机关及其工作人员对上级行政机关及上级领导的监督。这种监督表现为下级政府部门对上级部门的工作提出批评和意见；下级工作人员对上级领导实行民主评议、民主测评或者对上级领导的某些做法提出批评和意见等。

(3) 同级部门的监督。即政府职能部门就其所辖事务，在自身权限和职责范围内对其同级部门实行的监督。如财政部门对同级行政单位财政收支的监督；工商、税务、卫生等部门对相关部门有关事项的监督等。

（二）行政机关外部监督

行政机关外部监督是指来自国家行政机关以外的监督主体，为保证行政工作的合法性、正确性和社会效益而对国家行政机关及其工作人员所实施的监督。它主要包括五类监督：即执政党监督、人大监督、司法监督、人民政协监督和社会监督。

1. 执政党监督

即中国共产党对国家行政活动所实施的监督，这种监督主要包括中国共产党对政府及其工作人员在政治、思想、组织方面所实施的监督，通过这些监督，保证党对政府及其工作人员的领导，保证党的路线、方针、政策的贯彻执行，保证政府及其工作人员在从事国家行政管理工作时能坚持社会主义方向，正确履行其政治责任和行政责任。它既包括日常监督，也包括专门机构（党的各级纪律检查委员会）的监督。

2. 人大监督

人大监督也叫立法监督，它是指人民代表大会及其常务委员会和人民代表对国家行政机关及其工作人员的监督。人大的监督权是由《宪法》赋予的，因而具有最高权威性和最高法律效力。

人大监督主要有以下几种形式：一是审定权，即听取和审查人民政府工作报告，审查和批准国民经济和社会发展计划及其执行情况的报告，国家预算及执行情况的报告。二是法制审查权，各级人民代表大会及其常委会有权审查同级行政机关颁布的行政管理法规，改变或撤销行政机关制定的违背《宪法》、法律以及不适当的行政法规、决议和命令。通过行使法制审查权，对政府遵守和执行《宪法》、法律和法令的情况实施监督。三是人事罢免权，即人民代表大会有权罢免对应人民政府的组成人员。在西方国家，这一监督形式被称为弹劾。四是质询权，即各级人大通过法定程序向相应人民政府及所属工作部门提出质询或询问，政府及有关部门必须作出负责的答复或说明，不得回避。五是观察和检查权。各级人民代表大会及其代表有权就政府的全面工作或某一方面的工作进行调查和视察，听取汇报，掌握情况，为在人大会议上审议工作报告、提出议案、讨论问题或质询准备充分的事实根据。权力机关还可以通过信访机构和本级人民代表，受理人民群众对本级行政机关及其行政人员违法失职、侵权行为的申诉、控告和检举，以监督行政机关的工作。

3. 司法监督

它是指人民检察院和人民法院对国家行政机关及其工作人员的违法行为进行侦察、审判而实施的监督。

4. 人民政协监督

人民政协是我国爱国统一战线组织，它的职能主要是参政议政、民主监督、政治协商。人民政协对国家行政机关的监督主要有两个途径：一是在政协自身活动中，通过政治协商、提案、视察、专题调研等形式提出对政府工作的建议和批评；二是列席同级人民代表大会，参与听取和讨论政府工作报告，提出意见、建议和批评。

5. 社会监督

它是指社会各界即各人民团体、群众组织、企事业单位、公民以及舆论工具对国家行政机关及其工作人员所实施的监督。它主要包括以下三种监督：

（1）社团组织监督。即人民团体群众自治组织以及其他群众组织对国家行政机关及其工作人员的监督。这种监督可以采用批评建议、参政议政、协商对话以及申诉、检举、控告等方式实施。

（2）公民个人监督。即人民群众对国家行政机关及其工作人员是否依法行政、遵纪守法、廉洁奉公等方面的监督。这种监督主要通过提起行政诉讼、申请行政复议、信访、举报、申诉、检举和控告等形式来实施。

（3）舆论监督。即通过采访报道、跟踪调查、民意测验、发表评论等方式，运用报刊、广播、电视等舆论工具反映人民意愿和要求，监督政府各项活动和公务员职务行为的一种监督形式。

三、我国行政监督的改革完善

经过 60 多年的曲折发展，特别是改革开放 30 年以来，我国的行政监督体系通过不断的完善和建设，已经逐步设置了各种行政监督机构，制定了一系列有关行政监督的法律和制度，已经形成了具有中国特色的行政监督体系。60多年的实践证明，行政监督对维护党的方针、政策和国家的法律、法规的正确贯彻实施，惩治腐败，促进政府机关的廉政勤政建设，提高政府行政效能，克服官僚主义，纠正不正之风，实现社会的安定团结，提高行政管理活动水平都起到了重要的作用。

但是，随着社会主义民主政治的进一步发展，人们对行政权力的运用提出了更高的要求，这就要求行政监督体系也要随着社会的发展而不断发展，我国虽然已经初步形成了内外结合的行政监督体系，并发挥了较为全面有效的行政监督作用，但仍存在着一系列明显的漏洞和弊端，"漏监"、"虚监"、"难监"，比比皆是。为此，必须进一步改革和完善我国的行政监督体制，努力转换薄弱环节，寻求整体优化机制。

（一）我国行政监督体系存在的主要问题

1. 行政监督法律制度不健全、不完善，法律规定过于原则，立法不完善

改革开放30年以来，我国先后颁布了一系列有关行政监督和反腐倡廉方面的政策和法规，但从总体上讲，行政监督立法还不够完善，使一些监督活动缺乏必要的法律依据。

首先是有关行政监督的立法还不完善，缺少统一的行政监督立法，有关行政监督的立法分散在各种位阶不同的法律、法规、行政规章中，甚至存在矛盾冲突，使得行政监督的法律依据不足，行政监督工作难以发挥有效作用。

其次是有关行政监督的立法过于原则，缺乏具体实施的细则，不便操作。如作为行政内部监督重要依据的《行政监察法》，虽然对监察机关和人员，监察的权限，监察程序都有规定，但绝大多数规定都过于原则，缺乏实际操作性。行政监督立法过于原则性，缺乏明确的监督标准和监督方法，导致行政监督法治程度低，监督弹性因素强，行政监督就带有一定随意性，容易使行政监督成为搞"形式"、走"过场"，不利于准确判断及及时纠正监督客体的违法违纪行为，难以追究其违法违纪责任，从而损害了行政监督的科学性和权威性。

2. 行政监督多元，力量分散，各监督主体职能分工不明，缺乏协调

经过多年来的不断建设，我国已经形成了较为系统全面的多元化行政监督体系，监督主体多，方式、渠道多，这是一个优点。但在监督实践中，彼此之间只有分工明确，协调一致，密切配合，才能增强其整体功能和监督合力，充分发挥多元化监督体系的优越性。但目前我国的行政监督体系在这方面存在着一些缺陷：各监督机构在职能配置方面相互交叉，在监督运作过程中有时又彼此缺乏沟通和联系，难以形成一个严密有序、分工合理、协调互动、运行高效的有机整体。

如目前我国行政监督体系中承担反腐保廉职能的专门监督机构有三个：一是党的纪律检查委员会，二是政府系统的监察机构，三是隶属检察院的反贪污贿赂工作局。根据有关规定，这三个机构监督的职能范围是按照监督对象的身份及其违纪违法严重程度的不同来划分的：纪检部门监督的是担任一定职务的党员干部的违法违纪行为，监察部门负责监督政府部门公务员，而检察院的反贪污贿赂工作局则负责对违反刑法的贪污贿赂分子的侦查。但在行政监督实践中，由于监督对象中的公务员大多数是党员，而且相当多违法违纪

行政管理学

行为是否属于贪污贿赂，是否违反《刑法》，其后果在审理之前难以预先界定，所以很难做到按对象身份和违法违纪严重程度来确定监督机关，这就造成有的案件在受理、查办、移送、处理等工作环节中相互间衔接不够，甚至出现矛盾。

行政监督结构上的这种混乱，使得监督主体之间的互相推诿或重复监督现象严重，使得行政监督工作难以真正落实，影响了行政监督的权威性和有效性。

国家监督职能分散于各级纪检监察机关、政府的预防腐败局、各级检察机关的查办和预防职务犯罪机构，这些机构职能重叠、边界不清，难以形成合力，且执行法律不一、执行标准不一，很难形成稳定、规范而高效的配合衔接机制。

3. 监督主体受制于监督客体，地位不高，权力不大，独立性不足

首先是我国的专门行政监督机构，如行政监察部门、审计部门等，设置于同级人民政府之中，由于在领导体制上这些部门既受同级政府的领导，又受上级业务部门的领导，因此，他们受到的限制比较多。在经济上他们的工资和奖金、活动经费等费用从同级政府领取，在经济上受制于人，独立性大打折扣。有的时候容易受视角限制和感情心理上的局限，特别是一些涉及领导责任的问题，往往会产生自我手术效应，严重削弱了行政监督的权威性。

其次是人大、政协、司法机关作为监督主体，在客观上由于人员编制、财政等问题都受制于同级行政机关，因此缺乏相应的独立性，在监督同级行政机关的时候容易心存顾忌，力不从心，有畏难情绪，尤其在一些涉及地方利益保护和部门利益保护的事件中，难以完全客观公正地行使行政监督。

最后，我国宪法和法律虽然赋予人民群众和新闻媒体进行监督的权力，但现有法律缺乏对群众监督和媒体监督的保障体制，因此容易遭受打击报复，影响监督权的行使。

现行反腐体制中，监督权是行政权和检察权派生的权力，国家没有统一集中的监督权。从十八大以来查处的68名省部级官员犯罪案件看，均与反腐监督缺乏独立性有关。监督机构隶属地方和部门，其功能受到限制，腐败行为的发现机制失灵、防范机制失效、惩治机制乏力，同级监督形同虚设。由此最大的危害是，无法对地方和部门领导进行日常监督，只能寄希望于中央查处，一旦中央监督不到位，极易"养虎遗患"。

4. 监督机制方式单一，缺乏双向性和全面性，政府监察功能被遮蔽，非党公务员纪律约束有待加强

科学有效的监督机制，应当是自上而下的监督和自下而上的监督的统一。在我国，现行的监督体制虽然既包括自上而下的监督，也包括自下而上的监督，但实际上，从我国政府的内部监督来看，自上而下的监督比较易于实施，而自下而上的监督则难以进行。这样，下行监督一般可做到有力、有效，而上行监督则往往成为有名无实的"虚监"和疏而有漏的"失监"，尤其是对党政领导机关的"一把手""失监"现象严重。

就监督对象而言，我国行政监督的对象是各级国家行政机关及其工作人员。然而，在实际监督活动中，往往只重视对工作人员，或者是侧重对领导干部的监督，而忽视了对行政机关这一重要对象的监督。

同时，在监督的环节中，现有行政监督体系更重视事后的惩处和纠偏，而对防患于未然的事前监督和事中监督重视不够。这种监督的不全面，既造成了一些本可避免的损失，也与我们以教育为主的防腐反腐机制存在逻辑上的矛盾。

纪检与监察合署办公虽然有助于克服重复、交叉乃至冲突等问题，但也饱受诟病。从揭露和查处的党政机关事业单位腐败案件看，系统性腐败、区域性腐败、塌方性腐败、家族性腐败，大多起源于对资源分配、行政法规的违反和监控不力。

5. 监督渠道不畅，信息不灵，缺乏开放性和透明性

首先，就监督渠道而言，我国现行行政监督体制，相对比较重视专门机关的监督，而群众监督、社会监督则发展得很不够。就群众监督而言，其监督方式主要是信访、检举、控告等。但是，当前主要的形式，即来信来访，由于我们的保障措施不到位，加上一些地方、一些领导干部对群众上访的错误理解和不当处理，使得这一形式难以发挥应有作用。而另一种在国外行政监督中发挥着重要作用的监督形式——舆论监督，在我国其作用远未得到应有发挥。这一方面是由于我们对新闻媒体的作用缺乏科学把握，只重视了它作为党和政府喉舌的功能，而忽视了它作为监督主体的功能，使得新闻媒体成了"一只跛脚鸭子"；另一方面也是我国缺乏相应的法律法规保障，而使得媒体的舆论监督权（如采访权、发稿权等）难以落实。

其次，由于我国行政系统运行的民主化、公开化程度还很不够，特别是公众对政府事务的知情权缺乏相应的法律保障，而使得在实际监督中存在因信息不足而无法行使监督权的问题。监督渠道不畅、监督信息不灵，就导致一些监督形式难以有效地发挥作用。

另外，在我国行政监督中，监督主客体素质不高也导致了行政监督难以发挥其预期作用。这主要表现为一些监督主体（特别是专门监督机构的工作人员），对行政监督的一些必要的法律法规、科学手段等掌握不够，而难以有效地履行职责；而对于一些监督客体而言，缺乏监督意识，不能够主动接受监督，想方设法逃避监督，甚至对监督者实施打击报复。

上述行政监督机制存在的问题，与深入开展反腐败斗争，建设廉洁、勤政、务实、高效政府，深化政治体制改革，为改革开放和现代化建设创造更为有利的社会政治环境的客观要求很不适应，必须进行改革。

6. 反腐败刑事司法呈同体监督，司法反腐公信力存在隐性流失，执纪执法边界不清，存在以纪代法现象

刑事司法关乎公民资格权、自由权和生命权，现代文明国家均选择侦查、起诉、审判三个独立主体相互制约的体制。我国实行公、检、法相互制约、相互配合的宪法原则，就是对刑事诉讼领域权力制约的体制设计。但在腐败犯罪刑事司法上，职务犯罪侦查权与审查起诉权同属检察机关，出现侦查与起诉同体格局。这种同体监督在一定程度上造成了司法反腐公信力的隐性流失，与异体监督在效果上也存在极大差异。

腐败案件的法定侦查机构是检察机关，但检察机关借助党纪"双规"措施调查取证，以纪检身份进行初查，长期以来成为常态。这不仅造成了案件调查的权责不对称，而且淡化了执纪与执法两种截然不同的职责属性，并因规避法律而饱受诟病。

（二）改革完善行政监督体系应遵循的基本原则

针对我国行政监督体系存在的主要问题，结合我国实际情况，目前行政监督体系的改革和完善应遵循的基本原则有以下几点：

1. 坚持独立、高效、权威的监督原则

各个不同的行政监督主体的地位相对独立，在人、财、物等方面应不受制于监督对象，监督主体依法独立行使监督权，不受其他机关、组织和个人的非法干涉。行政监督表现为监督者对被监督者的制约，要求监督者只向赋予其监督权的组织负责，独立地行使自己的职权，它包括组织机构设置的独立性，工作人员任命的独立性，监督活动进行的独立性。监督主体一旦失去这种独立性，监督活动就会失去应有的效力。

独立性要求监督反腐败机构能独立行使职权，不受外部政治压力和不当干预。高效性是指能及时查办腐败案件，做到办案质量高、执法效果好，追求法律效果与政治效果和社会效果的有机统一。权威性是指反腐败机构能够得到最高政治领导层的推动，要突出党的领导权威、国家法律的权威。要健全国家监察组织架构，使其成为巩固党的执政基础、强化人民民主监督、维护国家政权安全上下贯通的战略支点。

2. 完善法治监督和依法控权原则

有监督权的行政监督主体必须依法行使监督权。它是行政法治原则在行政监督制度中的延伸，也是行政法治原则在行政监督中的落实。无论是行政机关内部监督还是行政机关外部监督，其监督权都是一种公权力，因而它必须受到法的约束。贯彻这一原则应做到：监督主体的行政监督权必须依法授予；监督主体的行政监督权行使必须符合法的规定；监督主体独立行使行政监督权。为此，应进行行政监督立法，为监督主体制定完备的监督法律法规，其内容包括监督机构的设置、权责划分、作用对象、惩处手段、运行程序等，以使行政监督有法可依，并逐步纳入法制化的轨道。

监督体系必须做到既有利于强化对国家机器的监督，实现对国家公务人员的全覆盖，又有利于国家反腐败机构的自身监督和外部监督，包括人大监督、司法监督、社会监督等。例如，监察机关查处腐败犯罪案件，就需移送检察院审查起诉；对腐败违法案件的非刑事处罚，当事人可向法院申诉，由法院依法裁判。

3. 坚持党的领导、纪委协调、人民主体地位和人大监督的原则

国家监察体系设计要体现党的绝对领导，从组织体制上确保国家监察职能在纪委监督框架下开展。党中央、中纪委及地方党委、纪委，在国家及地方各级监察委员会设立党组、纪检组，充分发挥党在各级监察机构中的政治核心和监督作用；国家监察委员会要依据中央纪委全会的工作部署，统筹各级监察委员会工作；各级监察委员会接受党的纪律检查，模范遵守党章党规，在突出反腐执法独立性、统一性和权威性的过程中，保障党的反腐败方针、政策落实到腐败治理的各个环节。

在我国，人民的主体地位是通过人民代表大会制度实现的。因而，整合组建国家监察机构，应该由人大修改《宪法》有关条款和制定修改相关法律，体现职权法定、权责相适应、用权受监督的法治精神，接受全国人大及其常委会的立法监督和工作监督。

4. 确立公开监督原则

行政监督主体在行使行政监督权时，除涉及国家机密、个人隐私和商业秘密外，应将监督的有关事项向被监督对象和社会公开。实行公开监督，既可以落实公众的知情权，激发群众参与监督的积极性，又有助于制约行政机关的违法行为。

（三）改革和完善行政监督的主要内容

1. 改革和完善行政监督的法律体系

行政监督是一种法治监督，行政监督立法是依法监督的前提和基础，要健全各种行政法规，使行政监督有法可依。行政监督的立法既需要制定基本法规，还要制定各类行政监督机关组织法；既要制定实体法规，还要制定行政监督程序法。为了充分发挥行政监督的功能，应该完善各项行政监督法律、法规，尽可能确立统一的行政监督规范，把不同层次、不同形式的行政监督用尽可能简明的方式规定下来，使行政监督权的实现有法可依。

2006年8月颁布实施的《中华人民共和国各级人民代表大会常务委员会监督法》，无疑对各级人大常委会依法行使监督职权，加强和改进监督工作，增强监督实效，促进依法行政和公正司法，完善行政监督都具有重大的积极意义。但是有关其他的监督主体的监督立法仍然缺失，我们应加快制定统一的《监督法》，对各类监督主体的职责和权限，监督的对象和范围，监督的方式及手段，监督者与被监督者的义务和权利作出明确规定。

2. 提高行政监督主体的独立性

没有特定权力作后盾，就会使监督出现的疲软状态；行政权力运作的特殊性要求行政监督主体的地位相对独立、权威相对较高。要有效开展行政监督，监督活动必须拥有独立行使监督的权力，不能使监督者在经济上或其他方面受制于被监督者，行政监督主体应具有权威地位，能够以权力监督权力，以权力制约权力，以权力控制权力。

（1）强化人大监督。人大及其常务委员会是代表人民行使国家权力的机关，行使对国家行政机关及其工作人员的监督职能，因此强化人大监督是制约行政权力，防止权力腐败的重要途径。人大要通过审定权、法制审查权、质询权、人事罢免权、检查权等权力的行使，积极对行政活动进行有效监督。可以在县级以上人民代表大会中设置专门的监督委员会进行行政监督，使得人大监督权有组织机构保障。

（2）完善司法监督。司法机关对行政活动的监督主要是一种救济手段的行使，因此适当的扩大司法机关的救济范围，有利于行政监督的完善。可以建立"行政公诉制度"，增强检察机关对公共行政的监督力度，因为在现实的公共行政管理中，大量的行政不作为实际上损害的大多是国家和社会利益，由于我国行政诉讼法规定提起行政诉讼是以提起人与该行政行为有法律上的利益关系为前提，因此人们对一些损害公共利益的行为难以提起行政诉讼，赋予人民检察院一定的行政公诉权有助对公共行政行为的监督。应该修改行政诉讼法，扩大人民法院行政诉讼的受案范围，更加全面地监督行政机关依法行政，这里主要包括扩大具体行政行为的受案范围，将抽象行政行为纳入行政诉讼受案范围，扩大法院在行政诉讼中的司法变更权和自由裁量权。

（3）行政系统内的专门监督机关实行垂直领导体制。我国行政监督机关实行双重领导，缺乏独立性、地位不高、权威不够，由此带来一系列弊端。可以设想改内部监督为外部监督，将行政监察机关从行政部门中独立出来，不再隶属于行政部门领导，同时提高其地位，使其与同级行政部门地位平等，赋予相应职权，监督同级行政部门和行政首长。独立出来的监察机关实行垂直领导体制，下级部门只受上级部门领导监督，干部的任免由上级决定，只对上级负责，不受地方行政部门的约束。经济上也要独立，监察部门应有自己独立的经济预算，下级监察部门从本系统上级领取经费。这样使监察机关在经济上不再依赖同级行政机关，从而使其没有后顾之忧，利于工作的开展。提高行政监察机关的地位，使其直接对国务院总理负责。不受其他机关的干涉，由其统一组织、协调全国各种监督力量，弥补监督主体过多、力量分散的缺陷，形成强大合力，发挥整体效应。

3. 落实政务公开，完善群众监督和舆论监督

党的十七大报告指出："确保权利正确行使，必须让权利在阳光下运行。"阳光之下鲜有罪恶，要完善行政监督体制，必须坚定地实行政府机关行政行为的公开性和透明性，正如列宁所说："没有公开性而谈民主监督是可笑的"。同样只有政府机关行政行为的透明，才能保证人民群众对权力运行的直接监督，有效的预防各种权力寻租、消极腐败现象发生；才能更好地让人民知情、知政，为强化民主监督创造条件。应该说当前各级政府都在不同程度上实行了政务公开，但是公开的程度还不够，而且政务公开还没有上升为法律，缺乏法律约束，所以应该尽快健全公开办事制度。这样社会各界就可以利用这一制度，积极参与行政监督活动，也强化和完善了群众监督的作用。

目前群众监督虽然随着我国民主化的进程不断加强，但还有很多要完善的地方。首先，要继续完善政务公开制度，广泛的接受群众的监督，同时也要利用信息网络，推行电子政务；其次，继续加强信访、举报、控告，完善信访体系；最后，强化群众监督法律保障，通过制定专门的法律来确立群众监督的法律地位。

在完善群众监督的同时，也应该注意强化新闻媒体的舆论监督作用，新闻媒体作为独立于立法、司法、行政三权以外的"第四种权利"在行政监督中起着独特的监督作用。但是我们也应该看到，媒体舆论监督在我国行政监督机制中还比较薄弱，当前需要进一步完善舆论监督机制，加强新闻立法。一方面用法律规范新闻工作者的行为；另一方面，为舆论监督提供法律保障，保障新闻工作者的舆论监督权不受外界的侵犯，理论和实践都证明舆论监督有着不可替代的作用。

行政监督意味着政务公开，体现行政透明度，而政务公开必须借助舆论，同时舆论监督也给公开的政务更多的反馈信息；借助舆论公开的政务也扩大了群众的政务知情度，有助于群众监督的实现，这三者是相辅相成，共同促进的。

（四）行政监督体系改革的最新动向

行政监督是整个国家监察体系和监察工作中的重要一环。建立统一的监察监督体系，加强监察监督力量成为我国行政监督体制改革发展的最新动向。

2016年1月，十八届中央纪委六次全会召开。习近平在讲话中提出，要完善监督制度，做好监督体系顶层设计，既加强党的自我监督，又加强对国家机器的监督；要健全国家监察组织架构，形成全面覆盖国家机关及其公务员的国家监察体系。

2016年10月27日发布的中共十八届六中全会公报，将监察机关与人大、政府等并列提出，各级党委应当支持和保证同级人大、政府、监察机关、司法机关等对国家机关及公职人员依法进行监督，人民政协依章程进行民主监督，审计机关依法进行审计监督。这在

第十一章 行政法治

中央文件中首次出现。

2016年11月7日,中共中央办公厅印发《关于在北京市、山西省、浙江省开展国家监察体制改革试点方案》(以下简称《方案》),部署在3省(市)设立各级监察委员会。

监察委员会由省(市)人民代表大会产生。方案提出,3省(市)的监察体制改革,从体制机制、制度建设上先行先试、探索实践,为在全国推开积累经验。

方案明确,党的纪律检查委员会、监察委员会合署办公。中央成立深化监察体制改革试点工作领导小组,对试点工作进行指导、协调和服务;试点地区党组织对试点工作负总责,也要成立深化监察体制改革试点工作小组,由省(市)委书记担任组长。《方案》强调,国家监察体制改革是事关全局的重大政治改革,是国家监察制度的顶层设计;深化国家监察体制改革的目标,是建立党统一领导下的国家反腐败工作机构;实施组织和制度创新,整合反腐败资源力量,扩大监察范围,丰富监察手段,实现对行使公权力的公职人员监察全面覆盖,建立集中统一、权威高效的监察体系,履行反腐败职责。

1. 改变监督权配置模式

从健全国家监察组织架构的基本思路看,要坚持党的统一领导,扩大监察范围、整合监察力量,形成全面覆盖国家机关及其公务员的国家监察体系。在我国人民代表大会制度和"一府两院"的权力结构中,监察组织隶属政府,国家监督职能是通过行政权派生的监察权、检察权派生的侦查权来实现的。健全国家监察体系,就要改变监督权的配置模式,将部分审计、监察、侦查等执法权从行政权和检察权中分离出来,提升整合为集中统一的国家监督权,在国家层面上拓展和丰富监督对象和监督内容。

国家监察体系设计既要体现党的领导,从组织体制上确保国家监察职能在纪委负责的框架下开展;又要体现人民主权原则和人民代表大会制度,由人民代表大会选举产生。建立国家监察机构,意味着进一步调整现行纪检监察合署办公体制,明确监察机构的国家职能。纪律检查职能属于党内监督,在参与党的领导过程中实施,以保证党的先进性、纯洁性;国家监察职能属于国家监督,在参与国家机器运行中实施,以确保国家机关和公务员廉政勤政。

从健全国家监察组织架构的基本要求看,既要加强党的自我监督,又要加强对国家机器的监督。现行的国家监督体制为党风廉政建设和反腐败斗争的深入开展提供了有力的政治保障和组织保证,特别是随着纪检监察体制改革的深入,党委主体责任和纪委监督责任得到落实,党的自我监督空前加强。但是,对国家机器和公务员的监督还不尽如人意。

2. 统一的国家监督机构

健全国家监察组织架构,改革的重要思路和发展方向是将监察部、国家预防腐败局、反贪污贿赂总局共同组建为统一的国家监督机构——国家监察委员会。明确中央纪委书记领导国家监察机构的工作,明确一名中央纪委副书记担任国家监察委员会主要负责人。省地(市)县参照中央体制格局设置相应机构,国家监察委员会领导地方各级监察委员会工作。按照机构设置科学、人员配备合理、装备手段先进的要求构建反腐败国家监察体系,需要在《宪法》中明确国家监察委员会的法律地位,并制定《国家监察委员会组织法》、《反贪污贿赂法》,以明确国家监察机构的组织体系和职权配置。

【案例分析】

跨区域用盐案与盐业体制改革

陕西户县跨区域用盐案

2014年3月19日,陕西省西安市户县小餐馆老板小宋从西安市买了几袋食盐,结果被户县盐务局没收店内食盐并罚款200元,理由是"跨区域用盐"。户县盐务局副局长鲁丙森公开表示:"食盐是国家专营产品,按照《陕西省盐业条例》规定,食盐零售单位和委托代销食盐的个体工商户、代购代销店以及食品加工用盐的单位,应从当地取得'食盐批发许可证'的企业购进食盐。"(《陕西省盐业条例》第二十一条规定:食品、副食品加工企业可以凭营业执照从当地食盐批发企业购进大包装食盐;食盐用量较大的渔业、畜牧业企业和养殖专业户可以直接从当地食盐批发企业购进大包装食盐。购进的大包装食盐不得转让、倒卖。禁止食品、副食品加工企业,渔业、畜牧业企业和养殖专业户从食盐批发企业、食盐零售经营者以外的渠道购进盐产品。)

在媒体曝光后,陕西省盐务局介入调查,认为小餐馆不属于食品加工企业,其行为也不属于'跨区域用盐',户县盐务局的处罚行为错误,责成其立即撤销行政处罚决定,退回罚款和罚没盐品,赔礼道歉。

河南新郑跨区域用盐案

2014年10月15日,河南郑州市新郑市龙湖镇一热干面馆使用从郑州带回的食盐,结果被新郑市盐业管理局执法人员认定为"跨区域用盐",没收食盐并处罚款200元。新郑市盐业管理局认为食盐是国家专营产品,按照《河南省盐业管理条例》规定,该热干面馆的用盐行为属于"跨区域用盐"。(《河南省盐业管理条例》第二十三条规定:饮食加工用盐单位、营业性饭店以及机关、企事业单位的集体食堂,必须从当地食盐经营单位购买食盐。第二十八条规定:违反本条例第二十三条规定的,由盐业行政主管部门责令停止违法行为,没收违法盐产品和违法所得,并处以违法盐产品价值一倍以上三倍以下罚款。)

在媒体曝光后,2014年10月18日,新郑市盐业局公开向社会和当事人道歉,并退回了没收的盐和罚款。其实,早在2011年11月2日,郑州市盐业局下文要求,市县两级盐政执法人员要按权限执法、依法执法、文明执法,检查中只要是郑州市区或县公司供应的合格食盐,均不允许进行处罚,不准乱查收、乱罚款,违者将追究主要负责人的责任。2014年6月19日,郑州市盐业局再次发文重申上述要求,并进一步指出,发现类似情况后,要向商户、市民介绍盐业法规,主动调换供应当地合格食盐,严禁乱查收、乱罚款。

江苏新沂跨区域用盐案

江苏省徐州市新沂市一大排档老板老陈在2013年初在邻近的连云港市东海县的朋友家帮忙做饭后,把用剩下的6斤盐带回了阿湖镇,在使用了2斤之后,被新沂盐务部门执法人员发现,新沂市盐务管理局依据《江苏省食盐加碘消除碘缺乏危害实施办法》没收了剩余食盐,还对老陈处以1500元的罚款。(《江苏省食盐加碘消除碘缺乏危害实施办法》第四十三条规定:宾馆、饭店以及机关、企业、事业单位的公共食堂和饮食摊点不按规定使用合格碘盐的,由县级以上盐业行政主管部门责令其使用合格碘盐,没收其非碘盐和不合格碘盐,并可处以2000元以下的罚款。)

第十一章 行政法治

老陈认为罚款不合理，拒绝执行。此后盐务部门加重处罚，罚款金额翻倍成了3000元，并向法院申请强制执行。由于老陈仍多次拒绝法院强制执行，2014年6月26日，老陈被当地公安机关带到法院开出了"拘留决定书"，因拒绝交罚款，对其处以15日司法拘留，罚款2000元的处罚。当天，到了拘留所，老陈慌了神，赶紧通知亲戚筹钱交罚款。在拘留所里待了两个小时后，交了新沂市盐务管理局3000元罚款、新沂市人民法院2000元罚款和50元执行款后，老陈才得以回家。

盐业体制改革新政

2016年5月5日，国务院印发《盐业体制改革方案》，从2017年1月1日开始，食盐价格将由市场决定、产品可以跨地区自由流通、生产与销售不再是两张皮。

此次改革有两个亮点也是之前的难点，首先就是取消食盐定点生产企业只能销售给指定批发企业的规定，允许生产企业进入流通和销售领域，自主确定生产销售数量并建立销售渠道，放开了食盐生产企业被束缚的手脚，可以进入销售领域，实现产销一体，真正按照商品经济的规则办事。第二就是，取消了食盐批发企业只能在指定范围销售的规定，允许向食盐定点生产企业购盐并开展跨区域经营。

这次改革新政取消了食盐销售区域限制，跨区域用盐不会再受到处罚，跨区域用盐被罚将成为历史。

（资料来源：根据人民网、腾讯新闻、凤凰评论等相关网络资料整理；腾讯新闻 http://news.qq.com/a/20141102/017974.htm；凤凰评论 http://news.ifeng.com/a/20141019/42239887_0.shtml；人民网 http://finance.people.com.cn/n1/2016/0508/c1004-28332944.html）

 思考题

1. 结合行政合法原则和行政合理原则，评析上述三个跨区域用盐案中的行政执法行为。
2. 结合我国盐业体制改革和上述案件，分析一下我国行政立法体制存在的主要问题。

【本章小结】

对建设社会主义法治国家而言，行政法治具有极其重要的地位，可以这么说，行政法治是实现依法治国的核心或关键。在这个过程中，行政法治能有效地加强对行政权力的监督和控制，而行政监督的完善则是实现行政法治的必由之路。本章在分析行政法治内涵的基础上，对行政立法、行政执法和行政司法的主要内容进行了分析和探讨；并在行政法治的框架里分析了行政监督，对行政监督内部体系的完善和行政监督外部体系的加强进行了分析。行政权力的运作应在行政法治的框架下进行，并且接受行政体系内部和外部的各种监督，真正地实现法大于权的行政管理理念。

【复习与思考】

1. 简述行政法治的内涵。
2. 试述我国行政法治的基本原则。
3. 试析我国的行政立法体系。

4. 简述行政许可的主要特点。
5. 比较行政复议和行政诉讼的主要异同。
6. 简述行政诉讼的基本原则。
7. 简述行政监督的主要功能。
8. 联系实际,谈谈如何改进我国的专职行政监督体系。
9. 如何改进和加强我国的人大监督制度?
10. 试述我国行政监督体制存在的主要问题以及如何改革完善。
11. 行政监督改革的最新趋势是什么?你如何看待设立国家监察委员会的政策建议?

第十二章　行政责任

在公共行政和私人部门行政的所有词汇中，责任一词是最为重要的。

——[美] 弗雷德里克·莫舍（Frederick Mosher）

【知识要点】

通过本章的学习，使学生理解行政责任的概念、特征以及行政责任的重要意义；熟悉行政责任的归责原则、构成要件及其确定和追究；掌握行政问责制及相关概念的内涵；能运用行政责任所学理论知识分析我国政府官员行政责任实践中的问题。

【关键术语】

行政责任；责任政府；行政责任构成要件；行政责任追究；行政责任承担方式；行政问责制；官员问责制；引咎辞职

任何管理都存在责任问题，包括对谁负责，负什么责，谁来负责等。行政责任简单而言就是关于国家行政管理的各种责任问题。行政责任是重要的。当今世界的任何政府都要成为一个责任政府，政府在开展行政管理活动时必须重视其行政责任的实现，履行相应的责任，承担相应的职责。行政责任的实现程度也成为公众评价政府的一个重要的价值尺度。作为政治文明的一个组成部分，建设责任政府的理念已经得到了中央政府以及各级地方政府的广泛认同。我国政府以构建责任政府作为发展方向，在工作中增强责任意识，自觉履行职责，积极采取各种措施和手段，为公正且有效率地实现公众的需求和利益而努力。但在实践过程中，也呈现出一些不和谐现象。如政府没有执行法律与职能所规定的应该处理的事务，对出现的问题没有承担相应的法律责任，对业已造成的损害没有做出相应的补偿措施等。实际上，在民主价值观盛行的时代中，无论什么性质的政府，都面临着实现行政责任的巨大压力。行政责任是行政实践和理论研究共同面对的焦点和难题。

第一节　行政责任概述

一、行政责任的概念

行政责任是人类社会政治法律思想和制度发展史上间接民主阶段的历史产物，是"主

行政管理学

权在民"及"权力分立"原则的必然要求;是近代国家责任政治的产物,是行政管理制度的重要组成部分。行政责任是一个内涵非常广泛的概念,目前学术界还是众说纷纭,对行政责任的理解莫衷一是。从学科方面分析,可以分为行政法学意义上的行政责任和公共行政学意义上的行政责任。

(一)行政法学意义上的行政责任

行政责任研究是行政法学的一个常规课题,行政法学研究中对"行政责任"主要有四种观点:

(1)"行政职责论"者的观点,认为行政责任就是行政职责,是指行政主体在行使行政职权的过程中所必须承担的法定义务,它主要是指与一定的行政职权和行政职位相联系的职责和义务。

(2)"平衡论"者的观点,认为行政责任是行政法律关系主体由于违反行政法律规范或不履行行政法律义务而依法应承担的行政法律后果。

(3)"控权论"者的观点,认为行政责任是指行政主体及其行政人违反行政法律规范行使行政权而必须承担的法律后果。它是行政违法和行政不当所引起的法律后果,这种后果表现为处理和制裁。

(4)"管理论"者的观点,认为行政责任是行政相对人违反行政法律规范所要承担的行政责任,不包括行政机关及其工作人员的义务和责任。

(二)公共行政学意义上的行政责任

公共行政学意义上的行政责任定义,归纳起来代表性的有三种观点:

(1)行政责任是行政管理体制及其构成主体——行政官员的职责。

(2)行政责任是国家公职人员依据法律和行政法规在某一岗位上所必须尽到和实施的行为职责。

(3)行政责任是行政法律规范要求国家行政机关及其公务人员在行政活动中必须履行和承担的义务。

从行政法学和公共行政学上述几种代表性的观点可以发现,不同的学科、不同的观察角度和判断方法,对行政责任存在着较大的认识分歧。行政责任是公共行政学的一个研究范畴,与行政法学意义上的行政责任范畴不尽相同。行政法学所涉及的行政责任承担者既包括行政主体及其行政人,也包括相对人(如公民和企事业单位等),而公共行政学所涉及的行政责任承担者则是指狭义上的行政人员,不包括国家立法人员和国家司法人员,也不指向公民和社会组织。行政法学所涉及的行政责任内容指行政法律规范要求行政法律主体在具体的行政法律关系中所应履行和承担的义务。公共行政学所涉及的行政责任内容既要求对国家权力主体负责,履行自身的职责,又包括在违反行政组织有关规定以及违反行政法律规范规定的义务时所必须承担的后果。

(三)行政责任的属性

随着公共行政学研究的深入,学术界逐渐形成共识。一般认为,行政责任是政府及其构成主体——行政官员（公务员）因其公权地位和公职身份而对授权者和法律以及行政法规所承担的责任。其中包含的属性主要理解如下：

（1）应为行政责任与不应为行政责任。这包括两层含义：其一，政府及其公务员依据《宪法》和法律法规进行政府行政活动时，有做一定事情的义务，即负有应为行政责任；其二，政府及其公务员在依法进行公务活动时有不超越行政权限和不侵害公民基本权益的责任，即负有不应为行政责任。

（2）广义行政责任与狭义行政责任。广义行政责任是指政府作为行使行政权力的整体，在实施国家行政管理时对国家权力主体承担的行政责任；狭义行政责任是指作为政府构成主体的公务员个体，在代表政府实施行政行为过程中，当其违背与其公务员身份同时产生的义务和职责时所必须承担的责任。

（3）国家行政责任与个人行政责任。这主要是指行政责任所包含的两种责任主体：其一，政府作为执掌公共行政权力的主体所承担的行政责任表现为国家责任。在通常情况下，由国家承担政府公务人员按规定执行职务过程中所造成的后果。其二，政府公务人员作为具体执行行政职能的个体，所承担的行政责任表现为个人行政责任。在特定条件下，则要追究公务人员个人在直接行政行为后果中的责任。

二、行政责任的特征

行政责任与政治责任、社会责任、道德责任、经济责任、刑事责任等有诸多不同，行政责任作为特定历史条件下的产物，它具有自身的一些独特特征。

（一）行政责任是一种责任

这包含四个方面的内涵：

（1）行政责任首先是一种行政法律责任。它规定政府及其公务人员有作为或不作为的义务，要求他们对自身的所作所为承担行为责任，如果出现违背义务的行为，还将受到追究和制裁。

（2）行政责任是一种政治责任。政府由国家权力主体赋予行政权力，因而要对广大国民负责，工作人员则因其公务员身份也必须分担政府承担的责任。

（3）行政责任是一种法律责任。政治责任的落实由法律的规定性和强制性保证，并以国家强制力为后盾发生约束力。法律保障政府行政责任的履行，并对不履行责任的行为进行追究。

（4）行政责任是一种道义责任。政府及其公务人员根据社会普遍的道德原则行使公共行政权力，并为公务活动中出现的失误向国民道歉、负责。

（二）行政责任是一种义务

政府和公务人员承受行政责任的过程，实际上就是一个承担为国家和国民尽义务的过程。一方面，行政行为主体对国家权力主体承担尽责效力、谋取利益、提供服务、遵法执法的义务，这种义务具有法律的性质；另一方面，行政系统内的下级对上级承担忠于职守、努力工作、提高效率、遵纪守法的义务，这种义务具有行政法规的性质。

（三）行政责任是一种任务

要把作为一种义务的行政责任落到实处，需要国家权力主体以《宪法》和法律的形式向政府规定行政任务，而政府则通过自身的再分配，将这些宏观的工作任务分解、委派给各个行政机关和具体的公务员个体。因此，行政机关及其公务人员行使职能完成具体任务的过程就是落实行政责任的过程。

（四）行政责任是一种制度

在国家整体政治法律制度内部，行政机关及其公务人员的行政责任由《宪法》和法律明确规定，并对违反国家政治法律制度的行为进行追究和惩罚。同时，行政机关又在系统内部用行政立法和行政规章以及行政纪律，将行政责任进一步具体化、固定化和合法化，并以此作为追求行政性行政责任的判断依据。

（五）行政责任是一种监控

这是行政责任的主要特征。行政责任是一种以外部的约束力为支撑力的群体行为，行政责任的核心在于如何保障国家权力主体对行政部门及其管理行为进行有效监督和控制。凡违反法律或违背职守的行政行为都要受到相应的法律制裁或行政惩处。因此行政责任实质上是对行政主体的监控。

三、行政责任的意义

行政责任作为人类历史上一定发展阶段的产物，有其生成和发展的必然性和条件。在现代社会中，行政责任愈来愈成为国家政治生活的一个重要方面，从而使确立和确保行政责任产生了不同于以往的重要意义，这可以从两个方面来理解：

（一）行政责任能够限制行政机关及其公务人员滥用行政权力

19世纪末20世纪初，西方开始出现立法国家转变为行政国家的现象。行政活动不再从属于政治，开始在国家政治生活中占据主导地位。行政国家现象的具体表现有三方面：（i）政府通过法律授权，从立法机关和司法机关接受了越来越多的委任立法权和委任司法权；（ii）政府利用《宪法》对政府职权的抽象规定，不断扩大自身的行政自由裁量权；（iii）政府通过加强对国家经济及社会生活干预，自身的权力不断扩充。由此可知，政府在立法、行政、司法三权分立的国家权力格局中，地位明显得到加强，政府权力、职能和活动范围大大扩展，以至于在国家和社会生活中发挥了越来越大的作用。

然而，政府行政权力的扩张也造成了一系列问题。在理论上，政府职权的扩展不可避免地与三权分立为核心的资产阶级制度发生矛盾；在实践上，政府职权的扩张，增加了政府谋取自身利益以及侵犯社会公众合法权益的可能性。因此产生了如何在变化的社会条件下，既能充分发挥富有灵活性和机动性的行政权的作用，又能维持基本的三权互相制约的国家权力结构以及民主精神、法制精神的问题，充分保障社会公众和组织的合法权益不受侵害。解决这一矛盾的重要途径之一，就是在新的历史条件下确立和加强行政责任，限制政府及其公务人员滥用行政权力。

（二）行政责任能够减少政府工作失误，提高政府工作效率

进入20世纪，特别是两次世界大战以来，人类社会的发展出现了三个方面的明显标志：（ⅰ）科学技术不断发展并取得突破；（ⅱ）生产力水平不断提高，生产规模和生产能力不断扩大；（ⅲ）社会生活日益丰富和多样化，人们的需求也日益增多和复杂化。社会发展的深刻变化对国家行政管理的方式、内容和范围都提出了新的要求，使得政府权力和职能明显扩张，政府组织结构更为复杂，政府公务人员的数量和种类大为增加。由于现代政府组织规模庞大而职能复杂，人员众多而分工细致，为提高行政效率，就要求在行政组织内部建立起具体化的责任制度，行政机关和公务人员都必须明确责任，从而保证行政行为的规范化，克服随意性，减少行政失误，提高积极性和工作效率。

第二节 行政责任的确定与追究

本节所谓的行政责任的确定，是指在国家法律生活中，根据一定的法律原则，通过一定的法定方式，经由一定的法定程序，来判定在具体的实践中行政责任是否存在，是否成立以及责任主体和承担责任的内容。由于不可抗力不产生行政责任，因此，行政责任的确定实际上主要在于肯定造成违法、侵权、失职、不当行政行为的人为原因、主体和赔偿内容。

一、行政责任的归责原则

行政责任的归责原则是指在法律上确定行政责任所依据的某种标准。行政机关只对符合此种标准的行政行为承担行政责任。当相对人的某种权益受到侵害后，行政机关是否承担责任，承担责任以什么为依据，是以行政机关的过错为依据，还是以已发生的损害结果为依据，或是以行政行为的违法为依据，这即是归责原则问题。归责原则的确立，为从法律角度判断行政机关应承担行政责任提供了基本依据和标准，对于确定行政机关行政责任的构成及免责条件、举证责任的负担以及承担责任的程度，都具有重大意义。从追究行政责任的实践工作看，主要应遵循以下几项归责原则。

（一）责任法定原则

责任法定原则，即根据法律的规定确定行政责任的范围和程度。即只有法律上的明文规定，才能成为确认和追究违法行为责任的依据。对违法责任的确认和追究，必须严格依法进行，并严格限制随意类推适用，增强法律的严肃性和权威性。责任法定原则是国家依法治国的重要体现，也是国家依法行政的重要依据。责任法定原则的基本内容包括两个方面：

(1) 只有在法律上明确规定的才能成为追究行政责任的依据。必须注意排除追究行政责任的主观想象，并在此基础上严格控制非事实性的类推。在我国，法律、行政法规、地方性法规、部门规章等规范性文件才能成为追究行政责任的依据。当前，由于我国行政立法的不系统、不完整，在行政责任的确认依据中就存在着大量的政策性规定，执政党和国家的政策也成为确认行政责任依据的重要渊源。

(2) 应有明确的法律规定确认行政责任，并需经过一定的法律程序，依法办事。在确认行政责任过程中，有必要做到厘清承担行政责任的主体、规定行政责任的限度和范围、界定追究行政责任的条件及其形式、明确追究行政责任的程序等。

（二）责任与惩罚相适应原则

也称过惩相当原则。判断行政责任承担的程度，既要与违法或不当行为的实际损害状态相一致，也要与行政责任者所出现的违法或不当行为的责任能力相符合。在此基础上，选择适用于违法责任人的责任种类和形式，选择适当的强度和方式，根据违法或不当行为的危害程度、责任人的主观恶意程度和责任能力进行相应的行政责任追究。简单来说，就是根据过错大小决定惩处的轻重，以解决行政实践中"罚不当过"的现象。

在实践过程中，要避免四种情况的出现：

(1) 用行政责任的法律规范来处理不属于行政责任的事实后果，导致行政责任的法律追究范围扩大。如用行政责任的法律追究来代替刑事责任的法律追究等。

(2) 用其他责任的法律规范来处理属于行政责任的法律规范事务，导致行政责任的法律追究范围缩小。如用经济责任的法律规范来追究行政责任的事实后果，将产生适用法律、适用事实和适用手段的不当与错位。

(3) 确认行政责任的法律规范和违法事实畸重，导致行政责任者承担不应承担的责任，责任范围扩大，程度加重，挫伤了行政责任者的积极情绪，因而产生抵触消极态度，使惩罚的积极功能得不到有效而正常的发挥。

(4) 确认行政责任的法律规范和违法事实畸轻，导致行政责任者承担的责任范围缩小，程度趋轻，没有承担应该承担的责任，使遭受损害的合法权益得不到有效补救，对责任者起不到警戒作用，达不到惩罚的目的。

（三）责无旁贷原则

也称责任自负原则。对违法失职行为，不管涉及谁，都应毫无例外地追究其行政责任，以达到责任者承担真正责任的效果。对于集体违法失职的共同行为，也不能搞法不责众，要分清当事人的责任大小，有效地追究行政责任，分别作出相应的处罚，发挥对责任者的教育和警戒作用，避免行政责任追究不及时、不到位。在国家行政机关中，不允许存在担任职务、行使职权而不承担责任的现象，更不允许出了问题推卸责任或强加责任、包揽责任或代负责任。

（四）补救、惩戒和教育一致原则

行政责任追究的目的是对有关违法行政责任者给予惩罚，使行政责任者从中吸取经验

第十二章 行政责任

教训，并对受损害的权益进行及时的补救，恢复社会良好的管理秩序。同时，也使其他行政机关及其公务员引以为戒，达到警戒、防范的效果。但在实际工作中，仅采取惩罚或补救的措施并不能有效地预防、控制和制止行政违法行为的出现，而补救和惩罚也不是行政管理的最有效办法。通过补救、惩罚和教育三者的有机结合，灵活运用，使行政违法责任者更好地运用权力、履行责任，发挥出追究行政责任的总体效应，为确立和谐的社会、政治、经济和法律秩序提供最佳服务。

二、行政责任的构成要件

行政责任的构成要件是指承担行政责任必须具备的条件之和，它是行政责任得以成立的基本条件。行政责任的构成要件是理解和把握行政责任的重要理论依据，据此对行政机关及其公务人员的行政行为是否应承担行政责任进行较为准确的判断。从行政责任制度的角度说，构成行政责任的独有要件主要包括：

（一）须是国家行政机关或行政公务人员的行政行为

行政责任由代表国家的具有法人地位的政府机关或政府官员的行政行为所产生。行政行为是政府机关或政府官员执行国家权力主体和行政上级所委任的行政管理事务的行为。由于这种行为总是通过行政官员执行职务来实现，故行政行为通常被理解为行政官员"执行职务过程中的行为"。从性质上说，行政行为是典型的国家行为。因此，行政行为的政治和法律责任主体是国家，并由此产生出行政责任的属性：

（1）没有行政行为不产生行政责任，即非国家（政府）活动不产生行政责任，只有当行政机关及其公务人员以国家的名义实施行政管理、执行职务活动时，才有可能产生行政责任。行政官员以个人名义进行职务之外的行为是官员的私人行为，这种行为造成的损害由官员个人负完全公民责任，国家对此完全不负责任。

（2）行政机关和公务人员执行公务的行为都是行政行为，一切行政行为都会发生行政责任问题。即使行政机关或行政官员以私法意义上的法人名义从事私营经济行为也会产生行政责任。也就是说，公法意义上的行政行为产生行政法上的行政责任，私法意义上的行政行为产生民法上的行政责任。

（3）国家行政行为产生行政责任，非行政行为不产生行政责任。在现代民主社会里，国家责任是一个广泛的概念，一切国家行为都产生国家责任。例如，司法判决不当产生国家补偿责任或冤狱赔偿责任，只有国家行政行为才产生行政责任。

（4）非行政机关或行政官员因授权从事国家行政行为也产生行政责任。例如，得到国家法律、法规授权的非国家行政机关的社会组织以及接受国家行政机关委托的组织或个人在执行公务时也能产生行政责任。可见，行政责任不以行为主体是国家行政机关及其公务人员为完全限制性条件。任何行为主体，只要获得合法从事国家行政行为的资格并实际实施行政行为，就有可能产生行政责任。换句话说，行政责任不以实施行为的主体必须是行政主体为构成要件，而以所实施行为是否是国家（政府）行政行为为构成要件。

（二）行政行为须违法

行政责任必须是由国家行政机关或其公务人员的违法行政行为所产生，即承担行政责任的行政行为必须是执行职务的违法行为。具体来说，是指行政机关或其公务人员实施的行为违反行政法律规范，侵害受法律保护的行政关系而尚未构成犯罪的有过错的行为，如滥用职权、适法错误、程序违法等。例如，我国《国家赔偿法》规定国家机关及其工作人员违法行使职权的行为可以引起赔偿，也即可以引起行政责任。

（三）须有国家《宪法》和与《宪法》相一致的法律、法规的确认

行政责任是一种法定的责任，因而必须经由国家法律、法规的确认才有可能产生。没有法律、法规的确认，行政机关及其公务人员的行政行为即使发生损害性后果，也不能产生行政责任。行政责任的这一要件体现了"法无明文不处罚"的原则，在实践中表现为无法追究行政责任。该构成要件包括以下内容：

（1）行政责任由《宪法》、有关法律、法规规定和确认。这就是说，行政责任作为一种特定的国家现象，由法的规定而产生并依照法的规定而执行，离开了法的规定，行政责任就无从谈起。因此，在西方国家的法律体系中，一般都有关于行政责任的法律原则及其相应的法律规定。

（2）没有法的规定不产生行政责任。行政机关及其公务人员的行政行为即使在事实上违法、侵权、损害、不当，违背行政责任，但由于没有法的规定而不承担法律上的行政责任，至多承担道义上的行政责任。在这里，法律、法规的规定是确立、追究和执行行政责任的基本依据。

（3）由法律规定不承担事实后果的行政行为不产生行政责任。针对例外情况的特殊处理，是国家豁免说的一种有条件的沿用。在西方国家一般采用特别立法的形式个别限制或否定行政责任的产生，但特别立法本身又受到其他法律的限制。在通常情况下，不承担行政责任的行政行为的范围多局限于特定的领域，像政治、军事、外交活动等领域。对这些方面的行政责任，各个国家一般按照"国家免责"的原则进行处理。

（四）须有损害事实的存在

即行政责任必须有特定的行为后果存在。只有当行政机关及其公务人员的行政行为造成特定的损害性后果时，才产生实际承担行政责任的问题。这一要件的内容如下：

（1）行政机关或其公务人员的行政行为造成了特定的可引起行政责任的损害后果。没有损害性行为后果，行政责任就仅仅是"法理"上的责任，而不构成"法律"上的责任。在这里，法理是法律的理论前提，但只有法律上的行政责任才产生实际执行问题。

（2）在通常情况下，强调行为后果损害性的同时，还规定行为人必须有主观上的过错，即将行为人主观上的过错作为追究行政责任的充足条件；在特定条件下，则只强调行为后果损害性而不论其主观状态如何。前一种情况，行政行为主体承担的是无过失责任，后一种情况承担的则是无过错责任。

（3）损害性后果与行政机关或其公务人员的行政行为存在直接的因果关系，即行政行

第十二章 行政责任

为涉及的对象所受到的损害必须是行政机关或其公务人员的行政行为直接造成或引起的。由于第三者行为或自然力原因所产生的损害不产生行政责任，国家行政机关和行政官员不承担因此而产生的赔偿责任。例如，公务人员或公共团体执行公务时使用高速公路者，因气候条件的影响所蒙受的损害不负责任。在此基础上又发展为国家行政机关和行政官员对不可抗拒力所造成的损害不负责任，例如战争、自然灾害等。

三、行政责任的追究

行政责任的追究，是在行政责任确定的条件下，依据法律、法规的规定，对造成行政责任的行为主体给予一定的行政或法律惩处的制度。这种制度是整个行政责任制度基本的和重要的环节之一，是行政责任制度的归宿，正是这种制度使行政责任得以最终确立。

行政行为是以国家或政府的名义进行的有组织的国家行为，是为实现公共利益而实施的行为，因此，当发生损害行为时，一切行政责任在名义上和性质上都由国家或政府承担。但国家或政府的行政行为是通过具体的行政机关及其官员的具体行政活动来体现或实现的，如果官员在执行职务中由于个人严重过错所造成的不应有的损害，最终应由官员个人负责，这就产生了行政责任主体的双重性及其区分的问题。

在西方国家，行政责任原则上先由国家或政府承担，但国家或政府同时保留对实际负有责任的政府官员个人的追偿权。也就是说，当行政责任确定后，追究行政责任的一般顺序是：先由国家或政府负损害赔偿责任；如果政府官员个人存在过错或过失，则在国家或政府履行完行政责任的义务后，再依据有关法律、法规向犯有过错或过失的官员个人求偿。

西方国家政府承担行政责任的方式一般是金钱赔偿。西方学者认为，以金钱赔偿作为承担行政责任的方式，既是为了能使受害人得到实际的补救，也是为了简便追究行政责任的方式，同时也可以以此来减轻行政机关的压力和负担。至于金钱赔偿金的来源，一般出自国家税收。

根据西方国家法律、法规的规定，追究行政责任的主体一般为议会、法院（普通法院或行政法院）、国家检察机关、政府自身和公民个人，追究的程序一般表现为调查、受理、起诉以及相应的议案、判决和决定。其中，有权的国家机关的追究途径一般是立案调查，而作为公民个人，其追究的途径通常是向有关国家机关提出申诉或上诉。申诉是公民就国家行政机关或行政官员的不当行政行为对自身的侵害而向政府有关部门提出的追究行为。申诉一般由行政机关自行处理，处理形式一般表现为行政仲裁、行政赔偿和行政惩处。上诉则是公民在受到包括行政机关和行政官员在内的国家机关和国家公务人员的违法行为侵害时，特别向法院提出的追究行为。

根据我国的政治体制，追究行政机关行政责任的主体，可以是权力机关，也可以是上级行政机关，在法定范围内，还可以是人民法院。由于追究行政责任的主体不同，其所追究的行政责任的范围、方式以及程序也有所不同。

我国的权力机关即人民代表大会，依照《宪法》和法律的规定，我国人民代表大会追究行政机关的行政责任的方式主要是：可以按法定程序撤销行政机关的违法和不适当的抽象行政行为，可以通过直接干预，要求行政机关自行纠正或撤销其违法或不适当的决定。

我国行政机关追究行政责任的方式通常是：通过行政命令责令（下级）行政机关自行纠正错误，追究有关机构或人员的行政责任；或通过行政复议的方式，撤销、变更负有行政责任的行政机关的行政行为。

我国人民法院追究行政机关行政责任的方式是：在公民提起行政诉讼的前提下，通过对案件的审理，审查行政机关的具体行政行为的合法性，以撤销、责令履行职责、赔偿损失等方式，来追究行政机关的行政责任；对于行政机关的显失公正的行政处罚行为，人民法院还可以直接予以变更。

政府官员个人承担行政责任的方式一般是：在被确定负有某种责任而尚未触犯法律的情况下，将受到相应的行政惩处或纪律处分；在触犯法律的情况下，将受到法律制裁。例如，法国的《法国公务员总章程》（1959）规定，一个公务员在任中或行使职权所犯的任何错误应受纪律制裁，必要时按刑法论处。再例如，日本的《日本国家公务员法》规定，国家公务员在违法乱纪、有损全体国民服务员的称号、违反职务义务或渎职条件下应负免职、停职、降薪和警告处分。其他西方国家也有类似规定。

我国公务员承担的行政责任，就是通常所说的政纪责任。行政处分是这种责任的主要形式，即行政机关对违反行政纪律的公务员所实施的制裁措施。行政纪律由我国《公务员法》规定。我国《公务员法》规定，行政处分的种类有警告、记过、记大过、降级、撤职、开除等。受撤职处分的，按照规定降低级别。受行政处分期间，不得晋升职务和级别，其中除受警告以外处分的不得晋升工资档次。

我国对公务员的行政处分依法分别由任免机关或行政监察机关决定，其中给予开除处分的，应当报上级机关备案。县级以下行政机关开除公务员，必须报县级人民政府批准。

我国对公务员的行政处分，一般要经过立案、调查、审理、处理决定、执行等阶段。行政处分的承办人员应对公务员违纪的事实进行认真的调查取证，认真听取群众的意见，在初步掌握公务员违纪的情况后，应开会集体研究案情，除特别情况外，应通知当事人出席会议，并听取当事人的申辩意见。案情查清楚后，承办人员应将有关材料上报审批机关。上报的材料应包括行政处分审批表、各种证据材料、受处分人的检查或申辩材料以及处理意见等。未经审批机关批准不得执行处分。公务员犯有严重错误，在行政处分决定尚未作出或批准之前不宜担任现职的，可以先停止其职务。审批机关在审批公务员的行政处分时应采取认真负责的态度，不放过任何疑点，必要时可自行调查，并听取当事人的申辩。行政处分决定一般要在机关首长主持召开的工作会议上讨论决定。处分决定要以书面形式通知本人，并存入本人档案。

第三节 行政问责制

行政问责制是现代政府强化和明确责任，改善政府行政管理，建设责任政府的本质要求，也是推进依法行政的重要保证。

第十二章 行政责任

一、行政问责制的起源及发展

行政问责从理论的萌芽发展成为实践中的一项制度,经历了一个漫长的过程,其思想渊源于西方,甚至可以上溯到古希腊时期。世界上最早的行政问责源于16世纪英国出现的早期议会弹劾程序,之后逐渐发展成为内阁对议会负政治责任的制度。美国式总统制则开启了现代意义上的行政问责制度,体现出行政权必须对人民主权负责、行政首长必须对选民负责的特点。

我国对官员问责的提出,最早可追溯到1980年8月18日邓小平在中共中央政治局扩大会议上的讲话"各负其责,绝不能互相推诿;失职者要追究责任"。而最早对失职官员问责也是在1980年,当时"渤海二号"发生沉船事故,时任副总理的康世恩就受到了记大过的处分。近年来问责风暴的掀起发轫于2003年,时任卫生部部长的张文康和北京市市长孟学农等领导干部由于对"非典"疫情隐瞒不报和防治不力而被问责。自此,国内从中央到地方刮起了行政问责风暴,拉开了我国行政问责的序幕,行政问责走进了我国公众视野。之后,中央及地方纷纷出台了关于行政问责的专门性文件和法规,加强了问责制度建设。2008年爆发的山西襄汾尾矿溃坝、三鹿奶粉事件等公共事故,给人民群众的生命财产造成了重大损失,社会影响极大,在地方和中央掀起了一波又一波的官员问责浪潮。我国进入了行政问责的本质性"进化期",并朝行政问责制度化的方向而努力。

我国政府对建立健全行政问责制一直高度重视,特别是2003年以来,中央政府秉承"有权必有责,用权受监督,侵权要赔偿"的执政理念,积极推行行政问责制,受到社会各界的高度关注。2006年1月1日《中华人民共和国公务员法》颁布实施,将"引咎辞职"与"责令辞职"引入公务员管理制度,使责任追究制度上升为法律规定。在2006年3月5日十届人大四次会议上,温家宝总理在政府工作报告中明确提出"建立健全行政问责制,提高政府执行力和公信力"的要求。与此同时,中央先后颁布《行政机关公务员处分条例》、《关于深化行政管理体制改革的意见》等,行政问责正式成为国家治理与政府管理的核心手段,走向了规范化与法制化的理性之途。2008年之后,我国行政问责体系趋于成熟。2009年6月30日,中央颁布《关于实行党政领导干部问责的暂行规定》,这是第一部在中央层面对官员问责的专门法规,具体规定了党政领导需要接受问责的7种情形。动员千遍,不如问责一次。2013年11月,《中央党内法规制定工作五年规划纲要(2013—2017年)》明确提出:适时修订《关于实行党政领导干部问责的暂行规定》,进一步明确问责情形、规范问责方式。抓紧制定严格做好被问责干部工作安排的有关规定,严格被问责干部复出条件、程序和职务安排等,保证问责制度与党纪政纪处分、法律责任追究制度有效衔接。2016年6月28日,中共中央政治局召开会议审议通过《中国共产党问责条例》,它的出台正是全面推进从严治党、以问责倒逼责任落实,推动管党治党从宽松软走向严紧硬的又一次顶层设计。随着我国政治文明的不断向前发展,行政问责制将逐步从政府管理的一种应急措施变成现代政府重要的制度化管理手段。

二、行政问责制的概念及内涵

行政问责来源于西方,是伴随着现代有限政府、责任政府的产生而产生的。在西方公共行政领域,对行政问责概念进行明确规范界定的专业工具书以《公共行政实用辞典》和《公共行政与政策国际百科全书》较有代表性。美国学者杰·M·谢菲尔茨(Jay M. Shafritz)于1985年主编的《公共行政实用辞典》提出了行政问责的概念,并将行政问责界定为由法律或组织授权的高官,必须对其组织职位范围内的行为或其社会范围内的行为接受质问、承担责任。芭芭纳·S·罗美泽克(Barbara S. Romezk)与谢菲尔茨于1998年合作主编的《公共行政与政策国际百科全书》认为,公共行政的问责内容及实现机制主要有四个方面:法律问责、政治问责、等级(管理)问责和职业(道德)问责。

行政问责制在我国开展实施的时间不长,理论研究、制度构建等都处于初级阶段。对于什么是行政问责制,我国还没有统一的解释,不仅中央的文件没有界定这一概念,各地方人民政府出台的关于行政问责的办法对其认识也并不一致,而且我国学术界对行政问责制这一概念也是见仁见智,观点不一。在当前对行政问责制的研究过程中,首要问题是明晰行政问责制的概念及内涵。作为行政问责制的理论基础,对行政问责制概念及内涵的辨析,有助于国内行政问责实践在认识上获得一些有益的启示。

(一)国内学术界对行政问责制的概念探讨

对于行政问责制的概念,国内学者的代表性观点如下:

(1)行政问责是指行政人员有义务就与其工作职责有关的工作绩效及社会效果接受责任授权人的质询并承担相应的处理结果。

(2)所谓行政问责,是指公众对政府做出的行政行为进行质疑,它包含明确权力、明晰责任和经常化、制度化的"问"——质询、弹劾、罢免等方面,是一个系统化的"吏治"规范。

(3)行政问责制是政府实现其行政责任的一种自律或自我控制。所谓行政自律机制,是政府凭借自身的行政权力所建立的一种内部控制机制。

(4)行政问责制是指特定的问责主体针对各级政府及其公务人员承担的职责和义务的履行情况实施的、要求其承担否定性后果的一种责任追究制度。

(5)行政问责制是问责的一个重要组成部分,它是指特定的问责主体针对各级政府及其公务员承担的职责和义务的履行情况而实施的,并要求其承担否定性结果的一种规范。

(6)行政问责制是指对现任各级行政主要负责人在所管辖的部门和工作范围内由于故意或者过失,不履行或不正确履行法定职责,以致影响行政秩序和行政效率,贻误行政工作,或者损害行政管理相对人的合法权益,给行政机关造成不良影响和后果的行为,进行内部监督和责任追究的制度。

以上概念有的是从行政法的角度来定义,也有的是从公共行政的角度来审视的,有的观点还存在片面解读。由于概念的界定不可能穷尽行政问责制的全部含义,要全面把握行政问责制的深刻含义,还必须对其内涵作深入剖析。

(二) 行政问责制的基本内涵

在公共行政范畴下，从构成要素来看，行政问责制的基本内涵主要体现在以下几个方面：

1. 行政问责的主体，是指"由谁问"

当前我国行政问责的主体，既有同体问责，即行政系统内部的问责包括行政机关的各级机关以及审计和监察部门；也有异体问责，即行政系统以外的问责主体包括人大、中国共产党、各民主党派、司法机关、人民团体、新闻媒体、社会公众等的问责。从总体上看，我国行政问责制实现了问责主体的多元化，是同体问责和异体问责的双重结合体，但更多的还是停留在行政系统内部自上而下的问责，而异体问责较之于同体问责，更具有约束力和公信力。

2. 行政问责的客体，也称问责的对象，是指"向谁问"

狭义上说，行政问责的客体包括各级行政机关、行政机关的领导人和公务员三类。具体来说，包括各级政府、负有直接或间接领导责任的领导者，即各级政府首长及各职能部门的领导，以及不当履行职责和义务的公务人员。广义上说，行政问责的客体包括各级机关，即行政机关、立法机关、司法机关、中国共产党、民主党派、政协机关等，以及各级机关的领导人和公务员三类。

3. 行政问责的范围，是指"问什么"

行政问责的范围可细分为五类：一是决策失误类，主要追究行政违法决策和严重不当决策行为的责任；二是违法行政类，主要追究行政有法不依、执法不严、违法不究的责任；三是执行不力和效能低下类，主要追究行政推诿拖拉、敷衍塞责等行为；四是疏于管理和处置不当类，主要追究在社会管理特别是处置突发公共事件方面失职渎职的责任；五是治政不严、言行失检类，主要追究行政不作为及个人言行严重损害政府形象等行为。总之，从决策失误、违法行政、管理不善到用人失察、政绩平平等都应纳入问责的范围之内。

4. 行政问责的程序，是指"如何问"

严谨、合法的程序是行政问责制顺利进行的前提和保障。行政问责必须依照法定程序进行，行政问责中"问"的过程包括质询、罢免、引咎辞职、责令辞职或辞退等方方面面的程序要求，如问责主体回避的规定、质询答复时限的规定、问责人员组成的规定、罢免通过人数的规定、问责客体申辩程序的规定、听证程序的规定、复议程序的规定等。

5. 行政问责的责任体系

按照中国人民大学毛寿龙教授的观点，政府机关及其公务员承担责任有四个层面：一是道德责任，向受害者和公众负责；二是政治责任，也就是向执政党和政府负责；三是民主责任，向选举自己的人民代表和选民负责；四是法律责任，即承担法律的责任，要向相关法律规范负责，承担法律制裁后果。

6. 行政问责的后果

行政问责的后果是政府及其公务员承担相应的责任及承担责任的具体方式。一般来说，承担责任的主要方式有：公开道歉、责令作出书面检查；通报批评、公开谴责、诫勉；引咎辞职、撤职、免职、责令辞职；给予行政处分，司法处理等。

综上所述，所谓行政问责制，是指各级政府及其公务员由于故意或者过失，不履行或者不正确履行法定职责，以致影响行政秩序和行政效率，或者损害行政管理相对人的合法权益，给政府组织造成不良影响和后果的行为时，由特定主体按照法律规定的程序追究其责任，令其承担否定性后果的内部监督和责任追究制度。总之，行政问责制作为系统化的政府治理规范，明确权力、界定责任、健全程序和经常化、制度化的追究责任是其核心内容。

三、行政问责制与相关概念的区别

（一）行政问责制与官员问责制

官员问责制又称高官问责制、主要官员问责制、行政首长问责制。顾名思义，官员问责制问责的对象是负有直接或间接领导责任的领导者，即各级政府机关首长和各职能部门的领导。而行政问责制的问责对象显然要比官员问责制范围更大，既包括各级政府机关领导，也包括各级政府机关及其普通公务人员。

（二）行政问责制与责任追究制度

从追究责任的内容角度看，责任追究制度主要针对过错进行追究，而行政问责制不仅对过错进行责任追究，还追究非过错责任。也就是说，行政问责制不仅对有错、犯法要追究，同时对那些没有违法犯罪或酿成重大过错的行为也要采取相应的惩治措施，如对政府及其公务员的行政无作为、不作为、乱作为、作为不力等种种效率低下或推诿扯皮的行为追究责任。

从追究责任的时间角度看，责任追究制度强调的是出现重大责任事故后开展责任的追究，是一种事后的惩罚性机制，而行政问责的实践范围涉及一切有关公共利益的决策行为、执行行为和监督行为，行政问责制实质上是一种与责任追究相结合的，包含事前、事中和事后监督的全方位监督体系。行政问责制的重点在于预防政府及其公务员失职失责行为的发生，时刻提醒政府公务员注意言行，及时化解失职失责行为产生的不良后果。就此而言，行政问责制的重心不应该仅仅放在重大责任事故发生后的责任追究方面，更重要的是通过这种机制的运行来做到"惩前毖后"、防患于未然，避免责任事故的发生。惩罚、处分只是行政问责制的手段，而防患、预防才是行政问责制的目的。

（三）行政问责制与引咎辞职、责令辞职和因问责被免职

在西方国家，引咎辞职主要是指在行政部门担任公共职务的官员，对于职务范围内的重大失责主动承担的一种非法定的且多半是道义上、政治上的责任方式，即一种在自感有负选民信任时或者在舆论压力下的自我归责方式。

在中国，2002年颁布实施，2014年、2016年先后修订的《党政领导干部选拔任用工作条例》第五十八条规定"实行党政领导干部辞职制度。辞职包括因公辞职、自愿辞职、

引咎辞职和责令辞职。辞职应当符合有关规定,手续依照法律或者有关规定程序办理",第五十九条规定"引咎辞职、责令辞职和因问责被免职的党政领导干部,一年内不安排职务,两年内不得担任高于原任职务层次的职务。同时受到党纪政纪处分的,按照影响期长的规定执行。"

党政领导干部因工作严重失误、失职造成重大损失或者恶劣影响,或者对重大事故负有重要领导责任,就面临引咎辞职、责令辞职或被因问责被免职等问题。由以上条例规定可知,引咎辞职更多的是党政领导干部因工作严重失误、失职或因对重大事故负有重要领导责任的主动辞职行为,是行政问责的一种形式;责令辞职和因问责被免职是上一级机关对没有及时主动引咎辞职或者负有更大领导责任的领导干部实施的一种强制性问责举措,对于被责令辞职和因问责被免职的领导干部而言,是一种被动行为,也是行政问责的一种形式。

行政问责制要求政府及其公务员,尤其是党政领导干部,需要对公众负责,对党和政府负责,这不仅要求政府及其公职人员要承担法律责任、行政责任、政治责任,还要承担道德伦理责任,是一个多维的责任体系。因此,引咎辞职、责令辞职、因问责被免职都是我国行政问责的一个方面,是实现行政问责的一个途径、一种方式和一种形式,但行政问责制内容不止于此。

(四)行政问责制与上问下责

不能把行政问责制简单理解为"上问下责"。"上问下责"即行政机关、立法机关、司法机关等各级机关系统内部上级对下级的问责。"上问下责"把问责主体窄化为各级机关系统自身,忽视了系统外部社会公众、新闻媒体的问责权利。这种由上级追究下级责任的问责方式,实践证明,容易造成上级失职时无人能追究上级责任的问题,也容易出现各级机关系统内部"睁一只眼,闭一只眼",甚至包庇现象。这样的问责制度显然不利于责任政府建设。当前要建立的行政问责制,是由各级机关自身问责、社会公众问责、媒体问责等构成的全社会问责机制,是"上问下责""下问上责""外问内责"等多种问责方式的有机结合。

四、推进行政问责制的意义

行政问责制的建立和完善是民主政治发展到一定阶段的必然产物,它的出现反映了我国政治文明的进步。行政问责制作为政治体制改革与行政管理体制改革的契合点,它是实践"权为民所用,情为民所系,利为民所谋"的制度化举措,对于我国构建社会主义和谐社会,推进法治政府、责任政府、服务政府的实现有着重大意义。

(一)行政问责制有利于整肃吏治,树立公务员队伍的良好形象

多年以来,我国政府部门的一些领导干部只知道享受人民赋予的权力,而不知或不愿去承担相应的责任和义务。由此,便出现了"功劳大家抢,过失人人推""宁愿不作为,也要保位子;宁愿不做事,也要保安全"的现象。这些现象在相当范围内存在着,有些地方还很严重。这直接造成了干部队伍责任意识淡薄,损害了干部队伍在人民群众中的整体

形象，也削弱了政府在人民群众中的威信和感召力、凝聚力。而行政问责制的推行，要求公务员必须正确运用自己的权力，不能在职位上无所作为或者渎职，否则就必须对自己的行为承担相应的责任。这就使他们在行使权力时有一种压力感，责任心增强，进而增强公务员队伍的自律自警意识和进取精神，树立起公务员队伍的良好形象。

（二）行政问责制有利于提高干部素质，完善干部能上能下的机制

领导干部是一种特殊职业，在管理国家和社会事务中承担着重要使命，要具备高度的敬业精神。行政问责制的推行，能让那些"当一天和尚撞一天钟"的"混官"们感到世界末日来临，再也不能混下去了，只有恪尽职守时刻保持责任意识，时刻提高学习、观察、协调能力，做好各项本职工作，才能不负党和人民的重托。这样，就要求各级领导干部不断提高自身能力和水平，从而促进干部队伍整体素质的提高。同时，干部的"上"经常一路顺风，但"下"始终是一个长期困扰干部制度改革的难题。实行行政问责制有助于打破传统的官场陋规，克服能上不能下、对上不对下的陋习，让那些没有尽职尽责的干部主动下台，有利于建立正常的干部淘汰机制，优胜劣汰，提高干部质量，从而更大程度地维护公众利益。

（三）行政问责制有利于打破传统为官之道，构建勤政、廉政、优政的行政文化理念

传统的为官之道，不仅存在着严重的"官本位"思想，而且存在着"无过便是功"的杂念，因而在实际工作中"不求有功、但求无过"的想法在一些领导干部头脑中根深蒂固。不少行政官员欣赏"好人官""混事官"，既"无为"也"无治"。实施行政问责制有利于矫正这种为官之道，强化责任与权力不可分割的观念，即有权力就有责任；权力与责任对等的观念，即权力与责任平衡；权力与责任成正比的观念，即权力大一分责任就重一分，"水涨船高"。行政问责制要求各级行政领导为官就要做事，做事就要负责。不仅要克制自己不滥用权力，还必须清楚自己肩上的重任，树立"无功便是过"观念，胡乱作为、不肯作为、不愿作为的同样也要接受问责。这有利于构建新的行政意识观，不仅要勤政、廉政，还要优政。

（四）行政问责制有利于转变政府职能，最终建立责任政府

政府要履行好社会管理、公共服务、市场监管、宏观调控这四大职能，必须要塑造责任政府。责任政府应该是对公众负责任的政府，但现实中不少国家的政府往往存在不负责任的现象，其重要原因之一，就是缺乏一套完备的行政问责制度。世界各国的行政实践表明，行政问责制是建立责任政府的重要途径。行政问责制是政府实现其行政责任的一种法律或自我控制机制，也叫行政自律机制，它可以防止和阻止政府"滥用或误用公共权力"的失职行为。同时，行政问责制有利于转变政府职能，有助于深化行政体制改革，在理顺政府与企业、政府与市场、政府与社会、政府与公民的关系中明确政府及其行政官员应承担的责任，实现政府及其行政官员职能职责的归位、定位和正位，塑造一个守法、守责、守信、守时的当代责任政府。

第十二章 行政责任

【案例分析】

行政问责制度不断完善健全实现四大转变

"十二五"期间，在我国不断健全完善行政问责制度的同时，相应的行政问责活动也在不断进行，有效推动了我国的依法行政进程。而随着行政体制机制改革的不断深入发展，各级政府对行政问责制度的重视程度也越来越高，不断加大对行政负责人的问责力度，使行政问责制度的运行步入良好态势。

转变一：问责方式从弹性问责到制度问责

"十二五"前，特别是2009年以前，不论是中央还是地方，对于行政问责还没有专门的规范规定。对于问题官员的问责，主要根据上级领导的认识和意见来定，随意性较大。2009年7月，随着中办、国办共同制定的《关于实行党政领导干部问责的暂行规定》发布，过去的"弹性问责"情况开始向"制度问责"转变，各地方关于行政问责的制度研究和规范也开始进入快车道。

2011年7月，北京市发布《北京市行政问责办法》，明确规定各级行政机关工作人员出现不履行、违法履行、不当履行行政职责等26类违规问题，将受到行政问责，情节严重的将责令辞去领导职务、免职。此外，新闻媒体曝光的问题也可作为行政问责的线索。

2012年2月15日，黑龙江省哈尔滨市发布行政问责规定，对于应予行政问责的情形作出多达36项的详细规定，内容涉及行政工作人员的行政决策、办事效率低下、不作为、乱作为、慢作为、假作为等各种情形。

2015年7月，《湖北省行政问责办法》提出对于行政机关集体违法要追责负责人的规定。明确："出现班子集体研究以行政机关名义实施行政违法或行政不当行为；对本地区、本部门、本系统履职情况不抓不管，导致严重后果等行为，也将对行政机关负责人实施问责处理。"

对此，北京大学法学院副院长王锡锌分析指出，从以上各地方出台或征求意见的行政问责规定来看，对于问责的情形规定得越来越详细，可操作性不断增强。这也表明，对于行政问责今后将步入常态化和制度化。

转变二：问责主体从同体问责到异体问责

行政问责力度虽然逐年加大，但是我国行政部门在行政问责管理机制中仍然存在着很大的问题。例如，个别地方发生食品安全问题、产品不合格等严重问题，给国家和人民生命财产安全问题带来很大的威胁和损失，按照法律应依法对其问责，然而由于行政管理部门的办事不力，常常敷衍了事，最后不了了之。

对此，清华大学法学院教授余凌云指出，"不了了之"的做法与我国行政问责的旨意背道而驰，制约了我国行政问责作用的功效发挥，损害了政府形象以及国家制裁的权威。因此，为保证赋予人民群众的合法权益，亟须建立健全行政问责制度，进一步提升行政问责的实效，这就需要行政问责的"异体问责"。

近年来，公众参与、社会舆论在推动对问题官员问责中发挥了越来越大的作用。例如，2011年的"7·23动车追尾事故"，铁道部等单位54名责任人受到处分，刘志军因涉嫌违法另案一并处理，时任铁道部部长盛光祖也作出深刻检查。

2013年"11·22青岛输油管道爆炸事件",国家安监总局2014年1月发布的调查报告显示:责成山东省安全监管局对中石化管道分公司处以规定上限的罚款,对中石化管道分公司党委书记田以民、总经理钱建华各处以2012年度收入80%的罚款等。

2014年最后一天发生在上海的"踩踏事件",上海市纪委对该事件中黄浦区部分干部的处理结果是:市委委员、黄浦区区委书记周伟被给予撤销党内职务处分;黄浦区区委副书记、区长彭崧被撤销党内职务,行政撤职;黄浦区区委常委、副区长吴成被给予党内严重警告、行政降级处分。

对此,王锡锌分析认为,上述这些安全事故官员追责,都是在媒体曝光、社会舆论紧跟的情形下作出的。特别是在地方不断出台的行政问责规定中,如《北京市行政问责办法》《湖北省行政问责办法》都把新闻曝光作为追责的线索。这表明,行政问责主体的多元化已经上升到制度层面,同体问责逐渐向异体问责转变。

转变三:问责对象从有过问责到庸官问责

长期以来,对于行政问责的执行对象,仅仅限于那些"出了事"的问题官员,而对无所事事的"庸官"没有具体的惩戒措施,以致有些官员"不求有功,但求无过",一些地方的官场还显现出"为官慢为、为官不为"的气氛。实质上,这些都是庸官懒政的老毛病。

对此,2011年以来,湖北、湖南、山西、新疆等地都开展了针对公务员队伍的"治庸""治懒""治散"行动。其中声势最大的,是要"打造全国发展软环境最优城市"的武汉市。这项活动由市委书记阮成发发起,阮成发亲任"责任风暴""治庸计划"领导小组组长,高调进行宣传,曝光治庸成果,自上而下的"风暴"席卷了武汉市各区及部门。

2015年盛夏,国务院全面大督查第一批问题处置结果公布,来自辽宁、吉林、安徽等7省的59名干部受到降级、撤职等行政问责。涉及地域广、处分人数多、查处力度大,是此次督查问责的显著特点,而对"庸官懒政"的严处更传递出明确信号:那些终日"平平安安占位子、舒舒服服领票子、庸庸碌碌混日子"的"太平官""逍遥官"越来越难"混"了。

自2015年7月19日起施行的由中办制定的《推进领导干部能上能下若干规定(试行)》,更对整治"软散慵懒"提出明确规定,对那些"不敢担当、不负责任,为官不为、慵懒散拖,干部群众意见较大的;不能有效履行职责、按要求完成工作任务,单位工作或者分管工作处于落后状态,或者出现较大失误的"的干部,要进行调整。

转变四:问责范围从多发部门到各个领域

官员问责制实施的最初两年,一般都是在出现重大责任事故时才予以问责,而在2011年以后,行政问责的范围不断拓宽,除了交通、安全生产等部门,行政决策、执法领域的诸多领域都被划作可被问责的范围内。

其中最值得关注的领域是环保执法。2014年初的地方和全国两会上,各级检察院在工作报告中均强调对环境问题的问责。最高人民检察院工作报告在"2013年检察工作回顾"中提到:起诉污染环境、非法采矿、盗伐滥伐林木等犯罪嫌疑人20969人,在环境监管、污染治理、生态修复工程建设等领域查办职务犯罪1290人。

被称为史上"最严"的新环保法从2015年1月1日起开始施行。其中明确,包括篡改、伪造或者指使篡改、伪造监测数据等8项行为,造成严重后果的,其主要责任人应当引咎辞职。

中国政法大学法治政府研究院副院长王敬波介绍,目前在一些省市,除行政机关外,党群组织、公检法机关、企事业单位也被纳入问责范围内。

如2014年10月,浙江省发布的《浙江省影响机关工作效能行为责任》就明确提出,该规定适用省各级党的机关、人大机关、行政机关、政协机关、审判机关、检察机关及其所属部门和机构,以及经授权、委托具有公共事务管理职能的组织及其工作人员。同时,机关聘用人员、借调人员参照本办法执行。"这说明,问责制度已经深入到政府的各个部门及社会生活的方方面面。"王敬波说。

(资料来源:"十二五"行政问责制度实现四大转变,《法制日报》,万静,2015-11-28,本案例对其进行改写而成)

 思考题

1. 行政问责应该"问"什么?应该如何"问"?
2. "十二五"期间,我国行政问责制度取得了哪些成绩?
3. 当前,我国应当如何进一步完善行政问责制?

【本章小结】

行政责任是近代国家责任政治的产物,是行政管理制度的重要组成部分。行政责任不仅内涵广泛,且具有责任、义务、任务、制度、监控多重特征。行政责任能够限制行政机关及其公务人员滥用行政权力,减少政府工作失误,提高政府工作效率。追究行政责任应依据归责原则,并根据行政责任的构成要件判断行政机关及其公务人员是否承担行政责任。行政问责制的基本内涵包括:问责主体;问责客体;问责范围;问责程序;责任体系;问责后果。推进行政问责制,是现代政府明确责任,改善政府行政管理,建设责任政府的本质要求,对于我国构建社会主义和谐社会,推进责任政府的实现有着重大意义。

【复习与思考】

1. 简述行政责任的概念及其包含的内在属性。
2. 行政责任的一般特征有哪些?
3. 现代国家确立和确保行政责任的意义何在?
4. 简述行政责任的主要归责原则及其内容。
5. 如何理解行政责任的几个构成要件?
6. 如何追究责任主体的行政责任?
7. 如何理解行政问责制?
8. 行政问责制与官员问责制、引咎辞职等概念有何区别?

第十三章　行政文化

文化本身既不是教育,也不是立法,它是一种氛围,一种遗产。

——[美] H. L. 门肯(H. L. Mencken)

【知识要点】

通过本章的学习,使学生理解行政文化和行政伦理的概念,了解行政文化和行政伦理在行政管理学中的重要地位和在国家行政建设过程中起着重要的作用,掌握行政文化和行政伦理的基本理论、特点、分类和功能。

【关键术语】

行政文化;行政心理;行政理想;行政道德;行政伦理;行政责任;行政伦理失范;治理

行政文化是行政管理之魂,是行政体制改革实践所面临的最深刻、最触及人们灵魂的问题。而行政伦理不但反映行政管理关系的客观要求,而且还指明行政发展的理想价值和特性。对行政文化和行政伦理的研究,需要从两者互动的视角来进行。

第一节　行政文化概述

一、行政文化的概念

(一) 行政文化的含义

文化本泛指人类社会历史实践过程中所创造的物质财富和精神财富的总和,是一种复杂的社会现象。但在人类社会活动的不同领域,由于人们实践的内容和形式的差别,形成了不同实践领域的文化,在行政活动领域即表现为行政文化。行政文化是人类社会文化系统的组成部分,作为上层建筑中的精神活动的行政文化是国家的阶级属性、民主文化和行政体制的诸多因素相互作用的产物。行政文化的含义也有广义和狭义之分,但实际上更多的学者是从狭义上来阐述的,行政文化仅指行政意识形态,即在行政实践活动基础上所形成的,直接反映行政活动与行政关系的各种心理现象、道德形象和精神活动状态,行政文化是人们对行政管理现象的能动的反映，它表现为社会成员对行政管理实践所形成的带有某种倾向性或共同性的观念化成果。

行政文化是指行政意识形态，即在行政实践活动基础上所形成的，直接反映行政活动与行政关系的各种心理现象、道德现象和精神活动状态。这属于狭义的行政文化范畴。其内涵主要包括：一是行政文化的本质是行政意识形态，是对行政实践和活动中的各种现象的认识成果和高度概括，同时构成了行政实践赖以进行的环境；二是行政文化反映的是行政管理活动中出现的各种现象，这些现象包括心理的、精神的、观念的和道德的，他们具有一定的倾向性和共同性。

（二）行政文化与其他文化现象的关系

行政文化是与行政相关的文化，包括人们行政行为的态度、信仰、感情和价值观，以及人们所遵循的行政方式和行政习惯等，即人们的行政观念、行政意识、行政思想、行政理想、行政道德、行政心理、行政原则、行政价值和行政传统等。行政文化是一种多层次的、复合的文化，它的形成受到多方面因素的影响，如历史条件、地理环境、社会制度、民族特点、文化心理、文化背景、传统习惯等。

在现实生活中，行政活动与其他社会活动既有区别又密切相关，相互渗透。行政文化是相对于社区文化、乡村文化、校园文化、企业文化而言的一种具有行政特点的文化形态，这里主要是特指各级党政机关国家公务员在行政活动中，影响甚至决定其行为的一系列行政理念、行政道德、行政规则和行政环境等。因此，就文化形态来看，行政文化与其他社会文化现象是对立统一的辩证关系。行政文化的形成、变化和发展，既受到哲学世界观、政治思想体系、法律意识、价值观念以及一般的社会道德伦理和心理的影响、制约、作用，同时又反作用于这些文化现象，影响、制约着这些文化现象。行政文化与其他文化现象不仅相互联系，而且在一定的条件下，又是可以相互转化的。

二、行政文化的特点与分类

（一）行政文化的特点

1. 历史性

行政文化是一种历史现象。首先，行政文化的出现需要一定的社会条件，行政文化的形成是人类社会发展到一定历史时期的产物。就人类历史而言，行政文化的出现以国家行政活动为前提，是社会私有制、阶级、国家等历史现象随社会行政实践的发展而发展，不同历史时期的行政实践，都有与其相适应的行政文化，相同时期的不同历史条件，亦会造成行政文化的相应变化。

2. 政治性

行政文化在有阶级的社会中，具有鲜明的阶级性和政治倾向性，行政文化的政治本质和阶级意志在于它在阶级社会中总是一定的政治统治工具和阶级意志的表现，总是为一定的阶级利益服务的。不同阶级的行政文化，其阶级性往往以不同的形式表现出来，或冲突对抗，或同一转化。

3. 时代性

就人类历史而言，行政文化的出现以国家行政活动为前提，是社会私有制、阶级、国家等历史现象的伴随物。行政文化出现后又随着社会行政实践的发展而发展，不同时期的行政管理实践，都有与其相适应的行政文化。神权政治时代的行政文化是迷信的、神秘的；封建专制时代的行政文化是尚权威、重服从；资产阶级革命时代的行政文化是讲人权、尚实效、重法治；社会主义民主政治时代的行政文化则重科学、为民众、尚服务。

4. 延续性

任何行政文化都是对以往存在的行政文化的某种扬弃，同时又都在时间和空间上出现了推移和扩展。作为人类社会整体的行政文化的连续性，从量上看，只要存在行政活动，其延续便是无限的，其发展是不可能间断的；从质上看，这种历史延续主要体现在对优秀的行政文化遗产的继承与发扬等方面。

5. 民族性

行政文化的民族性，主要表现在特定行政文化的具体形式上，以及特定行政文化在其形成、发展过程中形成的具体途径和模式上。行政文化通过民族特性和民族形式的不断发展，逐渐沉淀成行政文化传统，构成行政文化特色。由于任何行政管理，其对象无非由人与社会活动所构成，因此民族特性在行政文化乃至行政实践中，都有十分重要的作用。在现代社会，由于国际交往的频繁和复杂，所以保持行政文化的民族性，已成为国际社会普遍关注的问题。

6. 相互转化性

行政文化处于不断变化和发展中，不同的地域和民族的文化可以相互渗透，期间新的文化成因不断出现，使其具有更为丰富的内容和形式。随着时代的发展，各种新的行政管理经验出现，各种新的管理技术的应用，为行政文化的相互渗透和转化提供了基础，不论是积极的还是消极的转化，不论是滞后的还是前瞻的转化都会随着管理实践的发展而得到验证。

（二）行政文化的分类

1. 根据行政文化产生的时间分类

可分为传统行政文化和现代行政文化。传统行政文化是指在古代行政管理经验基础上总结出来并延续流传下来的行政文化。其文化内容比较零散，属于经验层次的内容较多，它缺乏科学的理论指导。

现代行政文化是指在行政管理实践中积累形成的具有科学理论知识为指导的系统的观念和规范体系。

2. 根据行政文化的关系分类

可分为主体行政文化和客体行政文化。任何行政关系均由行政主体和行政客体组合而成，由于主客体双方在行政关系中的不同地位，从而形成不同的文化形态，进而共同构成特定的行政文化。

主体行政文化是指行政管理过程中，实际拥有行使行政权力的个体和组织的行政意识。行政主体文化的核心，是对行政权力的性质的确认、维护和使用，它直接决定着特定行政文化的本质属性与基本特征，是构成特定行政关系的主导因素。

客体行政文化是指行政管理过程中，不直接行使国家行政权力并作为行政管理对象的个人、群体和组织的行政意识。其核心是对行政主体的行为合理性的评价，其评价标准因各自的利益不同而呈现多样性，当客体认为行政主体行为合理时，易与主体形成同一性的行政文化，相反则难以形成同一性的行政文化。若行政主体的行为被行政客体评价为不合理，并长期得不到改善和调整时，会造成行政文化主客体间的异质性，甚至带来意识形态的危机。因此，客体行政文化在行政文化的构成中，虽不居于主导地位，但仍具有不可忽视的作用。

3. 根据地域与行政区划分类

可分为国际性行政文化、全国性行政文化、地区性行政文化和社区性行政文化。国际性行政文化是指世界范围内行政管理活动总结和提炼出来的观念和规范体系；国家性行政文化是指在一国行政管理活动中积累形成的包括观念、价值等内容的文化体系；地区性行政文化是指一定区域，通常范围小于国家，在行政管理活动中形成的文化体系；社区性行政文化是指范围更小的区域内具有区域特色的一系列行政观念和行政准则。

三、行政文化的形式

行政文化主要包括行政心理、行政意志、行政规范、行政评价、行政理想、行政道德和行政精神等，形式比较丰富。

（一）行政心理

行政心理是指行政关系体现者（个体的或群体的、组织的）的感觉、知觉、情绪、需求、动机、态度和个性的总和，及其对行政关系和行政活动的自发的感性反映形式。这种反映最初是个别的反应，进而才能形成较为完整的认识。其中所谓行政关系的体现者，主要包括实施行政管理的人和接受行政管理的人，是行政主体与客体（在此指人）的统称。各种心理要素的关系是比较复杂的，经过长期的行政实践最终形成整个行政心理。

行政心理的实质就是人们对于社会行政、政治和经济现实的主观反映，是社会精神现象的一个重要组成部分，并能通过行政行为能动地作用于包括行政体制在内的社会政治制度。影响行政心理的形式与发展有许多因素，主要包括社会教育水平、社会经济水平、社会政治环境、社会心理系统、社会实践等几个方面。行政心理除具有与其他行政文化相同的性质（如历史性、阶级性、民族性、变动性、连续性等）外，还有直接感受性、时代性、能动作用的内在性等自身特点。

（二）行政意志

行政意志是指人们决心达到某种行政活动目标而产生的精神状态，是行政心态上升至理性的强化结果。行政意志的表现形式有行政观念与行政活动中的行为倾向。行政观念包括一切行政活动以为人民服务为最高宗旨、所有公务员都是人民服务员等观念；行政活动包括平时人们常有的思想准备、思想一致、直接控制、指导的决心或决定等。

行政意志的形成实质上是人们作出某一行政行为时在对错之间的、善恶之间的、道德与非道德之间的选择。因此，行政意志有着强烈的目的性、目标性，是人们主观能动性的重要体现。

（三）行政规范

行政规范作为确定或指导各种行政关系、行政活动的标准和规则，既是行政意志的最集中体现，也是行政意志转化为行政实践后的合理性成果。其表现形式包括成文规范，也包括行为规范或典范。

行政规范的特点主要有：一是协调性，行政规范是道德性规范和法规性规范的有机统一，体现了两者功能的协调一致；二是原则性，行政规范以正向或反向方式承载着种种行政原则；三是外在控制性，各种行政文化对于人们的行为均有一定的控制性，但行政心态和行政意志的行为控制是内在的，其实现过程是由内向外的逐渐显现，而行政规范的控制作用是在主体之外存在的，其实现过程则是由外向内的不断变化。

（四）行政评价

行政评价是指特定意识形态下，人们对社会实际存在的或可能发生的各种行政行为所作的价值判断，以达到去伪存真的目的。行政评价一般分为社会评价和自我评价两种形式。社会评价主要指社会舆论，其中包括一定社会集团和阶级有意识、有目的的通过舆论工具所传播的正式社会舆论，也包括人们自发产生的并自然传播的民间舆论，社会舆论在性质上有进步与落后之分，在作用上有积极与消极之分。自我评价主要借助于内心信念或主观意志的作用，在评价中，个体自身既是评价者，又是被评价者。与社会评价相比，自我评价更为深刻、直接、迅速，是形成良好行政文化不可缺少的重要构成。在行政评价中，自我评价实质上反映着社会对个体行为的一般评价，因此在一定意义上，自我评价是社会评价的特殊形式。

（五）行政理想

行政理想是指行政管理活动应当达到什么状态的相对抽象的反映，是人们对行政主体及其活动的现状与发展所能达到的期望状态的理性预设。

行政理想同样涉及行政人员和行政相对人以及其他普通民众。行政理想的水平、层次因人而异。除了具有理想的一般特点外，还具有其他几个显著的特点，即长期性、根本性与普遍性。

（六）行政道德

行政道德是指从事政府行政管理工作的国家公务员在行政实践中运用公共权力、管理公共事务、处理自身与工作对象之间、上下级之间、同事之间以及公私、得失等关系时，所应当遵循的调节和规范各种行政行为的道德准则。

行政道德调整的对象是各级国家公务员的职业活动关系，调整的范围包括政府内部各部分之间的关系和政府与社会之间的关系。它主要体现在行政管理人员的修养和具体的行政行为中凝聚成的一些基本的范畴,如责任、公正、平等、荣誉等,通过评价体系来约束人们的行为。

(七) 行政精神

行政精神是指行政意识发展水平及其积极成果的体现和概括。行政精神与行政意识具有共同性,二者同属于社会的精神生活领域,都以行政实践为产生基础,都是对现实行政关系与活动的反映。

行政精神的基本构成有两类:一是思想、道德的构成,主要包括政治原则和思想、道德水平和性质、管理意识和作风,反映人们的世界观、信念、理想、觉悟和情操等方面的状况;二是智力、知识的构成,主要包括思维方式、管理技术、智力状况,反映人们的文化素质、教育程度和知识构成等方面的状况。

四、行政文化的作用

(一) 行政文化对内向性行政的作用

内向性行政即行政者对其机关内部事务的管理活动,行政文化对这一行政活动所起的作用主要表现在三方面:

1. 对行政组织形式的影响

任何具体的行政组织形式都是人们选择的结果,其中不仅客观存在的管理需要、行政条件和资源状况制约着人们的选择,而且行政主体对行政方式、组织制度和管理模式的认同与否亦决定着这一选择。这种主体认同过程,就是传统行政文化与新生行政文化成分在同一意识形态下的合力过程。在客观因素大致相同的情形下,人们会因行政文化的差异而选择不同的组织形式,在客观因素基本相异的条件下,人们亦会由于行政文化间的同一性而选择相同的组织形式。同时,行政文化在行政组织形式的改革或变化中,同样起着重要作用。

2. 对行政观念的影响

行政观念的形式与演变,离不开认识由感性至理性的内在过程,即人在实践基础上,对客观存在及其规律的感知、分析、判断、推理等一系列认知过程。行政文化因自身性质的不同,会对实践作正确的或错误的指导,也会对客观现实作真实的或扭曲的反映,更会对行政观念的内涵作科学的或荒谬的解释。这些,都是行政观念建设所不应忽视的。

3. 对行政风气的影响

一个国家、一个行政组织或人员,拥有什么样的行政风气,往往受到文化背景和文化环境的制约,以及历史的、现实的文化的影响。符合并能反映社会发展规律的行政文化,不仅能在观念层次上引导良好的行政风气的养成与发展,而且能在人的心理与日常行为方式上发生作用,以渐变的方式改变着人的习惯和气质。

(二) 行政文化对外向性行政的作用

外向性行政即行政者对国家事务和社会公共事务的管理活动，行政文化在外向性行政活动中，其作用主要表现在：

1. 廉洁行政的保障

廉洁行政是社会利益的集中体现，也是行政组织得以有效动作和长期存在的根本所在。廉洁行政的保障，离不开法治，更离不开行政文化的"心治"。行政文化能渗透人心，影响人的道德要求和人生价值观念，起到法治手段难以起到的作用。

2. 高效行政的条件

行政效率的有无与高低，关键在于人的思想、精神和作风等主观因素，并非设备、手段和规则等客观物质条件。相等的设备、同一手段和相同的规则，由于人的主观因素不同，其效率会有天地之别。行政者的高效行政思想，为争取高效行政而艰苦奋斗的精神，从实际出发、实事求是的工作作风，这些既是已往优秀的行政文化的积极成果，又是现实行政文化对高效行政的有力保障。

3. 民主行政的条件

民主行政具有明显的阶级内容，直接受行政文化的影响，其中除民主观念的影响外，还受道德意识、政治观念和法律思想的制约。行政者为达到其行政目标，须领先一定的民主手段和方式，为此，极需要以文化传播的方式宣传、灌输民主行政的观念，维护其民主的阶级性质，实现民主的有效性。从这个意义看，行政文化建设是实现民主行政不可或缺的条件。

第二节　行政文化创新

一、中国传统行政文化的影响

(一) 传统行政文化中的消极因素

1. 封闭性

中国传统行政文化的封闭，在很大程度上取决于中国古代较为封闭的地理环境。东临大海，西为高山沙漠所阻隔，中国古代文化几乎是在少有外来文化作用的条件下形成的。文化的封闭导致了很少向外开放，无法知道外界的信息，行政观念数千年一脉相承，行政体制世代相袭。

2. 排异性

行政文化的封闭与行政文化的排异心理是分不开的。在中国传统文化中，"非我族类，其心必异"曾是人们广泛接受的观念，在思想文化领域则表现为对外来文化的排斥。在这种文化背景影响下，人们对外界情况及其变化常常持不屑一顾的态度。长期以来的中华中心论、中华文明论导致对世界先进的行政管理水平和管理理论知之甚少，妨碍了行政观念的改变和行政技术手段的更新。

3. 保守性

农耕文明下的传统社会，人们日出而作、日落而息，习惯于简单再生产，安于现状、不思进取、求稳怕乱，不愿创新和改革。这种传统文化影响，使行政改革缺乏推动力，人事管理缺乏激励机制，人们对行政改革缺乏必要性和自觉性认识，脆弱的心理承受能力导致改革中止或迟缓，尤其是改革中涉及利益调整时更是阻力重重。

4. 重形式而轻效率

传统行政文化中注重形式，官场办事讲究烦琐的程序和规则，公文样式千篇一律，导致行政管理中爱做"官样文章"，办事拖拉，机构臃肿，人浮于事，决策迟缓，影响行政效率的提高和行政目标的实现。

5. 重人治而轻法治

传统行政文化中治国安邦往往是重人轻法的，从先秦"有治人，无治法"和"法不能独立……得其人则存，失其人则亡"（《荀子·君道篇》），到明清"有治人无治法，若不行其人即使尧舜之仁，皆苛政也"（《清世宗实录》），大体反映了这一点。中国历代法典中从来没有约束皇帝权力的条款，法自君出，权力支配法律，以致人们习惯于接受能拯救自己的清官和救星，对保障社会正常运转和人民基本权力的法律毫无兴趣，不习惯用法律来捍卫自己的权利，人情风盛行。在行政活动中往往表现为行政权力凌驾于法律之上，行政决策和执行缺乏法律的约束，有法不依、执法不严成为常事。

（二）传统行政文化中的积极影响

1. 有利于政府机构改革的实现

政府机构改革的目标是建立办事高效、运转协调、行为规范的行政管理体系，提高为人民服务的水平，内在地包括民主和效率两个相互依存的价值取向，这与传统行政文化的某些民主性思想有相通之处。在现代社会仍具价值的传统行政文化思想，对政府机构改革目标的制定和实现有着促进的作用：

（1）"民本"思想的积极影响。古代"民本"思想是指以民众为社稷之根本，并以民众为发政施治之基础与标准的政治和行政学说。"民本"思想的主要内容既包括"君为民立"、"吏为民役"、"得其心，斯得其民矣"的民本价值观，也包括爱民、利民、保民、富民等实现民本思想措施和手段，还包括察民情、顺民意、安定民生、体恤民疾和取信于民的方式和目的。当前中国的政府机构改革，归根结底是要提高为人民服务的水平，可见"民本"思想有助于政府机构改革目标的制定和实现。

（2）"仁政"思想的积极影响。古代"仁政"思想是同"霸政"思想相对立的，"仁政"思想是一种"以德行仁者王"的王道行政学说，它以"德治"为其运作基础，是一种将行政问题道德化的学说。"仁政"思想的主要内容包括薄税负、轻刑罚、救济穷人和保护工商等方面，至今仍有超时代、超阶级的价值。对政府机构改革而言，要实现民主和效率的改革目标，就必须精简机构、裁撤冗员、减轻纳税人的负担，同时又要完善社会保

行政管理学

障制度,"惠顾在社会竞争中的最不利者"。由此来看,古代"仁政"思想对促进政府机构改革仍然具有积极意义。

2. 有利于行政关系的协调

在社会转型时期,由于我国政治、经济、文化的飞速发展和剧烈变动,使行政系统面临许多新的问题与压力,这就要求必须加强行政协调。这里的行政协调仅指行政系统内部关系的协调,既包括中央政府和地方政府、地方政府之间、地方政府内部的各种关系的协调,又包括地方政府与职能部门条块关系的协调。

行政关系协调是政府机构改革的题中应有之义,传统行政文化中关于人际关系的某些有价值的思想和观念,可以作为行政关系协调的一个重要观念,如"贵和"、"和而不同"等观念。在改革中央政府和地方政府的关系,调整地方政府内部利益关系的过程中,仍具有积极的意义。

3. 有利于行政道德的建设

建设一支高素质的行政人员队伍,是政府机构改革的目的之一,为建立这样的一支队伍必须加强行政道德建设。现阶段我国行政道德的理论、措施、手段和方法的建设,都可以从传统行政文化中找到可资借鉴的资源,如忠于国家,严守机密;依法行政,秉公办事;不谋私利,廉洁奉公;忠于职守,勤政负责;精通政务,高效行政;各司其职,团结合作等规范性内容,与传统行政文化中的"忠恕"观念、重义轻利观念等都有诸多相通之处。

再者,行政道德建设中的一些措施、手段和方法,如教育手段、监察手段、法律手段和制度手段等,与古代行政文化中传承下来的教化、监察、法治手段亦有着惊人的相通之处,这些对行政道德建设都可以起到一定的促进作用。

二、现代行政文化的创新

(一) 创设良好的行政环境

要注重通过大力宣传和报道"执政为民、服务发展"的先进典型,适当曝光和鞭挞阻碍"执政为民、服务发展"的反面事例,在各级党政机关及其公务员队伍中营造争先进、创一流的良好氛围,让人们在具体的事实和鲜活的报道中体验感悟"执政为民、服务发展"的行政文化理念,引导公务员创新行政实践,在全社会创造一种加快发展的良好环境,带动整个社会文化更加先进和谐。

(二) 培育先进的行政观念

所谓先进的行政观念就是坚持马列主义、毛泽东思想,高举邓小平理论和"三个代表"重要思想伟大旗帜,全面落实科学发展观,坚持以人为本,全心全意为人民服务,坚持科学执政、民主执政和依法执政,其核心是执政为民、服务发展。具体体现在三个方面:

第一,树立公众需求的服务行政观。政府及其公务员必须服务于社会,以保护和促进公共利益为职责;树立正确的世界观、人生观和价值观,树立顾全大局、忠于职守、诚实守信、公道正派、无私奉献的行政道德观,以及求真务实、开拓创新、雷厉风行、讲求实

第十三章 行政文化

效的行政效率观；全体国家公务员必须努力发扬自强不息、开拓开放的人文精神。

第二，树立公正、法治的社会行政观。要树立权为民所用、情为民所系、利为民所谋的行政权力观；以法律为行政管理的唯一准绳，通过法律的治理获得公正的社会秩序。

第三，树立公开、透明的民主行政观。要树立相信群众、依靠群众、关心群众、服务群众的行政群众观；实现政务公开，使公民享有充分的知情权、监督权，由封闭型行政文化向开放型行政文化转变，从根本上铲除腐败产生的土壤；要使公务员真正树立起先进的行政理念，重在教育，实在推动，深在践行，贵在坚持。

（三）完善立体的行政道德

要建立健全由政治监督系统和行政道德建设系统两部分组成的监督体系，形成对党政机关及其公务员的工作作风、服务态度、工作水平进行全方位检查和监督的网络，有效促使公务员摒弃官官相护的传统文化，破除任人唯亲的裙带作风，克服办事推诿、公文"旅行"的官僚主义，消除以权谋私、"吃拿卡要"的腐败现象，让不法不轨分子无藏身之地，受到严厉惩处。

要汲取我国传统行政伦理中文化民本、廉政、勤政的精髓，在德治和修身、齐家、平天下的传统下，结合全心全意为人民服务的宗旨，重塑有中国特色的现代行政道德文化。以德治国是我国的一项重要的治国方略，目前最为重要的是构建并完善行政道德的法律框架，把德治与法治有机地结合起来，既要借鉴国外的先进经验，又要结合本国的现实国情；健全行政道德的责任机制，通过健全的责任机制使公务员明确自己的服务对象，同时促使行政程序的简化和行政绩效的提高。

（四）建立严密的行政规则

"不以规矩，不成方圆"。要以《中华人民共和国公务员法》和现行的有关法律法规为基本依据，建立具有创造性、针对性和可操作性的行政行为规则，使"执政为民、服务发展"的行政理念转化为政策措施，转化为行政行为方式，转化为行政道德实践。

规范决策程序，对涉及经济社会发展全局的重大事项，要广集民智，充分进行协商和协调，对专业性、技术性较强的重大事项，要认真进行专家论证、技术咨询和决策评估，对与群众利益密切相关的重大事项，要实行公示、听证等制度，并建立决策失误追究制度；规范办事流程，理顺部门之间的关系，杜绝相互推诿扯皮，推行限时办结和超时许可，着力提高行政行为效率；规范行政质量标准，按照部门职责和一岗一责的要求，确定质量标准，并建立与之相配套的评议评价和奖优罚劣机制；规范政务公开，在保证国家信息安全的前提下进一步扩大政务公开的范围，提高行政行为的透明度。

行政管理学

第三节 行政伦理概述

一、行政伦理的含义

伦理属于社会意识范畴，是人们在行为实践中所应遵循的常理、规则。这种常理、规则是在社会生产、社会发展的进程中，人与人、人与组织、人与社会的互动中形成的，它作为协调关系、整合利益、分担责任的习惯、意识和行为准则，内化于社会心理中。通过对善与恶、正义与非正义、公正与偏私、诚实与虚伪、荣誉与耻辱的认同与唾弃，指导人们实践，因此伦理规范成为维系社会的平衡器，而反伦理的行为将为社会所不容。

行政管理的特殊性在于其建立的基础的公共性，它依托于公共权力，去进行谋求公共利益的活动，包括履行政府的职能，制定公共政策。行政管理是为公众提供服务的活动，在行使权力的同时要对公共权力主体负责。因此，作为行政的承担者，政府组织或公务人员活动在特殊的领域，要遵循特殊的行为规范。

行政伦理是行政管理领域行政组织或行政个体在行政公务活动中所遵循的伦理规范。即公务人员对应该做什么、不应该做什么、应该怎样做的价值判断、道德选择，对如何达到行政管理的合法性和合理性道德的追求。因此，行政伦理是任何行政主体所无法回避的现实问题，它包括这样一些要素：公共利益、公共责任、权利、义务、公正等。这些要素存在于行政管理领域的行政活动之中，存在于政府过程之中。政府过程实际上是政府同政党、政府同社会、政府同利益集团、政府同公民相互作用的过程，这一复杂的过程也就构成了行政伦理关系的多元维度，即行政官员个体、上级与下级、个体与行政组织、个体与公民、行政组织与行政组织之间的道德关系。

二、行政伦理的特点

虽然行政组织是由具体的公职人员组成的，个人受良知和社会舆论的制约，但是个体伦理的集合并不能达到行政伦理的需求。首先，行政伦理行为的主体是肩负行政管理的人，他首先是行政人，然后才是社会人，故行政伦理和社会伦理的标准不同；其次，握有公共权力的人一旦行为有失伦理规范，就意味着公共权力被滥用，公共权力的主体利益被侵害。但是行政伦理又是建立在社会伦理之上的，很难想象一个道德品质恶劣的人能够服从行政伦理的教化。因此行政伦理是建立在社会伦理基础之上的高级伦理。

（一）政治性

伍德罗·威尔逊的《行政学研究》将政治和行政截然分开，民选的政治家专司政策的制定，行政官僚的任务专指执行政策，政治行政二分论一度被西方国家奉为金科玉律。然

而任何制度设计都不可能使两者泾渭分明,公共部门的行政或管理并非存在于真空之中,公众、政府的政治领袖及其公务员之间,由于制度安排和政治上的相互作用,彼此有非常密切的关系而且紧密地联系在一起。可见政府行政不可能游离于政治之外,并且行政管理的扩张和发展的现实也说明政治行政两分论只是一种理论模型。一方面行政官僚大量地参与政策的制定,另一方面行政的自由裁量权显示行政不仅仅是对法律的被动执行。因此行政权力作为公共权力的组成部分必然反映统治阶级的意志,为统治阶级的统治提供行政支持,因此行政权力、行政人员的伦理规范要符合统治阶级的需要。国家公务人员的道德规范是其政治规范的具体体现,并且许多政治规范本身就是公务人员的道德规范的具体内容。

(二) 自律性

行政伦理表现为公务员应具备的道德品质,而公务员是有特定身份的人员,因此行政伦理更多地表现为公务人员在管理公共事务过程中的自我约束。国家公务人员在履行行政职责时,对责任的强烈意识形成处理公务的判断标准。角色定位是否准确,个人利益与公共利益是否混同,部门利益与整体利益是否一致,当这些问题发生,并可能出现冲突时,良心、信仰、正义、责任等品性就自觉地结合在一起,帮助公务人员作出选择。行政伦理的目的就是帮助公务人员养成优秀的道德品性,并且使其成为行政自觉的、首选的价值出发点。当行政行为面临选择时,行政伦理指导其作出正确的决定;在行政行为进行的过程中,行政伦理随时预防行为的偏差;当行政行为实施后,行政伦理起评判作用,违背行政伦理规范的行为受到谴责,符合伦理规范的行政受到推崇,进而更加强化对行政伦理的认同与自律。所以行政伦理建设的主要任务是充分发挥其自律机制的作用,这是一个国家行政管理水平的重要指标之一。

(三) 他律性

这是指公务人员的道德规范常常以法的形式规范下来,强制公务人员在行政活动中必须依据一定的准则、标准,按照一定的模式进行,这些规定不允许公务人员进行选择,要无条件遵守和奉行,否则要受到国家的处罚和制裁。在行政过程中,公务员代表人民行使管理公共事务的权力,这种权力足以影响到各种资源的分配,利益的平衡,并且公务人员常常受各种利益诱惑和侵蚀,因此仅靠公务人员的良心、舆论的影响不足以使公务人员自觉自律,要使权力受到制约必须借助于更高的权力,也就是法律的强制力进行外部约束。这些约束公务人员的伦理规范一般散见于国家宪法、法律、规章和制度中,或专门制定的行政人员伦理规范。可见,行政伦理的他律作用在于为公务人员明示出其所应遵从的道德底线。

(四) 变动性

行政伦理受各国的传统文化、社会文化的影响,每个国家每个民族都有不同的思维定式和行为标准,即使是同一国家,在不同的社会发展时期,社会文化、思想观念的变化也会反映到公务人员的行为和观念中,所以行政伦理也显示出其动态性特点。100多年前"价值中立"是西方公务人员基本的伦理标准。而今，随着 20 世纪末全球行政改革风潮的兴起，许多西方国家开始强调高级公务员的政治倾向和政治敏锐性，强调高级公务员要像政治家那样关心公共政策的价值导向，甚至"两官分途"也不再是铁板一块了。随着行政管理中公共事务的民营化、签约外包、分权化等制度设计的增多，由于过于强调管理主义的工具理性，行政伦理道德问题受到忽视并引起多方质疑。其实，新公共管理的制度选择与公共领域中的低效率、浪费等反伦理的行为不无关系，强调公共服务的市场化，强调公共服务的顾客导向，可能威胁到传统的行政道德标准，但同时也产生一些新的道德理念。因此行政伦理的标准、内容不是一成不变的，会随着时代的发展，环境的变化而变化，但是代表民意行使公共管理权力的行政职责所应有的道德原则不应丧失，新公共管理所暴露的伦理问题将更加使人们关注行政伦理的发展，丰富行政伦理的内涵。

三、行政伦理的分类

从行政伦理的主体及行政伦理的体系考察，行政伦理包括国家公职人员伦理、行政组织伦理、行政组织伦理及政策伦理。

（一）国家公职人员伦理

行政机关是由公职人员个体组成的，每一项公共政策的推行都要落实到具体的公务人员身上，公职人员以政府的名义行使权力，因此行政人员思想品德非常重要。国家公职人员伦理具有两层含义：一层指公职人员个体伦理，另一层指行政管理作为一种职业的职业伦理。个体伦理指行政人员的职业信念、职业态度和思想品质。职业信念指公务人员对行政管理的价值、目标的高度认同，并希望通过自身职业行为实现这种价值追求，它反映出公务人员个体的情感态度、价值标准和理想。公务人员的职业信念直接影响其对工作的热情及思想品德的形成。一个缺乏公务职业信念的人，很难想象能对工作抱以极大的热情，并会努力工作，以行政目标的实现为自我实现的目标。职业态度指公务人员从事职业活动所具有的敬业精神。公职人员的职业态度是建立在信念基础上的，对信念的追求必然反映为以积极的态度对待责任、对待权力、对待利益、热情地为人民服务。因此，"公仆"意识只有真正内化于公务人员的自觉中，公共服务的水平和效率才会提高。思想品质指公务人员的道德意志，如忠实、乐观、勇气、公正等。它们可以使政府高效运转，保持活力，维护社会公平。

行政职业伦理要求行政人员遵守行政职业的行为规范，履行职责，尽职尽责，坚持原则，秉公办事，对国家权力主体负责，为广大国民谋取利益。公务人员所从事的工作是神圣的，其责任在于维护公共利益，要从国家利益和公众利益出发。

（二）行政组织伦理

在这里，行政组织伦理主要指跟行政组织的程序与制度相关的伦理道德。它的内容非常复杂。我们主要从四个方面进行分析，即程序公正、组织信任、民主责任和制度激励。

1. 程序公正

在行政管理过程中，政府的活动和程序应该是为公众和顾客提供服务。但是，由于提供公共服务需要足够的权力和权威，所以在实际管理过程中，有一个极大的道德危险，那就是权威的价值有可能超越服务的价值，导致目标置换现象的产生。行使权力原本是公务人员提供公共服务的手段，却有可能变成他们的目的。程序设计的目的变成了为官员服务，而非用之为公众服务。这样，妄自尊大便取代了仁慈，官员的便利比公众和顾客便利更加重要，延误和诡秘甚至成为规范。因此，为了保护公众和顾客在一定程度上免受官员妄自尊大之苦，程序公正就成为公共道德的基石和公共伦理的核心组成部分之一。当然，程序的公正也涉及政策程序的公正问题，这将在下面有关部分中加以介绍。

2. 组织信任

信任意味着期望与义务的一种良性循环关系，意味着一种勇于承担义务的机制。信任关系作为一种公共管理的社会资本，它可以为公务人员的集体行动提供便利。根据社会资本理论的分析，一个群体如果其成员明显具有可以依赖的特征，并在彼此之间能够投以广泛的信任，那么，这个群体将比另一个比较而言缺乏可信性与信任关系的群体获得更多的成功。须知，良好的伦理氛围是整个组织协同工作的保证。行政组织是一个在分工基础上进行合作的整体，这不仅需要正式权力的指挥系统，也同样需要高度信任的道德支柱。从理论上讲，组织的信任应该存在于行政伦理关系的各个层面。总的来说，它包括组织内部的信任关系和组织外部的信任关系两个大的方面。组织内部信任主要表现为行政组织内部的人、群体和组织机构相互之间的义务与期望关系。组织外部信任主要表现为行政组织与作为行政客体的公民之间的义务与期望的关系。高度依赖的行政组织必须履行相应的义务来满足公民所寄托的期望。组织内部的信任关系是行政管理成功的保障，也是政府赢得公民依赖的前提。组织外部的信任关系表明政府的合法性程度，反过来也会影响到行政权力运作的成功。

3. 民主责任

行政伦理责任包括主观责任和客观责任两个方面。如果说主观责任表现为公务人员个人的责任心，那么客观责任可以说表现了行政组织制度的"责任心"。行政组织的客观责任一般包括五大部分：

（1）组织要求的责任。
（2）法律方面的责任。
（3）职业方面的责任。
（4）政治方面的责任。
（5）社会道德方面的责任。

所以，客观层面的行政伦理责任由制度和职业关系客观决定。一方面，组织制度规定了公务人员在其中的角色，从而规定了公务人员的客观责任。另一方面，行政组织本身也承担着公共管理主体的角色，组织的集体责任也由制度所规定。公共组织的存在是为了公众的利益。世界银行把公共责任作为判断一个政府对社会进行良好治理的重要标志。与此相关的还包括政府治理的合法性、透明性、法治、回应和有效性等。这些要素都说明了责任对于民主的意义。行政管理的伦理责任主要应该是对于公众的责任。公务人员的目标与价值如何反映民意，行政主体的自主性目标与偏好怎么接受政治监督，这些都涉及伦理责任。反之亦然，行政主体应该增加政治透明度，保证公民的知情权。民主的责任还应该包括在不同社会价值之间的协调与整合，以及如何体现社会的可持续发展价值，这本身也是一种伦理行为。

4. 制度激励

行政组织的伦理还体现在组织激励的层面。这一点是较早为人们所认识到的。自从人际关系学派产生，科学管理运动中的非人道主义就已经开始被清算。组织制度对于人本、人性问题的考虑也就成为组织伦理的重要内涵。作为伦理问题的组织激励主要必须解决怎样处理效率和公平之间的关系。这些问题在一定意义上又和政策伦理相关。

（三）政策伦理

政策伦理是指政策制定时的道德选择，是指政策制定过程中伦理价值是否存在并起什么样的作用，是以公共利益为先，还是个人的偏好影响决策。政策的制定必然涉及公共利益和个人偏好。政策伦理就是要处理好二者之间的关系，通过正义的选择，实现社会利益和社会负担的合理分配。人们伦理的选择受各自价值观的左右，政策伦理的选择应反映社会核心的价值观，应把政策选择的社会效益作为选择的价值取向。

第四节　行政伦理失范与治理

行政伦理失范一直是困扰行政管理发展的难题。行政管理的目标是追求公共利益的最大化，然而公共利益实现的手段——公共权力在一些行政人员或行政组织手中异化为一种"资本"，他们通过"资本"的使用谋取私利。这就是行政伦理失范。行政伦理失范有其深层的原因，也就是行政伦理的困境。

一、行政伦理失范的类型

正如社会领域中缺少道德的行为千变万化一样，在行政管理领域中伦理失范的表现形式也是五花八门。主要有以下几种类型。

（一）政治类失范

政治类失范主要表现为权力再分配过程中的权力交易。例如，美国文官制度中规定，可有小部分人不用经过考试而受聘任职，因此总统在法律的限度内的决定权就取决于总统的偏好了，而其偏好常常同所任命的人的才干无关。或是出于竞选时为自己奔走效力的回报，或是因为同自己的政策观点相同。如此选中的人员其专业水准将大打折扣。如里根任内的住房和城市发展部的几个重要职位就是论功行赏的奖品，而这些人对美国的住房和城市发展政策一知半解甚或一窍不通，他们对美国住房和城市发展的"贡献"使该部门臭名远扬。我国在各类行政人员的录用、选拔、任命等方面也存在任人唯亲的现象，甚至在权位的竞争中进行非法交易或是买官卖官，使党和政府的形象受到严重损害。

（二）失职类失范

失职类失范主要指行政人员无视自身应负的责任和义务，滥用职权或不能尽职尽责。这是行政伦理失范最为普遍的现象，小到对工作敷衍了事，勉强应付，大到玩忽职守给国家和人民造成重大损失。人们至今对 1986 年 1 月 28 日美国"挑战者号"航天飞机在升空后突然爆炸的场面记忆犹新。事后的调查结论令人震惊——这骇人一幕本可以避免，因为在发射前美国航天航空局就已经知道一个关键性的橡胶零件存在问题，预定发射的前夜技术人员极力反对按时发射，而该局的主管人员对警告置若罔闻，一意孤行，终铸大错。这个事故所付出的代价恐怕不仅仅是七名宇航员的生命。

（三）经济类失范

经济类失范主要表现为公务人员私自从事营利性活动。例如，我国《中国共产党党员领导干部廉洁从政若干准则》中所禁止的行为有：个人经商，办企业；违反规定在经济实体中兼职取酬，以及从事有偿中介活动；违反规定买卖股票；个人在国（境）外注册公司或投资入股；等等。但是再严密的制度也不可能根绝失范现象的发生，现实中依然存在或变相存在的这类行为还很多，经济类失范更直接地表现出缺乏道德的行政人员满足私利的欲望。

行政伦理失范的类型还有组织人事类失范、侵犯公民权利类失范、违反社会公德类失范和违反社会管理秩序类失范等类型。实际上道德问题在行政管理中的表现是多种多样的，有些反映明显，而更多的是介于中间的形式，人们很难分清是道德的还是非道德的，并且行政人员还可找出各种理由予以辩解。例如效率问题，是工作缺陷还是道德的缺失？美国前总统卡特的白宫办公室出现了一只死老鼠，看似一桩小事，处理起来却费尽周折，总务局和内务部为谁负责把死老鼠请出去互相争吵，为此还成立了一个由白宫领导的特别小组。我国南方某市也出现了打鼠办公室设众多官员领导和一名投饵员的笑话。这不能仅仅归咎于官僚制度。

行政伦理失范主要表现在行政人员个体身上，对行政组织伦理失范的行为往往不好界定。但是行政组织从自身部门利益出发，经常表现为：对能为部门带来利益的公共管理事务相互争管，而对没有利益的事务互相推诿。组织伦理失范比个人伦理失范受关注的程度小，危害结果一般不能很快显现，但是其严重性会在很长时间内存在。

二、行政伦理失范的原因

行政伦理失范的原因可分为历史的原因、社会的原因、文化的原因、制度的原因、结构的原因和政治的原因。这些原因在不同的国家和地区，或不同的历史时期所起的作用是不同的。但是行政管理的特殊性决定了，无论是个人还是组织在这个特定的情境中都面临着角色冲突、权力冲突、利益冲突，这些构成了行政伦理的困境。

(一) 角色冲突

现代社会中个人扮演的角色越来越复杂,每一种角色在社会关系中具有不同义务,不同的行为方式。从组织外部的角度看,行政人员既是公民,又是公务人员,要承担公民的义务同时也要承担行政要求的责任。从行政组织对公务人员的要求看,要求公务员对法律负责、对组织制度负责、对上级负责、对集体负责。角色的对抗导致责任的冲突,如何处理这些冲突就是行政人员面临的伦理问题。如果角色错位,即以一个普通公民角色对待公职,就会将神圣的职位看作是谋取个人利益的手段,或将自己置于社会关系网中,公职就成为了尽父母之责、亲友之义的工具。角色错位不仅是以权谋私、滥用权力的根源,也会使公务人员在该尽职责时"忘记"身份,导致行政失职。

(二) 权力冲突

从结构层面上,行政管理人员的权力来源于法律、公众和政府。从制度层面上,行政人员的权力来自自己的上级。官僚制度的权力运行路线是单向的,个人服从集体,下级服从上级,上级服从更高的权威。罗伯特·默顿在谈到官僚制过分强调遵从、纪律时说:"坚持这些规则的要求最初被看作是一种手段,但是渐渐地变成目的本身。当'一种工具性的价值变成一种终极性的价值时',会发生'目标移位'的类似的过程。无论在任何情境中人们很容易把纪律解释为遵守规定。人们不把它看作是旨在实现具体目标的一种做法,而逐渐把它变成一种官僚在组织中生活的直接价值。由于原有目标移位的结果,强调纪律会发展成为一种僵化的做法,并且缺少迅速作出调整的能力。①"即便是服从,如果多种权力相加,并且这种权力要求的结果并不一致时,权力的冲突便会带来责任的冲突。例如:上级的要求违反法律的要求,或是两个直线领导发生的指令相冲突,或是上司的命令违背公众的利益,当行政人员陷入两难选择的困境时,就要受到道德的拷问。

(三) 利益冲突

角色冲突、权力冲突的结果必然导致利益之间的冲突。人们受雇扮演公务员角色(尤其是选举产生的公务员和行政人员角色)常会体验到公共利益和个人利益之间的紧张关系,也常为如何处理这些紧张关系而进退维谷。公共组织的公共性不等于抹杀行政人员主体个性,行政人员的个人利益也应受到尊重。公共组织不仅是为了公共利益而构建的集体性的部门,也应该是个人试图通过事业的发展而实现自己个人利益的领域。个人利益包括个人对行政职业的认同而选择从事这一职业,把自我同行政管理价值目标的实现结合起来,也包括个人的蝇头小利,如果单纯强调后者就会使公共利益受到伤害。20世纪后影响广泛的公共选择学派把政治家、官僚看成是追求个人利益、效用最大化的"经济人",这是试图将个人主义极端化以解决公共利益和个人利益之间的冲突,每个人寻求自己利益最大化的长期后果必然会削弱政府的权威和影响,败坏"公共"的名义。

---

① [美] 罗伯特·K·默顿:《官僚制和人格》,载彭和平等:《国外公共行政理论精选》,中共中央党校出版社1997年版,第98~100页。

三、行政伦理失范的治理

行政伦理的失范是行政伦理治理的直接动因。"水门事件"引发了学者、政府和美国民众对行政伦理的思考，推动了美国行政伦理研究和建设的迅速发展。行政伦理作为一门学科确立了应有的地位，各个国家对行政伦理的治理体现出全方位、综合性的特点。

（一）行政伦理协调机构

许多国家都认识到行政伦理建设中组织推动的重要性。负责伦理问题的专项机构，其职责是对伦理建设中的各项环节给予支持和协调。经济合作和发展组织（OECD）各成员国将行政伦理建设列为行政改革的重要任务之一，纷纷设立协调机构。如美国在联邦政府内设立独立的政府伦理办公室，英国成立"公共生活规范委员会"，澳大利亚由"管理顾问理事会"负责，新西兰则叫"国家服务委员会"。这些机构的工作各有侧重，一般有三种类型：门卫型主要调查、起诉违反行政伦理并构成犯罪的案件，顾问型侧重于向行政机关或各公共机构提供咨询和建议，推动型重点放在宣传教育上。

（二）行政伦理的教育

行政伦理建设有赖于正确的引导，行政伦理教育的作用不可估量。一般教育培训的内容分为两部分：一种是对初任公务人员的行政伦理规范和基本伦理知识的培训；另一种将行政伦理作为实证方法进行教育，帮助有行政工作经验的人不断提高解决伦理问题的能力。美国政府伦理办公室属下的教育办公室负责行政系统员工的道德教育，他们通过办培训班、出版刊物及其他宣传材料等多种形式进行。由于师资力量强，教学方法多样，更是由于行政工作的切实需求，参加培训的人员每年递增，以至于培训班供不应求。可见行政伦理教育的针对性是提高教育实效的关键所在。

（三）行政伦理立法

行政伦理立法是行政伦理保障的外部机制。人的道德品质的不完善和认识客观事物的局限性，无法避免行政人员永不发生行政偏差。道德约束的随意性和效率低的特点需要将一些道德规范以法律形式固定下来，形成公务人员的行为规范。如美国国会1978年通过《美国政府行为伦理法》。亚洲一些国家近年来也制定了专门的行政道德法典，1981年韩国颁布《公职人员伦理法》，1999年日本颁布《国家公务员伦理法》。除了专门的法典，一些国家将对公务员道德标准的要求在宪法、行政法和刑法等法典中加以规定。我国2002年颁布《国家公务员行为规范》，对公务员的行为作出规定，明确规定公务员能做什么，不应该做什么。此后，为进一步规范公务员行为，促进勤政廉政，提高行政效能，2005年颁布《公务员法》。公务人员行为规范的核心内容是公务人员职业道德规范，包括树立廉洁奉公、忠于职守、兢兢业业的职业精神和作为公务人员必备的知识及公职人员工作中应有的技能等。

行政伦理规范内容可谓林林总总，周到细密，但总会有漏洞，漏洞对于有道德的人无

行政管理学

任何价值,而对无道德的人则意味着可资利用的"机会"。因为"法律和规章永远也不可能把一个有道德的人所应该做的事一件不漏地讲得一清二楚。法律和规章只能设定行为的最低标准。而行为上可能的差异是数不胜数的,根本不可能靠一纸条文来描述和查禁"①。因此行政伦理建设是综合的治理过程,伦理规范的他律机制固然重要,但是行政伦理水平提高的根本还要靠公务员的自觉与自律。

【案例分析】

公职人员的行政伦理道德与党风廉政建设

十八大以来的党风廉政建设与反腐行动

中共中央政治局 2012 年 12 月 4 日在北京召开会议,会议强调,领导干部特别是高级干部作风如何,对党风政风乃至整个社会风气具有重要影响。抓作风建设,首先要从中央政治局做起,要求别人做到的自己先要做到,要求别人不做的自己坚决不做,以良好党风带动政风民风,真正赢得群众信任和拥护。要下大决心改进作风,切实解决群众反映强烈的问题,始终保持同人民群众的血肉联系。

对于改进工作作风、密切联系群众,党的十八大有明确部署,要求"坚持以人为本、执政为民,始终保持党同人民群众的血肉联系""坚持艰苦奋斗、勤俭节约,下决心改进文风会风,着力整治庸懒散奢等不良风气,坚决克服形式主义、官僚主义,以优良党风凝聚党心民心、带动政风民风"。

会议一致同意关于改进工作作风、密切联系群众的八项规定:

(1) 要改进调查研究,到基层调研要深入了解真实情况,总结经验、研究问题、解决困难、指导工作,向群众学习、向实践学习,多同群众座谈,多同干部谈心,多商量讨论,多解剖典型,多到困难和矛盾集中、群众意见多的地方去,切忌走过场、搞形式主义;要轻车简从、减少陪同、简化接待,不张贴悬挂标语横幅,不安排群众迎送,不铺设迎宾地毯,不摆放花草,不安排宴请。

(2) 要精简会议活动,切实改进会风,严格控制以中央名义召开的各类全国性会议和举行的重大活动,不开泛泛部署工作和提要求的会,未经中央批准领导干部一律不出席各类剪彩、奠基活动和庆祝会、纪念会、表彰会、博览会、研讨会及各类论坛;提高会议实效,开短会、讲短话,力戒空话、套话。

(3) 要精简文件简报,切实改进文风,没有实质内容、可发可不发的文件、简报一律不发。

(4) 要规范出访活动,从外交工作大局需要出发合理安排出访活动,严格控制出访随行人员,严格按照规定乘坐交通工具,一般不安排中资机构、华侨华人、留学生代表等到机场迎送。

(5) 要改进警卫工作,坚持有利于联系群众的原则,减少交通管制,一般情况下不得

---

① 中国政府采购网:《借鉴美国政府采购官员选拔制》,2007-1-15,http://www.ccqp.qov.cn/gjcg/jyjs/5272.shtml。

封路、不清场闭馆。

(6) 要改进新闻报道，中央政治局同志出席会议和活动应根据工作需要、新闻价值、社会效果决定是否报道，进一步压缩报道的数量、字数、时长。

(7) 要严格文稿发表，除中央统一安排外，个人不公开出版著作、讲话单行本，不发贺信、贺电，不题词、题字。

(8) 要厉行勤俭节约，严格遵守廉洁从政有关规定，严格执行住房、车辆配备等有关工作和生活待遇的规定。

党的十八大以来，新一届领导集体对腐败坚持"零容忍"，以"八项规定"为突破口，不断完善相关规章制度，在"打虎"的同时也"拍蝇"，办理了一系列重大案件。周永康、徐才厚、令计划、苏荣等"大老虎"相继落马。

查处一系列大案要案，抓捕一大批腐败分子，一大批违法违纪公职人员受到党纪国法处分，教育、警示、威慑了各级党政干部，政府官员插手企业微观经营活动的现象、政商勾结和利益输送的现象显著减少。党风廉政建设取得明显好转，2015年国家统计局开展的民意调查显示，91.5%的群众对党风廉政建设和反腐败工作成效表示满意，比2012年提高16.5个百分点。

河北邢台市长就遭受洪涝灾害向全社会致歉

2016年7月23日，邢台市市长董晓宇在邢台市抗洪救灾新闻发布会上表示，没能保护好人民群众生命财产安全，深感自责和内疚，将对这次抗洪中工作不力的责任人先停职、后调查。

董晓宇表示，这次七里河洪水给邢台市开发区造成重大人员伤亡和财产损失，令人十分痛心，教训十分深刻。第一，对这次短时强降雨强度之大，来势之猛，预判不足；第二，由于多年来未发生大的洪灾，各级干部抗大洪、抢大险、救大灾的应急能力不足；第三，灾情统计、核实、上报不及时、不准确。

注：2016年7月19~21日，河北邢台市发生连续强降雨，暴雨出现范围大，多个站点的日降雨量突破极值。在特大强降雨作用下，邢台市西部山区大面积山洪暴发，水库暴涨，河道满溢，行洪区被淹，滞洪区滞洪。部分村庄群众转移不及时，被水淹没，一些村庄受灾严重，河北邢台洪灾已致34人死亡13人失踪。

2016年7月18~20日，河北发生历史罕见的特大暴雨。据河北省政府统计数据，截至23日18时，河北洪水受灾人口达904万，因灾死亡130人、失踪110人。

河北通报4名防汛工作落实不力责任人：将依法追责经河北省委研究决定，对此次防汛抗洪抢险救灾中工作不力的邢台市经济开发区党工委书记、管委会主任段小勇，邢台市经济开发区东汪镇党委书记张国伟，石家庄市交通运输局党组成员、总工程师何占魁，井陉县副县长贾彦廷，作出停职检查决定，进行调查，分清责任，依法追责。

(根据网络资料整理而来：http://www.guancha.cn/society/2016_07_24_368627.shtml)

思考题

1. 就本案例的两组材料，你认为行政伦理应该主要包括哪些内容？
2. 从行政伦理的角度，你如何看河北邢台市长就遭受洪灾向全社会道歉的行为？

3. 根据八项规定，如何看待和纠正我国传统行政文化存在的一些不良风气？
4. 在我国，党员干部党风廉政建设与行政伦理之间存在何种关系？

【本章小结】

　　行政文化是指行政意识形态，即在行政实践活动基础上所形成的，直接反映行政活动与行政关系的各种心理现象、道德现象和精神活动状态。这属于狭义的行政文化范畴。

　　行政文化是一种多层次的、复合的文化，它的形成受到多方面因素的影响，如历史条件、地理环境、社会制度、民族特点、文化心理、文化背景、传统习惯等，从而，行政文化具有历史性、政治性、时代性、延续性、民族性、相互转化性等特点。而行政伦理是行政管理领域行政组织或行政个体在行政公务活动中所遵循的伦理规范，即公务人员对应该做什么、不应该做什么，应该怎样做的价值判断、道德选择，以及对如何达到行政管理的合法性和合理性道德的追求。其具有的政治性、自律性、他律性、变动性的特点使行政伦理失范成为可能。行政伦理失范可以通过立法、教育、机构协调等方式来进行治理。

【复习与思考】

1. 如何理解行政文化的含义？
2. 行政文化的特征是什么？
3. 如何理解行政文化的作用？
4. 行政文化创新的主要途径有哪些？
5. 什么是行政伦理？
6. 行政伦理有哪些特点？
7. 行政伦理失范的主要类型有哪些？
8. 你如何理解行政伦理的困境？

第十四章 电子政务

不管怎样,如果你不在乎网络,网络会在乎你。只要你想生活在社会中,就是现在你在的地方,你不得不面对网络社会。因为我们生活在网络星河中。

——[美]曼纽尔·卡斯特(Manuel Castells)

【知识要点】

通过本章学习,使学生掌握电子政务的含义、区分电子政务与传统政务、电子政府等相关概念,了解电子政务的功能;熟悉电子政务模式、电子政务建设的基础平台和技术支撑,深刻理解电子政务建设的理念;了解我国电子政务发展的历程,理解我国电子政务发展的特点、未来电子政务发展的趋势,掌握我国电子政务建设的重点。

【关键术语】

电子政务;技术功能;价值功能;技术支撑;信息交换中心;数据中心;数字鸿沟;信息孤岛

随着信息技术和网络技术的发展,建立一个适应网络时代要求的经济、政治体制和法律、道德文化体系已经成为现阶段各国政府的重要事务。相对于传统政务来说,电子政务是一种网络技术与政府管理相结合的崭新的政府管理模式,它的构建必然以提高政府透明度为主导取向,以改善公共服务为基本目标,不但要能促进政府管理的创新以及政府行为机制的现代化,而且还要能促进以政府管理体制改革、民主制度完善、决策民主科学以及政府管理廉洁高效为内容的政治文明建设。

第一节 电子政务概述

作为社会政治组织的核心而又以管理社会公共事务为己任的政府,构建适合网络时代要求的电子政务已经不仅仅是个技术领域的问题,更重要的是明确电子政务的内涵和功能,只有这样才能更有效地推动电子政务的建设与实现。

一、电子政务的含义

"电子政务"是美国前副总统戈尔于1993年提出的一个理想政府的概念,是根据英文

electronic government 翻译而来的，是相对于电子商务而提出的。一方面，与电子商务概念一样，是一个崭新的概念，直到现在，还没有一个权威的定义，并且还在不断地发展之中。另一方面，由于电子政务是电子信息技术与政务活动的交集，所以它的内涵和外延在很大程度上取决于如何对电子信息技术和政务活动所下的定义，可以说对"电子"与"政务"的明确界定是定义电子政务的基础。

首先，是电子。电子实质指的是对以微电子、计算机、通信技术为代表的信息技术的应用。其技术基础，主要有计算机系统、网络技术、数据库技术。基本技术，则是计算机网络。而所谓计算机网络，是用传输介质把分布在不同地理位置的计算机和其他通信设备连接起来，实现数据通信和资源共享的分布式系统。计算机网络的构成包括计算机系统、通信设备、传输介质和网络协议软件。

其次，是政务。政务有广义和狭义之分，广义的政务泛指各类公共管理活动，是与政权有关的公共事务管理，它除了包括政府行政机会均等的行政事务外，还包括立法、司法、政党、社会团体以及其他各种公共组织管理事务，诸如检察、审查以及社区等事务。而狭义的政务则专指政府部门的管理和服务活动。

与以往的政府行为相比较，电子政务是政府以计算机网络技术为物质基础，将其管理和服务的职能转移到网络上完成，充分利用政府掌握的各种资源，实现政府信息与政府业务的充分共享和高度集成，同时实现政府组织结构和工作流程的重组优化，超越时间、空间和部门分割的制约，向全社会提供高效优质、规范透明和全方位、个性化的管理和服务。因此，我们可以给电子政务下这样一个定义：电子政务是指政府机构在履行管理和服务职能中运用现代电子信息技术，建成精简、高效、廉洁、公正和透明的政府运作模式。

从电子政务的定义可以看出，电子政务与传统政务、电子政务与电子政府、电子政务与政府上网、电子政务与办公自动化、电子政务与电子商务有显著的区别与联系。

（一）电子政务与传统政务

1. 传统政务的特点

（1）业务流程复杂。审批环节众多，议事程序漫长。

（2）信息沟通不畅。组织内部是相对封闭的，组织成员的自主性与互动性不强，信息得不到有效流动和传输。

（3）提供服务的被动性。传统政府组织高度集权，层级制、金字塔式结构使政务的处理方式是以政府机构和职能为中心，政府在为公众服务方面处于被动的角色。

2. 电子政务的特点

（1）交互式、网络化的扁平管理体系，形成了全方位、多层次、多形式、多途径、跨越时空的信息传递渠道。

（2）运用互联网打破传统政府的组织界限，形成了一种完全开放的矩阵式组织结构。

（3）充分利用了现代信息和通信技术的发展，信息通过网络得以快速流动和传递。

（4）大大提高了政府服务的主动性，电子政务发散式的网络传递途径使公众能有效地监督政府的工作绩效，真正参与到国家的政治生活当中。

因此，电子政务与传统政务的区别主要体现在事务处理流程与支撑技术上，传统政务处理事务的方式是以政府各部门的职能为中心，而电子政务处理事务的流程是以社会的需求为中心，政府以"政府就是服务"为出发点，帮助企业、公众、社会组织等快速、高效地解决各种事务，协调各种关系。

（二）电子政务与电子政府

电子政府，又称为虚拟政府，就是在实现政府政务电子化的基础上，并主要受政务过程电子化、网络化的影响和推动，促使政府机制和体系重组，而形成的适应电子化、信息化需求的政府结构形态，实现"政府再造"。电子政府的核心内容是建构一个虚拟状态的政府及其部门结构体系，即：一个突破时间、空间限制，24 小时在线，主要存在于电子环境中，依赖信息技术手段的虚拟的、高效率的政府。

可见两者的区别主要是：
（1）电子政府是一个实体概念，电子政务是一个程序概念。
（2）电子政府主要是建立一个新的政府管理形态；电子政务主要是利用信息、技术进行行政活动，着重点在政务。
（3）电子政府是一个理想化的目标，即一种以信息和技术为依托，以实现完善的政府服务为目标的"虚拟政府"；电子政务是一个动态的过程，是实体政府利用信息和技术以提高政府效率的一种方式。

但是，电子政府与电子政务都是政府信息化进程的具体表现，都是社会信息化对政府发展的必然要求，都是以提高政府办事效率和服务水平为目标，都必须利用信息网络和通信等技术。电子政府是现有政府机构在开展电子政务的过程中，对现有的政府组织结构和工作流程进行优化重组之后所重新构成的新的政府管理组织。电子政府是电子政务的发展方向，电子政务是架构现实政府与电子政府的一座桥梁，是实现电子政府的前奏和基础。

（三）电子政务与政府上网

政府上网，是指政府把信息获取、信息公布和政务办理等工作通过计算机互联系统的集合来完成信息化建设的方式。政府上网旨在通过互联网这种快捷、廉价、生动形象的通信手段，在网上成立虚拟政府，并在网上实现政府的职能工作。

因此，政府上网的重要任务是建设政府网站，推动政府部门与公众之间的信息交流，重点应是通过开通政府网站来推动政府部门与民众之间的电子政务活动。政府上网的目的是要建立电子政府。而电子政务则是一个更为广泛的概念，它还包括政府部门内部以及政府部门之间所有的政务往来，除了政府向社会提供的公共服务事项外，政府与政府之间、政府部门与部门之间的信息交流、传递等，也都属于电子政务的范畴。电子政务对政府信息化应用程度的要求远比政府上网所实现的信息化程度要高得多。而政府上网是电子政务的重要内容之一，是政府的运行机制和效率适应信息化社会要求的必然结果。但是两者都是政府信息化进程的具体表现，都是社会信息化对政府发展的必然要求。

（四）电子政务与办公自动化

办公自动化是将计算机技术、通信技术、系统科学及行为科学应用于传统的数据处理难以处理的数量庞大且结构不明确的、包括非数值类信息的办公事务处理的一项综合技术。办公自动化强调利用先进的科学技术，不断使人的办公业务活动物化于人以外的各种设备中，并由这些设备与办公室人员构成服务于某种目标的人机信息处理系统。办公自动化除了信息处理、实时办公、公文流转、文档数据库管理等部分外，还应包括决策支持系统，其目标是实现日常工作无纸化、事务处理自动化和资讯决策智能化的现代办公，从而大幅度提高办公效率。

可见，两者的区别主要是：

（1）从业务范围上看，办公自动化涵盖的面更广泛、更具有一般性，广泛地应用于几乎所有的党政机关和企事业单位，而电子政务侧重于政府部门内部以及跨部门、系统和地区的应用，其应用主体主要是各级政府部门，是政务的电子化。

（2）从业务手段来看，政府机关内部办公自动化系统的应用群体限于政府内部的行政工作人员，一般采用客户端/服务器技术实现，而电子政务的应用群体除了政府内部的行政工作人员以外，广大企业和普通公众也是其重要的服务对象，一般采用浏览器/服务器的技术实现。

办公自动化与电子政务也是紧密联系的。办公自动化是电子政务的一个主要部分，也是电子政务的一个基础条件，电子政务是办公自动化的必然趋势。可以把电子政务看作是办公自动化系统在功能上的对外延伸，是面向全社会的政府办公自动化，是办公自动化系统从内部网（intranet）延伸到政府机构之间的外部网（extranet），再延伸到公众网（internet）的过程。任何电子政务系统都需要从办公自动化开始，它是电子政务发展过程中不可跨越的基础。

（五）电子政务与电子商务

电子商务（electronic commerce），是一种现代商业方法，指整个贸易过程中各阶段的贸易活动电子化的实现，是利用计算机技术、网络技术和远程通信技术，实现整个商务即买与卖的过程中的电子化、数字化和网络化。从交易实现方式来看，交易各方是以电子交易方式而不是通过当面交换或直接面谈方式进行的任何形式的商业交易；从交易技术来看，电子商务是一种多技术的集合体，包括交换数据、获得数据以及自动捕获数据等，这种方法通过改善产品和服务质量、提高服务传递速度，来满足政府组织、厂商和消费者降低成本的需求。

一方面，电子商务与电子政务有不同之处：

（1）电子商务是一种交易与经济活动，电子政务是一种管理与服务活动。

（2）电子商务是通过电子方式提高交易事务的效率和交易主体的经济效益，而电子政务的根本目的则是通过电子方式提高政府管理和服务的质量、效率及社会效益。

（3）电子商务的核心是贸易，电子商务的建设以企业为主导；电子政务的核心是服务，电子政务的建设则是以政府为主导。

（4）电子商务表现为多样性，面向的是全球客户，参与的主要是全球的企业和公众；电子政务表现为统一性，电子政务系统的使用只能限定于特定的政府工作人员。

另一方面，电子政务与电子商务的支撑体系是"同构"的，因此，电子政务与电子商务是相辅相成的。电子政务是电子商务核心机制在政务上的运用和对传统政务的改造。开展电子政务的前提是政府实现信息化，开展电子商务的前提是企业实现信息化。电子政务是政府对政府部门内部、其他政府部门、企业与公众进行管理和服务的电子化、网络化政务活动。同样，电子商务是企业对企业内部、其他相关企业、政府机构以及普通消费者（公众）进行管理和服务的电子化、网络化商务活动。电子政务与电子商务的交集就是政府与企业的信息接口。电子政务的开展离不开电子商务的支持，反过来，电子商务的开展也离不开电子政务的支持。

二、电子政务的功能

电子政务是政府在国民经济和社会信息化的背景下，以提高政府办公效率，改善决策和投资环境为目标，将政府的信息发布、管理、服务、沟通功能向互联网上迁移的系统解决方案。与传统的政务相比，电子政务行政方式的无纸化、信息传递的网络化、行政法律关系的虚拟化的特征决定了它自身所具有技术和价值两个方面的独特功能。

（一）电子政务的技术功能

电子政务就是利用电子技术手段开展政务活动的全新的政府工作模式，具有四项基本的技术功能：

（1）实现协同办公。办公自动化是电子政务应用中最基本的功能，通过办公自动化解决了三个主要问题：一是党政机关部门内的公文流转、审核和处理；二是解决日常的办公管理，如会议管理、日程安排、机关事务管理以及个人信息处理等；三是实现部门之间、上下级之间的公文等信息流转。协同办公是网上办公的高级阶段，它使政府运作和管理业务数字化、网络化、智能化，从而大幅度提升政府行政效率。

（2）实现政务信息资源共享。电子政务通过利用科技创新手段，打破行政信息壁垒，实现不同业务之间、不同政府机构之间的信息互联互通、协同应用。传统的政务信息基本上是在各单位内部，利用效率太低，实施电子政务，就是要通过网站和数据交换系统，使政府部门之间、政府与公众之间共享政务信息资源。

（3）实现政务公开。电子政务为公众获取政府公共信息提供了空间、时间和内容的可接近性，从根本上破坏了暗箱行政的技术基础，为社会提供了信息发布平台，打破了政府对信息的垄断，增加了公共行政的透明度，减少了权力滥用的可能性，为公众平等参与公共事务创造了条件，提高社会各界参政议政和参与社会经济事务管理的程度。

（4）提供网上公共服务。电子政务利用一网式办公的优势，使政府联合开展信息发布、互动服务、网上审批、联合信访、联动督察、大企业直通车等应用系统的建立成为可能，电子政务的发展为社会提供了网上审批、网上资料查询，使政府能通过市长信箱、论坛等方式听取百姓意见，促进了政府职能转变，优化了办事流程，方便了人民群众。

（二）电子政务的价值功能

作为政府信息化的核心内容，电子政务不是传统政务与信息技术的简单叠加，也不是传统政务模式的电子化复制，而是借助于信息技术对传统政务的全面改造，使政府、社会与民众的交流、互动都变得容易，政府系统的反映、决策、沟通能力也得以大大提高，并从根本上把政府治理从封闭的行政系统中拓展出来，体现了其四项价值功能：

（1）更新政府行政价值观念。电子政务的目标是推进政府部门办公自动化、网络化、电子化，实现全面信息共享，打破行政机关的组织界限，以实现广泛范围意义上的、政府机关间及政府与社会各界之间的电子政务。它依据人们的需求、可以使用的形式、要求的时间及地点，提供各种不同服务。电子政务的推进必将使过去以政府为中心、政府以社会"主人"的身份进行的政府活动，更新为政府以社会为中心、以社会"仆人"的身份对社会、公众进行服务，推进服务型政府的建设。

（2）推动政府行政范式转换。电子政务的推行，拓宽了公众参与行政决策的渠道。一方面，公众可以通过网络进行利益表达，以影响政府利益的整合，政府也可以倾听公众的意见，并作为决策的参考。另一方面，电子政务将政府的行为暴露在阳光下，从而大大限制政府"暗箱"操作的空间，减少权力滥用的可能，这样，既有利于勤政、廉政建设，又能保证公众的知情权和参与权。

（3）促使行政职能转变和服务创新。在信息社会里，政府行政的范围在扩大，但行政职能社会化的进程也明显加快。一方面，在这样的社会条件下，政府实现职能的方式也必须由过去的管制型向服务型转变，即把向公众提供信息服务作为自己的重要职能之一。另一方面，电子政务改变了政府组织结构和工作流程，降低了机构和人员的费用开支，重新确定了政府、企业、社会组织三者的边界，促使政府的管理职能向服务职能转变。

（4）整合政府行政组织。电子政务的内容之一，就是通过电子化工具和手段建立跨部门、跨层级的直接渠道，电子政务减少了政府结构中的中间层级，这使得政府纵向结构扁平化、政府横向结构一体化，使政府内部突破部门之间与地区之间的纵横限制，构建起灵活的、以需求、任务、项目为核心的政府虚拟组织结构。

第二节 电子政务建设

电子政务在很大程度上改变了政府运作模式和管理方式，电子政务的建设，已成为提升一个国家或地区综合竞争力的重要因素。电子政务建设的基本目标，一方面是提高政府运营效率、降低政府行政成本、促进经济建设，另一方面是服务社会、方便于民、建立和谐有序的政府和公众的关系。

一、电子政务的基本模式

目前国内外的电子政务建设一般采用政府对政府（G-G）、政府对企业（G-B）、政府对公民（G-C）三种模式。电子政务不仅在三种模式各自形成的子系统内发挥着提高公共行政效率的独特作用，还在范围更广的社会大系统中发挥着整体功能。

(一) 政府对政府的电子政务

政府对政府的电子政务,是指政府内部、政府上下级之间、不同地区和不同职能部门之间实现的电子政务活动,是政府部门间的电子政务系统的信息连接,其目的就是实现不同层级、不同政府部门之间的连接。

政府对政府的电子政务不仅包括政府机构内部的业务处理,还包括政府机构之间,即从中央到地方的纵向垂直结构与各部门之间的横向平行结构的业务流程,所有这些形成了整个政府体系内容。可见,政府对政府模式是一个包含政府机构内部、政府机构之间纵向结构和横向结构、整体政府三个层面的系统。因此,这一模式的电子政务对行政效率的提高不仅是局部性的,也是整体性的。

政府对政府的电子政务完成的主要任务包括信息交换、信息共享、业务协同。一般通过办公自动化系统、电子法规、政策系统、电子公文系统、电子司法档案系统、电子财政管理系统、电子培训系统、业绩评价等系统实现。这些具体的电子政务操作系统将传统政府的业务流程改进整合,使其向着更为省时、省力的方向发展。

(二) 政府对企业的电子政务

政府对企业的电子政务是政府对企业的电子政务活动,主要通过电子化网络为企业提供精练、快捷的政府服务。这一模式的电子政务为政府与企业之间搭建了桥梁,便利了政府与企业之间处理公共事务、进行业务与信息交换。政府对企业的电子政务实际上属于政府对社会层面的其中一部分,它使得电子政务在政府对社会这个层面上发挥了部分功能。

政府对企业的电子政务改变了传统对企业服务的方式,它由从低到高进行建设的三个不同阶段组成,即:政府信息的发布;政府为企业提供的服务,如电子税收、电子工商审批和证照办理、电子采购等;政府通过电子政务系统对企业进行监管和服务。

政府对企业的电子政务目标是政府各部门利用网络手段为企业提供各种快捷、高效、低成本的信息服务。这一模式的电子政务具体提供一般包括以下几方面的服务:政府电子化采购与招标、电子税务、电子工商审批及证照办理、电子证照、电子信息咨询服务、中小企业电子服务、电子招商等。

(三) 政府对公民的电子政务

政府对公民的电子政务的功能就是使政府利用信息技术为民众提供服务。这一功能体现为替公民代理与政府之间的各种业务,缩短公民与政府的距离,方便政府为公民提供更优质的服务,在整个社会系统内建立的模式系统。这一模式与政府对企业的电子政务一起,构成了政府对社会层面电子政务的主要内容。

政府对公民的电子政务是政府通过电子网络为公民提供的各种服务。主要表现为:公众服务信息发布、政府政策信息发布、电子教育、培训服务、电子就业服务、电子医疗服务、电子社会保障服务、电子民主管理、证照办理。

电子政务在三种模式在自身的系统内部发挥独特作用的同时,又在社会大系统内发挥着全面的、完整的作用,使政府以自身为中心在其机构内部、机构之间、机构对社会的三个层面上都充分发挥功能，总体上推动着行政管理效率的提高。

二、电子政务的基础平台

电子政务活动的开展，必须依托在统一的基础平台上才能进行。统一的基础平台可以避免出现缺乏统一的规划和管理、重复投资、条块分割、信息资源难以共享等问题，可以满足为老百姓提供业务信息的查询、审批业务的受理等功能；政府各部门还可以通过平台进行办公，实现跨平台、跨部门的联合审批、实现资源信息的共享。电子政务的基础平台是信息化建设中信息的沟通者，是建立数据中心的必备基础、是实现各部门联合办公的必要条件。电子政务的基础平台主要包括以下四个方面的平台。

（一）网络平台

电子政务网络平台是一个巨大的电子政务网络系统，是信息传递通畅的基础。通俗地说，就是要把政务部门的电脑或局域网通过光纤、电线连起来，实现纵向的各层级政府、横向的各政府部门的互联互通。

电子政务网络平台是电子政务活动依托的物理基础之一，包括网络、操作系统、服务器、工作站、组织架构等，为系统提供网络通信基础，保证系统的正常运行。

电子政务网络平台分为两个不同的、在物理上完全隔离的网络。一个是政务内网，是连接政府内部各部门之间的公共网，用于处理机密事务，不能上互联网。在我国，主要是指副省级以上政务部门的办公网，与副省级以下政务部门的办公网物理隔离。政务内网是典型的层次结构，实行逐级、分层管理。另一个是政务外网，主要是政府的业务专网，主要运行政务部门面向社会的专业性服务业务和不宜在内网上运行的业务。政务外网和互联网用防火墙逻辑隔离。

（二）网站平台

电子政务网站平台是政府部门信息发布的总平台，也是政府部门集中对外提供服务的总平台，网站平台由政务部门的内外网政务网站群构成，是政务公开提供平台，为政府的公共服务提供窗口。

电子政务网站平台可以为政府提供虚拟主机、电子邮件、信息检索等服务；通过导航程序在技术、功能等方面实现各网站间有机衔接；对政府部门的网站域名、应用项目、网页风格、电子邮箱、连接方式、数据结构等进行统一规划、管理；为广大公众在网上浏览咨询直接办事提供服务，实现政府对外宣传和政府公开的作用。

电子政务网站平台从纵向上分为各政府门户网站（主网站）和各行政机关网站（子网站）；从横向上分为内部网站和外部网站，内部网站是通过政务外网直接面向各行政机关提供服务的交互式信息平台，外部网站是通过互联网直接面向社会提供服务的交互式信息平台。

（三）应用平台

电子政务应用平台是一个由应用基础框架和应用组件构成的复合平台，是由数据库系统、业务协同系统和门户服务系统组成的系统模块集合，保障各种应用系统的开发，使电子政务的各项功能得以实现。电子政务应用平台是电子政务的主体平台。

电子政务应用平台采用流行的三层技术体系架构，即用户层、业务逻辑层、数据存储层。用户层是通过用户权限和信息权限过滤后，统一用户界面显示，接收用户界面操作和查询请求，将业务逻辑处理后的数据生成用户界面；业务层主要按照用户界面层提交的请求，并按照业务逻辑提取、过滤和处理数据，并将处理完的数据包返回给用户界面层，进行显示；数据存储层是系统数据和信息的存储、检索、优化、自我故障诊断/恢复。

电子政务应用平台能够无缝衔接政务内部应用平台和外部服务平台，实现信息的流畅和真实。应用平台主要包含三个方面：一是办公自动化系统；二是政务信息资源共享系统；三是专业应用系统。具体包括协同办公系统、公文交换系统、信息服务系统、辅助决策系统、电子邮件系统、网上审批系统、多媒体应用系统等。政府部门就是基于这个平台完成各项工作，例如，通过办公自动化系统，公文从起草到分发全部在网上进行，实现无纸化办公；通过网上审批系统，实现办证审批全部在网上进行。

（四）安全平台

电子政务安全平台是一整套硬件和软件系统构成的安全防范体系，通过这套体系保证电子政务的网络、系统和数据的安全。

电子政务安全平台建立在网络基础层之上，将基于网络基础平台运行的各应用系统的密级、安全级别分为多层，并通过多种手段为系统的安全运行提供支撑，包括身份认证、访问控制、数据传输加密、数据存储加密、数据完整性、规则验证、抗抵赖性等。安全平台采用授权分级管理模式，对系统各应用权限集中统一管理，目的是保证电子政务系统的规范、合理运行，实现对系统进行配置管理、资源管理及运行维护管理。

电子政务安全平台保证了政务网络不受外来的入侵，为政务信息系统用户提供信任服务和访问授权服务，同时还为电子政务网络的用户提供强有力的杀毒服务。

三、电子政务的技术支撑

电子政务的实现是通过在各级的政府机构内建立内部的物理网络体系结构，建立基于网络的、以数据库为核心的电子化信息发布、信息搜集、信息反馈系统，同时将信息发布系统与政府机构的内部办公自动化系统融为一体，提供决策支持。因此，电子政务的技术支撑体系包括网络中心、信息交换中心、数据中心和安全中心。

（一）网络中心

网络中心是放置网络设备、服务器系统和技术人员工作的地方，是一个包括电源系统、空调系统、光纤接入系统、通信网络接入系统、防火和防雷等系统的安全可靠的机房环境和工作环境，这些网络设施环境构成了电子政务系统应用平台信息传输干线。

网络中心是政府政务信息网络的交换枢纽，通过网络中心，政府利用国家电子政务骨干网、互联网、电信通信网、有线电视网等传输信息和数据。在我国，通常在县级以上政府建立网络中心。县直单位、乡镇（街道）、村委会（居委会）一般接入县级网络中心，市直单位一般接入市级网络中心。网络中心不仅要保证政务网用户的互联互通顺畅，还要为政务外网的用户上互联网提供顺畅的出口。

（二）信息交换中心

电子政务信息交换中心是电子政务的信息枢纽。所有政府的文件、报表、工作动态、法律法规、规章制度等均要汇集到信息交换中心，向各相关层级的政府、相关部门公开，为各级政府、部门共享。其表现形式主要是政务内部的门户网站，在政府的门户网站上可以查询到所有正式公开的政务信息。

信息交换中心是构架在电子政务基础网络之上，旨在解决各个跨部门、跨组织的应用之间的数据交换、数据共享、应用集成、协同工作等问题，进而将各个跨部门、跨组织的应用构建在信息交换平台之上，实现信息和数据的互联互通和安全可靠的传输。

（三）数据中心

数据中心是政府信息资源数据的存储中心，是信息系统的枢纽。数据中心为电子政务系统中数据资源的获取、保存、备份以及对外的数据资源的交换共享提供支持。一般来说，数据中心存放了基础数据库、各部门共享数据库和信息资源数据库等数据内容，并提供信息共享与交换所需的一系列机制和技术。

数据中心包括交换中心、数据总线、交换代理、应用适配器、数据仓库、安全总线等模块，完成数据中心所要求的数据集成、应用集成和流程集成功能，并为用户提供基于集中数据中心或虚拟数据中心的不同共享数据模式。

数据中心将为电子政务各类应用系统提供统一的数据，包括人口信息、法人信息、区域地理环境信息、自然资源信息、政务信息、国民经济与社会发展信息，并以业务为中心进行数据分类和标准化，实现数据的重用和继承，以支持跨部门的协作，实现跨部门的信息交换和互操作。

（四）安全中心

安全中心是电子政务信息系统的安全枢纽。安全中心建立在网络基础层之上，包括基本的安全设施如防火墙、入侵检测等系统。在技术上，安全中心通过防火墙、防病毒、入侵检测和漏洞扫描等措施进行安全防护，用于保证网络的安全。在安全保障措施上，安全中心通过安全认证体系和密码保障体系，保证各种电子政务应用系统的安全，通过灾难备份系统，保证政务数据的安全完整和应用系统功能的可靠。

安全中心以面向服务的方式，由安全防御、安全支撑、应用支撑三大模块组成。安全防御解决的是统一平台和电子政务应用系统的物理环境、设备、传输等网络汇接层的安全风险；安全支撑和应用支撑相互配合向运行在统一平台之上的应用系统提供完善的数据加解密、身份认证、资源管理等安全和应用支撑服务，解决统一平台及业务系统的数据存储层、信息交换层、应用支撑层和应用层等安全问题。

四、电子政务的建设理念

电子政务的价值取向是在电子政务的建设过程中应遵循和选择的动态的价值目标,它发挥着整合电子政务系统中的各种要素和功能,使电子政务建设向既定的目标发展的制约和导向作用。电子政务建设有两个主要的根本目标,即通过电子政务建设达到为公众提供更好的服务和对政府的运行进行有效的监管的目的。

(一)以公众为中心

电子政务应以公民为中心,而不是以官僚机构为中心,这是电子政务建设的核心理念,也是政治文明的标志。政府是为公众服务的,政府的管理是为了更好地实现服务的职能。政府的大多数部门和大多数公务员是承担政府的公共职能,政府的大多数信息是为公众服务的,是需要为公众所知的。电子政务所倡导的就是利用网络优势加速信息的流动,使公众更好地享受政府的服务。

以公众为中心的电子政务将大大促进政府透明化,透明化的政府会极大提升政府的公信力,有利于取得公众的理解与配合,降低政府工作的行政成本;以公众为中心的电子政务建设强调政府为公众服务的价值观,强调从公众的需求出发,强调用公众收到的实际效果来检验电子政务项目的绩效,有效地提升政府的服务意识;以公众为中心的电子政务可以极大地提升广大公众对政府的关注,为更多的公众提供了解政府、监督政府的渠道,增强社会对政府的监督能力。同时,以公众的电子政务将更多的政府服务放在网上,政府的作为在网上被逐一记录和公开展示,这就为公众监督政府提供了更大的方便,增强了社会对政府的监督能力;以公众为中心的电子政务可以推动社会的民主化,促进公众参政、议政,促进公民政治上的成熟,也会推动政府加快改革进程。

(二)以需求为导向

一方面,电子政务的生命力在于应用。电子政务紧密结合政府职能转变和管理体制改革,着眼于政府业务和人民群众的需求,把网上办公、政务公开作为门户网站建设的重点;对面向公众服务的办事项目,规范业务流程,简化工作环节,让群众和企业享受到电子政务的便利;加强数据库建设,提高信息资源的开发利用水平,为社会提供有价值的信息咨询服务。

另一方面,电子政务是政府提高治国理政能力的重要手段。电子政务的运用和发展只有与一定时期经济社会发展需要迫切解决的问题紧密结合,才能持续不断地发挥效益,才能更好地服务于政府的各项工作;电子政务建设要有所侧重,有所选择,要以政府核心业务为主线,而不是以部门为主线来推进电子政务建设;要能处理好不同层次业务需求之间的关系,对于个性与共性、近期与远期、需求迫切性与操作可行性等不同层面的问题要具体问题具体分析、具体处理;要能促进业务流程优化,在深入细致了解、消化业务需求的基础上,能够简化、优化原有流程,促进提高行政效率。

（三）以技术为保障

电子政务旨在信息社会条件下运用计算机、网络通信等电子技术使政府事务数字化、信息化，并通过网络管理公共事务和提供公共服务的一种新型的公共事务管理机制，它将基于信息技术的政务信息管理理念引入政府管理体制的创新实践之中，改进政府工作流程，推动"政府再造"，这种政府流程的改造依赖于信息技术的发展。

信息和通信技术的进步在政府与公众之间创造了更加便捷的沟通渠道，政府通过网络技术将公共服务提供给公众，实质上是在政府与公众之间完成了某种网络交易，这正是政府电子政务的重要内容。这种网络交易意味着政府服务可通过电子邮件、网站，通过电子资料交换或者其他科技方式而进行，意味着公众从浏览政府公共部门的各类信息表达对政府服务的具体要求，进行各类申请或申报，直到支付、纳税等所有交易流程都是在网络上完成的。这样，就使得传统的依靠纸张、电话线路与面对面接触的政府公共服务传递活动开始转换为依靠电脑科技或信息技术为媒介的活动，电子政务要能够做到根据公众的需求来提供这些公共服务，必须以科学技术尤其是信息技术的发展为前提和保障，因此，推动电子政务相关技术创新是一项重要的基础性工作。

第三节　发展中的中国电子政务

中国电子政务，从20世纪80年代末开始至今，已有20多年的发展历史。各级政府普遍实现了政府上网，政府办事效率和公共服务质量有了大幅度的提高，政府决策的科学化、民主化水平也有了较大的提升。尽管我国的电子政务建设在明确建设原则及策略、完善安全保障体系和法律法规、统一标准等方面积累了宝贵的经验，但也存在"信息孤岛"、"数字鸿沟"等问题，这些问题的解决应该成为今后一段时间中国电子政务发展的指针。

一、中国电子政务的发展概况

1. 中国电子政务的起步阶段（20世纪80年代末～90年代末）

1983年10月15日，国务院批准组建国家计委经济信息管理办公室，并在1984～1990年间，国务院先后批准经济、金融、铁道、电力、民航、统计、财税、海关、气象、灾害防御等10余个国家级信息系统的建设，标志着中国电子政务发展的开始。可以说，中国的电子政务是从办公自动化起步的，这一阶段的电子政务的主要内容是政府办公自动化实现和政府业务系统的探索。国务院先后成立了国务院信息化领导小组、国家信息化领导小组，统一领导和组织协调全国的信息化工作，对电子政务建设进行组织和实施。

20世纪90年代以来，互联网开始在世界范围内普及应用，我国一些政府关键业务迫切要求建设信息系统，以满足业务开展需要，办公自动化系统建设开始起步，政府上网工程兴起。1992年，国务院办公厅下发了《关于建设全国行政首脑机关办公决策服务系统的通知》，对行政机关办公自动化的建设起到了积极的推动作用，各级政府的办公自动化建设开始加快步伐。1994年，中共中央办公厅、国务院办公厅实施了旨在实现办公自动化的"金海工程"，旨在建成以国务院办公厅为枢纽，连接各省、自治区、直辖市政府和国务院各部委、各直属机构的全国政府系统办公自动化网络，提升政府各部门的办公自动化水平。

为了加速推进我国的信息化进程，适应政府关键业务管理需求不断发展的需要，1993年底，中央政府开始在全国范围内启动著名的"三金工程"，即，以为宏观经济调控和决策服务为目的的"金桥工程"、以提高对外贸易及相关领域的管理和服务水平为目的的"金关工程"和以推动银行卡跨行业务的联营工作为目标的"金卡工程"，其重点是建设信息化的基础设施，为重点行业和部门传输数据和信息。

2. 中国电子政务的探索阶段（20世纪90年代末～21世纪初）

1997年4月18日，国务院信息化工作领导小组在全国信息化工作会议上，提出了信息化建设"统筹规划，国家主导；统一标准，联合建设；互联互通，资源共享"的二十四字指导方针，这标志着全国的信息化工作从解决应急性的热点问题，开始步入为经济发展和社会进步服务的发展轨道。这一阶段电子政务发展的主要特征是，在指导思想和政策上已经从单纯的技术应用和事务处理迈入了以加强政府有效管理和为民服务为目标的全面发展阶段。

1998年4月，青岛市在互联网上建立了我国第一个严格意义上的政府网站"青岛政务信息公众网"。1999年1月22日，由中国电信和原国家经贸委经济信息中心主办，联合40余家部委（办、局）的信息主管部门，共同倡议发起了"政府上网工程"，引发了规模较大的政府信息化普及活动，大大提高了各级政府部门的信息化意识，为电子政务的全面开展和纵深发展打下了良好的基础。

2000年5月，国务院办公厅下发了《关于进一步推进全国政府系统办公自动化建设和应用工作的通知》，提出了要用3～5年的时间建设"三网一库"的任务，进一步明确了电子政务的发展任务。2001年4月，国务院办公厅制定的《全国政府系统政务信息化建设2001—2005年规划纲要》，再一次明确了以"三网一库"为基本架构的我国政府系统政务信息化建设目标，提出"以需求为导向，以应用促发展；统一规划，协同发展；资源共享，安全保密"的指导原则，进一步规范电子政务的发展。

2001年8月，我国重新组建了国家信息化领导小组，并成立常设办事机构——国务院信息化工作办公室。2001年12月，国家信息化领导小组召开会议，强调中央各部门和各级政府都要高度重视电子政务建设工作。领导干部要加强信息化知识的学习，充分利用信息化手段加强政府的有效管理，促进政府职能转变，提高政府办事效率和管理水平，促进政务公开和廉政建设。会议还明确了以电子政务带动我国经济、社会信息化发展的基本方针，并将电子政务建设列为国家信息化的首要工作。

2002年1月，国务院信息化办公室和国家标准化管理委员会在北京联合成立了电子政务标准化总体组，全面启动电子政务标准化工作。电子政务标准化总体组的成立，为有效支持我国电子政务工程的建设、加快电子政务标准的研究和制定提供了组织保障。

2002年7月3日，国家信息化领导小组召开会议，审议通过了《国民经济和社会发展

行政管理学

第十个五年计划信息化重点专项规划》和《国家信息化领导小组关于我国电子政务建设指导意见》。会议明确指出，在实施规划中，要突出重点，抓好先行；着重抓好电子政务、电子商务和企业信息化建设，以此推进国内信息产业的发展，带动整个国民经济和社会信息化进程。会议文件和精神成为此后一段时期内指导我国电子政务建设的纲领性文件。2002年11月，中国共产党第十六次全国代表大会进一步明确"信息化带动工业化""推行电子政务"的方针。至此，我国的电子政务建设开始进入全面推进阶段。

3. 中国电子政务的全面发展阶段（21世纪初至今）

2004年8月28日，十届全国人大常委会第十一次会议表决通过了《电子签名法》，《电子签名法》的通过，标志着我国首部"真正意义上的信息化法律"正式诞生。该法首次赋予电子签名与文本签名具有同等法律效力，并明确电子认证服务市场准入制度，保障电子交易安全。

2004年12月，中办、国办印发了《关于加强信息资源开发利用的若干意见》，这是我国第一次专门针对信息资源开发利用而提出的重要指导性文件，文件指明了我国信息资源开发利用的指导思想、主要原则和重点任务，文件的通过与实施进一步加强了我国信息资源的开发利用，推动了我国信息化建设。

2006年1月1日，中国政府网正式开通。作为我国电子政务建设的重要组成部分，中国政府网是政府面向社会的窗口，是公众与政府互动的渠道。中国政府网的开通促进了政务公开、推进了依法行政，使政府行为更能接受公众监督，改进了行政管理，促进了政府职能的全面履行。

2006年，国家信息化领导小组正式下发了《国家电子政务总体框架》，框架指出电子政务服务是宗旨，应用是关键，信息资源开发利用是主线，基础设施是支撑，法律法规、标准化体系、管理体制是保障。该框架从战略高度明确了电子政务发展的思路、目标和重点，为加快我国电子政务建设打下了重要基础。

2007年1月17日，国务院通过《中华人民共和国政府信息公开条例》，自2008年5月1日起施行。政府信息公开是中国政府民主政治理念和行政管理理念的重大变革，是一场深刻的思想政治革命，极大地促进了我国电子政务公共服务能力和水平的提升。2007年10月，中国共产党第十七次全国代表大会提出"推进决策科学化、民主化，完善决策信息和智力支持系统"，增强决策透明度和公众参与度，"推行电子政务，强化社会管理和公共服务"，这表明电子政务已经成为政府完成社会管理和公共服务不可或缺的重要技术和手段。2009年4月，国家电子政务外网（一期工程）完成初步验收，并承载和完成了国务院应急指挥系统的运行，这标志着我国电子政务建设正逐步走向成熟。

2011年12月工业和信息化部印发了《国家电子政务"十二五"规划》（工信部规〔2011〕567号）。2012年5月国家发展改革委印发了《"十二五"国家政务信息化工程建设规划》，后两份文件对"十二五"期间国家电子政务发展以及政务信息化工程建设做了明确部署，并提出了"十二五"期间国家电子政务发展的目标和若干相关量化指标。

2015年国务院发布了《国务院关于积极推进"互联网+"行动的指导意见》，要求构建在线政务服务的标准化体系，建立线上线下相结合的O2O政务服务体系和开放公共数据建设智慧政府。

第十四章 电子政务

2016年中共中央办公厅、国务院办公厅印发了《国家信息化发展战略纲要》,明确提出要加快推进政府数据开放程度,并计划在2018年以前建成国家政府数据统一开放门户,推进政府和公共服务部门数据资源统一汇集和集中向社会开放,实现面向社会的政府数据资源"一站式"开放服务。

联合国发布的《2014年全球电子政务调查报告报告》显示,中国的电子政务发展指数(EDGI)为0.5450,位列全球第70名,与2012年调查结果相比上升了8位,是近五年来排名最靠前的一次,也是近十年来排名首次出现上升,这在一定程度上表明近年来中国电子政务取得了较大的发展与进步。

二、中国电子政务发展的未来

总的看来,我国的电子政务已经日臻完善,并且电子政务建设在明确建设原则及策略、完善安全保障体系和法律法规、统一标准等方面积累了宝贵的经验。但是,因为我国电子政务起步晚、信息技术基础差,在发展中还凸显出一些问题,如电子政务建设、管理和运行体制、预算体制不完善,组织机构缺乏落实,职能配置及其运行方式不明确;信息资源共享机制尚未建立、开发利用的水平低,部门自成体系现象严重,跨部门应用系统设计成了部门内系统,完整的电子政务体系被隔离成一个个独立的"信息孤岛";由于经济水平的差距和区域特色的不同,城乡差距明显,沿海和内地的地区差距显著,电子政务发展不平衡,出现了"数字鸿沟"。从某种意义上说,这些经验与存在的问题也可以促进我国未来电子政务的发展。

1. "以公众为中心"的理念凸显

电子政务的目标主要是为了更好地给公众和社会提供政府服务,改善政府的社会服务是电子政务的核心价值。信息技术缩短了服务提供者与接受者之间的距离,使得公众对未来政府的期望值不断提高,不仅仅是要求服务质量得到提高,而且要求获得服务的方式和程序也要不断改善,未来的政府更加强调政府是公众的政府,政府会利用信息技术增强民众对政府政务的参与程度,及时获悉公众所需,以公众需求为导向,通过不断自我创新和调整,整合传统公共服务,把未来的政府建设成以公众为中心的电子政务。

2. 以电子政务推动政府创新,注重电子政务建设与政府创新的有机结合

一方面,政府创新需要电子政务作支撑;另一方面,电子政务的发展也需要通过政府的不断创新来推动。可以说,未来的电子政务发展与政府创新是互为促进的关系,电子政务发展的推动力已经主要不是靠技术,而是政府创新,电子政务推动政府创新,也为政府创新提供了动力来源。在未来,要通过电子政务建设提高政府在人力资源、业务流程、业务一致性、物理设施、信息技术、知识和信息管理、政府可靠性等方面的管理水平,从而实现政府创新。通过创新,政府可以更快地实现职能转变,提高工作效率,打破传统的时间、空间和部门分隔的制约,使各级政府的各项工作更加严密,服务更加便捷,从而把政府建设成廉洁、勤政、务实、高效的政府。

3. 以电子政务促进民主建设

信息技术和互联网的发展为公众参与政府决策提供了良好的契机,同时也对传统政府

行政管理学

理念和制度产生巨大的冲击。随着电子政务建设的深入，公众对政府的期望值不仅仅停留在对政府办事程序和服务信息的了解，还期望能够借助现代通信技术更多地与政府进行互动，在获得服务的同时表达自己的意见及观点。因而，电子政务应用不仅仅是为公民提供在线服务，也应当是通过信息通信技术的使用促进公民更多地参与政府决策以及民主化过程。因此，随着电子政务建设的推进，逐渐将民主建设纳入电子政务建设与应用之中，将成为电子政务发展的普遍趋势。

4. 以电子政务提升国家竞争力

随着信息化建设的逐步深化和成熟，信息化对于提升国家竞争力的重要影响也愈加明显。一方面，信息化和信息社会建设本身是各国政府竞争的焦点；另一方面，借助信息技术提高自己的整体竞争优势也是各国政府考虑的问题。而随着互联网日益渗透到经济社会的各个领域，发展电子政务已经逐步成为世界新一轮公共行政管理改革和衡量国家及城市竞争力水平的标志之一。因为，发展电子政务实质上是改造传统工业社会形态下的政府组织模式与工作方式，使之能够适应虚拟的、全球的、以知识为基础的数字经济，同时也适应社会的根本转变。因此，在未来，电子政务建设必将成为提升国家竞争力的主要着力点。

三、中国电子政务未来发展的重点

1. 进一步强化为公众服务的理念

充分体现以人为本的理念，建设以公众为中心的服务型政府，是我国电子政务的终极价值取向，也是电子政务工作取得实效的关键。在中央政府层面上，要继续推进以公民和企业为对象、以互联网为基础、中央与地方相配合、多种技术手段相结合的电子政务公共服务体系建设，使政府的公共服务行为更规范、运转更协调、更公正透明。在地方政府层面上，要确立"以服务为中心，以社会公众和企业为对象"，重视推动电子政务公共服务延伸到街道、社区和乡村，使政府公共服务更快捷、更公平、更直接；在技术层面上，要继续通过采用网络化、数字化等技术手段，向全社会提供准确、全面、权威的信息资源，通过协同政务、"一站式"服务等，改造政府业务流程，通过建立和培育政府与社会公众之间的交流机制，有效实现信息资源的共享，减少公众与企业组织的办事程序，减少政府办公成本，促进社会的民主化，使公众获得及时满意的各种服务，提高政府公共服务的质量和效益。

2. 进一步加强信息资源整合与共享

首先，继续对信息、业务、服务等各种资源进行整合。信息、业务、服务等资源的整合，是实现业务协同、建立随需应变的政府、提供网络化电子服务的前提。资源的整合包括：（i）服务项目、行政业务的整合；（ii）服务渠道的整合，包括对单一渠道本身的整合，以及多种渠道之间实现交互连接与整合；（iii）公共部门服务和私人部门服务的整合。

其次，探索条块结合、条块并重的信息交换与共享机制，理顺行业政务信息资源纵向流动与属地其他同级部门间横向交换间的关系。

最后，解决各业务系统条块分割、地方政府难以有效利用行业数据加强社会管理和公共服务的问题。通过统一的政务信息资源目录体系与交换体系实现应用系统的互联互通，支持部门间业务的开展，提高政务信息资源开发利用的共享水平与效益。

3. 不断完善电子政务的法律法规体系

首先，完善电子政务法律体系。健全的电子政务法律体系，能够为电子政务提供公正透明和谐的环境，要围绕实践需要开展研究，推动政府信息公开、信息共享、政府网站管理、政务网络管理、电子政务项目管理等方面的法规建设。其次，要加强对电子政务标准的立法。推动政府信息化和电子政务发展，关键是搞好整体规划，制定统一的标准，因此，要重点制定电子公文交换、电子政务主题词表、业务流程设计、信息化工程监理、电子政务网络、目录体系与交换体系、电子政务数据元等标准，逐步建立标准的符合性测试环境。另外，要加强信息安全的立法，为电子政务构建统一的安全监控和保障体系框架。

4. 继续完善并拓展电子政务应用的业务范围

继续完善"十二五"以来的重点业务系统建设，主要包括政府的电子采购与招标、电子税务、电子证照办理、电子工商、商检、安全、卫生、中小企业融资及技术创新服务、网络行政审批、信息公开、网上信访、电子监察和审计等服务，完善地理、人口、法人、金融、税收、统计等基础信息资源体系，强化信息资源和整合，规范信息采集和发布，不断深化应用并使其建设成果发挥经济和社会效益，提高政府对市场的监管能力和宏观调控决策的有效性和科学性；重点加大在农业科技、劳动就业、社会保障、远程教育、公共卫生、法律援助、"互联网＋"和智慧城市等信息服务和政府在线办事等应用领域推动力度，包括婚姻生育服务、信息服务、参政议政服务、公民电子税务服务、电子证件服务等；降低行政成本，改进政府工作，方便人民群众，提高政府公共服务、社会管理能力；加快推进相应的综合监管业务系统建设，增强对各种突发性事件的监控、决策和应急处置能力。

5. 进一步加快电子政务"一体化"、网络化建设

按照"一体化的基础设施建设，多元化的业务应用"的宗旨，推动地方电子政务建设。首先，是基础设施一体化。包括国家电子政务网络、政务信息资源目录体系与交换体系、信息安全三个方面的基础设施要统筹规划，避免重复投资和盲目建设，提高整体使用效益，各地区、各部门开展电子政务建设要充分利用国家公共通信资源，促成连接中央和地方的统一的国家电子政务传输骨干网的形成。其次，是办公系统一体化。要按照统一的标准和规范，逐步建立政务信息资源目录体系和交换体系，并依托它们实现跨地区、跨部门信息资源共享；要加强和规范电子政务网络信任体系建设，建立有效的身份认证、授权管理和责任认定机制。最后，是重视政务的整合和集成与应用系统的整合集成，将电子政务的各个组成部分整合为一个有机整体，统筹规划，整体推进。

【案例分析】

共享式灾备平台　上海市电子政务灾备中心

信息系统灾难备份是电子政务信息安全保障的重要支撑之一。灾备中心共享化是一种符合政府信息化需求特点的建设趋势，即建成后将用一个灾备中心同时满足多个政府部门的数据备份保护需求。同时，灾备是一项长效的、专业的系统工程，只有专业的管理和服

行政管理学

务才能将产品、技术、运维、演练有机结合,才能真正将灾备落到实处。然而各政府部门用户普遍"人少事多",在规划和建设灾难故障备份和恢复系统时,经常面临着许多同样的困惑,例如,对灾难故障恢复建设不熟悉、没经验,管理、技术、运维都面临调整、垂直行业无标准或标准混乱,投资保护和长远规划难以兼顾等。因此,集中建立一个共享的灾备平台,实现专业人员集中管理,将灾备作为一种既统一管理、又可自主选择灾备级别的服务提供给各委办单位使用,能从根本上避免"建而不管,备未无患"的尴尬,采用共享式灾备,能极大的节约灾备中心的软、硬件重复性投入。

为符合灾难备份系统全方位、全过程、多层次、可持续的综合要求,上海市政府在"十一五"信息化发展规划中提出建设上海市电子政务灾难备份中心项目。项目总体规划是建设一个涵盖介质容灾、在线数据容灾、应用级容灾需求的集约化灾备中心,能够支持全市市级政务信息化系统在线数据容灾需求,承担应用级系统一对多云容灾能力发展的需要。上海市电子政务灾备中心是上海市政府投资建设,自行运营的项目。数据级灾备由政府统一采购灾备平台、为单位提供定时、实时、异地备份等服务;应用级容灾则为各大关乎国计民生的重要部门提供了场地,由接入用户自行申报灾备经费、自行运营;介质存放层提供了封闭、全年恒温恒湿的场所,供各委办单位存放重要介质。数据级的传输网络是政务外网,应用级则是由接入单位自行决定,使用政务外网或自建光纤网络。

2006年,上海市发改委批复同意建设灾备中心的建筑基础设施,包括机房及机电配套设施。在市办公厅信息中心的密切配合下,项目于2006年年底开工,于2008年6月底建成灾备中心大楼。其中,运控中心负责整个灾备中心信息系统的运行监控,对网络、存储应用、机房环境等状态实施监控。灾备中心数据级容灾依托政务外网进行数据传输,用电则由东西两方向两路独立电源供电。上海市电子政务灾难备份中心在线数据容灾的传输链路基于全市统一的政务网络,技术路线能够支持不同的操作系统平台、存储设备类型、数据管理方式。并且对在线数据容灾系统的网络、存储、链路、安全等所有设备以及业务策略等统一管理,设备和业务管理与用户生产系统之间有明确的管理边界。同时,容灾能力、RPO指标达到国标3级,服务能力达到国标5级,并支持未来应用级系统一对多的云容灾能力发展需求。目前,上海市电子政务灾难备份中心已成为上海市信息安全保障体系的重要组成部分,为上海市政府部门信息系统的灾备和恢复提供了有力保障。

上海市电子政务灾备中心是目前国内最大的政府灾备中心,机房在张江高科技园区,机房面积达到12000多平方米。灾备中心提供了数据级灾备、应用级容灾、介质异地存放等灾备功能。目前数据级灾备接入37家,应用级容灾自行建设4家,介质存放单位几十家。

在规划和建设统一的灾备平台,上海市政府综合考虑技术路线、运维管理、投资保护、长远规划等方面,做到统筹规划、分批实施。2012年,第一期作为试点接入9家单位,为了确保灾备技术的可靠性,接入单位采用了不同的灾备技术。经过两年试点,某公司开发的软件基于软件为核心的灾备解决方案在可靠性、稳定性及用户体验等方面以绝对的优势,获得了各接入单位的好评。2014年作为推广阶段的第二期项目,在通过两轮严谨的技术测试认证后该软件凭借完善的产品架构——同时具备成熟的定时、实时及高端双活解决方案;创新的灾备中心端共享式、两级管理灾备平台;满足两不一致的技术要求三大

第十四章 电子政务

亮点获得了专家与客户的高度赞赏,二期计划接入的 28 家单位全部采用该灾备解决方案,至 2015 年末,所有单位的项目实施已正式完成并顺利通过验收。

上海市电子政务灾难备份中心完全自主规划,具备统一、完整、独立的系统架构和技术实现能力,基础环境水平优良,无论是容灾策略管理、集约化管理、RPO 管理还是资源利用率都达到了标准,可以进行有效的风险控制和闭环调整。虽然一次性投资成本较高,但随着规模效益递增,同比成本将逐步降低,可持续发展能力优秀。中心以多项建设特色和创新为政府部门长期提供统一、规范的技术服务和保障能力。(ⅰ) 系统架构有创新。系统由灾备中心端、传输网络、用户接入网三个区域构成。灾备中心端进行集中管理;传输网络构建起独立安全传输通道;用户接入网明确容灾业务与生产系统的管理边界,形成既独立、又集中的网络脉络和可管理、可扩展的一体化架构体系。(ⅱ) 技术路线有特色。面对由不同系统平台、各类存储设备、多种存储方式组成的不同规模、不同需求、不同架构信息系统,技术路线不以单一技术为出发点,而是以数据管理为标志、以边界责任为基础,形成既有标准、又有特色的技术路线体系。(ⅲ) 数据管理有特点。系统以容灾数据的管理为标志、以用户接入网为边界,确立以数据管理权限的变更为生产系统与灾备系统的管理边界。用户负责向用户接入网集中数据,灾备中心负责实施数据从用户到灾备中心的容灾,形成边界清晰、责任分明、组织有序的数据管理体系。(ⅳ) 策略控制有突破。系统以策略控制为业务管理核心,为各部门制定与 RPO 相应的容灾策略。建立 RPO 风险评估模型,通过网络、策略运行情况的监控,实现容灾策略的同步调整,形成按需定制、风险监测、闭环调整的容灾策略统一管理体系。(ⅴ) 灾备服务有创意。通过建立容灾信息系统灾难恢复测试中心,为在线数据容灾用户提供一个测试、验证本单位信息系统灾难恢复预案可操作性的环境,形成数据容灾、能力测试、灾难恢复的闭环灾备服务体系。(ⅵ) 系统管理高质量。通过面向系统架构、技术路线、数据管理、策略控制的一体化、集约化设计,形成设备全覆盖、业务全过程、网络可监测、数据可管理的在线数据容灾信息系统管理体系。总之,作为信息系统的有机组成部分,政务灾难备份中心是政府信息系统运行的保障,也是维护社会稳定的必要措施。目前,全国多地正规划实施区域性电子政务灾难备份中心项目,上海市政府信息化系统容灾实践已从多方面作出了有益的探索,提供了可行的借鉴。

(资料来源,根据《上海市电子政务灾备中心共享式灾备平台》http://www.e-gov.org.cn/egov/web/article_detail.php?id=157812;李丹文.完善灾备中心建设提高政府容灾能力[J]. 上海信息化,2014,03:52-54;以及其他网络资料编写)

 思考题

1. 案例反映出电子政务的哪些价值和功能?
2. 上海市灾备中心电子政务的建设模式是什么?
3. 该案例对中国电子政务未来发展有何启示?

【本章小结】

本章主要论述了电子政务的含义、区分了电子政务与传统政务、电子政府等相关概

念,讨论了电子政务的功能;阐述了电子政务模式、电子政务建设的基础平台和技术支撑,探讨了电子政务建设的理念;介绍了我国电子政务发展的历程,分析了我国电子政务发展的特点、未来电子政务发展的趋势和我国电子政务建设的重点。

【复习与思考】

1. 什么是电子政务?
2. 电子政务与传统政务有什么不同?
3. 电子政务与政府上网、电子政府、办公自动化、电子商务有哪些区别与联系?
4. 电子政务有哪些技术功能?
5. 电子政务有哪些价值功能?
6. 电子政务的基本模式包括哪些?
7. 电子政务包括哪些基础平台?
8. 电子政务需要哪些技术支撑?
9. 电子政务建设的理念是什么?
10. 我国电子政务建设经历了哪些阶段?
11. 电子政务的发展趋势是怎样的?
12. 我国未来电子政务建设的重点是什么?

第十五章　行政改革与展望

世界上没有这样一个地区：那里的国家对公共官僚和文官制度表示满意。东欧、非洲、拉丁美洲和亚洲的混乱激发了政治和制度变革的痛切意识。工业化民主国家贯穿20世纪70年代和80年代的不懈努力，说明他们普遍地意识到，政府和公共机构确实存在重大问题。

——［美］帕特里夏·英格拉姆（P. Lngraham）

【知识要点】

通过本章的学习，使学生能够基本掌握行政改革的内涵、基本类型，明确推动行政改革的动力因素以及制约行政改革的各种障碍，了解行政发展的基本内涵，影响行政发展的环境因素，熟悉行政发展应该遵循的基本原则。在此基础上学习行政改革与行政发展之间的关系，深入了解我国当前公共行政发展的时代背景与西方公共行政发展主要内容，最终对我国公共行政发展有一个初步的前瞻性判断。

【关键术语】

行政改革；内涵型改革；外延型改革；渐变式改革；突变式改革；行政发展；企业家政府；多中心治理

改革开放以来，中国在公共行政领域进行了一系列的改革，汲取了许多西方国家公共行政理论，取得了良好的成效，公共行政效率得到一定提高。但随着新科学技术的发展，中国的经济、政治、文化、社会等因素出现一系列变化，公共行政仍然处于改革进程中。我国转型时期的公共行政改革应该遵循什么样的模式，世界公共行政又有哪些新的进展？这是在本章当中我们要讨论的内容。

第一节　行政改革

一、行政改革的内涵与类型

改革是人类社会不断发展的重要推手，人类历史正是在不断的改革中取得进步的。当今世界，科技飞速发展，政治经济也在高速发展，社会形势瞬息万变，各国政府也都在适

时地进行着各种各样的改革,尽可能使公共行政顺应社会的发展要求和历史发展的趋势,推动公共行政部门公共服务能力的提升。因此,行政改革必然成为公共行政发展的重要内容和基础手段,理所应当成为公共行政领域的重大课题。

(一) 行政改革的内涵

受历史和时代的影响,学者们对行政改革的内涵认识不同。有些学者认为行政改革是为了适应外界环境的变化而必须作出的改变。有的学者认为行政改革是一个与政治活动密切相关的政治过程,也有的学者认为,行政改革就是由人的主观意识所导致的行政体制的变革。

从系统科学的角度出发,我们认为,行政改革是特定的行政系统由于外部生态环境的变化以及内部构成要素的变化,必须在公共权力的分配、公共组织结构的设置以及内部工作制度的安排等方面作出适当变革,以适应环境变化的新要求,使得行政系统内外部环境保持平衡的过程。行政改革的核心是公共行政权力分配的调整,目标指向是公共利益的重新分配。为全面把握行政改革的内涵,应当明确以下几点。

1. 行政改革是为了行政系统更好地适应行政生态环境

行政系统总是在特定的环境之下运行的,而这种环境是处于不断变化之中的,行政系统就必须不断地变革自己,从而使得行政系统与行政生态环境之间能够保持较为顺畅的物质流动、能量流转、信息流通,使得行政系统与行政生态环境保持良好的相互依存关系。行政改革正是围绕特定的行政系统,通过物质、能量、信息等要素的输入—转变—输入这一模式来实现的。如果行政系统对外界的变化采取消极、不回应的态度,势必会造成行政系统发展的停滞、倒退甚至是衰败,因此要取得行政系统的高速发展,就必须积极适应外界变化并进行主动地变革。

2. 行政改革是行政组织内部的职能和结构的调整

按照行政系统的内在规律和客观环境的要求,行政改革就是行政系统职能的转换和重新定位,也是组织结构中的机构设置、职权划分、权责关系的综合体现。在不同的社会环境中,政府职能存在着明显的差异,这是由于政治与经济体制以及社会结构形式的差别造成的,行政系统为适应外部环境的变化,必然要引起政府职能范围、侧重点及其工作方式的转变。在不同的国家制度和政治体制当中,在不同的历史时期和区域范围内,行政组织的组织结构的差异也是非常明显的。组织结构设置是否合理直接决定了政府行政部门能否协调地承担起组织的职能,完成特定的行政义务。因此,政府必须为应对外界的变化来科学合理地进行政府结构的改革和再造。

3. 行政改革是一个拥有明确目标和计划的变革过程

行政改革的目标是为了加强行政系统的活力,促进行政系统整体效能的提高,实现行政管理的科学化、法制化和现代化,使政府成为促进社会发展的强有力工具。它的变革不是一蹴而就的,而会是一个漫长曲折的过程。在明确目标之后,政府会制订相应的计划,按照行政系统发展的客观规律,分步骤、分阶段地制订短期或长期计划,循序渐进地进行变革。

(二) 行政改革的类型

行政改革是特定的行政系统根据其所处的特定环境而作出的各种变革。由于各特定的行政系统所处的历史背景、社会发展阶段乃至文化特质的差异性，决定了不同行政系统的行政改革模式不尽相同，因而行政改革呈现巨大的差异性。具体言之，具有以下几种典型的行政改革类型与方式。

1. 内涵型改革和外延型改革

所谓内涵型行政改革是指以调整行政管理职能，调整行政权力结构以及由此而引起的行政管理体制变化为主要内容的行政改革。这种改革所涉及的是行政系统内部重要环节的调整和变革，需要不断深入识别那些不适应外界环境变化的内部因素，并且进一步理清这些内部因素之间的相互关系，通过有目的地调整内部各种变量，提升行政系统对外部环境的适应性，从而从源头上解决问题，更为有效地进行变革并最终实现目标。

外延型的行政改革是指以改变行政机构的外部规模为主要内容的改革，如行政机构的撤销、合并，行政单位的增减，人员的精简等。这是一种宏观的改革，可以迅速地在行政系统内部实行，但它所解决的只是政府总体上的机构设置或是人员调配上的问题，忽视了行政系统内部的细节问题，不可能解决根本问题。

2. 渐变式改革和突变式改革

渐变式改革是指通过较长的历史时期有计划、有步骤地逐步对行政系统及其运作的各环节进行改革的一种模式。这种改革是在长时期内进行的，它是有计划地针对系统的方方面面进行全面而细致的变革。渐变式变革使系统内部的行政人员更容易接受，使变革进行得更为具体和有效，它是组织进行变革时最常使用的变革方式。

突变式改革，是指公共行政系统在短期内发生根本性的变革，它过程短暂，能够迅速建立起新的行政管理体制，使行政改革得以实现。因为突变式行政改革是对行政系统作出的突然而迅速的大变革，由于时间短促，因此它不可能分阶段、分时间进行，所以其效果常常会是非常积极抑或非常消极的，它遇到的阻力与风险较大，常常会伴随着社会震荡甚至是社会动乱。

3. 调适型改革、转轨型改革与发展型改革

调适型改革是指西方发达国家政府在原有政治、经济制度条件下进行的适应型改革。它主要是适应政治、经济制度的非根本性变动给公共行政环境带来的变动。其主要波及范围是英语国家和经合组织国家。

转轨型改革是指原先实行计划经济体制的国家在向市场经济体制转轨的过程中进行的公共行政改革。它主要是适应经济制度的根本性变动给公共行政环境带来的变动。如我国经历的从计划经济体制向有中国特色的社会主义市场经济体制改革过程当中所进行的行政体制改革就是典型的转轨型改革。

发展型改革是指第三世界的欠发达国家进行的公共行政改革，它主要是为了实现公共行政的现代化和科学化。广大发展中国家的行政改革绝大多数就是属于发展型改革。

二、行政改革的制约因素和推动因素

在行政改革当中既有其内在和外在的动力机制，也存在客观上和主观上的制约因素。历史的发展证明，要实现行政改革的目标，必须尽力克服制约因素的影响而发挥推动力量的作用。改革进程是否顺利,很大程度上取决于这两股力量之间的对比。

(一) 行政改革的动力机制

公共行政改革的动力,是指推动公共行政改革的领导者和执行者制订和执行改革方案、实现改革目标的力量。这种力量既可以来自公共行政环境对改革的需求,也可以来自公共行政内部系统。从本质上看,公共行政改革是指公共行政系统与外部环境的互动,即接受内外部环境变化带来的系统输入,经过自身的调节和活动满足公共行政环境的要求,在变动中实现系统平衡①。

1. 来自政治系统的动力

从政治行政二分法的角度来看,公共行政系统受政治系统的影响和制约,政治系统的变动会导致政治系统输出的变动,这构成了对公共行政系统的输入,从而极大地影响和制约着公共行政改革,并在客观上推动了公共行政改革。政治系统的变动导致的系统输出的变动,主要是指公共行政部门与其他机构的关系的调整,公共行政的主要任务的转变,以及执政党的重大方针政策的出台等,这些都是公共行政改革的直接动力。

2. 来自经济因素的动力

经济调节和市场监管是我国当前政府的主要职能,经济制度是经济因素的核心组成部分,经济制度的变动必然导致公共行政改革。经济制度的变动主要需要调整政府与企业、市场的关系,改变政府提供公共服务的方式。

3. 社会成员观念转变带来的动力

社会成员观念的转变会形成对政治系统的输入,并在一定条件下形成政治系统的输出,从而导致公共行政改革的推行;或者,社会成员在观念转变后会直接向公共行政系统提出改革的要求。总体而言,现代各国公民的权利义务观都在增强,参与公共行政、监督公共行政的愿望比较强烈,这必然推动政府采取措施提高绩效,由管制型政府向服务型政府转变,组织和动员公众参与公共行政,从而推动公共行政改革。

4. 公共行政技术系统革新带来的动力

公共行政技术系统的革新对公共行政的冲击相当大。这必然要求政府通过管理制度的更新,实现提供公共服务方式的相应变动,政府主动提高公开性和透明性程度,调整政府部门间的权责关系和官僚的权责内容。电子政务的推行使得公众接受公共服务的灵活性大为提高,这就要求政府调整服务方式;单个官僚处理日常性政务能力的增强,要求政府提高决策能力,下放管理权限,从而推动公共行政组织结构日益扁平化。

5. 来自行政队伍内部的动力

政府内部使命感和创新意识较强的成员,愿意在提高政府绩效、增进公共利益的过程中推动公共行政改革。同时,实现自己的价值及合理的个人利益。成就感和荣誉感以及积极的公共行政伦理往往促使一些官僚主动发现公共行政实践中的弊端,并经过调查研究提出改革建议,这些成员是公共行政改革得以自下而上进行的重要原因。

---

① 王乐夫,倪星:《公共行政学》,高等教育出版社 2006 年版,第 394~398 页。

(二) 行政改革的障碍

公共行政实践当中存在的障碍是指行政改革中的反对力量。公共行政改革所涉及的权利的重新分配、组织机构的重新调整设置、工作制度的重新设定等方方面面的因素,不可避免地会对特定的既得利益群体产生影响,为此,也不可避免地会受到反对,甚至出现公共行政锁定现象。这种改革的阻力大体上可以有以下几种来源:

1. 经济体制对公共行政改革形成的阻力

经济体制对公共行政改革的影响非常大,它在提供动力的同时,也会对改革形成巨大的阻力,这与经济体制的发展阶段与利益格局有关。处于计划经济体制下的国家,如果没有向市场经济体制过渡,那么公共行政改革的阻力就特别大。因为政企关系、政府与市场的关系难以调整,政府垄断公共服务供给的局面几乎难以改变,会形成对公共行政改革的阻力。

2. 配套措施缺失对公共行政改革形成的阻力

公共行政改革是一个系统工程,需要配套措施的完善和跟进,否则,就难以化解改革的阻力。例如,我国的社会保障制度的薄弱和就业形势的严峻对机构改革过程中人员分流制约很大,这种制约实际上转换成了拟分流人员对改革的反对。又如,公共行政改革涉及法律的完备,这就需要政治系统的支持。再如,改革涉及政社和政事分开,这就需要政治系统重新修订各级政府的组织法,调整管理体制。

3. 公共行政改革成本给公共行政改革带来的阻力

改革的目的之一是提高政府绩效,降低公共行政的运行成本。改革需要投入成本,也可能会带来收益。因此,改革需要在一定程度上进行成本—收益分析,改革的成本主要包括既有制度、政策和机构中的沉淀成本,推行和设立新的制度、政策和机构的初始成本和维持费用,人员分流和引进的费用。改革的收益是指改革后公共行政成本的节约和社会效益。

4. 部门利益和官僚个人利益得失给公共行政改革带来的阻力

部门利益往往与部门职能、预算规模、监督机制和权力联系在一起。部门职能越广泛,预算规模越大,监督机制越乏力和部门权力越大,给政府部门和官僚带来的利益也往往越多。个人即便在公共选择活动中首先也是在追求个人利益,只是可能比私人市场活动中要隐蔽和复杂一些,但绝不是像传统政治学理论中认为的那样,只追求公共利益而不考虑个人利益。当公共行政改革会加强对官僚的权力制约、缩减部门预算和提高工作强度时,官僚会进行成本—收益分析,从而可能反对公共行政改革。

5. 社会成员观念给公共行政改革带来的阻力

社会成员的观念是一个重要变量,当社会成员要求政府提高行政绩效、改进公共服务质量、加强对政府的监督制约时,往往会形成要求公共行政改革的公众意志,从而给公共行政改革提供环境支持。当社会成员对政府的绩效和提供的公共服务的质量不关心、加强对政府的监督制约的愿望不强烈时,往往形成公共行政改革的阻力。改革也存在着风险,当社会成员倾向于规避公共行政改革可能带来的风险时,也会形成公共行政改革的阻力。

行政管理学

第二节　行政发展

行政总是在一定的环境中进行的，而行政的环境又总处在不断变化之中。因此，行政必须不断地发展，以适应变化了的环境，行政发展与整个社会的发展呈现出互动态势。行政发展的路径依赖行政改革，行政改革是为了推动行政发展，改革与发展相伴而生。

一、行政发展的含义

发展是一种过程，一种策略，一种目标，更是一种需求与期待。它无论是对发展中国家还是对发达国家来说都极为重要。但是发展的意义却极为复杂，有许多不同层面的解释，涉及政治、经济、文化、社会等方面。发展导致的结果是制度的变迁与社会的进步。行政发展是衡量社会进步的基本尺度之一：一方面，它受制于经济发展；另一方面，它又能动地影响着经济发展的进程。这是由行政发展的基本任务——扩大行政能力，提高行政效率，促进社会与经济发展所决定的。

那么，究竟什么是行政发展？行政发展通常是指行政系统为适应环境的变化，采用科学方法，健全行政体系，改善行政活动方式和行政关系，提高行政效率，以便更好地执行政治权威意志的过程。它在相当程度上是与行政改革联系在一起的，毕竟行政改革是行政发展的根本动力与路径依赖。

从系统论的观点来看，行政发展是整个社会发展的一个组成部分，它同政治发展、经济发展、文化发展等一起构成了整体的社会发展。它同政治、经济、文化发展是一种互相联系、相辅相成的关系，行政发展在相当程度上取决于社会政治、经济、文化的发展，反过来，它的发展也推动着其他发展的进步。

二、行政发展的环境

（一）行政发展的外部环境

1. 经济环境

众所周知，在市场化的推动下，当今世界的经济活动空间日益超越民族国家主权版图的界限，在全球范围内展现出全方位的沟通、联系和互动的客观历史进程及趋势，形成了经济全球化。这无疑是当前各国行政环境变迁的一个日益显著的特征。它对各国政府的地位、作用、职能、权力、自主性及行政行为的灵活性等提出了前所未有的挑战，对各国的行政管理产生了广泛而深刻的影响，突出地显示了行政发展与经济全球化变迁的互动作用。这表现在：一方面，经济全球化强化了政府的地位和作用，推动了行政发展；另一方面，在行政发展中诞生的强力政府又进一步促进了经济全球化的形成与发展。具体

体现为:

(1) 在经济全球化条件下,各国比较优势的发挥必须依赖政府的能力。自从大卫·李嘉图提出比较优势理论以来,这一理论一直被西方奉为经典。理论上讲,各国参与国际分工下,发展自己特有的"行业"优势是"经济"的。但是,任何一国的优势均是一种"潜在"的比较优势,且这种比较优势具有动态性和人为性的特征。行政系统作为一国资源的组织者和动员者,如果它不具有对潜在比较优势的判断能力、选择能力和开发能力;"潜在"的比较优势往往会变成比较劣势①。

(2) 在经济全球化条件下,对于发展中国家而言,强有力的行政系统若措施得力,有助于实施赶超战略。

(3) 经济全球化并不意味着行政管理体制的淡化。各国政府不仅要治理本国范围内的市场失灵,而且还要参加治理世界市场失灵的"全球集体行动"。就中国而言,政府还要通过制度创新和制度供给,迅速地发育和扩张市场,推动经济全球化的形成。此外,经济全球化需要行政发展,以强化政府维护本国社会政治稳定的职能和"经济安全"的职责。

2. 社会环境

当今社会处于向知识经济社会的转型时期,与经济全球化相伴而生的还有政治一体化、信息社会化。随着高新科技的发展,行政发展越来越离不开信息技术。行政信息技术的发展使行政管理处于一种网络化状态,使得以前金字塔形的垂直行政管理模式向扁平化发展,并且,政策制定者能够更好地与普通民众沟通。"网络行政"时代即将来临,突出表现为信息技术已广泛运用到公共行政领域。以美国和欧盟为例,这些国家都在进行国家信息基础建设,形成信息高速公路。不仅在国内把许多公司、机构连接在一起,而且加强了与国外其他发展中国家的合作。信息社会的核心是信息技术。信息技术包括计算机技术和通信技术,现在已广泛应用到公共行政领域。据统计,全世界有2/3的行政功能与信息管理是相连的。学者们认为,信息技术在公共行政领域的广泛应用,是一个不可变更的自然发展趋势,它说明了行政管理现代化的实现离不开信息技术的普及。

总之,行政系统的外部环境的变化是促使行政发展的一个重要原因,行政系统是一个生态系统,可以被看作是一个生命有机体。它与外部环境之间存在着一种相互依存的关系。环境的变化,必然引起政府职能的变化,而政府职能的变化又必然会促进行政系统的发展。由于行政系统受诸多外部环境的制约,它的变化不可能按照人们确定的理想目标一步到位,只能在适应环境的过程中不断地发展,以保持行政系统与外部环境之间的动态平衡。

(二) 行政发展的内部机制

行政发展的内部机制包括组织机构、领导体制和公务员制度等内部机制。内部机制的协调统一对于行政活动的效率和活力具有决定性的作用。内部机制严格来说涉及行政体制内的一切方面,如人员、组织、结构、信息、费用、设备等,但它并不是所有这一切的简单的总和。机制在这里是一种按照一定原则程序运转着的活动过程,它具有历史性,是由

---

① 竺乾威:《公共行政学》,复旦大学出版社2000年版,第331~332页。

各方面的要素通过互相配合和排除不协调因素发展而来的。机制除了组成它的物质要素以外,还有一种发展进化而来的精神要素。一般而言,机制可包括结构机制和运作机制。

结构机制涉及以权力为基础的等级结构,涉及等级结构中各种关系的安排,如领导与被领导关系,协调关系等,也涉及以行政区划和层次级别为内容的职位体系。结构机制追求的主要原则有:

(1)整体原则。体系必须是一个有机的整体,在结构功能上完备齐全,在体系内部不应有行政命令所不及的死角。

(2)目标一致原则。体系的配置必须尽可能合乎理性决策的要求。

(3)弹性原则。这主要针对体系的结构和行政命令的方式两个方面而言,它们都必须适合于运用和执行的要求。

运作机制涉及对组织一系列功能运作的协调。这些功能涉及计划、组织、指挥、人事、决策、预算、沟通、报告等。这一协调是在一定的结构框架中进行的,它同时也提出对结构的修正,这表明结构机制和运作机制两者之间的一种互相作用。在以往,官僚式的运作机制是行政系统几乎唯一的运作机制形式,它体现着准确、效率,但同时它也是压制人的一种机制,随着社会和科学技术的发展,以及组织结构逐步向扁平结构的发展,官僚独享式的运作机制,正在逐步地演变成参与式的运作机制,社会市场参与了对行政系统职能的分割,随着这一进程的开始,市场机制和原则也开始为行政系统所接纳,例如竞争机制和成本—效益原则。

三、行政发展的原则

各国行政发展和改革的实践都表明,行政发展和改革是随着本国的政治、经济、文化、社会的变迁而产生的。从宏观上来说,这是上层建筑必须符合经济基础的需要,是为了保证上层建筑更好地为经济基础服务而发展的。具体到微观层面,行政发展所应遵循的原则主要有以下几项。

1. 良性互动原则

行政发展不是孤立存在的,它离不开政治、经济和社会等因素的影响,因而行政发展必须与政治、经济和社会发展建立互为前提、互为基础的发展关系。尤其是,在某种程度上来说,行政发展是政治发展的一个组成部分,行政发展可促进与推动政治发展、经济发展与社会发展;反之,政治、经济、社会的发展也需要有行政发展,才能最终实现社会的全面发展与变迁。

2. 稳定性原则

行政发展的稳定性原则,一方面是指行政体系各部分之间相互依存、相互协调,获得一种和谐的发展速度,是一种渐进、稳定、健康的发展;另一方面是指行政发展必须在保持改革、发展和稳定三者的协调关系下展开,使行政发展始终是在稳定的政治、经济环境和有序的社会秩序下展开,在稳定中推进改革与发展,在改革与发展中实现社会稳定。

3. 制度化原则

行政发展需要一种连续的制度支持,即制度化来保证。制度化要求行政体制运行制度化，要求把低组织化和非正规化的国家行为转变成为高度正规化和有组织的行为。它说明既没有什么绝对恶劣的体制，也没有什么一成不变、完美无缺的体制；它要求在发展行政体制时既要有短期打算又要有长期计划，不可朝令夕改，必须保持政策的稳定性和连续性。制度化原则所体现的稳定、规范、有序是行政发展的价值导向与制度的根本保证。

4. 适度化原则

行政发展是一项复杂的系统工程。既要有制度支持，还要注意发展的"度"。并且，什么部门、什么时间、发展的性质、发展的程度和速度等都遵循着系统的整体性和相关性原则进行。一般而言，行政发展总是体现为具体、现实和部分的发展，而系统的整体发展则是靠各个部分发展以及这些发展之间的相互协调统一关系得到的。这就对每个部分的发展都提出了一个"度"，使之与整体相适应。部分的发展规模不可超出整体所能承受的"度"。适度发展原则也要求不可有某一部分的过分不发展，否则它将成为其他部分和行政体系整体发展的障碍，在这种情况下，这一特别落后的部分就成为行政发展的首要发展对象。

目前，世界各国行政改革与发展的丰富实践表明，思想理论的突破是政策实践突破的前提。行政改革和行政发展是一门科学，必须十分慎重，必须有厚实的理论基础，必须遵循其自身的客观规律，必须进行系统缜密的学术研究和深入的理论思考。只有制订出科学、合理的改革方案，才能促进行政改革的顺利实施，推动行政发展的目标实现。

第三节　行政发展展望

从公共行政的实践来看，行政改革是政治体制和经济体制改革的突破口，行政发展是政治发展与经济发展的重要组成部分，既是经济发展的结果和动力，又是政治发展的重点。通过行政改革和行政发展来推动政治和经济的改革与发展，已越来越成为学术界和政治界关注的焦点问题。那么今后全球范围内，特别是我国公共行政领域其发展趋势是什么，发展前景如何，是值得我们深入思考的问题。为此，我们有必要深入细致地梳理行政改革与发展的时代背景，作出有前瞻性的分析和判断。

一、行政生态环境的新变化

行政的发展、组织的变革常常由环境的变化引起。信息技术的兴起、全球化时代与知识经济的来临，使得行政环境发生了深刻的变迁，呈现出新的变化趋势，并为行政系统的变革与发展提供了新的契机。

首先，就经济环境而言，知识经济以发达、成熟的市场经济作为基础、知识和信息在资本运营和商品流通过程中占有越来越重要的地位。这要求政府按照成熟市场经济的本质调控其职能结构，强化对知识和信息的管理和调控职能，以加强知识产权保护为重点，引导、培育和扶持高科技产业的发展。政府职能结构的变化必然引起组织结构、人员结构和

行政管理学

权力结构的变化。同时,全球经济一体化使得行政管理的作用更为重要,各国政府不仅要致力于治理本国范围内的市场失灵,而且还要参加治理世界市场失灵的"全球集体行动"。于是在全球经济一体化的推动下,行政发展的全球性也日益显现。

其次,就政治环境而言,在知识经济中知识和智力在整个社会权力结构中占有越来越大的比重,其他社会团体和公民越来越有可能摆脱对政府的依附关系,并且对政府形成强大的监督力量。同时,随着教育的普及和公民受教育程度的提高,公民的民主意识与政治参与意识也进一步加强。并且,在网络社会,双向信息传输系统使公众意愿的表达更直接、更广泛,公民与行政部门之间形成一种良性的互动机制,推动了政府行为的理性化、民主化和法治化进程①。

当前,在中央提出推进国家治理体系和治理能力现代化任务后,"治理"正从"理论"走向"实践",这为行政发展奠定了良好的政治环境基础。

最后,就文化环境而言,在传统社会中,效率在行政价值体系中占据重要地位,它是衡量行政决策科学性、公共服务有效性、行政行为合理性的关键指标。然而,信息技术的进步与通信网络的发展为公民,尤其是普通民众,参与政治决策和行政活动提供了有利的条件和机遇。信息的开放和透明度的增强,使公民对政治和行政事务的了解日渐增多,这对以效率为核心的传统公共行政的价值观提出了挑战,使得公平、正义、民主与效率一起成为信息社会与知识经济中行政发展的新趋势。

二、行政环境的新变化与行政发展的新范式

行政改革与发展是一个动态过程,其趋势是行政现代化。行政生态环境的新变化为行政发展提供了新的契机,有力地推动行政发展新范式的产生。综合20世纪80年代以来西方行政改革的实践,可以看出西方行政发展的新范式有以下几个特征。

(一)在公共服务方面,从政府垄断走向市场参与

这主要是指公共服务的私有化、民营化、市场化。美国自罗斯福新政以来,政府普遍地介入经济领域,逐渐形成了"巨型国家"。持续增长的财政赤字、不断下降的政府绩效、接连不断的腐败、投机行为,引起了人们的普遍不满。20世纪70年代以后,西方许多国家都进行了非国有化改革(denationalization),即通过国有企业和公用事业的产权转移,由市场和社会来承担其生产和服务功能,从而为政府卸包袱、降低财政赤字。首先是依靠市场的力量来搞活国有企业,将国有企业通过股份制的私有化,放松对国有企业的管制和规范;其次是使政府公共服务民营化,公共服务的提供应遵循竞争招标的原则,政府通过承包制等办法将政府承担的公共服务项目承包给非政府组织去经营。私有化、民营化的好处是削减了政府规模、降低了公共预算,控制了财政赤字,它还提高了经济效率、顾客的满意程度和投资的回报率。这些改革也构成了西方公共行政改革的主要模式之———市场模式。

---

① 顾丽梅:《网络行政新探》,载于《云南行政学院学报》2000年第6期,第29~30页。

（二）在行政组织结构方面，从金字塔形的科层官僚组织走向扁平式结构

尽管官僚体制曾被韦伯认为在技术上已达到最完满的程度，是最合理的统治工具。然而，在信息社会中，经典的韦伯管理模式由于其僵化、烦琐、低效而面临种种挑战，取而代之的是各种各样关于组织权力和权威的替代模式。一方面，为了使政府更富有灵活性和效率，许多国家的政府行政改革把解除对政府的"规制"作为行政改革的目标。另一方面，在组织上，金字塔式的组织结构不仅横向的交流、沟通极为困难，而且使政府的规模日益扩大，形成一个有着自己特殊利益而没有普遍公共利益的特殊群体。为此，西方的学者和改革家提出建立层级尽可能少的平板式而非金字塔式的组织结构，以替代传统的金字塔形的科层制结构。

（三）在行政权力结构方面，从集权行政走向分权行政

非官僚化的一个必然的后果是分权和权力的非集中化，分权行政主要通过两个方法来实现。首先是权力的非集中化。一方面，将权力下放给地方政府或基层政府，让下级政府承担更大的责任；另一方面，在政府的运作、决策方面，提倡参与管理，让那些底层的官员和服务的对象参与决策和管理，让他们更多地介入到公共活动中来。分权不仅仅是对过分集中的反应，而且是试图在国家发展上促进有效的大众参与，以改进政府的服务质量和扩大基层民主。其次是职能的削减和转移，就是政府从不应该干预的领域退出或者将中央政府的某些职能转移给地方政府或半公共组织中去。

（四）在行政模式方面，从统治行政转向服务行政

行政现代化的一个重要特征就是实现了统治性行政向服务性行政的转变。政府作为一种公共组织，最主要的作用就是提供公共产品和进行各种制度创新。在西方行政改革的理论和实践中，以市场化为价值取向的市场模式将政府服务的受益者和公众统统定义为消费者，可以从政府那里获得高质量的服务。为了提高服务质量，改善公共机构的形象，西方很多国家强调以顾客为导向，以顾客为服务中心，并在此基础上采取一定的措施来推行公共行政改革。

三、西方国家行政改革的发展趋势

20 世纪 70 年代末以来，世界各国政府为保持公共行政的能力、活力和效力，兴起了一场行政改革的强大"运动"。如奥地利的"行政管理计划"、法国的"公共行政计划"、澳大利亚的"财政管理改进计划"、加拿大的"公共行政 2000 年"、英国的"财政管理计划"、"下一步计划"和"市民宪章"、美国的"重塑政府计划"等。综观世界主要发达国家的行政改革与发展，我们不难看出其发展趋势。总体而言，基本特征是从根本上重塑政府、缩小政府作用的范围，充分发挥市场机制、民营机制、竞争机制、社会自治机制的作用。

（一）用企业家精神来克服官僚主义

"参照企业模式来重塑政府"是西方行政改革的新思路。美国戴维·奥斯本和泰德·盖

布勒合著的《改革政府》一书中明确指出了企业家政府应具有的十个特征。作者认为这些方面也许不能解决当今政府所面临的一切难题，但却可以解决官僚体制所带来的大部分弊端。法国政府要求公务员懂得企业管理方法，懂得成本、利润、效益、效率和质量这些企业管理的概念，并在公务员履行职责过程中体现企业管理的新思想、新方法。美国前总统克林顿曾宣称："美国人民现在有一个35年来最小的但却更上进的政府。"尽管政府企业化的合理性问题仍需在理论上进行研究，企业化行政模式本身也需要在改革实践中逐步探索，但从美国联邦政府、州和地方政府改革的实际成效来看，政府企业化无疑会成为一种新的改革趋势。

建立企业家政府首先要做到的是转变、调整和优化政府职能，主要解决的是政府该管什么、不该管什么的问题。下一个问题是政府该管的事如何管。当代公共管理改革中，主张引入企业文化，改造公共组织文化，建立企业家政府，推行公共服务社会化与市场化。建立企业家政府的主要措施有两个方面：一是利用市场和社会力量，推行公共服务市场化；二是引进企业文化改革行政体制，提高政府管理效率与水平。

（二）建立政府与社会的合作伙伴关系，完善多中心的治理结构

当代公共管理主张实行多中心的治理，强调政府与第二部门、非政府组织、私人部门的合作。在建设"小政府"的同时建设"大社会"。20世纪90年代后期，公共管理改革的一个重要发展趋势就是政府与社会、非政府组织、公民的合作伙伴关系，完善多中心的治理结构。

建立政府与社会的合作伙伴关系的主要措施是鼓励公共治理中的公民参与，包括两个方面：一方面是程序性的公民参与，另一方面是实体性的公民参与。程序性的公民参与包括：第一，行政程序上的公民参与制度，如公共事业价格听证会等。第二，司法程序上的公民参与，如公益诉讼制度等。所谓公益诉讼，又称公民诉讼，即公民可以针对公益或环境中存在的问题，在对自己没有什么直接损害的情况下，仅仅出于维护公益的目的，就无关自己权利及法律上利益之事项，针对行政机关的行为提出的诉讼。第三，立法程序上的公民参与，如立法听证会等。实体性的公民参与从参与的程度上分，有全民公决（对政府政策采取公民投票方式）、共同规划（由公民与社团与政府共同决定复杂决策，参与协商、执行、仲裁和调解）、公共对话（政府采取公共会议、研究讲习、开放式论坛的方式与公民对话）、民意调查、政务信息公开五种；从参与的形式上分，有公民投票、协商、共同提供公共服务、志愿服务、非政府组织合作网络（如农民合作社、信托合作社、住宅公社、社区学院）等①。

当然除了上述主流的行政发展趋势外，还存在改革政府职能实现私有化，尽可能多的将公共事务交由社会管理，实现公共管理职能社会化，以"顾客导向"的公共行政市场化等诸多趋势。

---

① 唐铁汉：《公共行政学》，中共中央党校出版社2006年版，第334页。

四、未来我国行政改革与发展的趋势

我国的现代化进程面临着双重压力：一方面我国的工业化建设尚未完成，另一方面市场化、信息化、全球化的任务已经悄然而至。所以，我国行政现代化也有着双重主题，中国的行政改革不仅要吸收科层制行政模式的优点来改造政府，而且还要及时运用新公共管理革命的成功经验来转变政府的行为方式①。基于这样的情况，未来我国的行政现代化建设必须从以下几方面去努力。

（一）政府组织的科层化与人员的专业化

与西方行政系统的官僚制度相比，当前我国的行政组织体系的科层制程度不足，行政现代化建设首先必须从强化政府组织的科层化与人员的专业化入手。因为科层制有着适应现代大工业的技术优势，为实现政府组织的精干、效能原则，必须发挥科层制的优势。一方面，合理地划分政府的层级，确定政府不同层级之间的层级节制关系；另一方面，在各层级政府之中实行行政首长负责制，赋予行政首长协调政府运转的权力。与此同时，在现代市场经济中，政府组织与人员呈现出专业化发展的新趋势，不仅体现在不同层级政府之间职权分工的加大上，而且还体现在同一层级政府中行政权力向专业管理部门的下放和公务员队伍的专业化与知识化上，要使政府效能的发挥不仅仅是依赖少数行政首长的睿智，而是让专业化、知识化的人员进入公务员队伍，并充分发挥他们的才智。

（二）政府决策的科学化、民主化

在市场经济条件下，现代政府的主要职能是掌舵，而不是划桨，即政府主要是制定政策，而不是去直接提供服务。因此，决策成为行政活动中最为经常和频繁的政府行为，也成为影响政府能力与效率的关键因素之一。长期以来，我国行政系统的决策能力不高，决策失误现象频频发生，极大地妨碍了政府能力的提升和形象的树立。那么，究竟该如何提高政府的决策能力呢？这必须从决策的科学化、民主化两方面入手。

1. 政府决策的科学化

要做到政府决策的科学化，一是要有科学的决策程序；二是改革"重产出、轻投入"的价值倾向，注重项目预算和财政约束，控制过度投入，注重对政策实施效果的考核，在减少投入和增加产出中提高行政决策效率；三是注重预防，借助高科技的物质手段，加强信息收集，提高预测的准确性，减少决策失误。

2. 政府决策的民主化

政府决策的民主化包括两个方面。一方面，向群众开放决策过程并鼓励广大公民积极参与。由此把决策中的个人行为转化为集体行为，防止政策随少数领导人注意力的改变而改变；另一方面，在政府系统内，行政首长决策时要向下级公务员开放并让其参与，从而集思广益。

---

① 徐邦有：《公共行政学基础》，中共中央党校出版社 2005 年版，第 328～330 页。

（三）行政法制化

行政法制化是行政现代化最重要的标志，是保证政府行政效能、行政组织制度化与程序化的需要。从宏观上看，法制化包括两个方面：一是行政机构设置的法制化；二是行政机构运行的法制化，即行政行为的法制化。而当前我国行政体系的法制化程度不是很高，不仅行政机构的设置任意性很强，造成了数次机构改革屡陷怪圈的现象，而且也没完全落到实处，行政行为的法制化程度还有待提高。因此，加强行政法制化建设对我国行政现代化建设至关重要，这不仅是优化我国行政组织结构和功能的需要，也是落实依法行政保护人民合法权利的需要。

（四）公共服务供给的社会化、市场化

打破政府垄断，将公共产品的生产和供给向私人企业和非营利组织敞开，依靠社会力量承担公共产品的供给，使政府从繁杂的事务中解脱出来，这是西方20世纪80年代以来行政改革所取得的成功经验之一。而长期以来，我国深受计划经济体制的影响，形成了全能政府模式，行政系统在整个社会中无所不管、无所不能，结果造成了政府什么都管而又什么都管不好的局面。因此，在未来我国的行政改革与发展中，要充分认识市场机制对于改善政府绩效的意义，在政府的某些活动中（如许可证、执照的发放）和公共产品的供给中（如公共工程的招投标、环境保护的委托承包）引入市场机制，由此提高政府绩效。

（五）行政系统运营的信息化

行政系统运营信息化的核心是电子政务，这是随着信息技术在世界范围内的迅速发展，特别是互联网技术的普及应用，在政府管理领域出现的新事务。它首先在美国出现并迅速波及世界各国。电子政务的出现使政府管理进入了一个新阶段，不仅降低了政府的行政成本、改变了政府的行为方式，而且方便了民众对行政活动的参与，为民主行政模式的构建提供了物质基础。针对当前我国政府信息化程度不高的局面，电子政府的建设应该是下一阶段我国行政改革与发展的重点。

【案例分析】

为何九成人认为官邸制实行时机已成熟

2016年5月16日，由中国行政体制改革研究会及社会科学文献出版社共同举办的《行政改革蓝皮书：中国行政体制改革报告No.5（2016）》发布会在北京举行。蓝皮书指出，我国实行官邸制时机已经成熟。（2016年5月17日《北京晨报》）

所谓官邸制，通俗而言，就是"铁打的房子流水的官"，由国家给一定级别的官员免费提供住房，官员在任职期间居住，卸任后搬出，个人没有产权。客观地说，在当今很多人的观念里，官邸制还属于新鲜事物，真正进入公众视野，大概要从十八届三中全会的决定中提出要"探索实行官邸制"算起。彼时媒体开始大规模报道，但大多都是专家的理论性描述以及国外经验的简单介绍，尽管此后"一些地方政府正在探索异地交流任职官员流

第十五章 行政改革与展望

转房制度"，"但就全国而言，这一制度还没有被提上议事日程"。所以，官邸制尽管在国家层面上已经明确，假如要让全体老百姓来投票决定官邸制的话，毕竟，它不像官员财产公开制度那样虽尚未全面推行，但有多年的、局部的改革试点已经能够让老百姓有了直观的感受和较为客观、准确的评判，继而，估计不少人会因为不真正了解官邸制而不敢轻易投信任票，对于实行官邸制时机是否成熟，恐怕也会有很大的分歧。

浙江师范大学经济与管理学院院长、教授、博士生导师唐任伍表示，"官邸制"实际上就是国家为一定级别的官员在任期内提供居所的制度。一定级别官员的官邸和私邸有质的区别，官邸的产权属于国家，只有符合官邸入住条件的官员才有资格享受官邸制待遇。实行官邸制有利于保护国有资产，避免资源浪费。随着国家治理现代化的深入发展，领导干部工作调动、异地任职或者高级干部进京等，成为我国官员交流制、轮换制的常态。但现实情况是，官员在一个地方任职期间的住房由当地政府提供，这个"住所"往往就成了其个人资产，调离后多数不退，实际上为永久占用，还可留给后代。这样就出现了官员任职地方越多住房越多，转任一个地方就有一套住房，造成国有资产大量流失，宝贵的土地资源大量浪费，严重损害了公共利益。实行官邸制，实现了官员福利与所有权分离，形成"铁打的营盘流水的官"，官员对官邸只有使用权而无所有权，官员离任、退休之后搬出官邸，国家依旧享有所有权，节约了城市土地资源，减少财政开支，有效防止国有资产流失。

据汪玉凯介绍，"关于建立中国特色'官邸制'的建议"，是中国行政体制改革研究会2013年初设立的重大研究课题。课题在今年6月初步完成，共形成三个研究报告：《国外官邸制研究》《中国古代官邸制研究》《当前我国领导干部住房现状分析与改革趋势》。

2013年7月，由汪玉凯撰写的官邸制建议方案，经中国行政体制改革研究会上报中央。

这份建议指出，新中国成立后，我国没有按照国际惯例实行官邸制。改革开放前，实行的是典型的福利分配制度。改革开放后，随着住房制度改革的深入，除党和国家领导人之外，所有公务员都参加了住房制度改革。但是经过十多年的探索和实践，住房制度改革虽有重大突破，但同时暴露出一些突出问题。

领导干部违规建房、"以权谋房"成为腐败的新形式。此外，干部交流、异地任职等，客观上为官员滥用权力"以权谋房"提供了便利。包括领导干部住房在内的特权泛化，引起人民群众的强烈不满，损害了政府的形象。一个领导干部到某地任职，地方大多为其准备好了"住所"，这个"住所"往往就成了其个人的资产。调离后多数不退，实际上为永久占用，还可留给后代。

建议中，汪玉凯写道：实行"官邸制"是遏制领导干部"以权谋房"的根本途径。《中共中央关于全面深化改革若干重大问题的决定》中提到，规范并严格执行领导干部工作生活保障制度，不准多处占用住房和办公用房，不准超标准配备办公用房和生活用房。探索实行官邸制。

不过，饶有意思的是，"行政改革蓝皮书"课题组进行的相关调查却显示，九成受访者认为目前实行官邸制时机已经成熟，因而，建议抓紧相关条例的起草和制度构建，做好顶层设计。坦率地说，九成受访者认为实行时机成熟，对于这样的判断，应该是超出了当下社会对于官邸制认知的平均水平。但也不能否认，这样的判断却是有价值的、有意义的。

据报道,"行政改革蓝皮书"课题组从 2015 年 4 月开始,历经 3 个多月,就"政府自身建设与改革"话题在全国范围内进行问卷调查,被调查人员包括党政机关人员、企事业单位人员 500 余名,其中,党政机关人员占比 70.2%,包括行政级别相对较高的局级领导干部 61 人,处级领导干部 102 人。

不能不说,"行政改革蓝皮书"之所以能有那样的调查结论,应该是受益于所选定的受访群体在政治觉悟、前瞻视野以及社会见识上都有着较高的水准。一定意义上,对于一项旨在要推动探索的新制度上,也不正需要这样的高度契合时代方向和历史潮流的声音来助推、支持和鼓劲吗?

此外,38%的受访者认为"实行官邸制时机已成熟,阻力主要来自既得利益集团",而 36%则认为"阻力主要来自各级领导层",这些声音也为决策层在官邸制下一步的制度构建中提供了一定的现实参照和框架提示。

综合"行政改革蓝皮书"的意思,可以这么说,官邸制实行时机已经成熟,接下来得"抓紧相关条例的起草和制度构建,做好顶层设计",其间,各方阻力切不可忽视,需要有预研预判和合理应对。如果把官邸制比作要建设一座全新的、技术难度很高的高楼大厦,那么,在确定了规划之后,就要拿出可行的设计图纸,然后,在建设过程中根据实际需要进行必要的微调和完善,大家所期待的那座高楼大厦就能早日矗立起来。

(资料来源:参考《为何九成人认为官邸制实行时机已成熟?》,http://news.sina.com.cn/o/2016-05-18/doc-ifxsephn2604162.shtml;《"官邸制"有利于实现官员福利与所有权的分离》,http://theory.gmw.cn/2016-07-14/content_20961070.htm;以及其他资料编写)

 思考题

1. 推行官邸制改革的动力是什么?
2. 当前我国推行官邸制的阻力是什么?
3. 为什么说官邸制实行时机已经成熟?
4. 发展官邸制的前景如何?

【本章小结】

行政改革是特定的行政系统由于外部生态环境的变化以及内部构成要素的变化,必须在公共权力的分配、公共组织结构的设置以及内部工作制度的安排等方面作出适当变革,以适应环境变化的新要求,使得行政系统内外部环境保持平衡的过程。

按照不同的分类标准行政改革可以分为内涵型改革和外延型改革,渐变式改革和突变式改革,调适型、转轨型与发展型等几种类型。行政改革的动力主要源于政治系统、经济因素、社会成员观念的转变、公共行政技术系统革新以及行政队伍内部;其阻力主要有:经济体制对公共行政改革形成的阻力,配套措施缺失对公共行政改革形成的阻力,公共行政改革成本给公共行政改革带来的阻力,部门利益和官僚个人利益得失给公共行政改革带来的阻力,社会成员观念给公共行政改革带来的阻力。

行政发展通常是指行政系统为适应环境的变化,采用科学方法,健全行政体系,改善行政活动方式和行政关系,提高行政效率,以便更好地执行政治权威意志的过程。行政发展受行政系统内外部因素的影响，发展也要遵循一定的基本原则。当前西方主要发达国家公共行政发展的趋势体现为用企业家精神来克服官僚主义，建立政府与社会的合作伙伴关系，完善多中心的治理结构等诸多方面，在这一国际背景下，考虑到我国的特殊国情，今后我国公共行政的发展趋势体现在以下几个方面：政府组织的科层化与人员的专业化；政府决策的科学化、民主化；行政法制化；公共服务供给的社会化、市场化；行政系统运行的信息化。

【复习与思考】
1. 如何理解行政改革的内涵？
2. 简述行政改革的类型。
3. 行政发展的特征有哪些？
4. 行政发展的基本原则有哪些？
5. 如何理解行政改革和行政发展的关系？
6. 西方国家行政发展的趋势有哪些？
7. 当代中国行政改革与发展的前景如何？
8. 当前中国行政发展体现出哪些明显的趋势？

参考文献

［1］ D. Easton. The Political System. New York: Kropf, 1953.

［2］ Frederickson H. G., *The Spirit of Public Administration*, pp. 41 – 48, San Francisco: Jossey-Bass Publishers, 1997.

［3］ B·盖伊·彼得斯著：《政府未来的治理模式》，中国人民大学出版社2001年版。

［4］ 戴维·奥斯本、特德·盖布勒著：《改革政府——企业精神如何改革公营部门》，上海译文出版社1996年版。

［5］ 丹尼斯·朗著：《权力论》，中国社会科学出版社2001年版。

［6］ 丹尼斯·C·缪勒著：《公共选择理论》，中国社会科学出版社1999年版。

［7］ 赫伯特·西蒙著：《管理行为：管理组织决策过程研究》，机械工业出版社2007年版。

［8］ 理查德·D·宾厄姆著：《美国地方政府的管理：实践中的公共行政》，北京大学出版社1997年版。

［9］ 罗伯特·古丁、汉斯—迪特尔·克林格曼著：《政治科学新手册》（下册），生活·读书·新知三联书店2006年版。

［10］ 欧文·E·休斯著：《公共管理导论》，中国人民大学出版社2001年版。

［11］ 特里·L·库珀著：《行政伦理学：实现行政责任的途径》，中国人民大学出版社2001年版。

［12］ 西奥多·波伊斯特著：《公共与非营利组织绩效考评：方法与应用》，中国人民大学出版社2005年版。

［13］ 亚当·斯密著：《国富论》，华夏出版社2006年版。

［14］ 詹姆斯·W·费斯勒等著：《行政过程的政治——公共行政新论》（第2版），中国人民大学出版社2002年版。

［15］ 詹姆斯·M·布坎南等著：《赤字中的民主》，北京经济学院出版社1988年版。

［16］ 陈振明编著：《公共政策学》，中国人民大学出版社2004年版。

［17］ 陈奇星等著：《行政监督新论》，国家行政学院出版社2008年版。

［18］ 丁煌著：《西方行政学说史》，武汉大学出版社2004年版。

［19］ 丁煌著：《政策执行阻滞机制及其防治对策——一项基于行为和制度的分析》，人民出版社2002年版。

［20］ 丁涛主编：《行政管理学》，合肥工业大学出版社2005年版。

［21］ 郭济主编：《中国公共行政学》，中国人民大学出版社2003年版。

［22］ 郭小聪主编：《行政管理学》，中国人民大学出版社2003年版。

［23］ 胡建淼主编：《行政法教程》，杭州大学出版社1990年版。

［24］ 金江军编著：《电子政务高级教程》，中国人民大学出版社2005年版。

[25] 季卫东著：《法治秩序的建构》，中国政法大学出版社 1999 年版。
[26] 李德志主编：《人事行政学》，高等教育出版社 2001 年版。
[27] 李军鹏著：《公共行政学》，首都经济贸易大学出版社 2004 年版。
[28] 李景平编著：《行政管理学》，兰州大学出版社 2006 年。
[29] 罗豪才主编：《行政法学》，北京大学出版社 1996 年版。
[30] 罗豪才主编：《行政法学》，北京大学出版社 2001 年版。
[31] 马建川等著：《公共行政原理》，河南人民出版社 2002 年版。
[32] 马国泉著：《美国公务员制和道德规范》，清华大学出版社 1999 年版。
[33] 毛寿龙、李梅编著：《公共行政学概论》，中共中央党校出版社 2005 年版。
[34] 齐明山主编：《行政学导论》，中国人民大学出版社 2006 年版。
[35] 彭和平编著：《国外公共行政理论精选》，中共中央党校出版社 1997 年版。
[36] 彭和平编著：《公共行政管理》，中国人民大学出版社 2008 年版。
[37] 孙柏瑛、祁光华编著：《公共部门人力资源管理》（修订版），中国人民大学出版社 2004 年版。
[38] 沈亚平主编：《公共行政学》，天津大学出版社 2005 年版。
[39] 唐铁汉主编：《公共行政学》，中共中央党校出版社 2006 年版。
[40] 王乐天、倪星主编：《公共行政学》，高等教育出版社 2006 年版。
[41] 王伟主编：《行政伦理概述》，人民出版社 2001 年版。
[42] 夏书章主编：《行政管理学》，中山大学出版社 2003 年版。
[43] 夏书章主编：《行政管理学》，高等教育出版社 2003 年版。
[44] 许法根主编：《公共行政学》，浙江大学出版社 2008 年版。
[45] 徐邦友主编：《公共行政学基础》，中共中央党校出版社 2005 年版。
[46] 徐家良主编：《公共行政学基础》（第二版），浙江大学出版社 2007 年版。
[47] 徐晓林、杨兰蓉编：《电子政务导论》，武汉出版社 2002 年版。
[48] 薛冰等著：《行政学原理》，清华大学出版社、北京交通大学出版社 2005 年版。
[49] 杨寅主编：《公共行政学》，北京大学出版社 2009 年版。
[50] 应松年、袁曙宏主编：《走向法治政府》，法律出版社 2001 年版。
[51] 应松年、马庆钰主编：《公共行政学》，中国方正出版社 2004 年版。
[52] 俞可平著：《增量民主与善治》，社会科学文献出版社 2005 年版。
[53] 曾繁正等编译：《人事行政管理学》，红旗出版社 1998 年版。
[54] 张康之、李传军编著：《公共行政学》，北京大学出版社 2007 年版。
[55] 张国庆主编：《公共行政学》（第三版），北京大学出版社 2007 年版。
[56] 张光博主编：《行政学词典》，吉林人民出版社 1988 年版。
[57] 张树义著：《变革与重构》，中国政法大学出版社 2002 年版。
[58] 张世信、周帆主编：《行政法学》，复旦大学出版社 2001 年版。
[59] 詹伟主编：《公共行政学教程》，中国人民公安大学出版社 2003 年版。
[60] 赵国俊主编：《电子政务教程》，中国人民大学出版社 2004 年版。
[61] 周志忍主编：《当代国外行政改革比较研究》，国家行政学院出版社 1999 年版。

[62]《中国大百科全书·政治学》,中国大百科全书出版社 1992 年版。
[63] 竺乾威主编:《公共行政学》,复旦大学出版社 2008 年版。
[64] 竺乾威主编:《公共行政学》,复旦大学出版社 2006 年版。
[65] 庄序莹主编:《公共管理学》,复旦大学出版社 2006 年版。
[66] 卓越主编:《公共部门绩效评估》,中国人民大学出版社 2004 年版。
[67] 卜广庆:《论和谐社会与政府职能》,载于《江苏大学学报》2005 年第 7 期。
[68] 柏良泽:《我国公务员制度建设述论》,载于《中国劳动保障》2008 年第 9 期。
[69] 杜链、王江:《我国电子政务发展回顾》,载于《电子政务》2009 年第 10 期。
[70] 顾丽梅:《网络行政新探》,载于《云南行政学院学报》2000 年第 6 期。
[71] 金太军:《行政组织变革的动力和阻力分析》,载于《学海》2001 年第 4 期。
[72] 林素絮、曾颖:《电子政务及其相关概念》,载于《电子政务》2005 年第 4 期。
[73] 刘蓝蓝等:《电子政务对传统政务革命性的改造》,载于《企业科技与发展》2008 年第 10 期。
[74] 李龙江、沈琰:《浅谈和谐社会构建中的政府职能》,载于《科技信息》2007 年第 7 期。
[75] 吴志华:《发达国家公务员制度改革及其启示》,载于《国家行政学院学报》2008 年第 6 期。
[76] 吴教练、侯大力:《中国古代人事制度的结构与功能探析》,载于《西安政治学院学报》2003 年 4 月第 16 卷第 2 期。
[77] 于鑫、张子孔:《论和谐社会视角下的政府职能转变》,载于《山东理工大学学报》2006 年第 4 期。
[78] 张大伟、王刚:《试论美国职位分类制度对我国公务员分类制度的启示》,载于《经营管理者》2009 年第 6 期。
[79] 张贤明:《社会主义和谐社会与政府责任》,载于《政治学研究》2007 年第 2 期。
[80]《中国劳动保障》编辑部:《日臻完善的国家公务员制度》,载于《中国劳动保障》2008 年第 9 期。